Julius Friedlaender, Rudolf Weil, Théodore Edme Mionnet

Repertorium zur antiken Numismatik

Im Anschluss an Mionnet's Description des médailles antiques, zusammengestellt

von Julius Friedländer

Julius Friedlaender, Rudolf Weil, Théodore Edme Mionnet

Repertorium zur antiken Numismatik

Im Anschluss an Mionnet's Description des médailles antiques, zusammengestellt von Julius Friedländer

ISBN/EAN: 9783743331334

Hergestellt in Europa, USA, Kanada, Australien, Japan

Cover: Foto ©ninafisch / pixelio.de

Manufactured and distributed by brebook publishing software (www.brebook.com)

Julius Friedlaender, Rudolf Weil, Théodore Edme Mionnet

Repertorium zur antiken Numismatik

REPERTORIUM

ZUR

ANTIKEN NUMISMATIK

IM ANSCHLUSS AN

MIONNET'S DESCRIPTION DES MÉDAILLES ANTIQUES

ZUSAMMENGESTELLT

VON

JULIUS FRIEDLAENDER

AUS SEINEM NACHLASS HERAUSGEGEBEN

VON

RUDOLF WEIL

BERLIN
VERLAG VON GEORG REIMER
1885

VORWORT DES HERAUSGEBERS.

Das Repertorium zur antiken Numismatik, welches Julius Friedlaender im Anschluss an Mionnet's Description des médailles antiques angelegt hatte, reicht mit seinen Anfängen in die 40er Jahre hinauf und ist von ihm bis zum Jahre 1864 in dem beabsichtigten Umfange weitergeführt worden. In den späteren Jahren sind die Nachträge lückenhafter, dann nur noch vereinzelt hinzugekommen, einige Zusätze stammen aber noch aus des Verfassers letztem Lebensjahr. Wie das von ihm wohl in den 60er Jahren geschriebene Vorwort ergiebt, hat er selbst allerdings die Herausgabe zunächst nicht beabsichtigt, dieselbe aber gleichwohl damals als möglich ins Auge gefasst, und unter seinen Freunden ist es, soviel ich sehe, namentlich A. v. Rauch gewesen, der dazu gedrängt hat.

Als mir einige Monate, nachdem der Verfasser am 4. April 1884 gestorben war, die Herausgabe des Repertoriums angetragen wurde, entstand zunächst die Frage, ob dasselbe in dem Zustand, wie es in dem Nachlasse sich vorfand, der Oeffentlichkeit übergeben werden könnte, oder ob dazu eine Vervollständigung der Litteratur bis zum laufenden Jahr nöthig wäre. Soviel sich nun auch für eine solche Ergänzung mag sagen lassen, darin unterscheidet sich gerade das vorliegende Repertorium wesentlich von dem durch Koner veröffentlichten, dass es nicht bloss Litteraturangaben, sondern vielfach, sei es in der Vertheilung des Stoffes, sei es auch nur in knappen Zusätzen, ein bereits durchgearbeitetes Material enthält; hiernach aber durch einfache Weiterführung der Litteratur eine Ergänzung zu geben, hätte nur der Eigenartigkeit der Arbeit des Verfassers geschadet, ganz davon abgesehen, dass die Veröffentlichung dann auch noch eine sehr bedeutende Zeit sich verzögert hätte. Es ist unter diesen Umständen ein Mittelweg eingeschlagen worden, nur das Vorhandene zu geben, aber wo möglich so, wie es der Verfasser, falls er die Herausgabe selbst besorgt haben würde, geboten haben würde.

In nicht ganz seltenen Fällen enthält das Manuscript noch ältere Aufstellungen und Zutheilungen, welche der Verfasser bereits lange aufgegeben hatte, wie aus der von ihm besorgten Anordnung und Zutheilung der betreffenden Reihen des Königlichen Münzkabinets, gelegentlich wohl auch aus seinen eigenen Worten in dem handschriftlichen Katalog der Sammlung zu ersehen war. Danach haben sich die vorzunehmenden Aenderungen und Zusätze im Wesentlichen von selbst ergeben.

Die in eckige Klammern [ ] gestellten Abschnitte und Bemerkungen sind vom Herausgeber eingefügt. Aufnahme gefunden haben darin zunächst alle Publikationen Friedlaender's bis in die letzten Jahre, soweit sie sich nicht bereits von ihm selbst eingetragen vorfanden, ebenso auch Zusätze des Herausgebers, deren Zweck dem Kundigen leicht verständlich sein wird, ohne dass es hier einer näheren Begründung bedürfte. Mit * versehen sind diejenigen Abschnitte, wo der Herausgeber auf eigene Verantwortung hin hat ändern müssen, da das im Manuscript Vorhandene sich als veraltet herausgestellt hatte; es gilt dies auch von dem Abschnitt über die Geschichte der griechischen Buchstabenformen S. 35—37, wo nur noch vereinzelte Citate des Verfassers benutzt werden konnten. Ob hier überall das richtige Mass eingehalten worden ist, bleibe Andern zu entscheiden überlassen; ganz ohne Inconsequenzen ist es dabei allerdings nicht abgegangen.

Für denjenigen Theil des Repertoriums, welcher die römische Numismatik behandelt, war ein wesentlich anderes Verfahren geboten, als für den der griechischen Numismatik. Bei den Familienmünzen finden sich nur ganz vereinzelt Citate, welche über das Jahr 1860 hinausreichen, viel zahlreicher sind dieselben bei den Kaisermünzen. Die umfassende Behandlung, welche Mommsen mit seiner im Jahre 1860 erschienenen Geschichte des römischen Münzwesens geliefert hat, ist hier offenbar von entscheidendem Einfluss gewesen. Von Cohen's beiden grossen Werken haben nur die Familienmünzen noch Aufnahme gefunden, die Kaisermünzen, welche mit ihrem 6. Bande 1862, mit ihrem Supplementband 1868 erschienen sind, werden nur einmal gelegentlich erwähnt, d'Ailly, Recherches sur la monnaie Romaine (Paris 1864 ff.) überhaupt nicht mehr, und Gleiches gilt für die Byzantinischen Münzen, wo Sabatier, Description générale des monnaies byzantines (Paris 1862) schon ganz ausser Betracht geblieben ist. Gleichwohl hat auch der die römische Numismatik behandelnde Theil aufgenommen werden müssen, um dem Repertorium wenigstens eine gewisse äussere Vollständigkeit zu geben, und zugleich um zu zeigen, wie weit der Verfasser die auf diesem Gebiet erschienenen Arbeiten berücksichtig hatte; zugefügt worden ist hier nur, was an Beiträgen Friedlaender's aus den späteren Jahren auf diesem Gebiete veröffentlicht worden ist.

Das Repertorium hat vier Decennien der Entwickelung der numismatischen Disciplin mit durchlebt; wenn es darum die deutlichen Spuren einer allmäligen Entstehung an sich trägt, so sind dieselben, soweit sie nicht für die Benutzung wirkliche Unzuträglichkeiten verursachten, auch beibehalten worden, lehren doch diese an sich trockenen Citatenreihen ein Stück Geschichte der Numismatik.

Man wird nicht fehlgehen, wenn man annimmt, dass die seit dem Anfang der 60er Jahre stätig zunehmende Thätigkeit, welche Friedlaender nach Pinders Abgang am Königlichen Münzkabinet entfaltet hat, nicht zum Wenigsten dazu beigetragen habe, die Arbeit am Repertorium in's Stocken gerathen zu lassen. Dasselbe ist Torso geblieben und wird nun auch in dieser Gestalt veröffentlicht, von dem Wesen des Verfassers hat es gleichwohl noch sein Theil bewahrt.

Bei der Correctur hat des Verfassers Neffe, Herr Archivrath Ernst Friedlaender mich zu unterstützen die Güte gehabt. Besonderen Dank habe ich zum Schluss noch auszusprechen dem Nachfolger des Verfassers in seinem Amte am Königlichen Münzkabinet, Alfred von Sallet, der mir bei der Herausgabe mit Rath und That in der freundschaftlichsten Weise zur Seite gestanden hat.

Berlin, den 18. October 1885.

R. Weil.

VORWORT DES VERFASSERS.

Dies Repertorium von Citaten über Münzen, welche Mionnet nicht kannte, ist allein für meinen eigenen Gebrauch verfertigt. Dies muss man im Auge behalten, wenn es einmal gedruckt werden sollte, wozu es nicht bestimmt ist, wogegen ich aber auch nichts habe.

Unvollkommen ist es natürlich. Der grösste Fehler ist, dass bei den Citaten nicht mit einem Wort angegeben ist, was für eine Münze, ob AV, AR, Æ, was für ein Typus. Nur einzelne Citate, aus späterer Zeit der Arbeit, haben dies, andere z. B. Athen sind ganz gut angeordnet. So müssten sie alle sein. Leider ist mir das erst zu spät klar geworden.

Von dem Konerschen Repertorium ist meines ganz unabhängig, es war so gut wie fertig als jenes erschien. Ich habe es Citat für Citat verglichen, wo Abweichungen waren nachgeschlagen, immer, und eine geringe Anzahl (gewiss nicht 100) aus nicht numismatischen Zeitschriften habe ich von Koner überkommen. Mein Repertorium unterscheidet sich namentlich von jenem 1) dadurch, dass er nur ausnahmsweise Bücher aufgenommen hat, Sestini gar nicht; 2) darin, dass ich manche unnütze und veraltete Dinge absichtlich fortgelassen, so Artikel, die Eckhel schon hat; 3) und das ist die Hauptsache, dadurch, dass ich die Kaisermünzen besonders habe.

Die Titel der Aufsätze, in Journalen die Namen der Autoren derselben sind fortgelassen, denn in den meisten Fällen ist es für den Benutzer des Repertoriums einerlei, ob es heisst Remarques sur la numismatique de . . . , oder considérations sur les monnaies de . . . , und ebenso ob Hinz oder Kunz den Aufsatz geschrieben. Wer von diesem Repertorium Nutzen ziehen will, muss und soll eben da nachsehen, wohin er gewiesen wird. Ich weiss jedoch sehr wohl, dass sich für die andere Ansicht, für Ausführlichkeit, viel sagen lässt und kann nur wiederholen: es ist für meinen Gebrauch verfertigt; wenn es publicirt wird, wird es auf Wunsch meiner Freunde publicirt; wem es nicht gefällt, der brauche es nicht.

INHALT.

	Seite
Vorwort des Herausgebers	III
Vorwort des Verfassers	VII
Inhalt	IX
Druckfehler und Zusätze	XII
Alphabetisches Verzeichniss der excerpirten Bücher und Zeitschriften	1
Handbücher. Allgemeines. System. Geschichte der Numismatik	9
Chronologie. Aera. Das älteste Geld	10
Werthbezeichnungen. Metrologie. Gehalt. Technisches	11
Stempelschneider	14
Antike Falschmünzerei	15
Falsche Münzen	15
Oeffentliche Sammlungen	16
Aeltere Privatsammlungen	19
Münzsammlungen, welche der Verf. gesehen	23

Griechische Münzen.

	Seite
Allgemeines. Varia	26
Typen	29
Einzelne Buchstaben, Besonderheiten der Schrift	35
Namen und Titel der Kaiser	38
Zur Erläuterung der Bibel	38
Punische Münzen	39
Hispanien	40
Lusitanien	41
Baetica	41
Balearische Inseln	43
Tarraconensis	44

	Seite
Gallien	46
Narbonensis	47
Aquitanica	49
Lugdunensis	51
Belgica	53
Britannien	56
Germanien	58
Ungarn und Donauländer	60
Italien	61
Aes Grave	62
Oberitalien	63
Etrurien	63
Umbrien	65
Ager Picenus	65
Vestiner. Marruciner	66
Latium	66
Samnium	68
Frentaner	69
Campanien	69
Apulien	74
Calabrien	77
Lucanien	79
Bruttium	84
Unbestimmte	90
Sicilien	91
Sicilische Könige	102
Inseln bei Sicilien	103
Taurischer Chersones	104
Sarmatien. Scythien	107
Dacien. Pannonien	110
Moesien	111
Thracien	116
Thracischer Chersones	128
Thracische Inseln	133

	Seite
Paeonien	135
Macedonien	136
Könige	149
Thessalien	155
Inseln bei Thessalien	163
Dalmatien, Liburnien	163
Illyricum	164
Epirus	168
Corcyra	173
Acarnanien	174
Aetolien. Doris	177
Locris	178
Phocis	179
Boeotien	180
Attica	184
Peloponnes	189
Achäischer Bund	189
Achaia (autonome Stadtmünzen)	192
Elis	199
Inseln bei Elis	200
Messenien	201
Laconien	203
Argolis	204
Arcadien	207
Creta	211
Euboea	218
Cycladen	219
Kleinasien. Allgemeines	224
Cimmerischer Bosporus	224
Colchis	226
Pontus	226
Könige von Pontus u. Bosporus	230
Könige von Bosporus	232
Paphlagonien	235
Bithynien	238
Könige	245
Mysien	246
Pergamum	251
Inseln bei Mysien	253
Troas	253
Inseln bei Troas	258
Aeolis	258
Inseln bei Aeolis	260
Ionien	262
Inseln bei Ionien	269

	Seite
Carien	270
Könige	280
Inseln bei Carien	280
Lycien	282
Inseln bei Lycien	287
Pamphylien	287
Pisidien	292
Isaurien	297
Lycaonien	297
Cilicien	298
Inseln bei Cilicien	305
Cypern	305
Lydien	306
Könige von Lydien	313
Phrygien	313
Galatien	325
Könige von Galatien	327
Cappadocien	327
Könige von Cappadocien	329
Armenien	329
Asien. Könige von Syrien	330
Commagene	333
Cyrrhestica. Chalcidene. Palmyrene	334
Seleucis, Pieria	334
Coelesyrien	336
Trachonitis, Ituraea	337
Decapolis	338
Phoenicien	339
Galilaea, Samaritis	342
Judaea	343
Könige. Aufstandsmünzen	347
Arabien	347
Mesopotamien	347
Babylonien	349
Assyrien	349
Characene	350
Parthien	350
Persien	353
Bactrien	355
Aegypten	364
Alexandria	366
Nomen (alphabetisch)	373
Axumiten	377
Cyrenaica	377
Syrtica. Byzacene	379

	Seite		Seite
Zeugitana (Carthago)	379	Familienmünzen (in alphabetischer Anordnung)	389
Numidien. Mauretanien	380		
Könige	380	Kaisermünzen (von Caesar bis Odoaker)	401
Unbestimmte, nach Africa gehörig	381	Ostgothen. Vandalen	425
		Ostreich (von Arcadius an) und Byzantiner	426
Römische Münzen.		Die Angelos und die Lateinischen Kaiser	434
Allgemeines	382	Trapezunt	436
Werthbezeichnungen	383	Byzantiner (von Michael VIII an)	436
Exagia	384		
Christliche römische Münzen	384	Byzantiner. Allgemeines	437
		Kreuzfahrer	438
Funde von römischen Münzen	385	Contorniaten. Tesserae. Blei	439
Familienmünzen. Allgemeines	388	Unbestimmte, griechische und römische	440
Besondere Typen	389		

DRUCKFEHLER und ZUSÄTZE.

Seite 23 Zeile 8 von oben lies: Mertens-Schaaffhausen.
Seite 29 Zeile 17 von oben lies: schon bei Rasche zu finden.
Seite 19 vor Zeile 6 füge ein: [d'Ailly, jetzt im Cabinet des Médailles in Paris].
Seite 65 bei Firmum füge ein: Das Freund'sche Exemplar des Sextans, das identische bei Marchi und Tessieri Cl. II Tafel IV abgebildete, lag 1871 hier vor, es hat ЯІꟻ also lateinische Buchstaben, der Quadrans bei Marchi und Tessieri hat ꓱIꓛ also oskische Buchstaben. Da sie zu einer Serie gehören, höchst bedenklich. Das Freund'sche Exemplar ist ächt, ein Abdruck im Königlichen Münzkabinet vorhanden.

ALPHABETISCHES VERZEICHNISS
DER EXCERPIRTEN BÜCHER UND ZEITSCHRIFTEN.

Alle eingetragenen Monographien sind am Anfang der Artikel zu suchen.
Fragezeichen vor dem Citat bedeutet zweifelhafte Zutheilung. Klammer um den Stadtnamen irrige Zutheilung.

Archäologisches Institut in Rom.
 1. Annali, bis 1863 einschl. — 2. Bullettino, bis 1863 einschl. — 3. Monumenti, bis VII einschl. — 4. Memorie, drei Hefte. — 5. Nouvelles Annales, 2 Bde., dazu ein Folioband Monuments inédits (die Tafel mit ital. Münzen ist aus Luynes Choix).
 Anm. Monumenti Annali Bullettino für 1854 und 1855 sind zusammen in je einem Folioband für jedes Jahr erschienen.
 Monumenti und Annali für 1856 auch in einem Folioband, aber Bullettino 1856 für sich in 8⁰.

Antologia di Firenze, herausgegeben von Vieusseux. Band 1—48. Von 1821 bis 1832, in welchem Jahre die Zeitschrift unterdrückt worden ist.
 (Jeder Band enthält drei Hefte, deren Zahl aber läuft durch das ganze Werk fort. Im Index jedes Bands sind die drei darin enthaltenen Hefte A B C bezeichnet.)
 Die 48 Bände sind durchgesehen und die wenigen num. Artikel excerpirt. In Band 18, Heft LIII, 68 (1825), ist ein Artikel von Sestini: Berichtigungen zu Mionnet Supplément III. Diese sind excerpirt, genau. Mein Vater besitzt dazu eine continuazione, wohl für die Antologia gedruckt, aber wie es scheint nicht darin erschienen. Auch diese continuazione ist genau excerpirt und die Citate bezeichnet: „Sest. in der cont. zur Antol. di Firenze LIII."
 Diese continuazione reicht aber auch nur bis Seite 466 des Supplément III und es steht darunter „sarò continuato". Ob dies geschehen, weiss ich nicht. Nach einem Brief von Migliarini in Florenz vom 18. Febr. 1854 befindet sich die continuazione unterzeichnet Zadik el Baba (padre della verità) in der Antologia 1826, Heft 69 Settembre, 8 Seiten, mit eigener Paginirung als ein Anhang zu diesem Heft. In dem Exemplar der Königl. Bibl. fehlt sie.

Archäologische Zeitung, herausg. von Gerhard. Berlin 1843—1863 einschl.

Avellino Opuscoli diversi. Napoli 1826—1836. 3 Bde. 8⁰.

Avellino Bullettino archeologico Napolitano. 4º. 6 Bde.
(Die nicht italischen M. sind gewöhnlich bekannte, hier nur gelegentlich erwähnte.)
Nuova serie, pubbl. per cura del P. Raf. Garrucci e di G. Minervini, citiert: Bull. Nap. nuova serie. Anno I, II, III.
Badeigts de Laborde. Auctions-Katalog 1869.
Blätter für Münzkunde, herausg. von Grote. Hannover. 4 Bde.
(Die Fortsetzung siehe Münzstudien.)
Berliner Blätter für Münz-, Siegel- und Wappenkunde. Berlin 1863. — Citiert Berlin. Bl. f. Mk. Bd. I, II.
Borghesi Osservazioni numismatiche, Rom 1821*), die 10 ersten Decaden; 7 folgende stehen im Giornale Arcadico, und zwar

Dec. XI Band 24 Seite 290
— XII — 25 — 67
— XIII — 25 — 359 und
— — 26 — 53
— XIV — 28 — 64 und 208
— XV — 36 — 65 und 320
— XVI — 40 — 180 und
— — 65 — 102
— XVII — 84 — 168

Böttiger Amalthea. Leipzig 1820—1825. 3 Th.
Bröndsted, Reisen und Untersuchungen in Griechenland. Paris 1826 und 1830. 2 Th. kl. Fol.
de Cadalvène, Récueil de méd. gr. inédites. Paris 1828. 4º.
Mionnet konnte zu den 3 ersten Suppl.-Bänden dies Buch nicht benutzen, zum vierten u. d. f. hat er es benutzt (siehe z. B., S. IV, 71, 473). Daher ist es hier nur bis zu S. 174 excerpirt.
Campana, Catalogue of the greek and roman coins. London 1846.
Versteigerungs-Katalog, von J. Curt, Münzhändler, verfasst. Ziemlich werthlos, besonders sind die griechischen Münzen schlecht beschrieben, doch habe ich die unedirten griech. und röm. excerpirt, von denen manche wohl edirt sein mögen, nur nicht bei Mionnet.
(Chaudoir), Corrections et additions à l'ouvrage du Chev. D. Sestini: Descrizione d'alcune med. gr. del museo Chaudoir. Paris 1835. 4º.
Mionnet scheint dies Buch auch in den letzten Supplementbänden nicht benutzt zu haben, wenigstens fehlen bei ihm mehrere wichtige Münzen aus demselben; ich habe es daher ganz excerpirt. Dazu gehört:
— Supplément aux corrections et additions u. s. w. Ohne Ort und Jahr.
Caronni a Tunis ossia Viaggio e ritorno corredato de monumenti di antichità. Milano 1805. 2 Theile**).
Der zweite Theil (S. 90 und 143) enthält mehrere Münzen, von denen die wichtigeren excerpirt sind.
Denkschriften der Wiener Akademie, Philolog.-histor. Classe. Bd. I—IV.
Sitzungsberichte wären noch nachzusehen.
Diamilla, Memorie numismatiche Anno primo. Rom 1847. 4º†).

---

*) Dies ist ein Abdruck aus dem Giornale Arcadico, wo diese 10 Decaden, von Band XII bis Band XXIII, auch zu finden sind.
**) Manche Exemplare haben einen anderen Titel: Ragguaglio del viaggio di un antiquario usw.
†) Unbedeutende Berichtigungen und Nachträge von Cavedoni: Revue archéol. IX 343.

Mehr ist nicht erschienen, weil der Herausgeber Scrittore sostituto der Vaticanischen Bibliothek die besten Stücke der Sammlung gestohlen hat und 1850 auf die Galeeren gekommen ist. 1852 ward er von Pius IX., dem er persönlich nahe gestanden hat, begnadigt, ging nach Paris, verkaufte dort ebenfalls aus dem Vatican gestohlene Gemmen.
Auf einem zweiten neuen Titel zu den obigen Memorie nennt er sich D. D. Muller (nach dem Namen seiner Frau).

Dumersan, Description des méd. ant. du cab. de M. Allier de Hauteroche. Paris 1829. 4⁰.
Da fast alle Beschreibungen unvollständig sind, namentlich die Aufschriften nicht angegeben werden, so kann man fast nur die abgebildeten M. benutzen.
Mionnet hat vom 5. Suppl. an das Buch benutzt, d. h. von den Bithynischen M. an. Ich habe daher nur bis dahin (bis zu Tafel X, N. 17) excerpirt, sowohl die abgebildeten als die ausführlicher beschriebenen, von Dumersan mit * bezeichneten.

Dumersan, Médailles inédites ou nouvellement expliquées. Paris 1832. 8⁰.
Nur eine oder zwei sind in die letzten Supplementbände von Mionnet aufgenommen. Darum ist das kleine Buch hier ganz excerpirt. Es ist ziemlich werthlos.

Eckhel, Addenda ad doctrinam numorum veterum. Vindobonae 1826.
Zu den drei ersten Supplementbänden, welche vor 1826 erschienen, konnte Mionnet dies Buch nicht benutzen, es ist also bis zum Suppl. IV, bis Achaia, excerpirt, insofern es für diesen Zweck nöthig schien.
(Das ganze Buch in unser Exemplar der Doctrina eingetragen.)

Falbe, Recherches sur l'emplacement de Carthage. Paris 1833. S. 110 ist eine Reihe von Münzen beschrieben, diese sind aufgenommen.

Fiorelli, Osservazioni sopra talune monete rare di città greche. Napoli 1843. 4⁰.
— Monete inedite dell' Italia antica. Napoli 1845. 4⁰.
— Annali di Numismatica. Volume I. Roma 1846.

Fox, C. R., Lieutn.-General, Engravings of unedited or rare greek coins, part I Europe. London 1856. 4⁰. (Die Nummern gehen durch, es wird also citirt: Fox 31.)
Ferner part II Asia and Africa. London 1862. (Die Nummern gehen auch hier durch, es wird citirt: Fox II 31.)

Friedlaender, Julius, Die oskischen Münzen. Leipzig 1850.
— u. M. Pinder, Beiträge zur ält. Münzkunde I. Berlin 1851.

Gréau, Auctions-Katalog. 2 Theile. Gr. und röm. Münzen 1867 u. 1869.
Die röm. M. zu excerpiren, erscheint überflüssig, da Cohen sie alle in seinem Sammelwerk hat.

Greppo, Description des médailles du cabinet de M. l'Abbé H. G. (Greppo). Paris 1856. 8⁰.
Die unedirten excerpirt, doch mögen einige übersehen sein.

Heydecken, Numos antiquos quos collegit b. ab Heydecken descripsit Ad. de Rauch. Berol. 1845.
Sämmtliche unedirte Münzen sind excerpirt.

Jahrbücher des Vereins der Alterthumsfreunde im Rheinlande. Heft I—XXII. (23—70 fehlen mir noch.)

Payne-Knight, Nummi veteres civitatum regum gentium in museo Richardi P.-K. asservati. Londini 1830. 4⁰.
Recensirt Annali d. Inst. 1832, 353.

Der Katalog ist nicht gut geordnet, viele Attributionen sehr willkürlich, worüber obige Recension klagt, die Grösse der Münzen nicht angegeben, doch enthält er manche interessante Münzen. Er ist durchgesehen und die wichtigsten Artikel mit Benutzung der Millingen'schen Bemerkungen hier angeführt. Eine genauere Benutzung lohnt nicht.

Köhler, Gesammelte Schriften, herausg. von Stephani. Petersburg 1850. 6 Bde.

Lavy, Museo Numismatico. Torino 1839. 2 Bde. 4°. Die Inedita sind sämmtlich excerpirt. Die Abbildungen sind treu, allein d. Beschreibungen nicht immer, wovon ich mich in einzelnen Fällen durch Vergleichung mit den Münzen selbst überzeugt habe.

Leitzmann, Verzeichniss sämmtlicher seit 1800 erschienenen num. Werke. Weissensee 1841.

Luynes, Choix de médailles antiques. Paris 1840. (17 Tafeln.)

— Études numismatiques sur quelques types rélatifs ou culte d'Hécate. ib. 1835.

Magnoncour, Description des méd. du cabinet de M. de Magnoncour par A. de Longpérier. Paris 1840. Die unedirten sind excerpirt.

Mainoni, Nota di alcune medaglie antiche della collezione Mainoni. Milano 1818. Fol.

Mémoires de la société d'archéologie et de numismatique de S. Petersbourg. 1847—1852.

— de Trevoux, so citirt Eckhel, und nach ihm Mionnet, ohne Jahrangabe eine Anzahl von Münzen, welche Panel publicirt hat. Sie stehen im Jahrgang 1737 October pag. 1792.

Micali, L'Italia avanti il dominio dei Romani. Firenze 1810. 8°. 4 Bde. Dazu Atlas: Antichi monumenti. Firenze 1810. Fol.

— Storia degli antichi popoli Italiani. 3 Bde. 8°. Firenze 1832. Atlas: Monumenti per servire alla storia usw. Firenze 1832. Fol.

— Monumenti inediti. 1 Bd. 8°. Firenze 1844. Atlas mit gleichem Titel. Fol.

Die Münzen in allen drei Werken, soweit sie nicht aus bekannten Büchern copirt, sind excerpirt.

Millin, Monuments antiques inédits ou nouvellement expliqués. 2 Theile. Paris 1802—1806. 4°.

Millingen, Ancient coins of greek cities and kings. London 1831. 4°. Recens: Annali d. Inst. 1830, 301.

— Sylloge of ancient unedited coins of greek cities and kings. London 1837. 4°. Darüber: Nouvelles Annales II, S. 85.

Millingen Recueil ist 1812 erschienen, also vor Mionnets Supplement, dieser hat es benutzt, also wäre es überflüssig, hier wieder zu excerpiren. Millingen Considérations sur la num. de l'ancienne Italie ist bei Italien angeführt aber nicht excerpirt, da es Bemerkungen über alle Prägstätten Italiens enthält. Die im Supplement abgebildeten meist unedirten Münzen sind excerpirt.

Mionnet. Bd. VII, pag. 110 u. f. giebt Aufschlüsse über die in Bd. VI 610 ff. aufgeführten Incertaines.

Diese Aufschlüsse sind unter den Städten, welchen die Incertaines zugetheilt werden, eingetragen.

Mittheilungen der Berliner Numismatischen Gesellschaft. Berlin. Heft I u. II.

Monumenti inediti di antichità e belle arti. Napoli 1820. 4°.

(Meist oder ganz in die Opuscoli von Avellino übergegangene uned. Münzen.)

Moustier, Auctions-Katalog. Paris 1872.
Der Münter'sche Auctionskatalog enthält Inedita, welche eingetragen sind.
Münter, Descriptio aliquot n. Hispaniae et Italiae s. l. et. a. 8.
Münzstudien von Grote. Band I—III. IV 1.
Museo Borbonico, später Museo di Napoli. Theil I—XVI 1 u. 2. VII, X, XI, XIII, XIV enthalten keine Münzen, ebenso wenig XVI 1 u. 2.
Noehden, Specimens of ancient coins of Magna Graecia and Sicily from the Cabinet of Lord Northwick. London 1826. 4º.
Numismatic Journal, herausg. von Akerman. Band I u. II. London 1837, 1838.
— Chronicle, herausg. von Akerman. Band I—XX. 2. Serie I, II.
Numismatische Zeitung, siehe Blätter für Münzkunde.
Pembroke. Catalogue of the P. Collection which will be sold by auction. London 1848. Enthält viele Berichtigungen des alten Werks, welches derselben sehr bedarf: „in fact the Pembroke plates cannot be depended upon nor referred to for accuracy of detail", steht bei No. 106 des Versteigerungskatalogs der Bird'schen Sammlung 1854, wo von einer ehemals Pembroke'schen Münze die Rede ist.
(Zum Pembroke'schen Kupferwerk gehört: „Ames Index, often wanting").
Pinder und J. Friedlaender, Beiträge zur älteren Münzkunde. Bd. I, 1, 2. Berlin 1851.
Atti della società Pontaniana
    Band I. 1810 Nap.
     „ II. 1812 „
     „ III. 1819 „
Memorie dell' accademia Pontaniana. Band I, II. Napoli 1832, 1833.
Ausser einigen wenigen eingetragenen Kleinigkeiten enthalten sie alle nur Aufsätze von Avellino, welche in seinen späteren Schriften niedergedruckt sind.
v. Prokesch, Griechische Münzen.
Abhandlungen der Berliner Akademie, philologische und historische Classe aus dem Jahr 1845. Berlin 1847. Seite 71.
— Bericht über die Verhandlungen der Berliner Academie 1848 p. 418.
Rangabé, Antiquités helléniques ou répertoire d'inscriptions etc. Vol. I. Athènes 1842.
(40 griech. Mz. der Smlg. Prokesch, welche nachher in Gerhards archäol. Zeitung abermals edirt sind.)
Revil, Catalogue d'une collection d'objets d'art etc. méd. grecques composant le cabinet de M. Revil. Paris 1845.
Die Inedita sind excerpirt.
Revue archéologique. Band I—X.
— numismatique. Blois 1836—1863, 1865.
— numismatique belge. I—VI.
    Série 2 I—VI.
     „ 3 I—VI.
     „ 4 I.
Riccio, Repertorio delle monete antiche del regno di Napoli. Napoli 1852.
Die Inedita sind excerpirt nach Bullettino 1853. 122.
Catalogue de la collection Sabatier. St. Petersbourg 1852. 8º. Die unedirten M. sind excerpirt und nach den Nummern citirt, die jedoch an einigen Stellen verwirrt sind und doppelt vorkommen. Diese M. sind in seiner Iconographie abgebildet.

Ob diese Iconographie noch mehr Inedita enthält? Gewiss. Nachher ist noch ein engl. Auctions-Katalog erschienen, der dieselben M. oberflächlich beschreibt.

Schlichtegroll, Annalen der Numismatik. Leipzig 1804. Band I und II, 1. Heft. Mehr ist nicht erschienen.

Sestini, Descrizione d'alcune med. gr. del museo Chaudoir. Firenze 1831.

Mionnet scheint auch zu den letzten, später erschienenen Supplement-Bänden dies Buch nicht gehörig benutzt zu haben, vielleicht weil Sestini manche der hier beschriebenen Exemplare schon in den Lett. di cont. IV und V publicirt hatte. Allein es fehlen bei Mionnet nun mehrere, hier von Sestini zum ersten Mal edirte M., z. B. fehlen im Suppl. VI, welches 1833 erschien, die von Sestini p. 91 n. 4 u. 5 edirten M. des Valerian und Decius von Colophon.

Ich habe deshalb das Buch ganz excerpirt, mit Fortlassung der von Sestini als schon früher edirt bezeichneten Exempl. Vergl. dazu Chaudoir corrections et additions (s. vorn).

— Descrizione di alcune med. gr. del museo del Principe Christiano Federigo di Danimarca. Firenze 1821. 4°.

Mionnet S. II ist 1822 erschienen; es sind also hier nur die M. von Italien und Sicilien excerpirt, die übrigen hat Mionnet.

— Descrizione d'alcune medaglie greche del museo Fontana. 3 Theile. Firenze 1822, 1827, 1829.

Mionnet hat den ersten Theil erst von Macedonien an zum Suppl. III u. f. benutzen können; den zweiten von Achaia an zum Suppl. IV u. f.; den dritten von Bithynien an zum Suppl. V n. f.

Es sind hier nur diejenigen Stücke der drei Theile excerpirt, welche Mionnet nicht kannte, also vom ersten Theil nur das Stück bis zu Macedonien u. s. f.

Zu Ramus Catalogus numorum musei Regis Daniae ist zu vergl.: Sestini lettera critica all' estensore del libro catalogus usw. Ohne Titel. 23 Seiten. 4°.

— Lettere I—IX und Lettere di continuazione I—IX.

Lett. I—IX und Lett. di cont. I—III sind vor Mionnets Supplément erschienen, konnten also darin benutzt werden. Lett. di cont. IV—IX sind 1818—1820 erschienen, also theils gleichzeitig mit, theils nach Suppl. I. Lett. IV—IX habe ich daher, was den Inhalt von Suppl. I angeht (d. i. bis Ende von Sicilien), excerpirt. Zu Suppl. II und den folgenden konnte Mionnet die Lett. IV—IX benutzen und hat es gethan. Allein da manche Aufsätze in allen 18 Lett. mehr als blosse Beschreibungen geben, so habe ich sie alle durchgesehen und viel daraus excerpirt; bis jetzt nur Lett. d. cont. 1—9. Die Lett. 1—9 sind weniger nöthig zu excerpiren, am wenigsten 6 und 8, da ich sie in meinem Katalog d. Königl. Samml., über die sie handeln, critisirt. Mionnet hat wirklich manches übersehen (besonders Berichtigungen)*), und ausserdem zuweilen den Sestini nicht citirt.

---

*) z. B. Mionnet III 365 363 Nysa Hadrian, aus Vaillant. Dazu sagt Sestini Lett. di cont. VI, 57, diese Münze existire nicht, sondern sei die bei Mionnet l. c. 362 beschriebene. Diese doch wichtige Berichtigung hat Mionnet in Suppl. VI nicht aufgenommen.

Sestini Lett. d. cont. VII 81, Dardanus, Sept. Severus, sagt (1820) die M. gehöre nach Alinda, Mionnet aber S. V 554 380 (1830) hat sie noch an der falschen Stelle!

Diese Beispiele sind nicht etwa Ausnahmen, sondern wo ich nachgesehen findet sich, dass Mionnet manches übersehen. Aber die grosse Ausdehnung seiner Arbeit entschuldigt ihn.

Freilich ist dadurch manches überflüssige Citat in mein Register gekommen, welches sich schon bei Mionnet findet, allein dies schadet nicht viel, denn Jeder kann leicht in seinem Mionnet nachsehen, ob dieser das Citat schon hat.

Sestiui Descrizione di molte med. greche esistenti in più musei. Firenze 1828.

Anhang mit besonderer Seitenzahl Castigationes zum Katalog (Caronni) der Wiczayschen Sammlung zu Hedervar.

Die Fortsetzungen heissen:
Descrizione di med. ant. gr. del museo Hedervar. Parte II 1828, Parte III 1829, Parte III Continuazione 1829. (Diese enthalten Asien und Afrika.) Parte Europea Abth. 1 und 2 (welche ich nach Sestinis Vorgang: Mus. Hedervar IV 1 und 2 citire). Mehrere in in diesem letzten Theile enthaltene Münzen waren schon in der Descr. di molte med. gr. in più musei publicirt worden.

Mionnet hat die Descr. di molte med. und den Theil IV des mus. Hedervar zu Suppl. I bis IV nicht benutzen können, beide sind also excerpirt. Dagegen hat Mionnet Theil II und III des mus. Herdervar zu Suppl. V und der folgenden benutzt; also ist nur der Anfang von Theil II des mus. Hedervar excerpirt bis zum Ende von Paphlagonien, wo Mionnet Suppl. V beginnt.

Die Castigationes sind nicht excerpirt. Jeder Benutzer von Caronnis wird sie zu Rathe ziehen.

Spratt and Forbes, Travels in Lycia. London 1847. Bd. 1 u. 2.

Steinbüchel, Notice sur les médaillons romains en or du musée imperial de Vienne. Vienne 1826. 4⁰.

Stieglitz, archäologische Unterhaltungen. 2. Abth. Münzkunde. Leipzig 1820.

Streber, Gesch. des Münch. Münzkabinets, Denkschr. der Münch. Akad. Hist. Kl. 1808. Darin 12 griech. Münzen.

— Griech. Münzen als Anhang zur Fortsetzung der Gesch. des Münch. Münzkabinets. Denkschriften der Münch. Akad. Hist. Kl. 1815.

— Griech. Münzen als Anhang zur zweiten Fortsetzung der Gesch. des Münch. Münzkabinets. Denkschriften der Münch. Akad. Hist. Kl. 1818—1820.

Die meisten sind als Cousinéry'sche bei Mionnet im Suppl.

— Numismata nonnulla graeca ex museo Regis Bavariae. In den Abhandlungen der K. Bairischen Akad. zu München 1835. Theil I. Philologisch-historische Klasse.

Thomas, Catalogue of the collection of coins and medals formed by Thomas. London o. J. Auktions-Katalog einer überaus reichen Sammlung; in drei Abtheilungen, deren zweite und dritte die antiken Münzen enthalten. Einige wichtigere sind excerpirt, namentlich bis Ende von Macedonien. Eine ganz genaue Durchsicht wäre sehr mühsam und würde wohl nicht lohnen.

Thorwaldsen, Description des monnaies antiques du musée Thorwaldsen. Kopenhagen 1851. Citirt: Thorwaldsen und die Nummer. Nur die abgebildeten Münzen habe ich eingetragen.

Transactions of the R. Society of Literature. London 1827—1850.
Vol. I, II, III. 4⁰, und second series
Vol. I, II, III. 8⁰.

Welzl von Wellenheim, Verzeichniss der Münz- und Medaillen-Sammlung. Wien 1844.

Der erste Band enthält die antiken Münzen; die unedirten sind excerpirt. Die Citate sind: „Welzl 9", dies ist die durch den ganzen Band laufende Nummer der Münze.

Römische Münzen sind nicht als unedirt bezeichnet, auch nicht byzantinische, doch unter den letzteren mögen leicht einige neue Varietäten sein. [Verfasser des Katalogs ist: Achilles Posfolakka, jetzt Director des National-Münzkabinets in Athen.]

Wiczay, Museum Hedervar. Bd. I.

Zu diesem von Caronni verfassten schlechten Katalog hat Sestini in Descr. di molte med. in più musei und Descr. di med. ant. del museo Hedervar II, III, IV Verbesserungen gegeben, die bei jeder Benutzung des Caronni'schen Buches nachzusehen nöthig ist, doch ist auch nicht immer ganz zu trauen.

Zeitschrift für Münz-, Siegel- und Wappenkunde, herausgeg. von Köhne. Berlin. 6 Bde.

Citirt als „Berliner Zeitschrift".

(Die nächstfolgenden Bände heissen Memoiren der Petersburger num. Gesellschaft.)

— für Münz-, Siegel- und Wappenkunde 1859—1862. 1 Band. 4°; ist citirt Zeitschr. für Mk. 1859—1862.

(Die nächstfolgenden Bände heissen Berliner Blätter für Münzkunde.)

ANTIKE NUMISMATIK.

HANDBÜCHER — ALLGEMEINES — SYSTEM — GESCHICHTE DER NUMISMATIK.

Handbücher.

Hennin, Manuel de la num. ancienne. Paris 1830. 8⁰.
Akerman, numismatic manual or guide to the study of greek roman and english coins. London 1841. 8⁰.
Lefebvre, traité élémentaire de numismatique. Abbeville 1850.
v. Werlhof, Handbuch d. griech. Numismatik. Hannover 1850. 8⁰.
Barthélemy, Nouveau manuel de num. ancienne. Paris Roret. 18⁰. Atlas de 12 pl. 1851.
Über numismatische Landkarten Schlichtegroll Annalen I. 30.
Abriss der alten Münzkunde: Stieglitz Archäol. Unterhalt. II. 1.
Tabellarische Übersicht der griech. Münzen: Blätter für Münzkunde. IV. 217.
Green, Atlas numismatique. Paris 1829. Folio. (Chronologisch zusammengestellte Königsmünzen.
Lipsius, Elenchus num. vet. pop. Dresden 1810. 8⁰.
Strozzi, Quadro di geographia numismatica. Firenze 1836. 4⁰.
Übersicht der neueren numism. Litteratur: Blätter für Münzkunde. I. No. 17 u. 34.
Sestinis nachgelassene Handschrift, eine Sammlung aller Münzen die er gekannt, ist in Wien mit dem Titel: Systema geographicum numismaticum. (Siehe Steinbüchel im Archiv f. Kunde der östr. Geschichtsquellen, XI, 1853. S. 132, bei Heraclea.)
Wieviel Fehler und Flüchtigkeiten mögen darin sein!
Auch die Kgl. Bibl. besitzt ein Exemplar, aber ein 1810 abgeschlossenes, unvollkommenes.

Allgemeines.

Stieglitz, Archäol. Unterhaltungen. Th. II.
Cardwell, Lectures on the coinage of the Greeks and Romans. Oxford 1832.
Longpérier, Über Numismatik. Revue archéol. I. 89.

Creuzer, Rückblick auf praktische Seiten des antiken Münzwesens. Deutsche Vierteljahrschrift. 1838. Heft 4.
Pinkerton, Essay on medals. London 1808.
Garnier, Histoire de la monnaie depuis les temps de la plus haute antiquité. Paris 1819.
Arneth über Numismatik in Hormayrs Archiv für Geographie u. s. w. 1822. No. 18—43.

System.

Über num. Systeme. Grote, Bl. f. Mk. I. No. 26 u. 35.
Ein num. System. Grote, Bl. f. Mk. III. 150.
Ponce, Essai sur le classement chronologique des méd. gr. Toulon 1826.

Geschichte der Numismatik.

Schlichtegroll, Gesch. des Studiums der alten Münzkunde. München 1811.
— Übersicht der Geschichte der alten Numismatik. Annalen I. 3.
Leitzmann, Abriss einer Geschichte der Münzkunde. Erfurt 1828.
Numism. Ztg. 1834. No. 1—16. (Leitzmann.)
Zeitschrift für Geschichtswissenschaft. I. 1844. 356. (Köhne, der Zustand der Münzkunde), auch Jahrbücher der Geschichte. I. 1844. 168.
Longpérier, Essai d'appréciations générales en numismatique. Soc. des antiqu. de France. XV. 1840. 232.
Lenormant u. de Witte, élite ceramographique. Th. I. Einleitung, über Münzen. S. 75 ist das Verz. der Abbildungen.
Sabatier, production de l'or, de l'argent et du cuivre. Petersburg 1850. (Auch über Prägstätten röm. Münzen.)
Münzen v. Königinnen. Memorie della R. Accad. di Torino. Band 39. classe scienze morale 1836 S. 19.

CHRONOLOGIE — AERA — DAS ÄLTESTE GELD.

Chronologie.

Ideler, Lehrbuch. 1831.
Hermann, Gr. Monatskunde. Gött. 1844.
Bergk, Beitr. z. griech. Monatskunde. Giessen 1845.

Aera.

De epochis sive notis chronologicis nummorum Imper. Band 4 des Museum Sanclementianum.
Aera der Provinz Asien: Borghesi Osserv. V. 8. Pinder und Friedlaender, Beiträge. I. 26.
— des Philippus, ebenda. I. 194.

Marquardt, Zur Statistik der röm. Provinzen. Leipzig 1854. (Zusammenstellung der Aera.)
Bithynische Aera, Borghesi in Antologia di Firenze. Band 11. Heft 31. S. 87.
Galatische Aera. Bullettino d. Inst. 1845 94.
Aera actiaca auf Münzen der röm. Provinz Macedonien: Mionnet S. III. 14, 94; S. III. 227, 432 u. 433; 230, 459 u. 460. Berhaea Mionnet I. 469, 164.

Das älteste Geld.

Welches Volk hat zuerst geprägt? Num. Chron. I. 234.
Form der ältesten Münzen. Blätter f. Münzkunde. I. No. 31, 32.
Das älteste Geld (Goldringe u. s. w.). Blätter f. Münzkunde. IV. 37.
Barren-Geld (bullion currency). Num. Chron. VII. 85.
Das Ringgeld der Alten. Num. Chron. I. 181.
— der Celten. Transactions of the R. Irish Acad. XVII. 1837 Antiquities p. 7. 91. Num. Chron. VII. 1 u. XVII. 62.
Das afrikanische Ringgeld. United Service Journal. 1847. I. 494.
Kesitah der heil. Schrift. Num. Chron. II. 248.
Pheidon u. die ältesten Münzen. Weissenborn, Hellers Beiträge zur griech. Alterthumskunde. Jena 1844. S. 1.

WERTHBEZEICHNUNGEN — METROLOGIE — GEHALT u. s. f.

Werthbezeichnungen.

Obolos in Metapont.
Triobolo in Samothrace. Hunter 47. XII.
Didrachmon in Rhodos.
Tetradrachmon auf einer Æ unter den unbestimmten des Kgl. Mk. XAΛK III. Berliner Blätter f. Mk. III. S. 12.
Zahlreiche Werthbezeichnungen in Chios. Revue num. 1858. 365 u. 1861. 411.

Römische Werthzeichen auf griechischen Münzen.

HS M. Antonius Æ, bei Morelli N. famil. Oppia D.
AS Lacedaemon Salonina, u. ACA Lacedaemon Geta, beide in der K. Samml. [Friedlaender, Zeitschr. f. Num. VII, 217 f.]
SE Corinth autonome der röm. Colonie.
s Amphipolis mit Typus des röm. Semis.

Metrologie.

Böckh, Metrologische Untersuchungen. Berlin 1838.
In der Einleitung: Litteratur. (Vergl. Revue belge. I. 399.)
Hussey, essay on the anc. weights and money etc. London 1835.
Garnier, Deux mémoires sur la valeur des monnaies de compte chez les peuples de l'antiquité. Paris 1817 und 1824.
Letronne, Considérations sur l'évaluation des m. gr. et rom. Paris 1817.

Garnier, Observations en reponse aux considérations sur l'evaluation des monnaies par Letronne. Paris 1818.
Letronne, Observations sur le second mém. de M. l. C. Germain Garnier. Paris 1824.
— Tabulae octo numorum ponderum etc. apud Graecos et Romanos. Paris 1825.
Bünting, Münz-, Maass- und Gewichts-Berechnung der Juden, Griechen und Römer. Halle 1806. 8⁰.
Paucker, Metrologie der Griechen und Römer. Dorpater Jahrbücher für Litteratur u. s. w. Band V. 177 und 356.
Saigey, Traité de métrologie. Paris 1834. 8⁰.
Vasquez Queipo, Essai sur les systèmes metriques et monétaires des ancients peuples. Paris 1859. 3 Theile. 8⁰.
Annali d. Inst. 1847. 333. (Griech. Gewichtstücke.)
Pinder u. Friedlaender, Beiträge. I. 61. (Attische Gewichtstücke.)
Revue belge. I. 369. (Lampsacus).
Classical Journal. Band 3. 1811. 89.
Num. Chron. VII. 156. Att. Fuss in Sicilien und Italien.
Revue num. 1855. 18. (Rapport de l'or et de l'argent.)
Num. Chron. XVII. 201. (Leake über kleinasiatische Gewichte.)

Gramm	Par. Gr.	Par. Gr.	Gramm	Engl.Gr.	Gramm
1	18.827	1	0.053114	1	0.06476
2	37.654	2	0.106228	2	0.12952
3	56.481	3	0.159342	3	0.19428
4	75.308	4	0.212456	4	0.25904
5	94.135	5	0.265570	5	0.32380
6	112.962	6	0.318684	6	0.38856
7	131.789	7	0.371798	7	0.45332
8	150.616	8	0.424912	8	0.51808
9	169.443	9	0.478026	9	0.58284
10	188.270	10	0.531140	10	0.64760
		$\frac{1}{4}$	0.0132785	$\frac{1}{4}$	0.01619

1 Gramm = 18.82715 Par. Gr.
1 „ = 15.44 Engl. Gr.
1 Par. Gr. = 0.82 „
1 Engl. „ = 1.22 „
1 Duc. = 72.6 Holl. As.
1 Gramm = 20.81256 Holl. As.

folgl. 1 Duc. = $\dfrac{72.6}{20.81256}$ = 3.488 Gramm.

100,000 Gramm = 213.903 Berlin. Pfd.
467$\frac{1091}{3116}$ ($\frac{1}{2}$) Gr. = 1 Berlin. Pfd.
233$\frac{1}{4}$ Gr. = 16 Loth
14$\frac{11}{64}$ „ = 1 „
14.609375 Gr. = 1 „

Altes Pariser Gewicht.

1 livre poids de marc = 16 onces, 1 once = 8 gros, 1 gros = 72 grains.

Aegina Drachme*)	137	Par. Gr.	= 7.28	Gramm.
Euboea Drachmen**)	114.17	„	= 6.067	„
Attisch vorsolonisch***)				
Attisch solonisch	82.2	„	= 4.3659	„
Ptolemäisch	67.2	„	= 3.569	„

Sie verhalten sich wie 6, 5, 3⅔ und 3 (fast).

Gewichte.

In der Friedlaender'schen Sammlung sind 2 Münzen von Velia mit schreitendem Löwen, darüber Φ Dreizack Γ, beide aus denselben Stempeln, beide gut erhalten, und doch ist ihr Gewicht 7.19 und 7.5, also 0.31 Unterschied. Und dies sind Didrachmen! der Unterschied beträgt $\frac{1}{23}$ des Ganzen!

Bei kleinen Stücken findet sich oft das Gewicht noch ungenauer, z. B. 2 kl. Æ von Leontini von gleichem Gepräge und Styl wiegen 0.63 und 0.78, die leichtere ist sogar die besser erhaltene; sie verhalten sich wie 4 : 5 (beinahe).

Heraclea kl. Æ. Acc. 5847 der Kgl. Sl. und ein Ex. der Sammlung Friedlaender sind aus denselben Stempeln und wiegen 0.61 und 0.95, also 2 : 3.

Welchen Einfluss das Oxyd hat, beweist kl. Æ Metapont mit Ähre u. vertiefter Ähre, sie wog 2.76 und nachdem sie 24 Stunden in Salmiak gelegen hatte 2.25, also Verlust an Oxyd 0.51, das ist ⅕ ihres scheinbaren Gewichts. Davon lassen sich freilich die Aprioristen der Numismatik nichts träumen.

Gewicht von Æ. Caelium Acc. 3926 und eine gleiche von Pfau wiegen 9.8 und 8.3, sie sind als Sextanten mit ∞ bezeichnet und die dazu gehörige Unze Acc. 864 mit o bezeichnet, wiegt 6.5.

Andere Beispiele habe ich in der Einleitung zum Aes grave im Katalog angeführt.

---

*) [Vergl. Böckhs Metrolog. Untersuchungen. — Durch das Gewicht 13,71 Gr. merkwürdig ist ein Didrachmon von Aegina mit dem Kennzeichen der allerältesten Gattung. Auf den gewöhnlichen Fuss der aegineischen Drachme 6,2 Gr. bezieht sich dies Gewicht nicht. Wir wissen aus Pollux, dass es eine aegineische Drachme gab, die 10 attische Obolen wog, also 7,273 (der attische Obol als ⅙ der attischen Drachme von 4,36 ist 0,727). Wir haben also hier in dem Stück von 13,71 das älteste von Phidon eingeführte Gewicht, dessen Didrachmon 14,55 wog; und das sich in den Silbermünzen Philipps II. von Macedonien später wiederholt: Friedlaender, Zeitschr. f. Num. 9, 2.]

**) [Zeitschr. f. Num. 9, 98.]

***) [Als Solon die attische Drachme einführte, fand er schon nicht mehr die älteste aegineische von 7,273 vor, sondern er fand die reducirte von 6,2, die im Durchschnitt 6 wog. Dies ergiebt sich aus der bekannten Nachricht, dass er aus 73 alten Drachmen 100 neue schlug. Diese Nachricht passt nur zu den Münzen, wenn die 73 alten Drachmen Stücke von 6 Gramm waren. Denn 100 attische Drachmen wiegen 436,38 Gr., wenn diese gleich 73 vorsolonischen Dr. waren, so muss die vorsolonische Dr. $\frac{436,38}{73}$ d. h. 5,978 oder rund 6 Gr. gewogen haben, also war sie die zweite, die gewöhnlich aegineische Dr.: Zeitschr. f. Num. 9, 3.]

Gehalt.

Studien des Götting. Vereins Bergmännischer Freunde. Bd. V. Heft 2.
Auszug in den Götting. gelehrten Anzeigen 1843, Stück 130 u. 131.
(Röm. Denare.)
Knapp, Antike Geräthschaften und Münzen chemisch geprüft. Archiv für hessische Geschichte und Alterthumskunde. Bd. III. Heft 2. Darmstadt 1842.
Klaproth, Beiträge zur älteren numismatischen Dokimasie. Abhandl. der Berl. Akad. 1792. Seite 97, abgedruckt in:
Klaproth, Beiträge zur chemischen Kenntniss der Mineralkörper. Bd. VI. S. 21 und 44. (Untersuchung antiker Kupfermünzen.)
Analysen: Grote, Bl. f. Münzk. II. 280.
Num. Journal. II. 63. (Gehalt griech. Münzen.)
Poggendorf, Annalen. VI. 514. (Band 82 der Gilbertschen Annalen.)
Göbel, Einfluss der Chemie auf die Ermittelung der Völker der Vorzeit. Erlangen 1842. 8⁰. (Auch für Münzgehalt.)
Analisi delle leghe metalliche introdotte nelle, monete antiche. Rendiconto dell' accademia delle scienze di Napoli. Th. I. (1842). S. 463.

Silberüberzug auf Bronzemünzen.

Es ist wohl nur eingedrücktes Blattsilber.

Iudaea, Agrippa.
Pompeia, ein As.
Claudius, Æ. I. Ex s. c. ob cives servatos hat einen mit Silber eingelegten Kranz.

Technisches.

A. Mongez, Vergleichung zwischen den Münz- und Medaillenstempeln. Mém. de l'institut nat. des sciences et des arts. Litt. et beaux arts. T. II. Anzeige in Schlichtegroll Ann. I. 116. (Warum so selten Köpfe auf der Kehrseite antiker Münzen.)
(Vergl. Acad. de inscriptions IX. 1831. 187 u. Journal des Savants 1823. 45.)
Deutsche Vierteljahrschrift 1846. IV. 207. (Technische Bemerkungen über Münzwesen.)
[Antike Prägung auf M. der gens Carisia und von Paestum. J. Friedlaender, Annali d. Inst. 31. (1859). 407.
Antike Prägmaschine. Zeitschr. f. Numism. 5. 121.]

STEMPELSCHNEIDER.

Sillig, Catalogus artificum gr. et rom. Dresden 1827.
Rochette, Lettre sur les graveurs des monn. grecques. Paris 1831. 4⁰.
Darüber: Streber in Schorn, Kunstblatt. 1832. 41, 42.
Osann, Zeitschr. f. Alterthums-Wiss. 1834. 37, 38.
Steinbüchel, Wiener Jahrb. d. Litt. 1833. Band 62. Anzeigebl. Seite 59.
Grote, Bl. f. Münzkunde. I. 11.
— Lettre à M. Schorn, Supplément au catal. des artistes. Paris 1845. Seite 68.
— R., Considérations sur les graveurs: Journal des Savants. 1844. 513.
Brunn, Gesch. der Gr. Künstler. Th. II. S. 413. APX und OAVM sind neu.

Archaeol. Zeitg. 1847. 117.
Bullettino d. Inst. 1839. 137.
Annali 1841. 156. Mon. III. 35, 25.
Bullettino Nap. IV. 20.
Revue archéol. V. 118.
Revue num. 1840, 21. 1843, 7.
Luynes, Choix. III. 16. (Velia, HPA).
Thomas No. 262. (Catana).
Mionnet S. III. S. 257. 689. Tfl. XI. 4. (ΠΩΙΛΟΥ, Stempelschneider?)
Stieglitz, Collectio num. gr. et rom. ad artis historiam illustrandam instructa. Leipzig 1809.
Myrina, Aeol. Mionn. III. 25, 148. Med. v. Antonin. P. — Sestini meint in Classes Gener. 2. Ausg. S. 78 der Name ΔΑΜΝΕΥΣ könnte eines Stempelschneiders sein. Allein auf der Schwefelpaste zeigt sich der Name so gross geschrieben als der Rest der Aufschrift.
Syracus, auf autonomen sind niemals Namen, der demokrat. Verfassung gemäss, und selten Monogramme. Nur die M. der Tyrannen machen davon Ausnahme. Dies giebt Sicherheit, dass die Namen Künstlernamen sind. Vergl. Transactions of the R. Society of literature second series. III. 359.
Camarina, Thomas, Katalog No. 257 wie Mionnet. S. I. 375, 125, Torremuzza, Tafel XVII, 5, aber ΕΞΑΚΕΣΤΙΔΑΣ mit sehr kleinen Buchstaben auf dem Bande über den beiden Amphoren. Was guerrier casqué heisse, sei Minerva.
Noehden, Specimens from the cabinet of Lord Northwick enthält mehrere.

ANTIKE FALSCHMÜNZEREI. — SUBÄRATE MÜNZEN.

Solon, 600 v. Chr. setzt Todesstrafe auf Münzfälschung. Demosthenes Orat. adv. Timocr. 212—214.
Polycrates betrügt die Lacedämonier mit Bleimünzen die er vergoldet. Herodot III. 56. Revue num. VI. 57.
380 v. Chr. Diogenes Laërtius B. VI 2, 1, Hikesios, Vater des Philosophen Diogenes war in Sinope ein Falschmünzer. Revue 1843. 254.
Hieronymus, der Kirchenvater, sagt in einem s. Briefe, dass eine heimliche Münzstätte „in levante nell' attraversar un deserto" zerstört angetroffen wurde. Caronni a Tunis, Ragguaglio del viaggio Th. II. S. 96. [Vgl. Hieronym. II 5 in der vita S. Pauli Erem.]
Serratus subärat: Papia, K. Mk.; Maria, ebenda von B. F.
Ein Subärat von Apollonia Illyr. K. Mk. Acc. 4946 hat das richtige Gewicht. Neumann, Num. anecd. II. S. 197.
Ein Nerva, subärat, mit Traians Kehrseite, in meinem Katalog der K. Samml.

FALSCHE MÜNZEN.

Goltzsche Münzen, welche für falsch und erfunden gehalten wurden und später ächt wieder ans Licht getreten sind:
  Postumus mit HERCVLI ARGIVO und dem Hercules, der die lernäische Hydra bekämpft.

Goltz, Thes. rei antiquariae, Antwerpen 1579, S. 4 erwähnt die Aufschrift (hat er sie an andrer Stelle als A' abgebildet? de Witte sagt es). Danach, Mezzabarba u. Banduri; Eckhel, Doctr. VII, 443 bezweifelt sie. Andere Æ Exempl. bei Herrn Fr. Koch in Köln (selbst gesehen) und Revue num. 1840, S. 333, Tafel VIII, 2, mehrere von de Witte erwähnt. Wenn auch jetzt kein A' bekannt ist, so könnte grade bei Postumus eins existiert haben. Seine A' und Æ sind ganz gleich.

Tetradrachmon der Macedonia prima, Goltz opera, Antwerpen 1644, Th. III, Tafel XXII, N. 8, für falsch gehalten, aber von Millingen, Sylloge S. 49 von neuem publiciert.

Ambracia Æ mit Seekrebs, Goltz Opera, Th. III, Tafel V, No. IX derselben Ausgabe, ist in der K. Samml. und früher schon hat Sestini Mus. Hedervar, Th. IV, Abth. 2, S. 23, No. 27 eine ähnliche mit anderem Kopf beschrieben.

Die Paduaner:

Molinet cab. de la bibl. de Ste. Geneviève. Paris 1692. S. 92.

Jahresberichte des hist. Vereins für Schwaben. VII. 31.

Sestini, falsificatori moderni (auch in den Memorie Rom. di antichità. IV. 1827. 125).

Montigny, les faussaires, Cabinet de l'amateur et de l'antiquaire par Piot et Villot, I, 385; darüber berichtet: Num. Chron. VI. 53.

Schimko, Beiträge zur Numismatik bes. zur Erkenntniss der Aechtheit der alten Münzen. Olmütz 1841.

Die *Beckerschen* Falschmünzen:

Hannöversche Blätter für Münzkunde. II. 1836. S. 51, 53, 106, 325.

Böttiger, Archäol. und Kunst. Breslau 1828 (Cattaneo über Becker).

Num. Journal. II. 103 (gravierte).
— Chron. II. 256.
— — VI. 57 antike Falschmünzen, wie Subärate und dergl.

Katalog der Allierschen Sammlung. S. VII (Verzeichniss falscher M.)

Revue belge. I. 411 (falsche, auch galvanoplastische, in Paris verfertigt).

Krosch, Kennzeichen falscher M. Köln 1838, aus den rhein. Provinzialblättern. Th. 24 1838. IV. S. 220 ff.

Loos, Die Kunst falsche Münzen zu erkennen. Berlin 1828. 8° (bezieht sich zunächst auf umlaufende Geldstücke.)

[J. Friedlaender, Ein Verzeichniss von griechischen falschen Münzen, welche aus modernen Stempeln geprägt sind. Berlin 1883.]

SAMMLUNGEN,
öffentliche, alphabetisch nach den Orten.

Banz, Kloster.
Die Sammlung ist nach München gekommen (dort mündlich erfahren).

Berlin.
Levezow, zur Gesch. der Berliner Sammlungen in Böttiger Amalthea. II. 338 (Münzsamml. 379) und Nachtrag: III. 213.
[Das Königliche Münzkabinet. Geschichte und Uebersicht der Sammlung... von Julius Friedlaender und Alfred von Sallet. Berlin 1873. Zweite Aufl. 1877.

Zur Geschichte der Königlichen Museen in Berlin. Festschrift zur Feier ihres fünfzigjährigen Bestehens am 3. August 1880. Berlin 1880. Darin: J. Friedlaender, Die Königlichen Kunst- und Alterthums-Sammlungen bis zum Jahre 1830. S. 1. Das Münzkabinet (seit 1830) S. 135.]

Bonn.
Grote, Bl. f. Münzkunde, III, 151, vergl. Rhein. Provinzialblätter. 4. Jahrgang. 1837. II. 201. III. 22.

[Carlsruhe.
F. Imhoof-Blumer. Zeitschr. f. Num. VII. 1.]

Ferrara.
Das Museum (ob auch die Münzen?) ist nach Modena gekommen, Ranke, Päpste. II. 278. Eine mässige Medaillen-Sammlung — vielleicht von neuer Bildung? — habe ich dort 1864 auf der Bibl. gesehen.

Florenz.
Gori, Museum Florentinum. 1740. Bd. 4, 5, 6.
Vieles auch in Vaillants Werken und in Eckhels.

Gotha.
Schlichtegroll, historia numothecae Gothanae. Gothae 1799. 8º.
Grote, Blätter für Münzkunde. IV. 69.
Numism. Zeitg. 1836. No. 16.

Griechenland.
Blätter für Münzkunde. IV. 29.
[Achilles Postolaccas, Synopsis nummorum veterum, qui in museo numismatico Athenarum publico asservantur. Athenis 1878.]

[Haag.
J. C. de Jonge, Notice sur le cabinet de médailles et pierres gravées de S. M. le roi des Pays-Bas, La Haye 1823.
F. Imhoof-Blumer, Zeitschr. f. Num. III. 269.]

Italien.
Sammlungen: Zeitschrift für Münzkunde. V. 41.

[Kopenhagen.
Chr. Ramus, Catalogus nummorum veterum Graecorum et Latinorum musei regis Daniae. Hafniae 1816.]

Leipzig.
Münzsammlung der Rathsbibliothek. Köhne, Zeitschr. IV. 56. (1853 ist ein ungenügendes Auctionsverzeichniss veröffentlicht worden.)

[Leyden.
Van der Chijs, Notice sur le cabinet numismatique de l'université de Leyde. Bruxelles 1862.
Het munt — en penning — kabinet de leydsche hoogeschool. Leyden 1867.]

London.
Britisches Museum. Grote, Bl. f. Münzkunde. III. 68.
[A catalogue of greek coins in the British Museum. Edited by Reg. St. Poole. London 1873 ff.
Catalogue of the oriental coins in the Brit. Museum. ib. 1875 ff.
H. A. G. Grueber, Roman medallions in the British Museum. ib. 1874.]
[Bank of England, die Münzsl. wurde 1877 an das Brit. Museum geschenkt, die Dubletten 1878 versteigert.]

[Lund.
N. H. Sjöborg, Numophylacium regiae academiae Lundensis. Lundae 1802. 1803.]

Madrid.
Grote, Bl. f. Münzkunde. II. 198.

Mantua.
Die Gonzagasche Sammlung ist 1630 von den östreichischen Truppen geplündert worden als Vincenz II gestorben war (Lessing, kl. Ausg. III. 287.)

Modena.
Die kleinen aufgeprägten goldenen und silbernen Schildchen mit dem Adler bezeichnen die Estesche Sammlung und nicht die Gonzagasche, wie irrig Pelli, Visconti, Neumann (Num. Pop. II. 186) und Liebe Gotha num. (S. 29, 135, 175) sagen. Siehe Eckhel Catal. Mus. Caes. Nero No. 5.
Wann ist das Estesche Kabinet zerstreut worden?
Der Adler ist im Esteschen wie im Gonzagaschen Wappen.
Die Esteschen Bronze-Medaillons befinden sich in Mailand, schrieb Sestini 2. Sept. 1815 an meinen Vater.

München.
Streber, Gesch. des Münzkabinets zu München, und zwei Fortsetzungen dazu. Denkschriften der Münchener Akad. 1808, 1814—1815, 1818—1820.

[**Neapel**].
(Fiorelli), Catalogo del Museo Nazionale di Napoli. 1866. 1870 ff.

Öhringen.
Blätter für Münzkunde. II. 293.

Österreich.
Blätter für Münzkunde. III. 128.

Paris.
Cointreau, hist. abregée du cabinet des méd. etc. Paris 1800. (Unbedeutend.)
Diebstahl der Pariser Münzsamml. Grote, Bl. f. Münzkunde. II. 20.
Revue numism. 1838. 218.
Numism. Zeitg. 1838. 148, 155, 161.

Petersburg.
Mem. der archaeol. Gesellschaft in Petersburg. II. 495.

Tübingen.
Jahrbücher des Vereins von Alterthumsfreunden im Rheinland. X. 69.

[**Turin**.
Fabretti, Regio Museo di Torino, Monete consolari e imperiali. Tor. 1881.]

[**Verona**.
Lazari, il medagliere del museo civico di Verona, pubbl. da Bernasconi. Verona 1867.]

Weimar.
Blätter für Münzkunde. II. 293.

Wien.
Vorrede von Eckhels Katalog. 1779.
Arneth, das Münz- und Antikenkabinet zu Wien. Wien 1845.
Arneth, Synopsis num. antiqu. musei Caesarei. Vindobon. 1837 u. 1842. 2 Theile.
Grote, Bl. f. Münzkunde. II. 194. III. 39.
Österreichische Zeitschr. für Geschichtskunde. 1837. No. 71, 72 (Balbi, Statistische Skizze über die Kaiserlichen num. Kabinette).
St. Florians Stift: Wiener Jahrbücher der Litteratur. LXXXIII. Anz.-Bl. 4⁰.
[Kenner, Katalog der Münzsammlung von St. Florian. Wien 1871.]

ÄLTERE PRIVATSAMMLUNGEN,
alphabetisch nach den Besitzern geordnet.

Nachricht von vielen Sammlungen, Sestini Descriptio, Vorrede. (1796.)
Adler, jetzt in der Königl. Sammlung. Siehe Bellermann, Programm des Gymnasiums zum grauen Kloster. 1819. S. 62.
Albani, beschrieben von Venuti 1739, jetzt in Paris (Schlichtegroll.)
Allier aus Hauteroche. Die Æ hat Herzog von Blacas gekauft. Grote, Bl. f. Münzkunde. III. 52.
Arigoni, vergl. Sestini, Mus. Arigoni Vorrede. Das meiste kam in die Sammlungen Savorgnan und Gradenigo (siehe diese), einiges an H. v. Herrmann und dann in die Königl. Sammlung. Berlin.
Ariosto, jezt in Wien, Eckhel Doctr. I. CLXXVI.
Baratejeff Fürst, Georgische M. im Kgl. Kab. Berlin.
[Becker in Odessa. 1883 verauctionirt in Berlin.]
Beireis, Verzeichniss, erschienen zu Erfurt 1827. Doepler in Berlin hat daraus für 2000 Thaler gekauft. Numism. Zeitg. 1838. 160.
Bellini in Osimo bei Ancona. 1860 hat Lambros in Athen diese Sammlung gekauft und sie nach und nach dem Berliner Münzkabinet vorgelegt, so dass manche der Bellinischen Ex., welche Sestini in der Descriptio publicirt, jetzt hier sind.
Benkowitz, gekauft von dem Staatsrath Köhler in Petersburg. Siehe Sestini's Katalog derselben, Vorrede. S. X. Diese Sammlung war ein Theil der Foucault'schen Sammlung.
Bentinck [Catalogue d'une coll. de med. ant. Amsterd. 1787. 88] hat Donop erhalten.
[Blacas, nach dem Tode des Besitzers 1866 vom Britischen Museum erworben, die Dubletten von Rollin und Feuardent.]
Bober, Exjesuit in Wien, Eckhel citiert sie häufig, nur: ex museo privato. (Brief von Sestini an meinen Vater, aus Wien 9. April 1816.) Später kaufte sie Wiczay.
Bondacca ist im Kgl. Kabinet in Kopenhagen.
[Borghesi, 1881 in Rom versteigert.]
Borgia (Card.), jetzt im Museo Borbonico (s. Böttiger Amalthea. I. 311).
[Borrell, in Smyrna, 1852 in London versteigert.]
Bute, Num. Chron. XIII. 1.
Carpegna, beschr. von Buonarotti in Osservazioni 1698, jetzt in Paris (Schlichtegroll).
Certosa in Rom. Ihre Sammlung von Medaillons kaufte Kaiser Karl VI. für 24000 Gulden. Es waren viele falsche darunter. Eckhel in einem Briefe an die Gräfin Bentinck, apud nos. (Zeitschr. für Num. VIII. 223.)
Christina von Schweden, später bei dem Herzog von Bracciano, Nepote von Pius VI, dann nach Paris. (Schlichtegroll, Annalen. I. 91.) Doch müssen auch einzelne Stücke verkauft worden sein, mein Vater besitzt mehrere, auch die K. Samml.
Cousinéry, 1816 vom König von Bayern für mehr als 30000 G. gekauft. Brief von Schlichtegroll vom 7. Dec. 1816 in meiner Sammlung.
Zwei andre Sammlungen, die er gemacht, sind nach Wien und Paris gekommen.

van Damme, im K. niederl. Kabinet im Haag. Göthe kl. Ausgabe. 39, 319.
Dannenberg verkaufte seine Sammlungen mehrmals an das Kgl. Kabinet in Berlin.
[Demetrio, die von Feuardent 1869 f. beschriebene Sammlung ägyptischer Münzen jetzt in Athen, im Mus. d. archäologischen Gesellschaft.]
Duane, jetzt Hunter. Hunter Vorrede VII.
[Dupré, zu Paris 1867 versteigert.]
Dutens, jetzt bei Hunter. Hunter, Vorrede S. VIII.
Ehrentraut in Oldenburg. Berlin, Kgl. Kab.
Ennery, die röm. Medaillons und Contorniaten sind in die Bentincksche Samml. gekommen. Schlichtegroll, notice d'une collection de la comtesse Bentinck. München 1815.
Andere besass Tôchon, siehe Mionnet S. V. 267. Anm.
Farnese, jetzt im Museo Borbonico Sest. Antol. di Firenze 17, L. 29. (Pedrusi i Cesari in Oro.)
Ficoroni, jetzt im Collegio Romano. Arch. Zeitg. 1853. 113.
—, seine Bleie besass Fontana, siehe Auctionskatalog von dessen röm. Münzen, 1860, Vorrede.
Foucault, jetzt im Museo Borbonico, Sest. Antol. di Firenze 17, L. 29. Einen Theil besass später Benkowitz, dann Köhler (s. Benkowitz).
Fox, nach seinem Tode kam die Samml. 1873 in das Kgl. Kabinet in Berlin. Archaeol. Zeitung 31, 99. Zeitschr. f. Num. 1, 292.
de France (deren Katalog Eckhel verfasst hat), jetzt im Hunterschen Museum, Eckhel Doctr. IV. 161 u. Hunter Vorrede X.
Friedlaender, nach seinem Tode kamen seine Sammlungen 1861 in das Kgl. Kabinet in Berlin. [Vgl. zur Geschichte der Kgl. Museen, Festschrift (1880) 139 f.]
v. d. Gabelenz, Schlichtegroll, Ann. S. 103. Ein Katalog gedruckt 1830. Die Samml. hat Emil Braun gekauft und zerstreut! Ich habe bei Basseggio in Rom, Brauns Compagnon, einige sehr werthvolle und manche gute Stücke für die K. Samml. davon erworben.
v. Gansauge, nach seinem Tode 1873 von seiner Gattin für die Hälfte des abgeschätzten Werthes dem Kgl. Kabinet in Berlin verkauft.
Ste. Geneviére, beschr. von Molinet. 1692. Fol. In das Pariser Kabinet gekommen (Schlichtegroll).
Gerning, in Gotha. 1881 Stück, darunter 1600 griechische, ursprünglich von Bischof Gürtler, Beichtvater der Königin von Neapel gesammelt.
Glock, beschrieben in Numophylacium Glockianum, Francof. ad Moenum, 1735. 8°. Diese Sammlung ist noch vollständig auf der Frankfurter Bibliothek.
Gradenigo, ist nach Turin in die Privatsammlung des Königs gekommen.
Granelli in Wien, publ. von Froelich in Quatuor tentamina, jetzt in der Kaiserl. Sammlung. S. Eckhel Doctr. I. CLXXVI.
[Gréau, 1867 und 1869 in Paris versteigert.]
Gürtler, s. Gerning.
[Güterbock, in Berlin, eine ältere Samml. an d. Kgl. Kb. verkauft, die spätere jetzt im Besitz von A. Löbbecke in Braunschweig.]
Guthrie, nach seinem Tode kam 1876 die Samml. an das Kgl. Kabinet in Berlin.
Hunter, in Glasgow. Es gibt Tafeln der Königsmünzen von Bartolozzi, sie sind selten. Mém. de l'inst. acad. des belles lettres. (1840.) XIV. 2, S. 235. Anm. 1.

[Huber, österreich. Generalconsul in Alexandrien; seine Samml. wurde 1862 in London versteigert.]

K. Karls I von England Sammlung kaufte nach seiner Hinrichtung K. Christina v. Schweden, s. Clarendon, hist. of the rebellion. book XI, gegen Ende.

Karl von Lothringen in Brüssel, jetzt in Wien. Eckhel Doctr. I. CLXXVI.

[Leake, jetzt in Oxford.]

[Duc de Luynes, 1862 der Bibliothèque Nationale vermacht.]

Erzherzog Max von Östreich besass 1815 eine bedeutende Münzsammlung. Brief von Sestini an meinen Vater vom 21. Nov. 1815.

Möhsen. P. P. Adler hat die Æ Medaillen gekauft, sie sind mit seiner Sammlung in die Kgl. gekommen.

Die Æ Medaillen sind an den Oberdomprediger Augustin in Halberstadt gekommen, von dem Rudolphi sie gern kaufen wollte. S. Rudolphis Briefe an meinen Vater in meiner Autographensammlung (roth bezeichnet, vom September 1823). 1870 besassen Augustin's Nachkommen noch die Medaillensammlung [jetzt in Wittenberg].

Molano-Boehmerianum, Celle 1744, ist (der erste Theil) nach Gotha gekommen.

Morosini, ist in der Bibliothek von S. Marco.

Noja, Duca di, jetzt im Museo Borbonico. Sestini Antol. di Firenze. 17. L. 29.

[Northwick, 1859 in London verauctionirt.]

Petricciuoli (so), ist nach Gotha gekommen. S. Sestini, in Antologia di Firenze. B. 17, Heft L, S. 27. Es waren 3000 griech.

Peytrignet, im Kgl. Kabinet Berlin.

[Pfau, Caspar v., Würtemberg. Regierungsrath; seine Sammlung von Friedrich dem Grossen gekauft, jedoch waren die goldenen M. schon vorher fortgegeben. Zeitschr. f. Num. 6, 20.]

Ponickau, jetzt in Öhringen (s. Öhringen).

[v. Prokesch-Osten, kam 1875 in das Königl. Kabinet in Berlin; eingehender Bericht Friedlaenders, Zeitschr. f. Num. IV (1877) 1 ff.]

Puertas, ein Spanier in Rom, Sestini's Freund, welcher M. seiner Sammlung Lett. di cont. VIII „ex museo privato" bezeichnet, publicirt hat.

Diese Sammlung, oder ein Theil derselben, war 1846 in Capranesi's Händen (ein Münzhändler in Rom) und ich habe mit den von ihm für die K. Samml. gekauften Münzen mehrere Stücke dieser Puertas'schen Samml. gekauft. Die Identität wird dadurch bewiesen, dass die Zufälligkeiten dieser Exempl. sich auch auf den Sestini'schen Abbildungen finden.

Quintus Icilius (Guichard). Nach P. P. Adlers Angabe in seinem Ex. des Katalogs, welches sich im Münzkab. befindet, hat Schellersheim diese Sammlung gekauft. Sie befindet sich also mit der Schellersheim'schen im Besitz des Hauses Rothschild. S. Berliner Bl. f. Mkde. II. 362.

Rauch, Adolf v. Er hat 1846 seine griechischen M. dem Kgl. Kabinet verkauft. Nach seinem Tode 1878 erhielt dasselbe die erste Auswahl seiner zweiten Sammlung, das übrige kaufte Hoffmann in Paris.

Recupero, Kgl. Sammlung Kopenhagen.

Rochefort, dann bei den Karthäusern in Rom, jetzt in Wien, s. Eckhel Doctr. I. CLXXVI.

Rühle von Lilienstern, Berlin, Kgl. Kabinet.

Sanclementi, jetzt in der Brera, Sestini in Antologia di Firenze. B. 17. Heft L. S. 28.
Sandes, engl. Capt. Die Bronzen und einige Æ und Æ, Berlin, Kgl. Kabinet.
Saulcy, gallische an das Brit. Museum verkauft.
— jüdische, theilweis an Wigan in London verkauft.
Savorgnan, Eckhel D. I. CLXXV. Nach Notizie dell' origine e progresso dell inst. delle scienze di Bologna. B. 1780. S. 76. In Bologna [jetzt in Turin, Königl. Samml.]
Schachmann, im H. Kabinet zu Gotha. Er hatte sie 1774 im Catalogue raisonné d'une collection de méd. selbst beschrieben. Es waren 700 Stücke, ein Theil davon aus Christopher Wren's Sammlung, die in Haym Thesaurus Brit. beschrieben ist, ein Theil aus Casanova's Sammlung. — Die Sammlung kostete 600 Louisd'or.
Schellersheim [1825 durch Rothschild in Frankfurt gekauft]. S. Berliner Blätter für Münzkunde. II. 362.
Schüler, Bergrath in Jena. Seine in der Türkei gesammelten Münzen kamen 1850 in das Museum von Karlsruhe.
Seckendorfs Sammlung auch in Gotha. S. seinen Brief an meinen Vater v. 6. Sept. 1802.
Settala in Mailand, s. Caronni a Tunis. Th. II. S. 1.
Sperling, Preuss. Dragoman in Constantinopel, nach seinem Tode: Berlin, Kgl. Kabinet.
Sulzer in Winterthur, auch in Gotha, 1777 beschrieben in Numophylacium Sulzerianum, 4358 Stück für 300 Louisd'or gekauft.
Swinton kam in die Huntersche Sammlung. S. VIII des Mus. Hunter.
Tanini. Manches aus seinem Besitz ist in die Waldecksche Samml. gelangt, wie aus deren Kartellen hervorgeht.
Theupoli (d. i. Tiepolo) 403 Æ, 2534 Æ, 6365 Æ, 1823 für 100 000 Lire an das Kaiserl. Kabinet in Wien verkauft. Sestini, Antologia di Firenze, Bd. 17, Heft L, Seite 28 sagt, es seien viel falsche Münzen in dem Museum Theupoli beschrieben.
[Thomas, 1844 in London versteigert.]
Thoms, Graf de, in das K. niederländ. Museum gekommen, Göthe, kl. Ausg. 39, 319.
[Thomsen, Direktor der Antikensammlung und des Münzkabinets in Kopenhagen; seine Privatsammlung nach seinem Tod für die öffentliche Sammlung daselbst erworben.]
Torremuzza. Seine erste 1767 beschriebene Sammlung kam 1776 in die Huntersche, siehe H. 's. Vorrede, S. VIII.
Eine zweite Samml., welche Göthe 1787 (Th. 28, S. 122) sah, ward an den „Chev. Rushout" verkauft, dies ist der nachmalige Lord Northwick.
Tyskiewicz, Graf, Röm. Medaillons, Berlin, Kgl. Kabinet. [Friedlaender, Abhandl. d. Königl. Akad. d. Wissensch. 1873. — Eine andere Serie, Paris, Cab. National: Chabouillet Rev. num. 1883, 71.]
Vitali, jetzt im Vatican, s. meinen Brief aus Rom 27. Febr. 1845 ad patrem.
Werner, Maler in Bern, von Morell citirt, ist im Kabinet hier, s. Beger III. 166 Cari consecratio.
Wiczay, von Rollin gekauft. Grote, Bl. f. Münzk. I. No. 21 u. 22, letzte Seite. S. auch Longpérier Arsaciden. S. 36 Anm.
[Wigan, die erste Auswahl ist 1872 in das Britische Museum gelangt, der übrige Theil der Sammlung an Rollin.]
Windhagen, s. Eckhel Doctr. I. CLXXVI.

MÜNZSAMMLUNGEN,
die ich gesehen habe.

Deutschland.

Arolsen, Fürstl. Samml.
Breslau, Dr. Guttentag. 1853 kam die Samml. an seine Schwiegersöhne, ich habe sie damals in Berlin geordnet. Nachher hat Dr. Iverbeck einen Katalog davon gemacht. Die N Magnia Urbica ist in die K. Samml. gekommen.
Bonn, Frau Mertens, Schaaffhausen.
 Bibliothek.
Coblenz, Bohl.
Cöln, Kaufmann Garthe [1884 verauctionirt, N Quietus für die K. Samml. erworben].
 Friedr. Koch. Verauctionirt.
 Wallrafsches Museum.
Darmstadt, Museum, lauter falsche.
Dessau, Herzogl. Samml.
Dresden, Königl. Samml.
 v. Römer.
 Reg.-Rath Schulz, †, von meinem Vater gekauft.
 Prof. Steinla, im Kgl. Kabinet in Dresden.
 Dr. Helbig.
Frankfurt a. M., Bibliothek.
Finger (nach dem Tode des Besitzers ist 1871 die erste Auswahl an die Kgl. S. gelangt).
Gotha, Herzogl. Samml.
Hannover, Legationsrath Kästner (sonst in Rom).
 Dr. Grote, 1879 ins Kgl. Kabinet gekommen.
Jena, Prof. Schüler † 1854, die Samml. kommt nach Karlsruhe.
Kassel, Kurf. Samml.
Königswarth in Böhmen, Fürst Metternich.
Leipzig, Städtische Bibl., versteigert 1853, die beiden schönsten Stücke N Medaillon des Gratian und $Æ$ Chersonesus Cretae kamen auf meine Veranlassung in die Königl. Samml.
 v. Posern-Klett.
Mainz, Stadtbibl., 1882 wieder.
München, Königl. Samml.
 v. Lotzbeck.
Neuwied, Fürstl. Samml.
Nürnberg, Germanisches Museum.
 Major von Gemming.
Osnabrück, 1881 die Gymnas.-Sammlung [enthält die Samml. Schledehaus: Zeitschr. f. Num. IX. 297].
Prag, Ständisches Museum.
 Oberlieutenant Fiala.
Strassburg, Bibliothek.
Trier, Samml. der Gesellschaft für nützl. Forschungen.
Wien, Kaiserl. Sammlung.
 Trau.
Wiesbaden, Museum.

Schweiz.

Basel, Museum, Amerbachs Samml.
  General Graf Lepel, in Rom gesammelt, das beste davon ist auf meine Veranlassung 1853 an die Königl. Samml. gekommen.
Bern, Bibliothek.
Winterthur, Imhoof-Blumer.

Holland.

Haag, Bibliothek.

Belgien.

Gent, Universität.
Löwen, Meynaertz.

Frankreich.

Paris, National-Sammlung.

England.

London, Brit. Museum.
  Fox [s. oben S. 20].

Italien.

Mailand, Brera.
  Taverna.
Turin, 1. Samml. des K. Karl Albert; 2. der Universität; 3. die Lavysche, bei der Akademie der Wissenschaften.
  San Quintino, Cav^{ro}.
Genua, Universität.
Florenz, in den Uffizj.
Rom, bei der Vaticanischen Bibl.
  Im Collegio Romano (Kirchersche Samml.).
  Propaganda.
  Campana (in London 1846 versteigert.)
  Sibilio, Antikenhändler.
  v. Kolb, Würtemb. Consul und Bankier.
Neapel, Museo Borbonico.
  Santangelo, Minister [jetzt im Museo Nazionale].
  San Georgio, Principe di.
  Colonel della Rocca.
  Fusco Salvadore, Cancell.
Aquila, March. Dragonetti.
Atri, N. N.
Avellino, Zigarelli.
Bonito, Cassitto.
Brindisi, Bibl. des Bischofs.
Campobasso, March. Lauria.
  Bar. Oliva, Secr. Gen. dell' Intendenza.

Cerignola, D. Franc. Cirillo.
Lecce, Cav. Castromediano.
Lucera, G. Riccio (jetzt Neapel).
　Canº Lambardi.
Mola di Gaeta, Bonghi Sottintendente (früher in Foggia u. Lucera).
Oria, Bibl. des Bischofs.
Ortona, N. N.
Pescocostanzo, Grilli.
Potenza, d'Errico.
　Amati.
Taranto, ...
Telese, Pacelli.

Sicilien.

Barcelona, Conte Toccolino Nicolacci.
Calatafimi, Gius. Leonora.
Castrogiovanni, Tommaso d'Urso Ingegnere.
　D. Gius. Restivo.
Catania, Capitano Ricceri.
　Prof. Gagliani.
　Prof. Ferrara.
　Cav. Recupero.
Girgenti, Raf. Politi.
Melazzo, Generale Ponce de Leon.
Messina, Goldschmidt Longo, jetzt in München.
　Grosso Cacopardi, Arv.
Palermo, Chr. Fischer, Kaufmann.
　Princ. Butera Trabia.
　Kloster San Martino bei Monreale.
Syrakus, Museum.
　D. Felice Avoglio.
　Cav. Landolina.
　Abb. Stella.
　Abb. Lantinello.
Termini, D. Ant. Gargotta.
　D. Fr. de Castro-Calotta.
Terranuova, D. Carlo Navarra.
　March. Mallia.

Lipari, der Apotheker.

Lambros in Corfù (jetzt in Athen).

GRIECHISCHE MÜNZEN.

ALLGEMEINES — VARIA.

Funde griechischer Münzen.

Verzeichniss von Werken über Münzfunde: Levezow, Fund von Szubin, Abhandl. der Berliner Akad. 1833.

Schlichtegroll, Ann. I. 71 über Funde im allg.; Funde von Tronchoy, Auszug einer ungedruckten Schrift Meiboms über Orte wo Funde gemacht worden.

Über Einlieferung von Funden. Frähn, das asiat. Museum zu S. Petersburg, zweiter Bericht. S. 98.

Fund von Szubin (altgriech. Münzen), Abhandl. der Berliner Akad. 1833, vergl. Rhein. Museum. 1835. Er ist unbeglaubigt, s. m. Fund von Niemegk u. m. Katalog. Berliner Blätter für Münzkde. V. 150. [Zeitschrift f. Num. V. 213 ff.]

Fund von Patras (M. Alexanders des Gr.) Num. Chron. XVI. 29.

Dacische Funde: Archaeol. Zeitg. 1848. Beilage. 109.

Fund von Gerace (Münzen des Pyrrhus, von Syracus, M. mit dem Pegasus, Panormus mit pun. Schrift u. s. w.) Mém. de l'inst. XIV. 2. Seite 237 (wenn es nur wahr ist!)

Münzen der Seleuciden, in Tarsus gefunden: Num. Chron. XV. 40.

Pegasus-Münzen, in Sicilien gefunden: Mem. der archaeol. Gesellsch. in Petersburg. 1847. 121.

Münzen von Zankle, Naxos und Rhegium, in Naxos Siciliae gefunden, Bull. d. Inst. 1853. 158. [Zeitschr. f. Num. IX. 103.]

Sicilische Funde: Monumenti Annali Bullettino d. Inst. in Folio. 1854. Bullett. S. XXXIX, und ebenda 1855 Bullett. S. VII. Ferner Bullettino. 1857. 55.

Italische Münzen bei Morino. Bullettino d. Inst. 1860. 132.

Britische Münzen, Num. Chron. 2. Serie. I. 1.

ΚΟΣΩΝ, mehrere hundert in der Wallachei gefunden. Bullettino d. Inst. 1848. 33 u. 36.

Saïda, $\cancel{N}$, Revue num. 1865. 3.

Marmara-Insel. Revue num. 1865. 25.

Tarsus, $\cancel{N}$, Revue num. 1868. 309.

Alterthümliche Bronzemünzen.

Thespiae u. Lebedus Boeotiae.
Halicarnass, Kgl. Mk. Acc. 21194.
Tegea mit grossem T, das vielleicht TE enthält, ob die Zutheilung sicher?
Die M. befindet sich 1869 unter den Breslauischen uns zugekommenen, kann auch zu den Alphabetsmünzen von Athen gehören.

Legionen.

V, X Corduba. Sestini, Classes Generales.
I, II Acci, ebenda.
III Acci Vaillant, Col. lat. S. 63.
V, X Emerita, ebenda.
VI Ruscino Gall. Narb. Mionnet. S. I. 145.
III pia, Rhesaena Mesop.
X, XII Patrae.
IV, VI, X Col. Caes. Aug. Vaillant Col. lat. S. 15.
VI, IX, X, XI Ptolemaïs Galilaeae.
III Tyrus. Mionnet S. VIII. 307, 327.
V, VIII Heliopolis Vaillant, Col. lat. 106, Allier.
VI, III Damascus.
II Alexandria Carinus. Eckhel IV. 95.
V, XIII Dacia.
IIII, VII Viminacium.

Römische Zeitangaben auf griech. Münzen.

Patrae Domitian, K. Mk. TR P V.
In Spanien oft unter den Colonialmünzen.
Lugdunum.

Æ der Kaiser in den Provinzen.

Amisus.
Nicopolis Epiri Faustina.
Ephesus Nero.
(Ephesus u. Phocaea haben römische Aurei und Denare.)
Cydonia. S. IV. 313. Tiberius.
Gortyna, Tiberius.
Eleuthernae, Tiberius.
Incerti Mesopotamiae.
Edessa Lucilla mit Königsnamen.
Seleucia Cilic. Hadrian.
Tarsus.
Chios Augustus.

Septimius Severus u. s. Familie haben im eigentl. Griechenland so zahlreiche Münzen, wo frühere Kaiser nicht geprägt haben, dagegen in Alexandria wenige. Auch in Karien viele.

EINZELNES.

ΜΕΝΕΔΗΜΟΣ ΙΕΡΕΥΣ, Epirus M. II. 49, 21.
ΕΠΙ ΠΕΡΓΑΜΟΥ, M. II. 589, 496 u. 497; 591, 517.
ΕΠΙ ΜΑΡΩΝΟΣ, Dumersan Méd. inéd. 73.
ΝΕΩΚΟΡΟΣ, Krause Civitates neocorae Lips. 1844. $νεωκόρος$ heisst Ephesus, Apostel-Geschichte 19, 35.
Königsnamen im Nominativ: Commagene.
ΙΑΡΩΝΥΜΟΥ, Heraclea Illyrici.
ΔΙΟΣΚΟΡΟΙ, Α΄ von Tarent. Luynes Choix. II. 6.
ΚΟΙΝΟΒΟΥΛΙΟΝ, Anazarbus Cilic.
ΣΥΝΑΡΧΙΑ, Antiochia Cariae.
ΒΟΤΡΥ CTAXY. XPYCOC APΓYPOC, Pautalia Caracalla. Eckhel D. II. 38. Mionnet S. II. 388.
ΜΑΥΣΣΩΛΟ auf den Münzen 375—355, ΜΑΥΣΣΩΛΟΥ in Inschriften von 367—355, Böckh C. I. 2691, ΠΙΞΟΔΑΡΟΥ steht immer, † 336. ΦΙΛΙΠΠΟΥ steht schon auf den M. Philipps II. von Macedonien 357, also ist die lange Form um 370 eingeführt. So sagt Rochette Mém. de l'inst. XIV. 2, allein die Ortsverschiedenheit!
ΟΜΟΝΥΑ, Beger Th. Br. I. 505, danach M. IV, 300, 605 ungenau, auf einer M. von Hierapolis Phryg. K. Münzkabinet.
ΔωΡΕΑ, s. meinen Katalog des K. Münzkab.: Tarsus Severus Alexander; siehe Mionnet III. 483, 215.
ΕΧΑΡΑξε oder ΕΧΑΡΑχωσε, Eckhel D. II. 594. Tripolis Cariae Traian. Dazu Sestini Lett. cont. VIII. 56. Ephesus Traian. Vergl. Rochette, Graveurs. S. 5, Anm. 1.
ΧΑΡΑΣΜΑ angeblich auf einer Æ des achäischen Bundes von Thelpusa, Sestini Mus. Font. I, 75, danach Mionnet, S. IV, 18, 106. [Vgl. H. Hoffmann, Bulletin n. 1877.] Sestini hielt es für einen Namen, ΧΑΡΑΓΜΑ liegt nahe. Ebenso steht ΚΟΤΥΟΣ ΧΑΡΑΚΤΗΡ auf einem Tetradrachnon der K. Sammlung in Dresden, publ. von Cary Rois de Thrace, danach von Eckhel D. II. 59. Es ist bestimmt ächt und hat auch das Ρ am Schlusse von $χαρακτήρ$, welches in Cary's Abbildung fehlt.
ΑΡΞΑC als Titel: Ceramus Cariae Commodus, s. auch Sanclementi. II. 197.

Ungriechische Namen.

Harpakos, lycischer Name in Rhodus. Transactions of the R. Society of Literature. 2 series. vol. III. 29.

Namen,
welche die Münzen anders als die Schriftsteller haben.

Musa, Königin von Parthien, bei Josephus 18, 24: Thermusa.
Monunius, bei Polybius 29, 13: Menunios; bei Livius 44, 30 Honunius (gewiss nur falsch gelesen).
Mithradates, Mithridates.
Diodotus, bei Justin: Theodotus. Longpérier, Annali d. Inst. 1841. 320.

ἀπό statt πρός.
Apollonia Mys. Hadrian. Mionnet II. 519, 35; Neron und Traian.
Magnesia Lyd. Tiberius; Eckhel D. III. 107, auch Inschr. daselbst.
ΥΠΟ ΑΝΑΖΑΡ, ΥΠΟ ΠΑΝΕΙΩ. Eckhel D. III. 42.

Königsbildniss.

Zuerst Seleucus I. 312—281 und Demetrius Poliorcetes 306 nehmen sie den Königstitel an.
In Macedonien, zuerst Perseus und auch er zuerst als Heros, Perseus unter seinem Bildniss*).
Das Bildniss der Bith. Könige ist ein überliefertes des Gründers Nicomedes I. Ebenso die Philetaeri, darum der Kranz um den Kopf.
Ptolemäer behalten meistens und lange des Soter Kopf.
Hiero von Syrakus — der Kranz beweist, dass es nicht der lebende König ist.
Philistis und Phthia sind Idealköpfe.

TYPEN.

Einzelne Notizen über ungewöhnliche Typen. Manches davon ist gewiss schon bei Roche zu finden.

Über die Wahl der Typen. Num. Journal. I. 97.
Chorographische Typen. Num. Chron. XI. 105.
Symbolische Typen. Num. Zeitung. 1837. 193, 201. 1838. 1.
Redende Typen: Ancona, Zancle, Epiknemid. Lokrer, Melos, Rhodos.
Identische Typen auf N, Æ, Æ: Philippi Maced.;
Æ u. Æ: Turones (gegossen);
Æ u. Æ: Larissa.
Identische Typen in verschiedenen Städten:
Amastris, Amisus, Sinope.
Smyrna, Philadelphia.
Antiochia (Tyche mit Flussgott) auch in Philippopolis Caracalla.
Chalcedon Æ wie Mesembria (Rad), auch Myrlea.
Lebedus Geta: Pallas hinter dem Schilde wie Æ von Athen.
Phaestus Herakles und die Hydra, nach Stymphalus.
Leptis Syrtica, Löwenfell u. Waffen des Herakles nach Cephaloedium.

Römische Typen wiederholt auf griechischen Kaisermünzen.
Castabala, M. Aurel hat den sitzenden Kaiser einer Æ I von Antoninus P. (Kgl. Mk.)

---

*) [Friedlaender-Sallet, Das Königl. Münzkabinet[2] n. 387 Tetradr. Philipps V.: Macedonischer Schild, im runden Mittelfelde der bärtige Kopf des Königs in der Tracht seines Ahnherrn, des Heros Perseus; n. 389 Tetradr. Philipps V.: Bärtiger Kopf des Königs mit Diadem.]

Amastris Faustina iun. (Kgl. Mk.).
Macedon. Münzen des Brutus mit ΚΟΣΩΝ.
Side, Faustina iun. (Kgl. Mk.).
Ephesus, Caius Caesar (Kgl. Mk.).
Tarraco, Caius u. Lucius.
Philippopolis, Thr. Domitian hat latein. VS. bei griech. KS. Siehe Eckhel Doctrina II. 42.
Sidon, Domitian in der K. Samml. hat Typus eines Denars.
Ancyra Phrygiae, M. Aurelius, die Fecunditas der Faustina, hier mit der Bezeichnung EVTEKNIA.

Wiederholunng von Bildsäulen.

Tanagra, Septim. Sever., Hermes d. Widder tragend. K. Münzkab. und Archäol. Zeitung. 1849. S. 93.
Trunkner Satyr, Nicaea. [Vgl. Archäol. Zeitung 27. S. 96.]
Venus des Bupalos Germanicopolis. Fox.

Naturgeschichtliche.

Spanheim de usu et praestantia nummorum hat eine Zusammenstellung, I. Diss. 4, nur Thiere.
Millin in Magasin encyclopédique, 5. Band, S. 495, hat die aus Hunter zusammengestellt, es ist unbedeutend.

Acheloos, Archäol. Zeitung. 1862. S. 313.
Actaeon, Streber 2. Forts. der Gesch. des Münchener Münzkabinets S. 55, irrige Deutung, siehe Niobe in diesem Verzeichniss.
Adler u. Blitz auf röm. u. syrischen Münzen, Num. Chron. I. 187.
Aeneas, Memorie Num. I. 36.
[Auf M. von Aeneia: Sitzungsbericht d. Preuss. Akademie. 1878. 759.]
Aesculap auf einer geflügelten Schlange. Pautalia Caracalla. Kgl. Mk.
Africa mit den Elephanten-Exuvien. Bild aus Pompeji. Museo Borbonico. IX. Tafel 4.
Ajax kämpfend [Opus mit Aufschr. ΑΙΑΣ: Friedlaender-Sallet, Das Königl. Münzkabinet[2] n. 189]. Jahn, archäol. Aufs. S. 167. Bröndsted, Bronzen von Siris. S. 68. [Ueber die M. von Tegea s. Zeitschr. f. Num. IX. 36.]
Waffen des Ajax. Bröndsted, Reisen. II. 312.
[Aleuas, Larisa Thess., Friedlaender, Monatsb: der Preuss. Akad. der W. 1878, 450.]
Alkinoos-Garten: die Erklärung, es seien die Dioscuren-Sterne: Uhden, Monunios. Berliner Akad. 1830.
   Unbegreiflich, dass Longpérier Revue num. 1840, 299, sie nicht als richtig anerkennt.
   Accad. di Torino. Band 39. S. 139. Vergl. Revue 1850, 268, Bull. 1844, 153. (M. v. Cyrenaica.) Num. Chron. XI. 116.
Amazonen, Pedrasi le amazoni sivendicate alla verità. Milano 1839.
Amazone? auf einer Prora, häufig in Samos, auch in Stectorium Phryg. Philippus I.

Antaeus auf kl. Ǣℛ von Tarent.
Aphrodite von Milo, Corinth Antoninus Pius u. die folgenden Kaiser. Patrae Sanclementi. II. 24, 205. Vergl. Philomelium Phrygiae, Eckhel Syll. Tafel V. 9.
— aus dem Bade steigend, die Sandale befestigend: Aphrodisias Cariae.
— des Bupalos: Amisus Sabina, Nicaea Sestini, Hedervar. II. Tafel XVI. 12.
— mit zwei kleinen Figuren auf den Schultern, Rhodus. Hunter. 45. XI. Eckhel Doctr. II. 603.
Apollo, Sauroctonos Nicopolis Moes. Septim. Sever. in der K. Samml. Unerkannt bei Froelich quatuor tentamina 240, Eckhel Katal. Mus. Caes. I, 57, 12, Mionnet, S. II, 129, 424.
— Smintheus, Revue num. 1858. 1.
— als Bockträger. Tanagra, Abhandl. der Berliner Akad. 1845. 83.
— Sein Kopf mit Vogel, Lydda u. s. w. Revue num. 1840, 405 und 1859, Tfl. III.
Artemis, Ephesische.
Ephesus Α′, Kaiser Æ.
Bargasa Cariae, Æ autonom. Mionnet III. 333.
Cyzicus.
Acrasus.
[Gortyna Cret., Zeitschr. f. Num. X. 119.]
Massilia, Eckhel N. vet. anecd., S. 3 war schlecht erhalten, ist in Wien nicht mehr vorhanden. Saussaye, Gaule Narbonn. S. 49.
Artemis Munychia: Phygela.
Architektur, Stieglitz, Archaeologie der Baukunst. Weimar 1801.
[Donaldson, Architectura numismatica. London 1859.]
— Hafen von Patrae. Sest. molte med. in più musei. Tfl. XI, 17.
— Brunnen mit Bildsäule. Patrae ebenda. Tfl. XI, 16.
— Leuchtthurm von Korinth, Sestini molte med. in più musei. Tfl. XI, 14.
— Leuchtthurm von Messana auf röm. Ǣℛ des S. Pompeius.
— Victoria in einem Tempel mit Laterne. Nicopolis Epiri Faustina iun. K. Samml.
— Burg, auf persischen: Mionnet, S. VIII. Tafel XIX, 4 und auf kleinen Æ Arsaciden; endlich auf Ǣℛ v. Cilicien.
Astacus der Riese, Revue num. 1844, 1.
Atalante, Tegea Domna (Eckhel Doctr. II. 299. Mionnet S. IV, Sest. Font. I. 74).
Atlas? Mann mit einem grossen Fels auf dem Haupt: Cyme Gordianus. III.
Auge. Cithrum, Revue num. 1843. Tfl. XVI, 4.
Hunter, 49, VI. Side (ist es ein Auge?)
Lesbos, kl. Billonmünze.
Bacchus von Semele umarmt, nicht ähnlich dem berühmten Spiegel: Streber, Num. nonnull. gr. S. 222. Tfl. IV, 3.
Bias, s. Visconti; sein Kopf auf einer M. von Priene im Kgl. Kabinet.
Biene: Revue num. 1852, 334.
Brunnen: Patrae Domitian in der K. Sammlung.
Buchstaben, einzelne im Felde der Ks. Revue num. 1859, 1.
S. auch Beulé, Athen. S. 78.
Archaeol. Zeitung. 1858. 171. Buchstaben als Typus.
Charon, in Carrhae, Bullettino d. Inst. 1838. 57.

Chronos: Himera.
Cortina (s. Omphalos.)
    Anactorium Cousinéry Ligue Ach., II. 18 u. K. Münzkab. Die Cortina als Beizeichen.
Cypressen-Cultus, Annali dell' Institut. 1847. 34. Bull. 1848. 169.
Demos in Rhegium u. Tarent, dazu Populus auf einer des M. Aurel. von Corinth.
Diadem: Eckhel Doctr. I. 253 unter III.
Dido, Tyrus Elagabal; Sidon Caracalla Gréau. 2600.
Doppelfiguren, zwei Nemeses auf Greifenwagen, Smyrna, Schwefelpaste.
Doppelköpfe, Annali d. Inst. 1858. 79.
Dreifuss mit aufgesetzter Cortina.
    Eumelus, Pontischer König. K. Mk.
    Augustus, Riccio Famil. Mionnet Suppl. Tfl. 58. 22.
    Magnesia Jon. Grosse Æ, Schwefelpaste.
    Croton. Mionnet I. 190, 860. Schwefelpaste.
    Borghesi. Osserv numism. Dec. 7, oss. 6.
    Kaisermünzen von Tyrus. Pellerin. Mél. I. Tafel IV. 7.
Ebertypen, zusammengestellt (aber von Rapp!). Jahrb. des Vereins der Alterthumsfreunde im Rheinland. Heft 35. S. 88.
Eirene mit dem Heroldstab, Terina?
    Locri Epizephyrii (mit Beischrift).
    Nicomedia Augustus.
Europa, s. unten Tyrus Valerian.
Fama, ΦΑΜΑ Schiffsname in Corcyra, Postolacca Corcyra u. s. w. 19 n. 202. (vgl. Demetrius Poliorcetes.)
Farnesischer Stier. Thyatira, Eckhel N. veteres anecd. Tfl. XV. 1. (Severus Alexander irrig als Caracalla bezeichnet. Doctr. III. 122.)
    Acrasus Septim. Sever. Museum Theupoli. S. 933.
    Contorniat Gori Columb. Liviae Aug. S. XXV u. Wiczay II. 409. Tafel Impp. X. 9.
Faun, der dem kleinen Bacchus eine Taube zeigt. Sardes Antinous. Kgl. Mkab.
Furien in Laodicea Phryg. Domna. Mionnet IV. 327, 762, sind gewiss Hecate, wie ebenda 332, 791.
Fuss einer Kuh. Cephallonia, Cranium.
Ganymed Ilium Allier. Tfl. XIII, 6. Hadrianopolis Thrac. Caracalla in Kgl. Mkab.
Gefässformen auf Münzen, Münchener Akad. philos. Kl. IV. S. 1. Tfl. 2.
Götternamen neben den Darstellungen:
    HPA, Elis, Chalcis M. Aurelius, Samos.
    ΠΑΝ, Messana. Eckhel Sylloge. Taf. II. 10.
    ΑΘΑΝΑ, Heraclea Lucaniae.
    ΠΑΛΛΑϹ, ΑΘΗΝΗ, Tarsus Caracalla.
    ΕΙΡΗΝΗ, ΠΙΣΤΙΣ, } Locri Epizephyrii.
    ΟΛΥΜΠΙΑ, Elis.
    VENVC (so), auf einer sonst griech. Münze von Mylasa Gordianus. III. K. Münzkab.

Gorgo, Luynes Etudes num. 37
Heilgötter, Caronni a Tunis. Th. II. 201. Tfl. IX u. X.
Hekate, dreigestaltig, Aspendus Tranquillina. K. Münzk.
Hektor, Allier, XIII. 11 (Ophrynium) Mémoires de l'institut XIV. 2. S. 240.
Herakles, heisst Prophylax in Smyrna.
Herakles, Torso v. Belvedere. Mém. de l'institut XIV. 251.
— mit Cerberus, Germe Gordian III. Mionnet. S. V. 366, 533.
Herakles, den Fluss Alpheios in den Augiasstall leitend, Alexandria Antoninus Pius, in der K. Sammlung. Ich glaube bisher unrichtig beschrieben. Die Pariser Paste ergänzt unser Ex. [Zeitschr. f. Num. IX. 4.]
— mit Amor auf einem Löwen sitzend, Nicaea Caracalla.
Hipparch, der Astronom. Nicaea Commodus.
Homer, Laodicea Phryg. Nero.
Hund, Spitzhund: Kythnos; Etruria, unbestimmte.
— von Creta, Revue num. 1840. 188.
Hypsipyle auf einem Contorniat. Revue num. 1868. 248.
Jahreszeiten, Laodicea Phryg. Caracalla.
Lais, Annali d. Instit. XIX. 400. Anm. 6.
Latona mit den beiden Kindern, Magnesia Jon. Otacilia.
Leander u. Hero, Mém. des Petersb. archäol. Ges. 1851. 273. (Contorniat.) [Sestos.—Abydos. Septimius Sev.]
Leda mit Schwan u. Ei, Nicomedia Sever. Alex. in der K. Samml. [Archäol. Zeitung 27. ; Taf. 23 n. 14.]
Lunus, Sestini Lett. cont. VI. 80. Streber Num. nonn. gr. S. 169.
Mohrenkopf, Etruria, unbestimmte mit dem Elephanten auf der Ks. Delphi, kleine Ær.; Lesbos Ær.
Musikalische Instrumente, (siehe Plectrum).
Mehrere auf Denaren der G. Papia, Wasserorgel auf Contorniaten.
Lyra mit Wirbel, Alabanda.
Myrons Kuh, Blätter für Münzkunde. II. 61.
Mysterien-Typen, Stieglitz, archäolog. Unterhaltungen. II.
Nike schreibt den Stadtnamen, Heraclea. Bith. Streber, Num. nonn. gr. S. 188.
Niobe, Archäol. Zeitung. 1864. S. 133. [Die M. gehören nicht nach Boeotien, sondern Orchomenos Arcad.; dargestellt ist Kallisto.]
Noah, Apamea Phryg. Septimius Severus und Philippus. [Friedlaender-Sallet. Das Königl. Münzkabinet[2] n. 885.]
Obelisk auf M. von Ambracia [sicher, Drachme im Kgl. Mk. aus der Sammlung Fox mit dem Zweig neben dem Schaft; zweifelhafter, indem wenigstens die Tänien an der Spitze fehlen, in] Apollonia (in Illyricum). Auf M. von Megara u. anderen Städten ist es gewiss nichts als Köcher. Bei Megara wechselt dieser mit dem Dreifuss ab.
Olympische Spiele, Bull. 1837. 154. Archäol. Zeitung. 1863. 48.
Omphalos (s. auch Cortina).
— allein: Mamertini in Messina, unvollst. Hunter 35, XVII; Torremuzza Auct. I, V. 7, Millingen anc. coins II. 13. Es sind 2 verschiedene Münzen. Der Omphalos hat unten Rand.
— u. Dreifuss: Rhegium, oft ist der Dreifuss allein, zuweilen steht der Omphalos dahinter. Passt es für den Omphalos so nebensächlich behandelt zu werden? sollte es doch die Cortina sein? Bei Tauromenium dieselbe Ks.

Omphalos u. Lyra: Neapolis Campaniae, dabei wechselnde Beizeichen, die sich nicht alle auf Apoll beziehen.

Omphalos u. Schlange: Tauromenium Æ Alessius Marcello Fardella Cumiae duci etc. (kein andrer Titel) publiciert diese M., welche also unglaubwürdig ist wie andre von Alessi publicierte.

Apoll sitzt auf dem Omphalos: Rhegium Æ; Antiochus I. u. s. Folger.

Paphos Nikokles Eckhel Nummi vet. anecd. XIV. 3, M. S. VII. 310, Revue num. 1839. S. 9. Tafel I.

Delphi ℞ und Æ.

Eleuthernae Mionnet II. 276, 148.

Chersonesus Mionnet II. 264, 46. S. IV. Tfl. 8, 1.

Haym, Thesaurus Brit. I. 35.

Alaesa, Apoll steht neben dem Omph.

Catana Mionnet I. 227, 162.

Museo Borbonico. IX. Tfl. 20 u. 47. X. Tafel 20.

Terracotten von Campana. Tfl. 20.

Orakel v. Dodona, s. Epirus.

Pallas, unbehelmt, Corinth Drachmen mit Pegasus, Side.

Pan, flötenspielend, Caesarea Panias Septimius Severus Sanclementi II. XXIV. 216, vergl. M. Aurel in der K. Samml. [Archaeol. Zeit. XXVII. Taf. 23 n. 2, 3.]

Pegasus, gezäumt, Corcyra Plautilla, K. Samml.; [mit Kopfgeschirr und angebunden, Corinth. Archäol. Zeit. eb. n. 19.]

Pentagramm, Böttiger, Archäologie und Kunst. Band I. Heft 1.

Perseus u. Andromeda, Deultum Allier. III. 10.

[Philoktet, Lamia Thess. Æ Friedlaender, Archäol. Zeit. 29, 79.]

[Phrixos, Alos Thessal. Friedlaender, Monatsb. d. Preuss. Akad. d. W. 1878. S. 450.]

Plectrum, deutlich dargestellt auf der ℞ von Apollonia Ill. Acc. 11762 in der K. Samml.; hängt an der Lyra Leontini Æ.

Prora mit Windhund ℞ Samos.

Mit ΝΙΚΑ Corcyra Æ Acc. 5509. [Über weitere Schiffsnamen: Postolakkas, Κατάλογος τῶν ἀρχαίων νομισμάτων τῆς Κερκύρας κτλ. 19]

[Protesilaos, Thebae Phthiot. Monatsb. d. Akad. d. W. 1878. S. 450.]

Pschenth auf att. Tetradrachmen Annali d. Inst. 1838, 43, Monum. II. 56, 4. Aenianes Sest. Fontana. II. Tafel III. 5, [Catalogue of greek coins in the British Museum. Thessaly 11 n. 12.]

Pythagoras, Samos.

Rad, Levezow Fund v. Szubin. Berlin 1834.

Regen und Jupiter Pluvius, Mionnet Suppl. VI, Tafel IV, 1.

Sappho, Allier, Tafel XIV, 2.

Sardanapal, Tarsus, Revue 1855, 386.

Saturn, Laodicea Phryg. Julia Domna in der Kgl. Samml.

Schwäne, Archäol. Zeitg. 1858, 229.

Scylla, Annali 1843, 144, Monum. III. 52, 53.

Silvanus, Num. Chron. X. 95 mit seinem Namen.
    Hadrian, Bronze Medaillon.
    Caelium, die Figur wird Apollo Silvanus genannt.

Solon, Athen. [Beulé Monnaies d'Athènes S. 400; die Deutung ist sehr zweifelhaft.]
Stachel am Diadem auf kleinen Æ Philipps II. von Macedonien.
Auch Zeus Ammon hat ihn auf einigen Æ Ptolemaeer - Münzen mit zwei Adlern, und auf den grossen Æ des Euergetes mit zwei Füllhörnern.
Stein-Idole, Num. Journal. II. 216.
Stier mit menschl. Antlitz. Revue num. 1840, 397, Bull. 1853, 65, Bull. Nap. V. 57, nuova Serie I, 57, 159 und III. 62 (in Spanien), Bairische Akad. der Wiss. XV. 1838, Società Pontaniana. 1810, 319. [Archäol. Zeit. 1862 S. 313.]
Thetis, Pyrrhus und Larissa Cremaste. [Archäol. Zeit. XXVII. 100.]
Thierkreis, Sidon Elagabal.
Thyrsus mit Pinienzapfen an beiden Enden: Laodicea in der K. Samml. Acc. 5841.
Todesgenius, Bizya Mionnet, S. II. 238, 196, Dorylaeum Gordianus. III.
Triquetra, Luynes études num. 83. Bröndsted Transactions of the R. Society of litterature II, part I, S. 105, note 7 (als Symbol des Wettrennens).
Triton, Fisch stechend, Itanus Æ und Karystos Æ.
Vogel an der Wange eines jugendl. Kopfs, Lydda usw. Revue num. 1840, 405, 1859, Tfl. III.
Zeus, thronend einen Kranz in der Hand haltend. Antiochia-Adana Antoninus Pius, K. Samml.
— Beinamen Sest. Lett. cont. I. 78.
Zwei gleiche Figuren:
Heliopolis Hadrian Sanclementi. III. 165. Tafel auf S. 281. Zwei Fortunen.
Heliopolis Septimius Severus, K. Samml. Zwei Herakles.

EINZELNE BUCHSTABEN, BESONDERHEITEN DER SCHRIFT.

Barthélemy Essai sur la paléographie numismatique. Mém. de l'acad. des belles lettres. T. XLVII. 140.
Palaeographie von Syrakus. Revue num. 1843. 1.
Wailly Paléographie. Paris. 1838. Folio. Band. I.

*Einzelne Buchstaben und deren Formen.

ᛒ ᛆ steht auf einer Æ von Arkadien im Münzkabinet.
TÆRAS Luynes Choix de medailles, V, 14, u. dazu unser Incusus.
<C als Beta. Bisaltae, Catalogue of greek coins in the British Museum. Macedony 141.
ᛍ als Beta in Byzanz.
U in der rückläufigen Aufschrift des Incusus von Sybaris. Zeitschrift für Numismatik VII Tafel 4 n. 5.
C als Gamma in Gela, Akragas, Megara, auch in Aegae Achaiae. Acc. 11593 des Kgl. Münzkabinet. Zeitschr. f. Num. V. 5.

D in Zankle u. in Orchomenos; Dumersan, Catalogue Allier, VI 2, in EYDO, ist doch wohl ɗ, denn auf derselben M. ist EPX das ϱ.

II statt E, ΛΙΛΥΒΑΙΙΤΑΙC und ΛΙΛΥΒΑΙΙΤΑΝ häufig.
  Auch ein ᴀ̃ Subärat von Emerita im K. Münzkab. hat II.

E, seine Form auf gallischen M. Revue num. 1856. 73.

E und Ϲ, Σ und C auf derselben M. wechselnd: Pembroke, Katalog, 1000, 1123, 1131. Auch auf einer Æ von Syrakus in der K. Sammlung ΑΡΙΣΤΙϹ Carelli Tarent No. 158 der Descriptio. ΤΑΡΑϹ auf einer ᴀ̃ von Tarent in der K. Sammlung, und Luynes Choix. III. 1.

Vau.
  In Stadtnamen ϜΑΞΙΩΝ ϜΟΙΝιάδαι ϜΑΛΕΙΩΝ, ϺΑϺϟΝΟϺ (s. meinen Aufsatz über Oeniadae, Berl. Blätter f. Münzk. II, 1).
  Ferner ϜϟϟϺ in Posidonia.
  Ϝ allein auf kleinen griechischen ᴀ̃ mit dem Pegasus, von Anactorium.
  In anderen Worten: ΕϜϜΑΡΑ, Eckhel D. II. 196, ϜΑΣΤ ebenda, ϜΕΡΓ, alle in Boeotien. ΑΝϜΑ, Eckhel D. II. 230. Achaia — ist aber wohl ϜΑλείων und ΑΝ.
  ϜΕΛΧΑΝΟΣ in Phaestus Cret.
  ΕΣΤϜΕΔΙΙΥΣ in Aspendos: Zeitschr. f. Num. IV. 297.
  Jüngere Form des Vau ϹΑΞΙΩΝ, Axus Cret., ϹΑϟ Tarent.

Aspiratenzeichen.

И für H in der rückläufigen Aufschrift Himera ᴀ̃ Acc. 6368. Mionnet, S. I. 393, 236. Tafel IX. 35. Catalogue of greek coins in the British Museum. Sicily 76, 3.

⊢E und HE, Tarent Acc. 6540 und 6541 in der K. Sammlung. Aber ⊢ steht auch allein im Felde, z. B., wo der Reiter neben dem Pferde steht. ⊢ΗΡΑΚΛΗΙΩΝ Carelli Nummi Ital. vet. CLX 16 u. a.

X als ξ in ΝΑΧΙΟΝ und ΠΥΧΘΕΜ. Naxus hat auch ΝΑΞΙΟΝ, selten ΝΑΞΙΩΝ. Also kam Ξ früher in Gebrauch als Ω.

C für den kurzen O-Laut, auf archaischen ᴀ̃ von Knidos: Zeitschrift für Numismatik I Tafel 4 n. 16; von Nisyros eb. n. 18.

Ω für den kurzen O-Laut. Bisaltae, Catalogue of greek coins in the British Museum. Macedonia 140.

C in ϹΑΙΜΤΙΚΟΝ rückl. u. ϵΑΙΜΤ Phaestus, Cret. C und Ϲ = π; das Zeichen für φ ist dem altkretischen Alphabet fremd; Kirchhoff, Studien zur Gesch. des griech. Alphabets 65.

Koppa.

Ϙ steht nur vor o υο und Consonanten. ϟΥΡΑϘΟϟΙΟΝ, ΑΡΚΑΔΙϘΟΝ, (Combe Mus. Brit. Taf. VIII. 5.) ϘΡΟΤΟΝ.

Φ statt Ϙ auf einer alten ᴀ̃ von Corinth in der K. Sammlung. Ebenso das Zahlzeichen Ϙ in der Form Φ auf Tetradrachmen des Arsaciden Pacorus.
  Quintilian Inst. I. 4, 9. Q cuius similis effectu specieque, nisi quod paulum a nostris obliquatur, Koppa apud Graecos nunc Santum in numero manet.
  κοππατίας ἵππος Aristophanes Wolken 23, κοππαφόρος Lucian adv. ind. 5, die Pferde korinthischer Zucht hatten das Ϙ eingebrannt. Mazochi Tab. Heracl. S. 122.

Q erscheint auf Münzen von Aquinum in der Form ?, neben Λ und Ω.
ᗡ für ρ auf der Vs., ꟼ für ρ auf der Ks. einer M. von Croton Luynes Choix V. 7, also wechselt die Form auf derselben Münze.
Wie soll man sich die Vertauschung von Я = d und von ᗡ = r im Oskischen erklären? Im ältest. Griech. Alphabet ist D = δ, R = ρ.
S. Auf einer Phaestus zugetheilten M. ΦΑΙS, Combe Mus. Brit. VIII, 16.
T in META der älteren M. und Æ von Mesembria.
Ψ für χ auf alten Triobolen von Chalkis. Zeitschrift für Numism. III 134.
Ψ in ΨΑΡΟ als χ, neben ΧΑΡΟ auf böotischen Didrachmen aus Epaminondas' Zeit. Zeitschrift für Numismatik III 134.
X Ж X als ψ in Psophis Arc. Zeitschrift für Numismatik I 117.
Ψ als ψ, ΠΕΛΟΨ auf dem Tetradrachmon der Waldeck'schen Samml. Friedlaender, Berliner Blätter I 137. Imhoof-Blumer, Monnaies grecques, Tafel B n. 3.
Ω. Es giebt M. mit ΝΑΞΙΩΝ. Naxos ward 403 v. Chr. zerstört.
Statt Ω angeblich zweimal ꟼ. Mionnet S. VII. 484, 12, auf einer M. des Nero.

Besonderheiten der Schrift.

AV. KAI. TI. AI. AΔPIANOC
steht, so mit den Punkten unten, auf der Münze des Antoninus Pius für die 13 ionischen Städte (K. Mk.)
ƷOT
ΣΕΒΑΣ also bustrophedon, auf einer Münze von Ilium, Augustus (K. Mk.).

Zweisprachige Münzen.

Cephaloedium Mionnet Suppl. I. 383, 180. ΚΕΦΑ und C. CANINIVS .. VIR.
Zakynth. Ϊ A und C. SOSIVS.

Münzen mit dem Alphabet.

Beulé, monnaies d'Athènes. S. 78.
Revue num. 1859. 1.

Lateinische Aufschriften.

C. S. hinter dem Kaiser- und hinter dem Stadtnamen auf einer M. des M. Aurelius von Stobi in der K. Sammlung.
C. S. hinter A E D auf einer M. des Augustus von Sagunt. Eckhel Doctr. I. S. 56.

Lateinische Lettern.

IIMHRITA K. Mk.; Eckhel M. Antonius u. Riccio M. Antonius Nr. 42.
ΠΙΙSTANO Diamilla Memorie II. 67.
Holaesa in dem K. Mk. MACXV für MACer decemvir?
MAKSIMVS Contorniat Eckhel VIII. 290.
AKSIVS
PAXS Riccio 2. Ausg., Aemilia Nr. 21, auch in Dium Sestini Lett. cont. IX. 3
/X hält Eckhel Doctr. V. Tafel zu S. 72 und S. 74 oben für eine Form des A, weil man die Münze der G. Saufeia zutheilt. Jetzt liest man es AX, es steht S/X = Saxula u. giebt die M. der Clovia.

Cornelia, Lentulus Marcellinus hat lat. Lettern als Beizeichen, aber auch griechische: Ѡ ѡ, Γ π.
AESILAS mit einem **L.** Welzl 1798, ob wirklich? [Zeitschr. für Numism. III 179.]
LVTAZI auf einer subäraten. Riccio S. 130. No. 2.
OPSEQVENS, Eckhel D. VII. 24.

NAMEN UND TITEL DER KAISER.

Namensbezeichnungen der Kaiser auf griechischen Münzen.

Salonina heisst **A.** Cornelia Salonina in Perga.
Annia Faustina heisst **ΑΝΑ ΦΑΥϹΤΕΙΝΑ** in Side, Kgl. Münzk.
Traianus Decius heisst **ΔΕΚΙΝ** (ος in Synnada, Kgl. Münzk.
Balbinus **ΚΑΛ** in Amisus Ponti. [D. Caelius Calvinus Balbinus: Corp. Inscr. Lat. VIII. 10342 f. 10365. Mommsen Zeitschr. f. Num. VIII 26.]
Geta heisst **ΜΑΡ ΑΥΡΗ ΓΕΤΑϹ** in Lacedaemon, s. in meinem Katalog einen Erklärungsversuch.

Titel der Kaiser.

Βασιλεύς Eckhel VIII 366 heisst Caracalla in Caphyä, Sestini Hedervar IV 2, 141; in Corinth (K. Münzkabinet); in Argos Sestini Lett. cont. IV. 14.
Βουλαῖος heisst Augustus in Pergamum, Mionnet II 594, 538, S. V 427, 923, aber es steht **ΒΟΥΛΑΙΩΙ** richtig auf unserm Exemplar.
ΑΡΞΑϹ als Titel Ceramus Cariae Commodus, s. auch Sanclementi II. 197.

[Rasuren auf Kaisermünzen.
Geta ausradiert in Smyrna und Stratonicea: Num. Chron. I 194; in Pergamum: Zeitschrift für Numismatik XI 52.
Domitian ausradiert in Cibyra: Zeitschrift für Numismatik VIII 10.]

ZUR ERLÄUTERUNG DER BIBEL.

Num. Chron. VII 85, VIII 133, IX 17.
Die Kesitah der heil. Schr. Num. Chron. II. 248.
Schimko, commentatio de nummis biblicis. Vindobonae 1835.
Cavedoni, Num. biblica Modena 1850, übers. von Werlhof, Hannover 1855 (2 Theile.)
Der Heiland, s. Typen, röm. M.

PUNISCHE MÜNZEN.

Gesenius, palaeograph. Studien über phön. u. pun. Schrift. Leipzig 1836.
  Vergl. Blätter für Münzk. II. 177 u. 278 (Grote).
— scripturae linguaeque phoen. monumenta. Lipsiae 1837. Vergl. Blätter
  für Münzk. III. 167 (Grote).
Duvivier, les inscr. phén. pun. numid. expliquées. Paris 1846. Vergl.
  Revue archéol. 1846. S. 9.'
Judas, étude de la langue phén. et de la langue libyque, Paris 1847.
Schroeder, Die phoenizische Sprache. Halle 1869.
Hamaker, Miscellanea Phoenicia, Leyden 1828, 4⁰ (enthält auch Münzen).
Phoenicische Münzen aller Länder zusammengestellt: Num. Zeitg. 1836
  Nr. 156, 179; 1837 17 ff. bis 49.
Revue archéol. III. 567 und 629. (Berichtigung eines punischen Buchstabens.)
De Saulcy, Recherches sur la num. pun. Auch in den Mém. de l'institut
  royal de France (Acad. des inscr.) T. XV 2. Abth. Paris 1845. Vergl. Revue
  num. 1844. 451.
Luynes, Num. des Satrapies, Paris 1846; cf. Revue archéol. 1847 I. 139.
  (Darüber: Litter. Zeit. 1847 Nr. 41 und Bullet. 1848, 92.)
Ugdulena, Sulle monete punico-sicule memoria, letta all'accademia di scienze
  e lettere di Palermo ... ed inserita nel vol. III. degli Atti d'essa accad.
  Palermo 1857. 4⁰.

HISPANIA.

Antonio Valcarcel, Medallas de las colonias municipios i pueblos de España. Valencia 1773. 4.
Ignacio Perez de Sarrió, Dissertazion sobre las medallas desconocidas Españolas. Valencia 1800.
Zu: Florez, Medallas de las colonias usw. Sestini sagt in der Antologia di Firenze Bd. 14 Heft XXXXI S6: den dritten Theil habe Florez in hohem Alter und halbblind geschrieben, die meisten Münzen seien Fälschungen, die, um den Infanten Gabriel, welcher Münzen gesammelt, zu betrügen, angefertigt worden.
Movers Phoen. II 2 588 über die phoenicischen Colonien.
Gaillard, Description des monnaies espagnoles du cabinet de D. Jose Garcia de la Torre. Madrid 1852, 8°.
De Saulcy, Essai de classification des monnaies autonomes de l'Espagne. Metz 1840, 8°.
v. Lorichs, Recherches num. concernant les méd. celtibériennes. Paris 1852 Band I (nicht mehr erschienen; vorzügliche Abbildungen).
Revue num. 1841, 5 und 322 (einige autonome Münzen).
Grote, Bl. f. Münzkunde IV 69 (Spanische Münzen in der Kgl. Sammlung zu Gotha).
Mus. Borb., II. Taf. XVI 2—5.
Num. Chron., XVI 1.
Gaillard, Catalogue de monnaies antiques recueillies en Espagne. Paris 1854, 8° (Broch.).
Bullettino Napolitano, nuova serie III 65.
Miscell. Hafn., II 383 (Aliquot Hisp. et Ital. n.).
Antonio Delgado, Catalogue des monnaies etc. de Mr. de Lorichs. Madrid 1857, 8°.
Boudard, Essai sur la numismatique Ibérienne. Paris 1859, 4°.
Cerda de Villarestan, catalogo general de las antiguas monedas autónomos de España Madrid 1858, 4°.

Celtiberische Münzen.

Bl. f. Münzkunde IV. 175, 252.
Revue archéol. X. 702.
Revue numism. 1855 5 und 229. Cosetani, Authétans, Coelcrini, Onuba, Ilipula.

Hispania. 1) Lusitanica. 2) Baetica.

Celtiberisches Alphabet.
Numism. Chron. III. 1.
Revue numism. 1840 1, 1853 316.

Punische Münzen.
Bl. f. Münzkunde III 174.
Bull. Nap., nuova serie III. 62.

1) LUSITANICA.

Delgado, Katal. Lorichs S. 1 theilt Spanien in: a) H. citerior, d. i. Lusitanica und Baetica — diese ordnet er zusammen alphabetisch — und b) H. ulterior, d. i. Tarraconensis. Diese Vereinfachung ist sachlich wohlbegründet und daher wohl anzunehmen.

Lusitania.
Diccionario numismographico Lusitano, em que se descrevem as moedas antigas de Portugal, Lisboa 1835, 8°.

Emerita.
Augustus, Borghesi Oss. XVII 9 (Carisius).

Merobriga.
Mionnet, Atlas de géographie numismatique. p. 4 und 5.

Ocellum.
Chaudoir, Corrections 29.
Chaudoir, Supplem. aux corrections, 11.
Numism. Chron. XVI 3.

Salacia.
Revue num., 1863 369. (Die unter Odacisa gestellten unbestimmten gehören nach Salacia.)

2) BAETICA.

Abdera.
Sestini, Fontana I 17.
Numism. Chron. XIII. 24.
— — XV 203 (dass es nicht Colonie war).
— — Tiberius, (cf. Mionnet S. I 10 49) Welzl 9. Mionnet S. I 4 21 sei falsch, Sestini in Antol. di Firenze 14 XXXXI 85.

Amba.
Mionnet S. I. 111, als unbestimmter Lage.

Asido.
Welzl. 15 (Sphinx).

Asta.
Mionnet S. I 5 28 sei verfälscht: Sestini in Antol. di Firenze 14 XXXXI 85.

Canaca.
Lindberg, commentatio de nummis punicis Sestorum olim Canacae tributis. Havn. 1824. Auch Misc. Hafn. II S. 339.

Carteia.
Welzl 30 (C . CAEDI . T . POPILI cf. Mionnet S. I 120 700).

[Brutobriga.
Zeitschrift für Numismatik VIII 11.]

Corduba.
Bull. Nap., III 14.

Gades.
Horozco historia de la ciudad Cádiz. Cadiz 1845, 4⁰. Anhang: Medallas antiguas.
Annali 1834, 335 (Hercule de Gades).
Zeitschr. f. Münzkunde III 2.
Miscell. Hafn. II (1824) S. 385.
Mionnet I 15 117 und S. I 27, 156 u. folg.; die hier beschriebenen Nero-Münzen gehören dem *Tiberius*.

Hipla.
Revue numism. 1841 331.
— — 1855 238.

Italica.
Alex. de Laborde, Mosaique d'Italica, Paris 1802 (Mit Abbildungen von Münzen.)

Ituci.
Revue num., 1855 311.

Iulia.
Mionnet I 19 142 sei Parium verfälscht: Sestini in Antol. di Firenze 14 XXXXI 85. Dies ist unrichtig, aber die M. ist nicht spanisch. Sie ist in der Königl. Sammlung. [Siehe unten: Dium Maced.]

Lacippo.
Sestini, Med. ispane S. 57.
Augustus,. Mionnet S. I 34 190 nach Sanclemente, ist ein mangelhaftes Exemplar der Münzen von Irippo.

Malaca.
Danske Videnskabers-Selskabs-Skrivters 180½, II 2. S. 41.
Miscell. Hafn. II 1824 S. 386.

Munda.
Mionnet S. I 20, 148 und 149, die erste verfälscht, die zweite sei Myrtilis: sagt Sestini Antologia di Firenze 14 XXXXI 85.

Onuba.
Revue numism. 1855 232.
Sacili.
Die hierher oder nach Panormus gegebenen phoen. Münzen gehören Numidischen Königen: Num. Chron. XV 82, 218.

Samusia, Tamusia.
Lorichs LXV 4, 5.
Serpa?
Revue num. 1864 237. Zweifelhaft, es steht ZIRPENS.

Sex.
Lindberg, commentatio de nummis punicis Sextorum. Havn. 1824.

Tartessus.
Redslob: Tartessus, zur Geschichte des phön.-spanischen Handels. Hamburg 1849.
Mionnet S. I. 26 191 sei verfälscht, Sestini in der Antologia di Firenze 14 XXXXI, 86.
Ugia.
Mionnet, S. I 27 197 sei verfälscht: Sestini, Antologia di Firenze 14 XXXXI 86.
Ulia.
Memorie numism., I 66.
Orisia, Olina, Illukim (Luciferi fanum), Lersana, Koniskoi, Melesses, Onosca, Ilikia, Attubi, Onoika, Uxama, Baccaioi, Uama.
Aufschriften celtiberischer Münzen: Revue archéol. X 702 u. folg.

Incerti Hispaniae.
Celtiberische, Welzl 267 und folg.
Münze mit NMV Revue numism. 1855 5, nach Revue numism. 1857 301
Nemausus.
Olont, Revue numism, 1855 301.
Art..., Mionnet S. I 112 643, vgl. Mionnet Atlas S. 5, wo sie nach Artemisium Tarr. gegeben wird.

Balearische Inseln.
Della Marmora, Saggio sopra alcune monete delle isole Baleari Torino 1834 (aus Bd. 38 der Memoiren der Turiner Akademie).
Della Marmora, Voyage en Sardaigne, Turin 1840.
Zeitschr. für Münzkunde IV 29 and 257.
Blätter für Münzkunde II 297.
[Zeitschrift für Numismatik VII 228.]

Ebusus.
Zeitschr. für Münzkunde IV 129, 257.
Mémoires de l'acad. des inscr. XV 2 S. 177.
Sestini, Lettres di cont. IV 3.
Movers Phön. II 2 585.

3) TARRACONENSIS.

Acci.
Zu Florez, Tfl. LI 4: Numism. Chron. XV 203.

Aebura.
Zu Saulcy, Legende 100: Numism. Chron. XV 204.

Bilbilis.
Bull. Nap. III 8.

Caesaraugusta.
Augustus, Sestini Lett. di cont. VII 1.

Calagurris.
Augustus, Welzl 113.

Carthago nova.
Leandro Soler, Cartagena de España ilustrada, Murcia 1777, 2 Bde., 4º, (mit zwei Münztafeln in Bd. I.)
Die von M. Antonius und Octavianus, Augustus, und von C. und L. Caesares geprägten Münzen, zum Theil mit dem Labyrinth, und der Bezeichnung C.I.N.C werden Cnosus zugetheilt: Revue 1845 340. s. auch 1846 5 und 317; Bull. 1848 76.

(Gewiss gehört dazu auch: Liebe S. 405, Augustus mit C.I.N.C.NO was wohl CNOsus bedeuten wird? Ich finde diese nicht bei Mionnet.) Nach Borghesi Oss. X 3 ist der auf der Münze S. I. 72 412 genannte C. Julius Antonius der Sohn des M. Antonius.

Celsa.
Zeitschr. für Münzkunde I 257.
Blätter f. Münzkunde, IV 1, (die früher Leptis zugetheilten Münzen COL. VIC.IVL.LEP. gehören Celsa als Celsa Lepida.
Augustus. Num. Chron. XIV 110.

Coere?
Diese auch Colipo zugetheilten Münzen giebt Delgado Katalog Lorichs S. 9 nach Dipone.

Dertosa?
Caesar. Sestini, Lettere d. cont. IV 1.

Emporiae.
Revue numism. 1840 85.
Bull. d. Inst. 1841 79.

Jessos.
Revue archéol. X 702.

Ilercavonia.
Memorie numism. II 66 (berichtigt das Expl. des Welzl'schen Katalogs.)

Ostur.
Revue numism. 1859 413 (Baet. oder Tarrac.)
Bullettino, 1854 XXXV (essbare Eichel).

Rhoda.
Lavy I 15.

Saguntum.
Revue numism., 1846 5, 317.
Bull. d. Inst., 1848 126.
Miscell. Hafn. II 1824 S. 389.

Tucris, Tugia?
Mittheilungen der Berliner Numism. Gesellschaft I 15.

GALLIA.

Die Unsicherheit vieler Zutheilungen macht es in einem Register, wo Uebersichtlichkeit erstes Erforderniss ist, nöthig, nur die auf vollständigen Aufschriften beruhenden Zutheilungen gelten zu lassen, und alle anderen Münzen alphabetisch geordnet zusammen zu stellen.

Leider habe ich früher zuviel Vertrauen auf die Zutheilungen gesetzt und danach geordnet, so dass Gallia ganz umgearbeitet werden müsste.

Hoffentlich erscheint bald irgend eine allgemeine Übersicht, dann kann diese ganze Arbeit fortgeworfen werden.

Sie sind doch unter den Münzen, was die Verrückten unter den Menschen.

ALLGEMEINES.

Lelewel, Études numismatiques. Type gaulois ou celtique. Bruxelles 1840.
Duchalais, Description des méd. gauloises faisant partie des collections de la bibliothèque Royale. Paris 1846, 8.
Barthélemy, Études sur la numismatique celtique I, II. Paris 1842.
Lambert, Essai sur la numismatique gauloise du nord-ouest de la France. Paris 1844 (aus Société de Normandie 1842—1843, S. 101.)
Lagoy, Notice sur l'attribution de quelques méd. des Gaules inédites. Aix 1837, 4.
Gallische Münzen vom 5. Jahrhundert bis zum Fall des oströmischen Reichs. Revue num. 1851 113.
Lagoy, Méd. gauloises imitées des deniers consulaires. Aix 1847.
Mémoires sur les antiquités nation. publ. par la société des antiquaires de France I 1817 346.
Academie de Rouen, 1833/34 103.
Revue archéol. VIII 474, 753.
Revue numism., 1836 141, 421. 1837 470. 1838 139, 220, 237, 299, 325. 1841 67, 225. 1846 161, 300, 401. 1847 72, 237. 1849 405. 1850 5, 297. 1851 5.
Zeitschrift für Münzkunde I 258. III 3.
Blätter für Münzkunde II 1. III 249. (Fund von Jersey). III 121.
Revue archéol. VIII, 1851 474, 753.
Mémoires de ia société des antiquaires de la Normandie, 1842/43 101.

Funde von Gallischen Münzen.

Mémoires de la Société des antiquaires de la Normandie XIII 1842/43, 252.
Revue num. 1836 1, 76, 301, 381. 1837 81, 241. 1838 77, 157. 1839 1. 1840 165. 1850 301.
Gewicht des Römischen Aureus in Gallien. Revue num. 1840 261.
Gallische Münzen von Blei. Revue 1846 165.
Über die Endung -os auf gallischen Münzen. Revue 1863 160.
Monin, Monuments des anciens idiomes gaulois. Besançon 1861 5. Revue num. 1863 47.

TYPEN.

Revue num. 1837 15. 1839 161. 1840 245. 1842 165. 1848 85, 325, 341. 1849 405. 1850 5, 297.
Jeuffrain, Essai d'interprétation des types de quelques méd. des Celtes-Gaulois. Paris 1847.
Chaudruc-de Crazannes, Dissertation sur les monnaies gauloises au type de la croix ou de la roue. Lavergne 1839 4. Vgl. Revue 1839 161.
Akerman, Num. Chron. XI 147 (Wagen).
Revue num. 1843 301 (Schwert.)
Revue num. 1843 301 (le Dieu Bemiluciovis).
Études sur le symbolisme des plus anciennes méd. gaul. Revue num. 1850 85, 165. 1852 165. 1855 149.
Revue num. 1856 145 (Pferd).
Revue num. 1856 68 (Gallische, den römischen Familienmünzen nachgeahmt).
Revue num. 1856 73 (Form des E).

a) GALLIA NARBONENSIS.

De la Saussaye, Numismatique de la Gaule Narbonnaise. Paris 1841 4.
Revue numism. 1863 153.

Agatha.
Martini, Sylloge antiquorum monimentorum, darin: de nummo Agathensium. (Es ist eine Æ von Massilia mit dem Magistratsnamen ΑΓΑ).

Allobroges.
Lelewel, Études numism. type gaulois 211.

Anatilii.
Revue numism. 1847 397.

Antipolis.
Revue numism. 1854 293. 1863 390.

Athenopolis? bei Massilia.
Revue numism. 1855 322. Ist doch sicher unrichtig.

Gallia.

Avenio.
Revue numism. 1840 248.
Revue numism. 1858 131.

Beterrae.

Cabellio.
Mus. Borb. II Taf. XVI 6.
Revue numism. 369 (Cabellio und Abellio). Siehe dazu Caballodunum, Gall. Lugdunensis.
Mém. de la société des antiqu. de la Normandie XIII 1842/43, S. 140.

Caenicenses.
Revue numism. 1837 226.

Cavari.
Revue numism. 1847 255.

Consuanetes.
Revue numism. 1844 404.

Glanum.
Revue numism. 1837 226.
Lagoy, Méd. inéd. de Massilia, Glanum etc. Aix 1834 4.
Dumersan, Méd. inéd., p. 19 (Av.).

Jemerii.
Revue num. 1857 389.

(Libici.)
Saussaye, p. 93.
Sestini, Lett. IV 51 liest schon pirokos etc. nach Coltellini.

Longostaleti.
Revue numism. 1841 85. 1858 131.

Massilia.
Lagoy, Méd. inéd. de Massilia, Glanum etc. Aix 1834 4.
Pons Opuscules numism. posthumes. Paris 1836. (Classification chronologique des monnaies de Marseille.)
Bruckner, historia rei publicae Massiliensium. Göttingen 1826 4.
Revue numism. 1826 35. 1837 226. 1846 85. 1849 5, 323.
Avell. Bull. Napol. III 133. IV 21.
Chaudoir, Corrections 29.
Lavy I 19.
Numism. Journal I 42.
Mém. de la société des antiqu. de la Normandie, XIII 1842/43, S. 139.
Fox 1 (Av. Apollokopf v. vorn, Rf. Gorgonenkopf, ohne Schrift); [die Zutheilung bleibt unsicher].
Revue numism. 1857 382. 1861 397. (Av.). 1863 383.
Revue belge, 3. Serie V 325, und VI 128.
Eckhel, Num. vet. anecd. S. 3 Ephesische Artemis ist irrig. Siehe de la Saussaye, Gaule Narbonn. S. 49.

Lacydon.
Welzl, 310 (cf. Mionnet, S. I 136 59).
Revue numism. 1857 382.

a) Narbonnensis. b) Aquitanica.

Nemausus.
Revue numism. 1840 248.
Société de Normandie 1842/43, S. 140.
Augustus und *Agrippa*, Akerm. Num. Chron. XIV 111. Revue belge, 3. Serie VI 37.
Iberische Münzen mit NMY, Nemausus zugetheilt, Revue numism. 1857 301.

Rhoda, Rhodanusia.
Revue numism. 1840 405, 451 (werden nach Rhodia, Rhodiopolis Lyciae gegeben.)

Rigomagus.
Revue num. 1843 411.

Ruscino?
Köhne, Zeitschr. II 310 (werden nach Syrien gegeben).

Samnagenses?
Akerman, anc. coins I 159.

Secusia.
Magnoncour (A., ebenso in Cassel).

Segobrigii?
Revue num. 1842 1.

Solonium?
Revue num. 1844 85.

Vocontii.
Revue num. 1847 255.
Mém. de la société des antiqu. de Normandie 1842/43, S. 140.

Volcae Arecomici.
Dumersan, Allier d. H. I 1.
Chaudoir, Corrections 30.
Welzl, 324 (cf. Mionnet I 79, 201).
Revue belge, III. Serie I 1.

Volcae Tectosages.
Revue num. 1840, 249.
Revue num. 1841, 155.

---

b) GALLIA AQUITANICA.

Gallia Aquitanica.
Revue num. 1851, 5 und 394.
Revue belge 2. Serie, IV 300, V 145.

Arverni.
Revue num. 1840, 249.
Mémoires de la société des antiqu. de Normandie 1842/43, 140.
Revue belge, 3. Serie, I 438.

— Epasnactus.
   Revue num. 1837 248.
— Vercingetorix.
   Revue num. 1837 161, 450. 1838 449. 1847 395. 1856 297. 1858 105.

Auscii.
Revue num. 1837 226. 1852 10.

Avaricum.
Revue num. 1840 249.

Belindi.
Revue num. 1842 12. 1851 381. 1855 Taf. V, 9.
Mémoires de la société des antiqu. de Normandie 1842/43, S. 141.

Brigiosum.
Revue num. 1841 227. 1851 394.

Cadurci, Lucterius (s. auch Divona).
Revue num. 1840 250. 1845 333. 1851 384.

Cossio, Cossium Vasatum.
Revue num. 1839 401. 1747 255. 1851 16.

Divona, s. auch Cadurci.
Revue num. 1841 175. 1851 384.

Elusates.
Revue num. 1847 173, 463.

Ga (Gabali).
Revue num. 1863 303.

Lemovicus, Sidoleucus.
Revue belge II 257.

Petrocorii.
Revue num. 1847 255. 1851 388.

Pictones, s. auch Brigiosum.
Revue num. 1840 251. 1851 394.

— Duratius.
   Revue num. 1851 394.

Santones.
Revue num. 1838 1, 77, 157, 391. 1840 251. 1851 390. 1853 18.
Mémoires de la société des antiqu. de Normandie 1842/33 141.

— Arivos.
   Revue num. 1851 390.

— Annicoios.
   Revue num. 1838 77. 1851 390.

— Atectori.
   Revue num. 1838 77. 1851 390.
   Welzl 334.

b) Aquitanica. c) Lugdunensis.

— Contoutos.
Revue num. 1838 157. 1839 405. 1840 292. 1842 236. 1851 390.
— Docius.
Revue num. 1836 316. 1846 257.
— Luccio.
Revue num. 1851 390.
Sotiates.
Revue archéol. IV 772, 774.
Revue num. 1846 420. 1851 11.
— Adjetuanus rex.
Revue archéol. VII 751.
Revue num. 1851 11.
— Craccus.
Revue num. 1851 11.
Tincontium?
Pembroke 273.
Turones.
Société des Antiquaires de France I, 1817, S. 37.
Mémoires de la société des antiqu. de Normandie 1842/43, S. 144.
— Cantorix.
Revue num. 1837 246.

(Vanesia?) besser Vendiolenses.
Magnoncour, (Æ weibl. Kopf, R/ VANE, Adler, zwei Pentagramme und 3 Kreise), cf. de Lagoy. p 18.
Revue num. 1855 365.

c) GALLIA LUGDUNENSIS.

Aballo.
Welzl 325 (cf. Mionnet I 79 203).
Aedui.
Revue num. 1840 252. 1854 85 (Divitiacus). 1853 6 (Dubno). 1860 97 (Orgetorix). 1861 77. 1863 310 (Divitiacus).
Annali 1845 98 (Orgetorix).
Numism. Chron. XVI 176.
Agedincum.
Revue num. 1844 165.
Alisia.
Revue num. 1861 253 (Blei).
Andecavi.
Revue num. 1840 253. 1865 133.
Mém. de la soc. des antiqu. de Normandie 1842/43. S. 141.

4*

Armorica.
Revue num. 1837 64, 221. 1839 219.

Aulerci (Cenomanes, Eburovices, Diablintes).
Revue num. 1839 321. 1840 254 (Eburovices). 1847 85, 238 (Eburovices). 1850 85, 165 (Cenomanes). 1852 165 (Diablintes).
Mémoires de la société des antiquaires de Normandie 1842/43. S. 142. (Eburovices).
Magnoncour. (Æ Kopf mit Halsring, Rf ΔΙΑΟΥΑΛΟS laufendes Pferd). cf. de Lagoy p. 40. (Diablintes oder Diaulitae.)

Boii oder Boates.
Mém. de la soc. des antiqu. de Normandie 1842/43 S. 141.

Caballodunum.
Revue num. 1846 260. 1855 332.

Caledunum.
Revue num. 1840 180. 1846 422.

Caletes.
Revue num. 1844 404. 2955 271.
Magnoncour. (Æ. Kopf mit Flügel-Helm, Rf. ΚΑΛΕΤΕ Laufendes Pferd, darunter Δ.)
Mém. de la soc. des antiqu. de Normandie 1842/43. S. 143.

Carnutes.
Tasgetius. Revue num. 1836 388. 1837 1, 137. 1846 108. 1864 249.
Conetodumnus. Revue num. 1865 147.

Corilissus.
Revue num. 1842 403.

Lixovii.
Revue num. 1837 6, 85. 1841 345. 1857 403. 1861 165.
Mém. de la soc. des antiqu. de Normandie 1842/43. S. 144.

Lugdunum.
Artaud, Discours sur les méd. d'Auguste et de Tibère au revers de l'autel de Lyon. Lyon 1818, 4°.
Claudius. Revue num. 1842 172.
Nero. Revue num. 1842 173.

Mandubii.
Revue num. 1860 165.

Remi.
Revue num. 1847 217. 1853 15. 1865 140 (Andecomborius).
Mém. de la soc. des antiqu. de Normandie 1842/43. S. 145.

Senones.
Revue num. 1840 178, 180. 1846 422. 1860 249.
— Ateula.
Revue num. 1853 81.
Schönvisner, Notitia hung. rei numariae Budae 1801, 4°, S. 2.

Sequani.
Jahrbücher des Vereins von Alterthumsfreunden im Rheinland. XV 143
(Senckler Münzgeschichte des Rheinlandes.)
Revue num. 1840 255.

Veliocasses.
Revue num. 1840 256.
Mém. de la soc. des antiqu. de Normandie 1842/43. S. 144.

Visontium.
Revue num. 1837.401.

d) GALLIA BELGICA.

Atrebates.
Mém. de la soc. des antiqu. de Normandie 1842/43. S. 145.
— Carmanus, Comius, K. der Atrebaten.
    Revue num. 1837 1, 470. 1863 312.
    Revue belge II 42 8.

Catalaunum.
Chaudoir, Corrections 30.
Revue num. 1837 90. 1840 256. 1863 74.

Eburones.
Rhein. Provinzialblätter 1839 IV S. 15.
— Ambiorix.
Revne num. 1847 247.
Mém. de la soc. des antiqu. de Normandie 1842/43. S. 145.

Leuci.
Revue num. 1836 162, 282. 1840 178.

Magusa.
Revue num. 1840 16.

Mediomatrici.
Chaudoir, Corrections 30.
Dumersan, Allier d. H. I 2.
Mém. de la soc. des antiqu. de Normandie 1842/43. S. 146.

Morini.
Revue num. 1847 317.

Nervii, Andes.
Revue num. 1860 249.

Solimariaca.
Revue num. 1838 405.

Tornacum.

Revue num. 1836 318. 1840 257. 1853 9. 1855 85.
Revue belge, 2. Serie IV 145.
— Donnus.
Pinder, N. ined. S. 9.

Veromandui.

Mém. de la soc. des antiqu. de Normandie 1842/43. S. 146.

e) INCERTI.

Abaris. Revue num. 1842 165.
ALLIICORIX. Revue 1863 309.
Arda. Revue 1857 394.
Brino. Revue 1837 311.
    Grote, Blätter für Münzkunde II 317, 380.
Camulo, Revue num. 1863 301.
Caciac. Revue num. 1855 365.
Cricirus. Revue num. 1853 13. 1860 345 u. f.
Eburovix (bisher ibrvix). Revue num. 1863 306.
Epenos. Revue num. 1860 345 u. f.
Incerti Galliae. Welzl 347 u. f.
Indutiomar (vgl. Allobroges und Treveri). Mus. Borb. II Taf. XVI 7.
    Num. Chron. XVI 21.
ΚΑΛΕΤ-ΕΔΟΥ. Revue num. 1858 281.
ΚΟΙΙΑΚΑ. Revue num. 1863 308.
Lucoti. Welzl 339.
Pixtilos. Revue num. 1850 176 u. f.
Roveca. Revue num. 1859 100. 1860 345 u. f.
Salassi. Revue num. 1861 333.
Senu. Revue num. 1863 307.
Somnages. Revue num. 1857 388.
Sostomagus? Revue num. 1857 381.
Tatinos. Borgh. Oss. XI 1; vgl. dazu: Giorn. Arcadico Bd. 84 S. 147.
Toutibocio. Revue num. 1842, Tfl. XXI 13.
Ulucci und Giamilo. Revue num. 1863 74.
Vadnaios. Revue num. 1855 365.
Vonextos. Revue num. 1858 439 und 1868 407.
Verotal. Revue num. 1860 113.
Viipotalos. Revue num. 1853 17.

e) **Incerti.**

Viren. Revue num. 1841 12, 157.
VIRICIV. Revue num. 1863 310.
Revue belge, 2. Serie VI 385 (mit Pferd und Adler, $Rf.$ $\frac{o\,|\,o}{o\,|\,o}$).
Revue belge, 2. Serie I 169 und 378 (mit einem Wolf).
Gallische autonome Münzen (Gallia—Fides). Nachrichten von der Universität und Königl. Gesellschaft der Wissenschaften in Göttingen. Jan. 1851 1, (K. F. Hermann). Dazu: Revue num. 1851 142. 1852 160.

BRITANNIA.

John Evans, the coins of the ancient Britons. London 1864, 8°.
    Dies Buch fasst alles bisher geschriebene übersichtlich und ohne Zweifel vollständig zusammen. Ich glaube daher, dass alles bis 1863 einschliefslich über britische Münzen publicirte, was weiter unten excerpirt ist, ganz überflüssig geworden ist.

Britannia.

Num. Journal I 91, 209.
Num. Chron. I 13, 73. II 71, 231. III 152. IV 27. VI 200. XI 92, 155. XII 1. XV 98 (Iceni), 107. XVI 80. XVIII 44. XIX 64.
Revue num. 1837 22. 1839 68, 311. 1847 213, 369.
Eckhel, Addenda 7.
Doubleday, a descript. catalogue of the ancient british coins.
Beale Poste, the coins of Cunobeline and of the ancient Britons. London 1853, 8°.
Münzfunde. Num. Chron. I 37.
Archaeologia XXII 1829 297, XXXII S. 355.
Reguli. Num. Chron. XIV 71.
Zeit und Gewicht der Münzen. Num. Chron. XII 127.
Legenden. Num. Chron. IV 29.

Camalodunum.

Eckhel, Addenda 10.

Tasciovanus.

Num. Chron. XVIII 36, 105, 161. XX 57 mit VER BOD., 106, 157.

Unbestimmte.

Num. Chron. XX 157. Mit AND und TED.

Cunobelinus.

Revue num. 1837 71. 1850 352.
Num. Chron. VII 78. XIV 126. XV 1. XVII 98.
Archäol. Zeitung 1844 351.

Lagoy, sur les méd. de Cunobelin. Aix 1826, 4⁰.
Eckhel, Addenda 9.
Beale Poste, the coins of Cunobeline etc.
Archaeol. Journal 1847 28.
Num. Chron. XX 106, 157.

Bodvoc.
Num. Chron. II. Serie II 153.

Verulamium.
Num. Chron. XX 106, 157.

Dubnovellanus.
Num. Chron. XIV 79. XV 208. XX 157.

Addedomarus.
Num. Chron. XVIII 155.

Epaticus.
Num. Chron. XX 1.

COM F.
Num. Chron. XII 67.

Vericus Commi f.
Num. Chron. XI 155, XII 174, XIII 134.

Keratik rex Calle, Caractacus.
Num. Chron. XII Proceedings 14.
Revue num. 1850 245.

GERMANIA.

Regenbogenschüsseln.

Curiositäten, eine Zeitschrift, herausgegeben von Vulpius. Weimar 1818. Band VII, 25.
Goethe, kleine Ausgabe 39 326.
7 Regenbogenschüsseln, 1751 bei München gefunden. Kupferstich von Klauber, ohne Text.
Streber, die Regenbogenschüsseln. München 1860 und 1861. Recensirt Revue num. 1863 141.
Num. Chron. II. Serie II 37.
Eine bei Löcknitz, drei Stunden westlich von Stettin gefundene ist in der Sammlung des Vereins für die Pommersche Geschichte in Stettin.
Münzgeschichte des Rheinlandes bis zur Mitte des achten Jahrhunderts von Senckler, in: Jahrbücher des Vereins von Alterthumsfreunden im Rheinland. XV 143. (Sequani, Mediomatrici, Treviri usw.)

Colonia Agrippina.

Postumus.
Revue num. 1862 45. 1837 144.
Jahrbücher d. Vereins v. Alterthumsfreunden im Rheinlande XV 153.

Noricum.

Sitzungsberichte der Wiener Akademie. Bd. I, Heft III, Seite 31: Röm. Provinz Noricum.

Pottina.

Die Münzen mit POTTINA (irrig Gottina und ähnlich gelesen) finden sich am Rhein. Siehe Jahrbücher des Vereins von Alterthumsfreunden im Rheinland XXI 177. (Vergl. meine Notiz zu den in der Königl. Sammlung vorhandenen unter meinen Katalogblättern.)

Treviri.

Steininger, Geschichte der Trevirer unter der Herrschaft der Römer. Trier 1845.
Senckler, Die Münzen der Trevirer. Jahrbücher des Vereins von Alterthumsfreunden im Rheinland. XI 43.
Revue num. 1848 231.

Mémoires de la soc. des antiqu. de Normandie. 1842/43, S. 146.
Jahrbücher des Vereins von Alterthumsfreunden im Rheinland. XXI 67.
Die gallischen Æ mit A. HIRT aper stans: Hetzrodt, Nachrichten über die alten Trierer. Trier 1821, zweite Ausgabe. S. 77, § 10.
Lelewel, Type gaulois IX 14 und Mionnet, S. IX 189, 62. Cyrenaica. Num. Chron. VIII 36. Auch: Jahrbücher d. Vereins v. Alterthumsfreunden im Rheinland, XI 43.
Die gegossenen mit stehendem Löwen häufig in dem Museum von Mainz und zwei Kreuznacher Sammlungen.

UNGARN UND DONAULÄNDER.

Die daselbst vorkommenden barbarisirten antiken Münzen: Schönvisner, notitia hung. rei num. Budae 1801, 4⁰, S. 17.

Biatec.

Mittheilungen der Mährisch-Schlesischen Gesellschaft zur Beförderung des Ackerbaus, usw. 1841 (Bozek, Beiträge zu Mährens Münzen).
Schönvisner, notitia hung. rei num. p. 36.
Numismatische Zeitung VI 17, 18.

Cobbovo ... (Cobisovomarus).

Num. Zeitung VI 17, 18.

Busu.

Dumersan, Allier d. H. I 4.
Schönvisner, notitia hung. rei num. p. 43.

Ravis, Ravisci.

Schönvisner, notitia hung. rei num. p. 31.
Arneth, zwölf römische Militärdiplome. p. 72.

ITALIEN.

ALLGEMEINES.

Millingen, Considérations sur la numismatique de l'ancienne Italie, Florence 1841 8°.
Millingen, Supplément aux considérations etc. Florence 1844, 8°. Vergl. Bullettino dell' Inst. 1842 109.
Fr. Carellii Numorum Italiae veteris Tabulas CCII edidit Caelestinus Cavedonius. Lipsiae 1850, gr. 4.
Miscellanea Hafn. II 383 (Aliquot Hisp. et Ital. n.)
Italisches Münzsystem. Grote, Blätter für Münzkunde I, Nr. 28, 29.
Ungriechische Münzen von Unteritalien. Grote, Blätter für Münzkunde II 265. 379.
Oskische Münzen. Grote, Blätter für Münzkunde I 21. — J. Friedlaender, Die Oskischen Münzen. Leipzig 1850. — Annali di Numism. I 35.
Umbrisch-Picenisches Münzwesen. Grote, Blätter für Münzkunde II 69.
S. Giorgio Spinelli, Sul tempo nel quale si cessò di coniare le mon. incuse.
S. Giorgio Spinelli, sull'epoca in cui s'incomminciò a coniare mon. in bronzo.
  Beide Aufsätze in Mem. dell'Acad. Ercolanense, Bd. XXX. Recens.: Bullettino dell' Inst. 1847 140.
Terzi Diss. sopra alc. monete ined. d'Italia. Padova 1808.
Über die Incusi in Grossgriechenland: Nouvelles Annales I 372; und dazu: Revue num. 1844 149.
Altitalische Münzen: Blätter für Münzkunde II 25, 23.
Gehalt italischer Münzen: Bullettino Napolitano II 71.
Fund von incusi. Avell. Opusc. II 167. — Bullettino 1842 71.
Fund von Acque Apollinari. Bullettino 1852 10. — Marchi Aqu. Apollinares. Rom 1852 4°. — Revue archéol. IX 46.
Alexander und Pyrrhus in Italien. Avellino Bullettino VI 72, 95.
Nordetruskische Alphabete auf Inschriften und Münzen. Züricher antiquarische Mittheilungen VII 199.

Sprachliches.
Über die Endung NO und NOM. Avellino opusc. II 157. — Bullet. V 111.

TYPEN.

Scylla auf dem Helm der Pallas. Avellino Bull. III 38.
Stier mit menschlichem Antlitz. Avellino Opusc. I 82. II 139, 275. III 310.
Randverzierungen der Münzen. Fiorelli Osserv. 72. Dazu: Avellino Bullettino II 101.
Künstler auf den Münzen genannt. Avellino Bullettino IV 20. — Gerh. archäologische Zeitung. 1847 117.

AES GRAVE (italisch und römisch).

Manche Stücke, die sich sicher Städten zutheilen lassen, sind hier verzeichnet, z. B. Asculum, Luceria usw.)

Marchi e Tessieri, l'aes grave del museo Kircheriano Roma 1839 4 und Atlas fol. Darüber: Melchiorri, Bullettino d'Inst. 1839 113. — Lepsius, Annali d'Inst. 1841 99; dagegen: Gennarelli, Bullettino d'Inst. 1842 125.
Revue num. 1840 455. 1841 213, 332.
Journal des Savants 1841, Januar bis April.
Betti, Sulla moneta grave del Museo Kircheriano Giorn. Arcad. LXXXI, 1839 275.
Garrucci, Pesi antichi del museo Kircheriano. Annali di Numism. I 1846 201.
Ricerche intorno all' età dell' aes flatum. Annal. civ. d. due Sicilie 1844 XXXIV 60.
Sull' impropria denominazione di aes grave, ebenda 72.
    Diese Aufsätze von S. Giorgio Spinelli sind auch in den Memorie dell' Accad. Ercolanense, Vol. XXX gedruckt. — Vgl. darüber: Bull. 1847 140.
Aldini, Sul tipo primario delle ant. monete della Rom. republica. Accad. di Torino, II. Serie, III 1841 199.
— Intorno al tipo ordinario dell' ant. mon. librali rom.; ebenda II. Serie. IV 1842 247.
Gennarelli, La moneta primitiva ed i monumenti dell' Italia antica. Accad. Rom. XI, 1852 p. 1.
Barth, das (sic) römische Ass (sic) und seine Theile. Leipzig 1838 4.
Marchi, Aquae Apollinares. Rom 1852. Vergl. Revue arch. IX 46 und Bullettino 1852 10.
Seidl, das altitalische Schwergeld des K. K. Münzkabinets. Wiener Akademie der Wissenschaften. Sitzungsberichte. Phil. Hist. Cl. II 1849 p. 76. XI 1854, p. 403, 813.
[J. Friedlaender, Campanisches Schwergeld, (Wiener) Num. Zeitschr. I 257.]
Typus des römischen aes grave. Memorie d. Accad. di Torino, 1841 199 und 1842 247.

Einzelne.

Diota *Rf.* Eberkopf. Milano, Ricerche num. per l'anno 1848.
Quadrans von Firmum ꟼIꟻ. Sestini in der Antologia di Firenze Bd. 17 Heft LI S. 151.
Semis (klein) mit Gorgonenmaske und Stierkopf: Bullett. Nap. nuova serie 121 Tafel IX 1.

Quadrussis des Dr. Braun. Bullettino Napolitano 1843, 88, 92. 1844 41, 49, 53—67. — Revue belge II 147.
Revue num. 1839 320. 1840 455.
Annali 1840 213. Tav. P. 3. 1842 129.
Pinder, num. ined. 38.
Avellino Bullettino III 15, 70, 128, 132. III 46, 48, 95.
Lavy II 5.
Bullettino Napolitano, nuova serie III 154 (mit MET). III 155 172 (Asculum). III 156 (Luceria).
Römischer geprägter Dupondius: Bullettino 1862 49 (ob echt?).

1) ITALIA SUPERIOR.

Acilium.
Die Münzen mit κ^A ι werden jetzt Cius in Bithynien zugetheilt. Pellerin P. et V. I Tafel 7 No. 4 S. 39; Hunter Tafel 2 II S. 6; Mionnet I 96 1. Sestini berichtigt es am Ende der Descriptio musei de Camps. Danach Mionnet S. V. 247 1446—1448.
Die Münze mit ΑΚΙΛΙΩΝ hat in Wahrheit ΑΦΥΤΑΙΩΝ. Pellerin P. et V. I Tafel VII 3; Mionnet I 96 2 berichtigt: S. III 47 318, Anm. a.

Aquileia.
Ramus, Mus. Reg. Dan. I 23.
Cavedoni Spicilegio 10.
[Berliner Blätter für Münzkunde V. 19.]

Ravenna und Ticinum.
J. Friedlaender. Münzen der Ostgothen. S. 56.

2) ETRURIA.

Etruskische Münzen: Julius Friedlaender in Pinder und Friedlaender, Beiträge I 163.
Etruria circonpadana: Annali di Numism. I 81.
Die nordetruskischen Alphabete, von Mommsen: Antiqu. Mittheilungen von Zürich, VII 199.
[Nordetruskische Münzaufschrift: Friedlaender, Zeitschr. f. Num. V 115.]
Ciampi, Lettera sopra tre medaglie etrusche. Pisa 1813.

(Camars.)
Sestini, Descrizione di molte med. in più musei 1.
Wiener Acad. der Wissensch., Sitzungsber. Phil.-Hist. Cl. XI. 1854 437.

Faesulae.
Annali. 1840 203.
Luynes, Choix. Tafel I 5.
J. Friedlaender in Pinder und Friedlaender, Beiträge I 165.
Bullettino dell' Inst. 1842 156.
Revue num. 1845 239.

Peithesa (Veientum).
Casali de numis Peiosa (sic) inscriptis ad Card. Borgia. Romae 1796 4.
Sestini, Lett. IV 51.
J. Friedlaender, Beiträge I 165.
Caronni a Tunis. Tafel IV 7.

Populonia.
Luynes, études num. 37.
Ciampi, lettera sopra tre med. etc. Pisa 1813.
Sestini, Lettere IV 86.
Münter, Descr. aliq. num. 11, (gehört nach Camarina).
Sestini, Font. III 1 (Unsinn).
Eckhel, Addenda 11.
Luynes, Choix I 1—4.
Millingen, Suppléments aux considérations I 11.
Caronni a Tunis. Tafel IV 5, 6.
Fox. Nr. 4 (grosse Æ. mit Löwen, ähnlich Millingen, Considérations S. 164, hier endet des Löwen Schwanz in einen Drachenkopf).
Mionnet I 102, 51; wie die vorliegende Schwefelpaste zeigt, ist dies ein römischer Quinar, dessen zufällig abgeschliffene Rf. veranlasste, ihn für eine Münze von Populonia zu halten.
Berliner Blätter für Münzkunde I 133 (gr. Æ mit Eber).

Telamon?
Sestini, Lettere di cont. III 11.
Münter, Descriptio aliquorum numorum 13 (ist eine irrige Zutheilung).

Vetulonia.
J. Friedlaender, Beiträge I 163.

Volaterrae.
Avellino Bullettino. III 15, 75. V 59.
— Opusc. II 6.
Bullettino Napolitano 1838 189.
Wiener Akademie der Wissenschaften, Sitzungsberichte. Phil. Hist. Cl. XI 1854 423.

Volsinii?
Grote, Blätter für Münzkunde II 93, 113.
Pinder und Friedlaender, Beiträge I 163.

Incerti.
Revue archéologique IX 129. — Dieser Artikel ist im Wesentlichen von mir. D. D. Muller, welcher sich als Verfasser nennt, ist der Demetrio Diamilla. In Rom 1846 kannte ich ihn als Aufseher des päpstl. Münzkabinets; er galt damals für einen anständigen Mann, damals gab ich ihm diesen Artikel druckfertig mit meiner Unterschrift für seine Memorie. Nachher 1850 kam es heraus, dass er die päpstliche Sammlung bestohlen hatte, er kam auf die Galeeren, ward begnadigt, ging nach Paris und nahm den Namen Muller an. Dort hat er den Aufsatz umgeschrieben und für seine Arbeit ausgegeben; da er mir aber nichts anderes gestohlen hat, so hat es wenig zu sagen.

3) UMBRIA.

Blätter für Münzkunde II 69 (das umbrisch-picenische Münzwesen).

Ariminum.
Eckhel, Addenda 12.
Sestini, Descriptio 6.
Bullettino d. Inst. 1850 79.
Bullettino Napolitano. Nuova serie, III 148.

Iguvium.
Sestini, Lettere di cont. IV 5.
Avellino Opusc. II 8.
Bullettino d. Inst. 1833 160.

Pisaurum.
Olivieri, Fondazione di Pesaro. 1757, 4⁰.
Die Münze bei Eckhel mit dem Herculeskopf (besser Pluto) ist nachher Marubium gegeben worden.
Die Pellerinsche Münze (s. Eckhel) mit dem Kopf von vorn ist höchst wahrscheinlich eine von den (auch den Celtae Aïdonites irrig zugetheilten) Münzen von Elea und Thesproti Epiri; siehe diese Artikel.

Tuder.
Micali antichi monum. Tafel LIX 7.
Sestini, Descriptio 7.
Sestini, Lettere IV 152.
Köhne, Zeitschrift III 6 beruht auf einem Irrthum. Es ist kein Schiff, sondern Biene.
Sestini, Descrizione di molte med. in più musei 2.
Eckhel, Addenda 12.
Mionnet, S. I 201, 27 (Populonia).
(Hunter, p. 340, die Silbermünze ist falsch.)
Wiener Akademie der Wissenschaften, Sitzungsberichte. Phil.-Hist. Cl. XI 1854 410.

4) AGER PICENUS.

Picentini?
Sestini, Descriptio 14.

Ancona.
Peruzzi, Dissertazioni Anconitane. Bologna 1818, 4⁰.

Firmum.
Bullettino dell' Inst. 1838 46. 1844 92.
Giorn. Arcadico LXXXI 1839 163.

Hatria.

Mionnet VI 659 332.
Delfico, Numismatica di Atri. Napoli 1826, kl. fol. Recensirt von Micali in der Antologia Nr. 52 Aprile 1825.
Sestini, Descriptio 7.
Avellino Bullettino III 15, 64. VI 95.
Wiener Akademie der Wissenschaften, Sitzungsberichte. Phil-Hist. Cl. XI 1854 852.

5) VESTINI.

Sestini, Descriptio 7.
Avellino Bullettino III 15.
— Opusc. II 9.
Pembroke, 309 (Mionnet S. I 222, 177).
Wiener Akademie der Wissenschaften, Sitzungsberichte. Phil.-Hist. Cl. XI 1854 858.

6) MARRUCINI.

Teate siehe Teate Apulum.

7) LATIUM.

Alba.

Mus. Borb. II Taf. XVI 8.
Sestini, Descriptio 8.
Münter, Descriptio aliqu. num. 14.
Avellino Opusc. II 11.
Avellino Bullettino II 96, 102.
Fiorelli, Osservazioni 1.
Wiener Akademie der Wissenschaften, Sitzungsberichte. Phil.-Hist. Cl. XI 1854 827.
Numism. Chron. 2. Serie II 300 (Æ mit Alba? und den Typen von Posidonia).

Aquinum.

Sestini, Descriptio 8.
Memorie num. I 30.

(Atinum.)

Sestini, Lett. di cont. III 16. Ramus, Mus. Reg. Dan. I 44 ist wohl Aetna?

Cora? (vergl. Cosa Lucaniae).

Millingen, ancient coins 1, 26.
Millingen, Considérations Suppl. 21, Tafel II 17.
Avellino Bullettino VI 72.

5) Vestini. 6) Marrucini. 7) Latium.

Annali d. Inst. 1839 311 (der Stadtgründer Coras auf Münzen der Poblicia).
Sestini, Chaudoir 27, widerlegt in Annali 1831 416 (von Avellino).
Annali 1830 302.
Sestini, Hedervar IV 2. Addenda, Tafel I 2 ohne Text?
Bullettino d. Inst. 1853 122 (Æ Stier mit menschlichem Antlitz).

Marrubium? cf. Pisaurum.

Annali 1834 32, 122, 134, Topographie.
Sestini, Descr. di molte med. in più musei 3.
Sestini, Chaudoir 27.

(Minturnae.)

Bullettino d. Inst. 1834 74. 1835 43. 1841 26.
Revue num. 1844 308..
Sestini. Eine irrig Minturnae und Vescia zugetheilte Münze gehört nach Populonia.

Palacium.

Bullettino Napolitano, nuova serie II 15 und III 163.

Rom.

Die autonomen Münzen zur Zeit der Ostgothen: J. Friedlaender, Münzen der Ostgothen S. 56 und Münzen der Vandalen S. 68.

Signia.

Sestini, Descriptio 8.
Sestini, Lettere V 31, ed. 1.
Sestini, Lett. di cont. III 14.
Annali 1840 207, Tav. P. 2.
Eckhel, Addenda 12.

Sora.

Millingen, Suppléments aux considérations II 17.

Tusculum.

Chaudoir, Corrections 31.

Velitrae.

Sestini, Descriptio 8 und 572.
Sestini, Illustrazione di una med. di piombo di Velletri. Roma 1796 4.
E. Q. Visconti, lettere su d'un piombo Veliterno.
Eckhel, Addenda 13.

Verulae.

Sestini, Cl. Gener. ed. 2.
Annali d. Inst. 1840 210, Tav. P. 4.
Antologia di Firenze, Th. 17 LI 151 (quadrante inedito dei Verulani).

(Vescia.)

Die Vescia und Minturnae zugetheilte Münze gehört nach Populonia.

8) SAMNIUM.

Samnium und Campania.
Grote, Blätter für Münzkunde, II 141 und 264.

Aeclanum?
Bullettino d. Inst., 1853 123, (Æ Stier mit menschlichem Antlitz).

Aesernia.
Fiorelli, Annali I 104.
Mus. Borbon. II, Tafel XVI 9—11.
Sestini, Descriptio 9.
Avellino, Bullettino VI 31, 46.
Avellino, Opusc. II 12.
J. Friedlaender, Oskische Münzen 23.
Bullettino dell' Inst. 1853 123 (Æ. Biga).

Allifae s. Campania.

Aquilonia.
Sestini, Descriptio 15.
J. Friedlaender, Oskische Münzen 53.

Beneventum.
Combe, Mus. Brit. 20.
Mus. Borbon. II, Tafel XVI 12.
Sestini, Descriptio 10.

Malies, Meles siehe Incerti Italiae.

(Murgantia.)
Bullettino Napolitano IV 25.
J. Friedlaender, Oskische Münzen 47.

Telesia.
J. Friedlaender, Oskische Münzen 6.

(Venafrum.)
Hunter 62 X, aber vergl. Millingen, Considérations 206.
Sestini, Lettere di cont. VII 1.
Eckhel, Addenda 13.
Welzl, 503.

Münzen aus dem Bundesgenossen-Krieg.
J. Friedlaender, Oskische Münzen 68, (Zusammenstellung aller bekannten).
Avellino Bullettino III 14, 57, 95. IV 47, 71. V 4, 44, 131. VI 47, 72, 75, 76, 78.
Avellino Opusc. II 15.
Fiorelli, Monete ined. 18.
Millingen, Sylloge 1; dazu: Num. Journal II 85.
Bullettino d. Inst. 1837 200. 1847 199. 1851 61. 1852 188.
Annali, 1841 129. 1846 147.

8) Samnium. 9) Frentani. 10) Campania.

Bullettino Napolitano, nuova serie I, Tafel IV 7.
Schlichtegroll, Annali I 51.
Accademia di Cortona II 49. IV 133.
Luynes, Choix I 6, 7.
Revue num. 1845 77.
Millingen, Suppléments aux considérations II 16.
Berliner Blätter für Münzkunde I 134 (die bilinguis).

9) FRENTANI.

(Cliternia.)
Streber, Numi nonnulli graeci 91. Die sonst Cleone oder Clitor zugetheilte Cliternia gehört eher zu den Frentani als zu Daunia.

Frentrum (Frentani).
Sestini, Lettere V 33 ed. 1.
Avellino Bullettino IV 26. VI 46.
J. Friedlaender, Osk. Münzen 41.
Eckhel, Addenda 13.

Lavinum.
Fiorelli, Annali I 63.
— Monete inediti 23.
Avellino Bullettino I 97. IV 29, 71, 73.
Avellino Opusc. II 23, 127. III 92.
Bullettino d. Inst. 1836 123.
Sestini, Descrizione di molte med. in più musei 4.
Streber, Denkschriften der Münchener Akademie, Hist. Cl. 1808 412.
J. Friedlaender, Oskische Münzen, 42.
Cavedoni, Osservazioni num. 13.

10) CAMPANIA.

Campania und Samnium.
Grote, Blätter für Münzkunde II 141, 264.
Annali di num. I 44 (über IΣ).

Campani.
J. Friedlaender, Oskische Münzen, 33.
Monumenti inediti di antichità e belle arti. Napoli 1820 1.
Lenormant und de Witte, Élite céramographique. Einl. S. XLIX u. LIII.
Avellino Opusc. II 26, 164.
Bullettino Napolitano VI 72. Nuova serie I 66. III 151.

Allifae.

Museo Borbonico III, Tafel XVI 1, 2.
Avellino Bullettino III 40. VI 72.
J. Friedlaender, Oskische Münzen 25.
Millingen, Suppléments aux considérations II 13.
Fox No. 6 (Æ 4 Jupiterkopf, *Rf.* Sirene). [Die *Rf.* zeigt vielmehr den Triton l. mit Ruder, A. — Die Münze ist bestimmt nicht italisch.]

Atella.

J. Friedlaender, Oskische Müuzen 15.
Monumenti inediti 4.
Millingen, ancient coins 25.
Museo Borbonico II, Tafel XVI 13, 14.
Avellino Opusc. II 29.
Bullettino Napolitano IV 47, 73. VI 48. Nuova serie III 97.

Aurunci siehe Asculum Apuliae.

Caiatia.

Avellino Bullettino I 136.
Avellino Opusc. II 3.
Millingen, Recueil 1.
(Die Münzen mit CAI siehe bei Capua.)

Calatia.

Millingen, ancient coins 4.
Streber, Denkschrift der Münchener Akademie, 1808. Hist. Class. 414.
J. Friedlaender, Oskische Münzen 19.

Cales.

Sestini. Descriptio 11.
Avellino Bullettino VI 31.
Chaudoir, Corrections 31.
Lavy I 27 (Æ).
Luynes, Choix I 9, 10.
Bullettino Napolitano, nuova serie, III 98.

Capua.

J. Friedlaender, Oskische Münzen 7.
Schlichtegroll, Annalen I 55.
Museo Borbonico II, Tafel XVI 17—20.
Sestini, Descriptio 12, 583.
Sestini, Lettere V 34 und 59 der ersten Ausgabe.
Avellino, Opuscoli II 37.
Millingen, Sylloge 9.
Bullettino Napolitano I 11, 72, 138 Anm. III 16, 57. IV 47, 73. V 58, 59. VI 48, 70, 71. — Nuova serie III 149.
Annali 1841 131. Monumenti III 35, 2.
Annali 1843 153.
Bullettino d. Inst. 1853 124 (Æ Telephus).
Monumenti inediti (S. Giorgio und Genossen) 3. 4—112.

10) Campania.

Capua, (Münzen mit CAΓ und CAI).
Fiorelli, Osservazioni 80, dazu:
Avellino Bullettino II 102.
Annali d. Inst. 1840, Tafel P 5.

Compulteria.
J. Friedlaender, Oskische Münzen 5.

Cumae.
Fox 7 (Ɑ̴ 6, Muschel und grosse Scylla).
Berliner Blätter für Münzkunde (3 Ɑ̴, eine mit EYAM oder ähnlich.)
Bullettino Napolitano III 65. IV 45. VI 71, 76. — Nuova serie III 99 (Stier mit menschlichem Antlitz). III 151.
Bullettino d. Inst. 1848 50. 1840 10.
Museo Borbonico II, Tafel XVI 21.
Fiorelli, Annali di numism. I 82, 186.
Schachmann, Catalog 24.
Sestini, Lettere VII 2. VIII 136 (ist Medma).
Fiorelli, Monete inedite 1.
Millingen, ancient coins 4.
— Sylloge 10, dazu: Num. Journ. II 86.
Avellino, Opuscoli II 38, 125.
Sestini, Pr. Fed. Chr. di Danimarca, p. XI (irrig als Lipara).
Monumenti ined. 6 und 114.
Lavy I 28.
Millingen, Suppléments aux considérations II 12.

Hyrina, Hyrium siehe Uria.

Neapolis.
Revue num. 1840 397. 1845 398.
Museo Borbonico, II Tafel XLVIII 1—7. III Tafel XVI 5. XV Tafel XLIV 3.
Sestini, Descriptio 12, 584.
Millingen, ancient coins 8, dazu:
Annali d. Inst. 1830 304.
Fiorelli, Monete inedite 3, 17.
Annali, 1841 132. Monumenti III 53, 3.
Bullettino 1853 124 (Ɑ̴ Nackter Krieger).
Luynes, Choix I 12—14.
Raoul-Rochette, Graveurs 32. Taf. III 24—27.
Grote, Blätter für Münzkunde, I 2 u. 6.
Streber, Denkschriften der Münchener Akademie, 1808, Hist. Cl. 416.
Chaudoir, Corrections 32.
Dumersan, Allier de H. I 7.
Avellino, de anecd. Neapolitanorum numo argenteo. Vgl. Rhein. Museum für Philologie 1833 p. 347.
Monumenti inediti 7 und 115.
Lavy I 28, 29.

Accademia Romana di Archeologia II 587, (unter Tedradrachmo di Taranto) Æ mit Reiter.
Bullettino Napolitano, I 129. II 26, 41, 117, 125. III 47, 58, 134. IV 21, 46, 48. VI 46, 51, 81.
— — nuova serie I 17, 45, 78 (Sepeithos), dazu: Archäologische Zeitung 1853 118. Auch Museo Borbonico 15, Tafel XLIV 1—3.
— — nuova serie I 57, 159 (Æ Stier mit menschlichem Antlitz, Wasser speiend); dazu: Bullettino dell' Instituto 1853 65.
— — nuova serie II 91 und 173 Tafel IX 4, 5. Dazu ebenda III 163.
— — nuova serie III 100, mit angeblich phönicisch. Inschrift! [S. Berliner Blätter für Münzkunde IV 134.]
— — nuova serie II 102, 103.
Hunter 31 II (N)EHΠO; S. 156 ist subārat, gewiss Velia.
ΙΩΜΑΙΩΝ.
Avellino Bullettino V 59.
Σ: Fiorelli, Annali I 44.
Stier mit Stern auf dem Schenkel.
Annali d. Inst. 1839 271.
Über die dorische Endung ΑΣ.
Bullettino Napolitano, nuova serie I 18.
Contorniat mit Parthenope.
Avellino Bullettino I 40.

Nola.

Avellino, Opuscoli II 53.
Schlichtegroll, Annalen I 45.
Museo Borbon. II Tafel XLVIII 8.
Sestini, Lettere IV 87. VIII 29.
Münter, Descriptio aliqu. num. 15.
Miscell. Hafn. II 1824 397.
Luynes Choix I 15.
Bullettino Napolitano II 41, 96. IV 44. — Nuova serie III 152.

Nuceria Alfaterna.

Museo Borbonico II Tafel XLVIII 9, 10.
Sestini, Descriptio 13.
Avellino Bullettino II 135. VI 80.
Millingen, ancient coins 8, 25.
Bullettino dell' Instituto 1839 138. 1840 142. 1843 41.
Nota di alc. med. della collez. Mainoni n. 4.
J. Friedlaender, Oskische Münzen 21.
Berliner Blätter für Münzkunde I 134 (Æ).

Phistelia, Puteoli.

J. Friedlaender, Oskische Münzen 28.
Millingen, ancient coins 5.
Bullettino Napolitano IV 17. — Nuova serie III 152.
Annali di numismatica I 10.
Luynes, Choix I 11. V 1—3.

10) Campania.

Suessa.
Hunter, p. 287.
Museo Borbon. II, Taf. XLVIII 11.
Sestini, Descriptio 13.
Sestini, Lettere VIII 29.
Bullettino dell' Instituto 1853 124 (überprägt?)

Teanum Sidicinum.
Museo Borbon. III Tafel XVI 3, 4.
Sestini, Descriptio 14.
Sestini, Lettere IV 87. VIII 29.
Avellino Opuscoli 54.
Avellino Bullettino V 131. VI 31.
Bullettino dell' Instituto 1847, 96.
Dumersan, Allier d. H. I 8.
Streber, Denkschriften der Münchener Akademie, 1808, Hist. Cl. 416.
J. Friedlaender, Oskische Münzen 1.
Luynes, Choix I 16.

Telesia siehe Samnium.

Uria (Hyrina, Hyrium).
Fiorelli, Osserv. 3.
Avellino Bullettino IV 26, 47.
Avellino Opusc. II 63. III 99.
Museo Borbonico III Tafel XVI 10.
J. Friedlaender, Oskische Münzen 36.
Monumenti inediti 8.
Fiorelli, Annali di num. I 32, 35.
Reynier, congetture sulla città Hyria, Biblioteca Ital. Theil 30 S. 105 (haud vidi).

Velecha?
Annali dell' Instituto 1846 147.
Avellino Bullettino VI 48.
J. Friedlaender, Oskische Münzen 17.

Veseris, siehe Fensernu unter den Unbestimmten Italiens.

Münzen mit ROMA und ROMANO.
Avellino Bullettino II 25. III 14, 16, 70, 75, 127, 133. IV 47. VI 47, 48, 72, 95, 99 nota 1.
Fiorelli, Annali I 23.
Museo Borbonico III Tafel XVI 6—9.
Revue belge II 147 und 421.
Fiorelli, Osserv. 4; dazu: Avellino Bullettino II 96, 102, 117.
Dumersan, Allier d. H. I 5.
Chaudoir, Corrections 32.
Lavy I 32 (R. Victoria ΦΦ).
Eckhel, Addenda 13.
Marchi, Aquae Apollinares p. 11.

Gennarelli, intorno (un aureo di Fl. Valerio Severo ed) una sextula d'oro. Roma 1841, 8⁰. Dazu:
Diamilla, Memorie I 33.
Luynes, Choix I 17. II 1—3.
d'Orville, Sicula Th. II Tafel XX no. 10: ΡΩΜΑΝΩΝ Apollokopf, R/. Pferd und Stern. № 4 ist gewiss nicht ächt?

11) APULIA.

Arpi.
Millingen, Sylloge 43. III 19. Arnae gehört hierher.
Streber, Num. nonn. gr. 97.
Sestini, Descriptio 15.
Sestini, Lettere V 35 ed. 1.
Sestini, Lettere di cont. III 18.
Avellino Opusc. II 62, 128. III 98.
Fiorelli, Monete inedite 4.
Avellino Bullettino IV 27, 141.
Bullettino dell' Instituto 1836 123.
Sestini, Pr. Crist. Fed. di Danim. p. 1.
Bullettino Napolitana, nuova serie, I 107 (Æ, ΑΡΠΑΝΟΥ (?) Pallaskopf und Traube und ΧΑ).
Bullettino dell' Instituto 1853 125 (№. Stier).
Bullettino Napolitano, nuova serie, II 122 Tafel IX 6, 7 (ΕΙΙ-ΜΑΝ).
Luynes, Choix II 4.

Asculum.
J. Friedlaender, Oskische Münzen 54.
Eckhel, Addenda 14.
Millingen, Suppléments aux considérations II 15.
Museo Borbonico III Tafel XVI 11.
Sestini, Descriptio 15.
Sestini, Lettere V 36 ed. 1. II 3, 190 (Aurunci).
Fiorelli, Monete inedite 10.
Bullettino Napolitano II 36, 117. VI 72. — Nuova serie III 155, 172.
Avellino Opuscoli III 16.

Barium.
Sestini, Descriptio 15.
Avellino Bullettino III 63.

Caelium.
Num. Chron. IV 127, Apollo Silvanus.
Sestini, Descriptio 15.
Sestini, Fontana III 2.
Millingen, ancient coins 9.
Bullettino Napolitano I 130. II 54, 72, 96, 103. — Nuova serie III 145 und 150.
Caronni, Tafel XII 66 (№.).

11) Apulia. 75

Canusium.

Hunter 62, XXIV. (Die Silbermünze; unter Zakynthos beschrieben.)
Sestini, Descriptio 16, 384.
Sestini, Lettere di cont. III 22.
Sestini, Lettere V 35 ed. 1.
Avellino Opuscoli II 129.
Fiorelli, Osservazioni 5; dazu: Avellino Bullettino II 96, 99, 102.
Bianconi, sopra alc. med. urb. lettera al S. D. Sestini. Bologna 1818 p. 4 (Irrig, die Münze gehört wohl Thebae Boeot.)
Milano, Ricerche num. p. l'anno 1848 no. 5 (kl. Sextans mit römischen Typen CA und N).
Bullettino Napolitano, nuova serie II 123 Tafel IX 8, 9 (Æ Keule).

Gnathia?

Millingen, Sylloge 15 (als Natiolum).
Avellino Bullettino I 130. II 54. III 129. IV 111. V 21, 50. VI 76.
Bullettino dell' Instituto 1845 46.

Grumum?

Museo Borbonico IV Tafel XV 10.
Avellino Bullettino IV 47.

Hyrium.

Sestini, Lettere VIII 29.
Avellino Bullettino VI 95.
Sestini, Descrizione di molte med. in più musei, 6.

Luceria.

Riccio, le monete di Luceria. Napoli 1846, gr. 4⁰. (Recensirt: Bullettino Napolitano 1846 157.)
Museo Borbonico III Tafel XXXII 1 und 6.
Sestini, Descr. di molte med. in piu musei 5.
Sestini, Descriptio 16.
Sestini, Fontana III 1.
Avellino Opuscoli II 63. III 114.
Fiorelli, Monete inedite 24.
Fiorelli, Osserv. 6, 71; dazu:
Riccio, Asse con nomi dei duumviri, estr. dal Poliorama, nr. 26.
Bullettino dell' Inst. 1847 159 (As mit Namen der Duumviri).
— — 1853 125 (dasselbe Stück).
Wiener Akademie der Wissensch., Sitzungsberichte. Phil.-Hist. Cl. XI 860.
Bullettino Napolitano I 102, 129. II 36, 99, 101, 103, 125. III 14, 58, 67, 70, 133. IV 45, 48. V 136.
— — nuova serie III 156 (As mit Namen).

Natiolum siehe Gnathia.

Neapolis.

Ramus, Mus. Reg. Dan. I, Tafel II 15, (VIII 2?).
Fiorelli, Monete inedite 11.

Bullettino Napolitano VI 72. — Nuova serie III 145.
Sestini, Lettere di cont. VI 1.
Annali 1833 264 Nr. 12. Monumenti I Tafel LXVII, als Neapolis Macedoniae (Steuer *Rf.* Delphin.)
Millingen, Suppléments aux considérations II 14.

Rybastini.
Avellino, Rybastinorum numorum Catalogus. Neapolis 1844, 4.
Avellino, De arg. anecdoto Rybastinorum numo epistola s. l. et a. 4. Recensirt: Bullettino Napolitano 1844 96.
Museo Borbonico III Taf. XXXII 2—3.
Sestini, Museo Fontana III 2.
Sestini, Lettere IV 54.
Bullettino Napolitano II 52, 71. III 134. V 16, 62. — Nuova serie III 157.
Avellino Opuscoli II 64.
Millingen, ancient coins 9.
Sestini, Pr. Crist. Fed. di Danim. p. III.
Combe, Museum Britannicum XII 17.

Salapia.
Sestini, Descriptio 16.
Sestini, Lettere di cont. III 19.
Avellino, Opuscoli II 65.
Köhne, Zeitschrift II 9.
Bullettino Napolitano 1853 125 (Æ Vogel).

Sipontum.
Sestini, Descriptio 16.
Akerman's Num. Chronicle IV 127 (Hipponium).

Teate.
Sestini, Descriptio 7.
Avellino, Bullettino III 15. IV 25. VI 46.
J. Friedlaender, Oskische Münzen 47.
Monumenti ined. 109.
Bullettino Napolitano, nuova serie I 107, (Æ mit ΒΙΔΑΙ u. ähnl. Aufschr.).
Sestini Musei Hedervar. IV 1. Addenda-Tafel I 5.
Bullettino Napolitano, nuova serie II 92.
Bullettino dell' Instituto 1836 110.
Caronni a Tunis, Tafel IV 3, 4.

Venusia.
Sestini, Descriptio 17.
Gerhard, archäologische Zeituug 1844 270.
Fiorelli, Monete inedite 5.
Fiorelli, Osserv. 12; dazu: Avellino Bullettino II 99, 103.
Avellino, Bullettino I 129. II 33, 37. III 15. IV 47.
Sestini, Descrizione di molte med. in più musei, I Tafel III 10 u. 11, irrig S. 15 unter Leontiui.

Accad. Ercolan. V, 1846 308.
Wiener Akademie der Wissensch., Sitzungsberichte, Phil.-Hist. Cl. XI 863.
Numism. Chronicle IV 128.

Apulia. Incerti.
Avellino Bullettino I 130.

12) CALABRIA.

Azetini.
Fiorelli, Osservazioni 13.
Sestini, Lettere di cont. VI 5.

Brundusium.
Museo Borbonico III Tafel XXXII 7—11.
Avellino Bullettino III 16. VI 76.
Avellino, Opuscoli II 129.
Millingen, ancient coins 10; dazu: Annali 1830 304.
Eckhel, Addenda 15.

Butuntum.
Museo Borbonico III Tafel XXXII 12.
Sestini, Lettere di cont. VI 6.
Avellino Bullettino III 75.

Orra.
Sestini, Descriptio 25.
Sestini, Lettere di cont. VI 6.
Eckhel, Addenda 16 (Orra = ΦPA).
Lavy I 59.

(Salentini.)
Eckhel, Addenda 15.

Sturnium?
Sestini, Lettere di cont. VI 4.

Tarentum.
R. Rochette, Essai sur la numismatique Tarentine: Mémoires de Numismatique et d'Archéologie. Abdruck aus den Mémoires de l'institut, Th. XIV, 2, 334.
Eckhel, Addenda 15 (Figur auf dem Delphin).
Monumenti ined. 116.
R. Rochette, Graveurs 44 III 28, IV 37—39.
Welzl, 584 u. f. (Varianten bekannter Münzen).
Lavy I 36 u. f.
Münter, Descriptio numorum aliquot Hispaniae et Italiae, p. 16.
Sestini, Fontana III 3.
Sestini, Lettere di cont. I 44. VI 6, 74
Millingen, Suppléments aux considérations II 5.
Thomas No. 19 u. f. (mehrere *N*).

Millingen, ancient coins 10; dazu: Annali 1830 305.
Museo Borbonico III Tafel XLVIII und LXIV. IV Tafel XV 1—6.
Visconti, Tetradrachmo di Tarento. Accademia Romana di Archeologia. II 1825 587, (wohl Neapel).
Miscellanea Hafn. II 1824 398.
Pinder, Numi inediti 10. (Die vorletzte Münze p. 12 gehört Uxentum.)
Nota di alcune medaglie della collezione Mainoni, No. 8.
Chaudoir, Corrections 32.
Avellino, Opuscoli II 69, 130.
Fiorelli, Osservazioni 12, 80; dazu: Avellino, Bullettino II 99, 117.
Fiorelli, Monete inedite 12.
Annali 1830 337 (incusi). 1833 166.
Nouvelles Annales I 372.
Bullettino dell' Instituto 1841 172. 1853 126 (R. Astragal).
Luynes, Choix II 5—18. III 1, 2. V 12, 14.
Revue num. 1838, 397. 1843 215, 413.
Numism. Chron. IV 127. VII 107.
Annali di Numismatica I 7.
Allier de Hauteroche I 9, 10.
Bullettino Napolitano I 98, 130. II 42, 54. III 47, 105, 134. IV 21, 46, 55, 87. V 28. VI 48, 69, 70, 76, 77, 85.
— — nuova serie III 148 (zu Bullettino Napolitano I Tafel III 12). — III 158 (früher Laos zugetheilt).
Archäologische Zeitung 1861 144 (Æ Nike mit Blitz).
Numism. Chronicle XVII 98 (R. Muschel, *Rf.* Quadratum incus.).

Tutini?
Sestini, Descrizione di molte med. in più musei 7.
Sestini, in Antologia di Firenze Bd. XVII Heft L Seite 32.
Cavedoni, Spicilegio S. 17 unter Tuticus.

Von den meisten dieser von Sestini, Descrizione di molte medaglie S. 7 Tafel II publicirten Münzen habe ich Exemplare gesehen, welche unfraglich aus modernen Stempeln geprägt sind. Auch sind *Vf.* und *Rf.* oftmals verschieden combinirt.

Valetium (Balentium, Valentia bei Brundusium).
Bullettino Napolitano, nuova serie I 169 und 173 (R. ΓΑΛΕΘΑΣ, rückläufig Arion (sic) auf Delphin *Rf.* dieselbe Inschrift. Halbmond und ᚻᚻ [Luynes]) ferner daselbst II 92.
Archäologische Zeitung 1853 119.

Uxentum.
Millingen, Suppléments aux considérations Tafel II 8—11.
Museo Borbonico IV Tafel XV 7.
Sestini, Descriptio 17, 584.
Sestini, Lettere di cont. I 38.
Avellino, Opuscoli II 76.
Avellino, Bullettino IV 45. VI 70.

Annali 1836 70 Not. 3.
Dumersan, Allier de Hauteroche I 11, wo irrig OƆAN statt OΛAV (d. i. AVTO auf den Kopf gestellt) gelesen ist. Diese Münze hat Mionnet unter Automala, ich weiss nicht, wohin sie gehört. [Das Exemplar des Königlichen Münzkabinets abgebildet bei Imhoof-Blumer, Monnaies grecques, Tafel E No. 21, der es S. 271 Autocane Aeol. zutheilt.]

Incerti Calabriae.
Avellino Bullettino I 130.

13) LUCANIA.

Lucani.
Katalog Dupré 1867 No. 36. Silbermünze.
Museo Borbonico IV Tafel XV 7, 9.
Sestini, Descriptio 18.
Avellino, Bullettino II 124. VI 95.
Avellino, Opuscoli II 76.
Memorie dell' Instituto III 195, Topographisches.
J. Friedlaender, Oskische Münzen, 57.

Asia.
Avellino, Bullettino IV 80.
Bullettino 1845 16.
Bullettino Napolitano, nuova serie I 170, (gelegentl. erwähnt unter Sybaris).
[Numismatische Zeitschrift (Wien) XI 1879, S. 201.]

Buxentum; Pyxus und Siris.
Sestini, Descrizione di molte medaglie gr. in più musei, S. 9.
Sestini, Lettere VII 5.
Sestini, Pr. Christ. Feder. di Danimarca, p. IV.
Nouvelles Annales I 392.
Luynes, Choix V 15.
Millingen, Description d'une médaille de Siris. Paris 1814; auch im Magasin encyclop. 1814 II 325, 1815 IV 135 und Classical Journal, Bd. X, 1814 S. 358.

Cosa. (Campaniae?)
Millingen, ancient coins 26.
Sestini, Descriptio 4 und 583.
Sestini, Descrizione di molte medaglie in più musei 1.

Heraclea.
Miscellanea Hafn. II 1824 399.
Luynes, Choix III 3.
Millingen, Suppléments aux considérations I 4, 5, 6.
Revue num. 1847 4.
Museo Borbonico I Tafel LVI; IV Tafel XXX 1—6.

Schachmann, Katalog, p. 29.
Sestini, Descriptio 18.
Sestini, Lettere VII 3. VIII 30.
Sestini, Font. III 3.
Münter, Descriptio aliquot nom. 17.
Fiorelli, Monete inedite 12.
Millingen, ancient coins 15.
Avellino, Opuscoli II 79.
Avellino Bullettino III 38, 105. IV 110. V 58, 135. VI 69, 70, 72, 76, 85.
Annali 1843 144 (über die Scylla).
Annali 1830 305, zu Millingen, ancient coins 15.
Chaudoir, Corrections 33.
Welzl. 659, 660, (Varianten).
Lavy I 41.
Bullettino Napolitano, nuova serie, II 124 und 139, Tafel IX 16, 17, 18. (Didrachmen und kleine Münzen mit weiblichem Kopf auf der Aegis und $Rf.$ sitzendem Herakles.)
R. Rochette, Graveurs 40.

Laus.

Sestini, Fontana III 4.
Sestini, Lettere III 142. VII 4.
Sestini, Lettere di cont. I 68.
Akerman, Num. Chronicle VII 6.
Avellino, Opuscoli II 90.
Bullettino Napolitano I 131. II 42, 100, 118, 124. VI 48.
— — nuova serie III 158, (zu Bullettino Napolitano II 42.
Nouvelles Annales I 433.
Chaudoir, Corrections 33.
Sestini, Descrizione di molte medaglie in più musei 9.
Monumenti inediti 117.
Welzl 661, 662, (Æ, die zweite: ...ΟΜΜΟΥ Frauenkopf $Rf.$ ΛΑΙΝΩΝ ΑΝΑΞΑΙ... Adler?).
Luynes, Choix V 5.
Fox 9, (Æ mit 2 Vögeln ΑΔ und Μ); 10 (Æ Krähe, ΚΟΜΟ); 11 (Æ Herakleskopf, ΣΤΑΟϤΙ).
Eckhel D. I 154 hat wohl nicht ΛΑΙ-ΠΟ, sondern ΛΑΙ-ΝΟΜ.
Berliner Blätter für Münzkunde II 7 (lavi).

Laus und Thurium.

Avellino, Bullettino V 131.

Metapontum.

Métaponte par le Duc de Luynes. Paris 1833, folio, p. 21, Numismatique.
Gerhard, Archäologische Zeitung 1847 117.
Fiorelli, Monete inedite 8, 21.
Fiorelli, Osservazioni, Tafel I 20, 21 (S. 62).
Avellino, Opuscoli I 198. II 81. 131, 174. III 122.
Avellino, Bullettino I 129, 132. II 26, 42, 100, 103, 120, 124, 133. III 32, 36, 58, 105, 128, 134. IV 47. 110, 128. V 128, 131.

13) Lucania.

Pinder, Numi inediti 12.
Annali, 1829 253. 1839 270. 1841 133, Monumenti III 35, 4. 1843 46, cf. Revue num. 1846 393.
Nouvelles Annales I 383.
Chaudoir, Corrections 33.
Dumersan, Allier d. H. I 12. 13.
Sestini, Descriptio 18.
Sestini, Lettere I 50.
Sestini, Lettere di cont. VII 3 (Mionnet S. I 304, 703).
Revue num. 1846 393, 398.
Hunter 30 XXV unter Himera.
Micali, monumenti per servire u. s. f. CXV 22.
Micali, antichi monumenti 1810 Tafel LX IV (Sammlung Gosselin).
Lavy I 43.
Luynes, Choix III 4—6, V 10, 11.
Museo Borbonico IV, Tfl. XXX 7—12, Tfl. XLV, Tfl. LX 1, 2.
Millingen, ancient coins 17, dazu:
Annali 1830 306.
Transactions of the royal society of literature I 1 142. (Æ. mit dem Achelous.) Archäologische Zeitung 1853 115.
Sestini, Pr. Crist. Federigo di Danimarca, p. IV.
R. Rochette, Graveurs, Titel (Tetradrachmon) S. 38 Tfl. IV 30—36.
Monumenti inediti 118.
Welzl, 666 u. f. (Varianten).
Archäolog. Zeitung 1853 115. (Æ. Jugendl. Kopf mit Widderhorn, die Erklärung ist wohl sehr fraglich).
Bullettino 1853 126. (Æ Stierkopf mit menschlichem Antlitz.)
Millingen, Suppléments aux considérations I 1, 2. II 1, 2.
Fox 12. (Æ weiblicher Kopf, Rf. M und Getreidekorn.)
Fox 13. (Æ bärtiger Kopf. Rf. Ähre.)
Berliner Blätter f. Münzkunde I 136 (Leucippus, sein Helm hat eine Biga als Zierrat.)

Metapontum und Croton.
Fiorelli, Osservazioni 62, dazu:
Avellino Bullettino II 100.
Archäolog. Zeitung 1860 39. (Maus und Heuschrecke als Beizeichen.)

Palinurus und Molpis.
Sestini, Descrizione di molte medaglie in più musei 10.
Nouvelles annales I 436.
Luynes Choix V 4.

Posidonia (Paestum).
Bullettino Napolitano I 24, 72, 139 nota 2. II 26, 118. III 106, 136. IV 27, 47. VI 56, 64, 68. — Nuova serie III 160, 169.
Zeitschrift für Münzkunde III 6.
Allier de Hauteroche I 14.
Annali 1841 133. Monum. III 35 5, 6.

Nouvelles Annales I 426.
Millingen, Sylloge 16.
Fiorelli, Monete inedite 13, 24.
Fiorelli, Annali I 9, 86, 183.
Luynes, Études numismatiques, Titelblatt u. S. 23.
Museo Borbonico IV, Tfl. LX 3—12. V, Tfl. XV 1—7.
Micali, Antichi monumenti 1810 Tfl. LX, VIII.
Sestini, Descrizione 18.
Sestini, Lettere V 35 (ed. 1). VIII 30.
Sestini, Lettere di cont. V 1 und I 38 (bona mens).
Sestini, Descrizione di molte medaglie in più musei 10.
Chaudoir, Corrections 34.
Welzl, 686 u. f. (Varianten).
Lavy I 43.
Sestini, Hedervar IV 2. Addenda-Tfl. I 6 (SONA wohl für BONA?)
Philosophical Transactions LVIII, 1769, 246.
Memorie numismatiche I 67.
Luynes, Choix III 7. V 2, 3.
Millingen, Suppléments aux considérations I 10. II 3.
Archäolog. Zeitung 1843 153.
Avellino, Opuscoli II 93, 131. III 122.
Fox 14. (Ȑ, Knieender Poseidon r., Rf. ση.) Ebenso: Welzl 684.
Annali 1859 407 (Münzprägung dargestellt).
Numismat. Chron., 2. Serie II 300. (Ȑ mit den Typen von Posidonia, aber Aufschrift Alba.
Bona Memoria. Eckhel, Addenda 16.

Posidonia und Sybaris.

Fiorelli, Osservazioni 50, 52; dazu:
Avellino Bullettino II 100, 118, 125. Es ist irrige Lesung, es steht darauf ON IAΛ und ΛΑ, also Laos, Kgl. Münzk.

Posidonia, Kaisermünzen.

Tiberius. Chaudoir, Corrections 34.

Siris. (Siris und Pyxus, siehe Buxentum S. 79.)

Fiorelli, Monete inedite 22. Ȑ incus.
Avellino, Opuscoli II 96. Ȑ incus.
Nouvelles Annales de l'institut, I 392.
Diamilla, Memorie II 47. Æ 7 [falsche Zutheilung].
Sestini, Lettere di continuazione I 40, aber vgl. II 94 No. 18. Æ (nicht Siris, sondern Corcyra).
Bullettino 1853 126. (Æ Jugendlicher Herakles, Rf. Ähre und Keule ϹΙΡΙΝΟΣ); [von mangelhafter Erhaltung: Teanum Sidicinum?].

Sybaris.

Revue num., 1845, 399, 400.
Museo Borbonico V, Taf. XV, 8—10.

Fiorelli, Osservazioni 53 dazu:
Avellino Bullettino II 118.
Avellino Bullettino II 26.
Annali, 1841, 134, Mon. III 35. 7—9.
Nouvelles Annales de l'inst. I, 396.
Nota di alc. med. d. coll. Mainoni N. 7.
Sestini, Pr. Crist. Fcd. d. Danim. p. V.
Monumenti inediti 119.
Bullettino Napolitano nuova Serie I 170 (Ӕ. grofs Stier Rf. Stier vertieft.) BAR
Luynes, Choix III 8, V 9. VM
Caronni a Tunis, Tafel VI 52.
Eckhel, Sylloge S. 3 Tafel I 10 gehört Asia Luc.
[J. Friedlaender, Zeitschrift für Numismatik 7, 230, Taf. IV n. 5.]

Sybaris und Croton?
Luynes, Choix V 13,

Sybaris und Posidonia.
Fiorelli, Osservazioni 50, 52, dazu:
Avellino Bullettino II 100, 118, 125.

Thurium.
Numismat. Zeitung 1841 Nr. 14.
Luynes, Choix III 9—17.
Bullettino 1846 92 (ob richtig?) 1847 186.
Thorwaldsen 1150 (Æ mit Füllhorn).
Gréau Nr. 516 (klein Ӕ. mit dreifachem, sternförmig gestelltem т).
[Zeitschrift für Numismatik 2, 176].
Münter, descriptio aliquot num. p. 20.
Sestini, Mon. del Princ. Crist. Federigo di Danimarca p. V.
Sestini, Descriptio p. 22.
Chaudoir, Corrections 34.
Archäolog. Zeitung 1847 117.
Fiorelli, Annali I 22, 182.
Fiorelli, monete inedite 14, 23.
Fiorelli, Osservazioni 54, dazu Bullettino Napolitano II 100 und 119.
Numismatic Chron. IV 127 und f., VIII 125. u. f., XIV 111.
Museo Borbonico V Tafel XV 11, 12. XXX 1—11. XLV 1—7.
Avellino, Opuscoli II 99.
Bullettino Napolitano III 38, IV 22, V 131 (Thurium und Laos).
Bullettino nuova serie III 169.
R. Rochette Graveurs 41, Tafel III 22, 23.
Welzl 730 (Æ 2, Pallaskopf, Rf. halber Stier, aber welche „même legende"?)
Lavy I 46.
Revue archéolog. IX 131 (Ӕ. mit ΣΙΜ).

Copia.

Museo Borbonico V, Taf. XXX 12, XLV 8.
Sestini, Pr. Crist. Fed. di Danimarca p. V.
Fox 19 (Æ LIAID).

Velia.

Münter, Velia in Lucanien. Altona 1818, 8.
Velia's Lage und Ruinen, Annali 1829, 381.
Villoison et Millin, Lettres sur les méd. attribuées à Velia (es sind gallische Münzen). Magasin encycl. ann. V tom. III 475.
R. Rochette Graveurs 34, Taf. III 20, 21.
Lavy I 47.
Memorie numismatiche I 67.
Millingen, Suppl. aux considérations I 9.
Thorwaldsen Nr. 1015 Didrachmon.
Luynes Études num. 35.
Museo Borbonico V, Taf. XLV 9—12, LXI 1.
Schlichtegroll, Annalen II 1, 20 (ist d. etrusk. M.)
Revue num. 1838, 3.
Chaudoir, Corrections 34.
Sestini, Fontana III 4.
Sestini, Lettere I 50.
Sestini, Lettere V 4 (ed. i).
Sestini, Lettere VIII 30.
Sestini, Lettere di cont. I 30.
Avellino, Opuscoli II 100.
Bullettino Napolitano III 105.
Bullettino Napolitano VI 68.
Welzl 733 u. f. (Varianten).
Blätter für Münzkunde II 116.
Luynes Choix III 13, 14.

Ursentum.

Sestini, Descriptio 23.
Fiorelli, Mon. ined. 16.

14) BRUTTIUM

Bruttium.

Museo Borbonico V Taf. LXI 2—9.
Millingen, Ancient coins 19 dazu:
Annali 1830 306.
Münter, Descriptio aliq. num. 21.
Avellino, Opuscoli II 107.
Avellino, Bullettino I 98. VI 71.
Chaudoir, Corrections 34.

14) Bruttium.

Sestini, Hedervar IV 2, Tafel Addenda I 9 (Dioscuren ℞).
Monumenti ined. 122.
Noehden, Specimens from the cabinet of Lord Northwick, Taf. I (*N* Aphrodite auf dem Seepferd). Taf. II (*N* Victoria in Biga).
Lavy I 49.
Miscellanea Hafn. II 403.

Caulonia.
Observations sur le type de Caulonia R. Rochette mémoires de num. et d'archéol. Mémoires de l'institut. XIV, 2 Seite 186.
Chaudoir, Corrections 35.
Köhne, Zeitschrift II 10.
Museo Borbonico V. Taf., LXI 10—11, VI. Taf. XVI 1—6.
Revue num., 1845 400, 1843 63.
Akerman, Num. Chronicle VIII 163, X 1, XI 1.
Gerhard, archäologische Zeitung 1843 165, 1844 120, 1847 120.
Avellino, Opuscoli II 108.
Avellino Bullettino I 132, II 108, III 58, IV 47, 133, VI 91.
Bullettino, 1840 169, 1842 91.
Bullettino Napolitano, nuova Serie II 124, Tafel IX 14, zweifelhafte Zutheilung.
Annali, 1841 135, Monumenti III 35, 10.
Annali 1848 169.
Nouvelles annales I 417.
Campana 837, cf. Mionnet I 186, 826.
Lavy I 52.
Bairische Akademie der Wissenschaften, Abhandlungen XV 1838.
Luynes, Choix III 18, V 6.

Consentia?
Avellino, Opuscoli II 132, III 141.
Fiorelli Monete inedite 15 nota.

Nicht italisch ist: die M. mit ΝVΛΚΟΣΙ, Sestini Fontana III 3: Sestini Lettere di continuazione VI 8; Avellino Opuscoli III 150, welcher sie abweist.

Croton.
Annali di Num. I 21.
Avellino, Opuscoli I 214, II 117.
Bullettino Napolitano I 132, IV 27, 46, 135, 148 Anm. 1; V 59, VI 91, 99 Anm. 1; nuova serie III 146.
Chaudoir, Corrections 35.
Fiorelli Monete inedite 9.
Fiorelli Osservazioni 59, dazu Bullettino Napolitano II 100, 119, 120.
Lavy I 53.
Luynes, Choix III 19, 20, IV 1—3, V 7.
Millingen, ancient coins 20.
Miscellanea Hafn. II 406.

Mittheilungen der Berliner Numismatischen Gesellschaft I 16.
Monumenti inediti 123.
Münter, Descriptio aliquot num. 24.
Museo Borbonico VI Tafel XVI 7—12, Tafel XXXII 1—11.
Nouvelles Annales I 408.
Numismat. Journal I 41.
Numismat. Chronicle XI 1, XVII 99 (Æ Adler R/. Dreifuss und Lorbeerblatt).
Revue archéologique IX 132 (Æ sitzender Heracles R/. Dreifuss und E).
R. Rochette, Graveurs Tafel I 10.
Sestini, Descrizione di molte med. in più musei 10.
Sestini, Hedervar IV 2 Tafel Addenda 7, 8 (Æ mit Helm, Æ mit Delphin).
Sestini, Pr. Cr. Federigo di Danimarca VIII.
Sestini, Lettere VIII 31.
Sestini, Lettere di continuazione VI, 13. VII 3.
Zeitschrift für Münzkunde III 9.

Croton und Medma?

Bullettino Napolitano, nuova serie III 146. (Gewiss irrige Zutheilung).

Croton und Metapontum?

Fiorelli, Osservazioni 62, dazu Bull. Nap. II 100, nuova serie III 147.

Croton und Sybaris?

Luynes, Choix V 13.

Croton und Pandosia.

Chaudoir, Corrections 36.
Bullettino 1853 126 (Æ).
Luynes Choix V 8.

Croton und Caulonia.

Bullettino 1853 127.

Croton und Temesa.

Museo Borbonico, VI Tafel XXXII 11 und XLVIII 1.
Bullettino d. Inst. 1853 127.

Vibo (Hipponium, Valentia).

J. Friedlaender, oskische Münzen 61.
Millingen, Sylloge 21.

Hipponium.

Sestini Descrizione di molte med. in più musei 11.
Sestini Descriptio 23.
Sestini Fontana III 4.
Sestini Lettere VIII 31.
Bullettino Napolitano III 46, IV 46, VI 48, 69, 81.
Movers Phoen. II 2 344.
Lavy I 54 (ungenau).

Revue archéologique V 159.
Millingen Suppl. aux consid. I 8.

Ueber Pandina u. s. w.

Transactions of the R. Society of literature, sec. ser. Bd. I 226. (Millingen).
Vergl. Bullettino Napolitano III 46.
Archaeologische Zeitung 1853 118.
Millingen considérations 56 und Suppl. aux·considérations I 8.
Memorie dell' instituto II 159 Topographie von Hipp.
Bullettino 1844 157.

Valentia.

Sestini Fontana II 4, III 5.
Sestini Lettere di continuazione III 16.
Fiorelli Osservazioni 65 dazu:
Avellino Bullettino II 101, 124.
Numism. Chron. IV 128.

Locri Epizephyrii.

Annali d. Inst. 1830 (Topographie).
Pellicano Catalogo delle antiche monete locrese Napoli 1834, rec. Bullettino 1835 108.
Museo Borbonico VI Tafel XLVIII 2—12 und Tafel LXIV 1.
Sestini Descriptio 24.
Numismatic Journal I 42 ist Syracus, siehe Num. Chron. XVIII 119.
Sestini Lettere di continuazione V 2 (N).
Millingen ancient coins 21.
Münter Descriptio aliquot num. 26.
Avellino Bullettino IV 48.
Eckhel, Addenda 17 (angebl. N).
Welzl 838 und f. (839 mit ΛΛΑ).
Lavy I 55 Æ.
Luynes Choix IV 4—8.
Fiorelli monete inedite, S. 22 Anmerkung 19 (N). Das über die Münze mit ΟΡΡΑ ΛΟΚΡΩΝ gesagte ist falsch, das Exemplar im Königlichen Münzkabinet hat ΦΡΑ; siehe auch Eckhel Addenda 17.
Thorwaldsen No. 1190 (R stehender Adler).

Medma, Mesma.

Museo Borbonico VI, Taf. LXIV 2, 3.
Sestini Lettere di continuazione VI 10, 13. Aber vergl. dazu Atrax bei Lambros Münzen von Amorgos abgebildet unter Nr. 27.
Sestini Descriptio 25.
Millingen ancient coins 21.
Fiorelli Monete inedite 15.
Fiorelli Osservazioni 64 dazu:
Avellino Bullettino II 101.
Avellino Bullettino VI 69, 80.

Bullettino 1839 159.
Movers Phoen. II 2 344.
Luynes Choix IV 9, 10.
Millingen Suppl. aux considérations II 4.
Capialbi, Mesma e Medama. Napoli 1849 8⁰ (Broch.).

Mystia Hipporon.
Berliner Blätter für Münzkunde IV 137.

Nuceria.
Sestini, Lettere di cont. IV 7.
Avellino, Opuscoli II 133, III 153 173.
Millingen, ancient coins 25.
Luynes, Choix IV 11.

Pandosia.
Annali 1833 1 (Topographie).
Fiorelli Annali I 5.
Revue num. 1839 412.
Fiorelli, Osservazioni 66 dazu Avellino Bullettino II 101 125, VI 68.
Nouvelles annales I 408.
Millingen, Supplément aux considérations I 3.

Pandosia und Croton.
Chaudoir Corrections 36.
Luynes, Choix V 8.

Peripolium, Pitanatae.
Eckhel, N. vet. anecd. 308.
Millingen, ancient coins 13.
Sestini, Lettere di cont. III 24.
Luynes, Choix IV 12.

Petelia.
Museo Borbonico VI, Tfl. LXIV 4, 5.
Akerman, Num. Journal I 42.
Sestini, Descrizione di molte med. in più musei 11.
Lavy I 56.

Rhegium.
Museo Borbonico VI, Tfl. LXIV 6—12. VIII, Tfl. LXI 1—9.
Gerhard archäologische Zeitung 1847 119.
Avellino Bullettino IV 22, 47. VI 42.
Sestini, Descrizione di molte med. in più musei 11.
Dumersan, Allier d. H. I 15.
Lavy I 56.
Transactions of the Royal society of literature I 2 Seite 95.
Luynes, Choix IV 13.
Panofka Abhandlungen der Berl. Akademie 1848 p. 111 (Trophonius-Cultus.)
  Die Münze Mionnet S. I 348 1049 und Carelli 111 Nr. 26 Tfl. CXCIV
  26 (beide Mal nach Wiczay Th. I S. 44 Nr. 1211 Tfl. III 58) gehört ge-

wiss nicht hierher. Schon die Schreibung RECIN statt PHΓIN auf einer den Typen nach so späten Münze wäre auffallend, ausserdem sagt, was Mionnet und Cavedoni nicht beobachtet haben, Sestini in den Catalogi Hedervariani castigationes S. 19 Nr. 1211 von diesem Exemplar: „n. Gallicus et barbarae fabricae". Ich vermuthe, dass es eine lateinische Tessera war.

Temesa.

Avellino, Opuscoli II 118 174. III 152 314.
Avellino Bullettino I 4. III 67. VI 71.
Sestini, Lettere VII 5.
Nouvelles annales I 438.
Movers, Phoen. II 2 343.
Museo Borbonico VI, Tfl. 32 12 (Croton mit TE).

Temesa und Croton, siehe Croton.

Terina.

Akerman, Chronicle VII 142. (Typus der Nike.)
Museo Borbonico VIII, Tfl. LXI 10—12. IX, Tfl. XLV 1—5.
Sestini, Lettere VII 9.
Sestini, Lettere di cont. IV 6 Æ.
Sestini, Fontana III 5 Æ.
Millingen, ancient coins 22 Ⱥ mit NIKA.
Avellino Opuscoli I 182 und 211: Sirene. II 133 277. III 153.
Fiorelli, Osservazioni 65 Æ Seepferd.
Avellino Bullettino III 46. V 46 87. VI 69 81.
Gerhard, über die Flügelgestalten 1840.
Annali 1830 307 (zu Millingen, ancient coins 22).
Revue archéologique V 159.
Sestini, Descrizione di molte med. in più musei 12 Æ.
Dumerson, Allier de H. I 16 Ⱥ.
R. Rochette, Graveurs T. III 29.
Lavy I 58 Ⱥ Varianten.
Società Pontan. II 1812 129.
Luynes, Choix IV 14—18.
Millingen, Supplément aux considérations I 7 Æ.
Mionnet S. I 353 1084 gehört Tegea, die Exemplare der Königl. Sammlung haben nicht TEP sondern TEΓ.
Berliner Blätter für Münzkunde I 257 (Æ gehört Tegea).
Berliner Blätter für Münzkunde I 137 (Ⱥ mit ΦΙΛΙΣ).
Berliner Blätter für Münzkunde II 353 (Ⱥ mit TEREϜ.

INCERTI ITALIAE.

Fiskinis?. Avellino Bullettino VI 71.
Freternum, Fensernu?. J. Friedlaender, Oskische Münzen 64.
    Annali 1830 307.
    Bullettino Napolitano IV 25.
    Fiorelli, Osservazioni 3.
    Millingen, ancient coins 27.
    Berliner Blätter für Münzkunde I 134.
ΔΑΙ. Bullettino Napolitano I 130.
ΣΤΥ. Sestini, Lettere di cont. VI 4.
ΓΡΑ. Bullettino Napolitano I 130.
    Museo Borbonico IX, Tfl. XLV 6.
    Sestini, Lettere IV 87 (falsch). VI 4.
    Fiorelli, Monete inedite 11.
    Bullettino Napolitano nuova serie II 123, Tfl. IX 10—13, dazu III 163.
Irnum. Avellino Opuscoli III 99.
    Avellino Bullettino IV 117.
Makdiis (oskisch). J. Friedlaender, Oskische Münzen 63 (woselbst die Nachrichten zusammengestellt sind.)
    Bullettino Napolitano nuova serie I 65.
    Numismat. Chronicle N. S. XI, Tfl. VI.
Malies. Millingen, ancient coins 3 (Meles).
    Sestini, Fontana III 1.
    J. Friedlaender, Oskische Münzen 67.
    Sestini, Hedervar IV 2, Addendatafel I 3 ohne Text?
Orra s. oben S. 77.
Veseris?. Fiorelli, Osservazioni 3.
    J. Friedlaender, Oskische Münzen 66.
Incertus. Muschel — Adler. Museo Borbonico IX, Tfl. XLV 7.

SICILIA.

Campani siehe vorn bei Sicilienses; Hispani bei Panormus; Mamertini, Zancle bei Messana; Thermae bei Himera.

ALLGEMEINES.

Berichtigungen zu Torremuzza's Werk: Schlichtegroll, Annalen II 28.
Numismatische Landkarte von Sicilien: Schlichtegroll, Annalen I S. 30.
Keerl, Siciliens vorzüglichste Münzen u. Steinschriften. Gotha 1802 (Werthlos).
Serra di Falco, Antichità della Sicilia. Enthält einige Abbildungen von bekannten und zum Theil verdächtigen Münzen.
Miscellanea Hafn. 1816 I 181. (Auctarium Siciliae numorum.)
Typen sicilischer Münzen (chorographische Münzen). Num. Chronicle XI 105.
Brunet de Presle, Recherches sur les établissements des Grecs en Sicile. Paris 1845.
Proconsuln in Sicilien. Borghesi in Diamilla, Memorie p. 96.
Landolina Paternò, Monografia delle monete consolari sicule. Napoli 1852, 4°.
Dotto de Dauli, Delle miniere di Sicilia e delle monete coniate coi metalli estratti dalle medesime, Palermo 1845, 8°.
Bullettino dell' Instituto. 1853 153. Sicilische Münzfunde.
Schlichtegroll, Annalen II 1, 30. Sicilische Subaeratmünzen.
D'Orville, Sicula. Die im zweiten Theil abgebildeten Münzen sind, wo sie nach Originalen, vortrefflich dargestellt und von Torremuzza, der viel daraus entnommen, muſs immer auf d'Orville zurückgegangen werden.
Romano pesi e monete, state in uso in Sicilia (aus einer Zeitschrift).
Salinas, Descrizione di una raccolta di piombi antichi siciliani detti mercantili. Annali dell' Instituto 1864 343.

Funde sicilischer Münzen.

Monumenti, Annali, Bullettino dell' instituto, in Folio 1854. Bullettino S. XXXIX und ebenda 1855 Bullettino S. VII.

Punische Münzen.

(Siehe auch die Schriften über punische Münzen oben S. 39 und unten bei Panormus S. 99.)

Bullettino Napolitano, nuova serie I 170 und 171, phönicische Münzen mit Typen von Syracus und Segeste.

Saulcy, Mémoires de l'académie des inscriptions XV 2 p. 46 (über *ziz*).

Blätter für Münzkunde III 170.

Ugdulena, monete punico-sicule. Palermo 1857 4°.

Fox 39. (Av. weiblicher Kopf, Rf. Stier mit menschlichem Antlitz r., lange Inschrift.)

Fox 40, 41 (Æ *ziz*, Pegasus.)

Sicilienses.

Haus, Esame delle medaglia di tutti i Siciliani. Palermo 1827, 8°. Estr. dal Giornale della Scienze XVIII (anno 8) p. 71.

Bullettino dell' Instituto 1833 8. (Alessi publicirt eine Goldmünze, vielleicht aus einem Hiero verfälscht.)

Campani in Sicilien.

Annali 1829, 150.

Millingen, ancient coins 33.

Allier de Hauteroche I 6.

Sestini, Fontana II 5, III 5 und:

Sestini, molte medaglie gr. in più musei 14.

Berliner Blätter für Münzkunde I 271. (Über die Münze der Campaner in Sicilien.)

Abacaenum.

Museo Borbonico IX Tfl. XLV 8, 9.

Sestini, Descrizione di molte medaglie in più musei 12. (Æ Artemis.)

Das Exemplar des Welzl'schen Katalogs Nr. 880 berichtigt in Diamilla, Memorie II 67.

Sestini, Fontana II 4, III 5.

Münter, Miscellanea Hafn. I 185.

Bullettino Napolitano 1853 169. (Æ Stier.)

Memorie numismatiche I 67.

Abacaenum und Himera.

Sestini, Fontana II 6, III 6.

Sestini, Descrizione di molte medaglie in più musei 14.

Adranus.

Museo Borbonico IX Tfl. XLV 10, 11.

Avellino Bullettino V 109.

Aetnaei.
Bullettino 1831 199, 1832 180.
Berliner Blätter für Münzkunde I 271.

Agathyrnum.
Das Exemplar im Welzl'schen Katalog Nr. 884 gehört dem Ballaeus, Diamilla Memorie II 70.

Agathyrnum und Tyndaris.
Millingen ancient coins 28.
Annali 1830 308.
Sestini, Lettere di cont. IV 9.

Agrigent.
Museo Borbonico XII Tafel XIV.
Revue num. 1843 416.
Fiorelli, Osservazioni 68.
Avellino, Opuscoli II 138.
Avellino Bullettino III 40.
Luynes, Choix VI 1, VII 1, 2.
Dumersan, Allier de Hauteroche I 17.
Münter, Miscellanea Hafn. I 186.
Monumenti ined. 8.
Noehden, Specimens from the cab. of L. Northwick Tafel III (Seekrebs und Scylla $R\!f.$ 2 Adler mit einem Hasen, Æ).
Lavy I 60.
(Leake in den) Transactions of the R. Society of literature second series III 365 note 1 (kl. Æ Adler auf Säule ΑΚΡΑ $R\!f.$ $^{\circ\circ}_{\circ}$ Gewicht 5 Engl. Gran.
Annali 1830 87 (Das Dekadrachmon wird [mit Unrecht] angezweifelt.)
Bullettino dell' Instituto 1854 XL (Æ Dekadr., zwei Adler mit Hasen).
Hunter Tafel 2 XV, danach:
Torremuzza, Auct. I Tafel 1 6, danach:
Mionnet, S. I 362 39 ist eine Münze von Tarent, (ΑΚΡ)ΑΓΑΝΤΙΝΩΝ ist (Τ)ΑΡΑΝΤΙΝΩΝ zu lesen.
Thomas Nr. 250 (Æ).
Mionnet, S. I 364 56 kann sehr wohl Cos sein.
Fox 29 (Æ Adlerkopf, $R\!f.$ Krebsscheere).

Gegossene Petschaftförmige Münzen.
Diamilla, Memorie II 50.
[Catalogue of the greek coins in the British Museum. Sicily 23 f.]

Agyrium.
Avellino Bullettino VI 73.
Sestini, Descrizione di molte med. in più musei 12.
Berichtigung des Exemplar im Welzl'schen Katalog Nr. 901, in Diamilla Memorie II 68.
Sestini, Fontana II 5, III 5.
Museo Borbonico XII Tafel XIV (Æ mit (ΠΑΛΑ)ΓΚΑΙ(ΟΣ) und Tafel XXIX).

Alaesa.
Fox 31 (Æ Traube).
Bullettino dell' Instituto 1862 213 (als römische Colonie).

Aluntium.
Mittheilungen der Berliner Numismatischen Gesellschaft I 16.
Sestini, Descrizione di molte med. in più musei 13.
Chaudoir, Corrections 36.
Sestini, Pr. Crist. Fed. di Danimarca p. IX.
Welzl 905.
Lavy I 61.
Museo Borbonico Th. XII Tafel XXIX.

Aluntium und Amestratus.
Sestini, Descrizione di molte med. in più musei 13.

Amestratus.
Welzl 906 (Æ Pallaskopf Rf. Ceres schreitend).
Museo Borbonico Th. XII Tafel XXIX.

? Atabyrium ($\overline{A}$).
Sestini, Lettere I 48.

Atinates?
Dumersan, Allier de Hauteroche S. 13.

(Caene?)
Ausführlicher Artikel in: Schlichtegroll, Annalen I 32.
Mionnet I 343 33 und S. I 373, 118 ist Laos.
Dorville, Sicula S. 494 ist Caelium.

Calacte.
Lavy I 61.
Museo Borbonico Th. XII Tfl. XXIX.

Camarina.
Bullettino Napolitano, nuova serie II 121, Tfl. IX 2.
Archaeologia XVI 1812 151.
Memorie numismatiche I 69.
Maggiore, ricerche su di alcune monete di Camarina. Palermo 1830. (Aus dem Giornale di Scienze, Lettere ed arti per la Sicilia.) (Es ist die cilicische Münze mit MAP).
Movers, Phoen. II 2 330 (über dieselben M.)
Museo Borbonico Th. XII Tfl. XXIX.
Luynes, Choix VI 2, 3. VII 3.
Welzl, Katalog No. 912 berichtigt in Diamilla Memorie II 69.
Sestini, Fontana III 5 unter Catana, vgl. Torremuzza XVIII 5.
Sestini, Lettere di cont. I 1 und 15, dazu IV 8. VII 5.
Sestini, Pr. Crist. Fed. di Danimarca p. X. (Æ Frau auf Schwan.)
R. Rochette, Graveurs 32 Tfl. II 18.

Noehden, Specimens from the cabinet of L. Northwick. Tfl. IV (Æ. Flufs-
   gottkopf, *Rf.* Frau auf Schwan). Tfl. V (Æ. Jugendl. Herkuleskopf mit
   Bogen, *Rf.* Quadriga). Tfl. VI (Æ. Bärtiger Herkuleskopf, *Rf.* Quadriga).
Thomas, Katalog Nr. 257, wie Mionnet S. I 375, 125 und Torrem. Tfl. XVII
   5, aber ΕΞΑΚΕΣΤΙΔΑΣ auf dem Bande über den Amphoren.
Brönsted, Reisen II 310.
Irrig zugetheilt sind die Münzen mit ΜΑΡΛΟ, ΜΑΡΛ und ΜΑΡ bei Hunter,
   Mionnet, u. s. w. Vgl. R. Rochette, Croix ansée p. 67, der sie Marathus
   giebt; Boeckh, Metr. Unt. 331. Movers Phoen. II 2 330. Aber alles dies
   ist irrig, sie gehören gewiss nach Cilicien oder Cypern.

Catana.

Avellino Bullettino III 74. IV 21.
Luynes, Choix VI 4. VII 4.
Münter, Miscellanea Hafn. I 190.
R. Rochette, Graveurs Tfl. I 8, 9.
Noehden, Specimens from the cabinet of L. Northwick. Tfl. 9 (Æ. Weib-
   licher Kopf, *Rf.* Quadriga). Tfl. 10 (Æ. Apollokopf v. v. ΗΡΑΚΛΕΙΔΑΣ,
   Rf. Quadriga) Tfl. 11 (Æ. Amenanoskopf, *Rf.* Quadriga). Tfl. 12 (Æ.
   Apollokopf. Α ... ΟΝ, *Rf.* Stofsender Stier).
Movers, Phoen. II 2 329. (Typen).
Akerman, Num. Chron. XIV 111.
Thomas Nr. 262 (Æ. mit Künstlernamen ΧΟΙΡΙΩΝ) und:
Fox 30. (Grosse Æ., wahrscheinlich das Thomas-Exemplar.
Museo Borbonico XV Tfl. XLIV Nr. 4—7 (Tetradrachmon u. 9 (kleine Æ.).

Centuripae.

Lavy I 63.
Museo Borbonico XV Tfl. XLIV 10.

Cephaloedium.

Sestini, Descrizione di molte medaglie in più musei 13.
Museo Borbonico XV Tfl. XLIV Nr. 8, 11, 12.

Cephaloedium und Heraclea.

Millingen, ancient coins 30, dazu:
Annali 1830 311.
Eckhel, Addenda 18.

Enna.

Sestini, Descrizione di molte medaglie in più musei 14.
J. Alessi, Ill. Equiti Caesari Borgia.
Bullettino Napolitano V 112.
Greppo 231. (Æ lateinisch.)

Entella.

Sestini, Descrizione di molte med. in più musei 14 (angeblich Campaner in
   Entella).
Sestini, Fontana II 5, III 5 (die nämlichen Münzen).
Berliner Blätter für Münzkunde I 269 (Campaner in Entella).
Revue archéol. IX 133 (Æ mit Traube, zweifelhafte Zutheilung).

Eryx.

Dumersan, Description d'un médaillon d'Eryx Paris 1810. Wiederholt in
Dumersan, Médailles inéd. 57. (Ⱥ mit sitzender Aphrodite; kleine Ⱥ mit stehender).
Gerhard, archäologische Zeitung 1849 89. (Æ gehört Helike Ach.) siehe dort.
Pinder, Numi ined. 13.
Münter, Miscellanea Hafn. I 191.

(Euboea).

Millingen, Rec. 32, aber er berichtigt: anc. coins 29, die frühere Lesung EYBOIA in EYNOMIA. Dies verdient allen Glauben, und es darf daher nur mit Mifstrauen eine ähnliche gröfsere Münze aufgenommen werden, welche Dotto de' Dauli in dem Palermo-Journal la Falce 1843 p. 79 publicirt. Leicht konnte einer der Sicilischen Falschmünzer sie nach dem Millingen-Kupfer copirt und EYBOIA darauf geschrieben haben.
Die Münze mit EYNOMIA gehört Gela.

Galaria, Galarina.

Combe, Museo Brit. S. 64 Tafel IV 6 (Ⱥ) CAΛA retr.
Northwick, Katal. Nr. 244, dieselbe Ⱥ mit angeblich AΛAI.
Memoires de l'inst. XIV 2, 410.
Bullettino 1836 113.

Gela.

Millingen anc. coins 29.
Luynes Choix VI 5, 6, VII 5, 6.
Grote, Blätter für Münzkunde III 221 (N?).
Münter, Miscellanea Hafn. I 192.
Sestini, Pr. Crist. Fed. di Danimarca p. X.
Welzl 937 u. f. (Varianten).
Lavy I 63.

Heraclea (Minoa).

Millingen anc. coins 30, dazu:
Annali 1830 311.
Movers, Phoen. II 2, 331.

Himera.

Numismatic Chron. VII 179.
Luynes Choix VI 7.
Fiorelli, Osservazioni 71 (Æ).
Movers, Phoen. II 2, 339 (Typus des Bocks).
Welzl 949 (Æ Herakles, Rf. männliche Figur).
Lavy I 64.
Archäologische Zeitung 1853 62 (Ⱥ Pelops) dazu:
Berliner Blätter für Münzkunde I 137.
Hunter 30 XXV, S. 156 23 ist Metapont.
Revue num. 1864 81 mit phönicischer Aufschrift אנן.

Himera und Abacaenum.

Sestini, Descrizione di molte med. in più musei 14.
Sestini, Fontana II 6, III 6.

Thermae.
Sestini Descrizione di molte med. in più musei 19.
Numismatic Chronicle IV 129.
Thomas Nr. 280 (Æ.)

Hybla.
siehe: Sestini Lettere di cont. VI 14.

Leontini.
Millingen Sylloge 23 (Æ Pegasus.)
Riggio med. Leontina inedita Catania 1835, 8 (Æ Pegasus.)
Luynes Choix VI 8.
Sestini Descrizione di molte med. in più musei 15 (irrig.)
Sestini Fontana III 6 (dieselbe).
Sestini Principe Cristiano Federigo di Danimarca p. XI.
Movers Phoen. II 2 328 (Typen.)
Campana 1099, cf. Mionnet I 247 319.
Ferrara Med. del rè Pirro e di Leontini, Palermo 1839 8.

Lilybaeum.
Annali 1857 115 (irrige Zutheilung siehe Alaesa Bullettino 1862 213.)
Augustus, Borghesi Osservazioni XV 5 zu Mionnet VI 670 396.
Mionnet VI 661, 344 auch hierher?
Sestini Hedervar. IV 2 Addenda Tafel I 10, Q. Terentio Culleone.

Longane.
Millingen Syll. 27, dazu:
Numismatic Journal II 88.

(Megara.)
Die Münze des Welzl'schen Katalogs No. 965 gehört nach Metapont.
Die Münze Revue belge IV 385 gehört nach Panormus.
Mionnet S. I 399 265, Sestini Lettere di continuazione VII 3.
Sestini Lettere di continuazione VI 14 und 108.

Mergana, Merusium siehe Sergentium.

Messana.
a, *Zancle.*
Akerman Num. Chron. III 40.
Luynes Choix VI 9.
Transactions of the R. Society of Literature I 2 Seite 93 (Millingen über Zeitalter einiger Æ.)
Böttiger Amalthea I 198.

b, *Messana.*

Millingen ancient coins 31.
Millingen Sylloge 28, dazu Numismatic Journal II 89.
Dumersan Allier de Hauteroche I 18.
Lavy I 65.
Fox 33. (Æ Hase; *Rf.* $\genfrac{}{}{0pt}{}{M}{E}{S}$)

Sicilia.

Fox 84 (Æ Weiblicher Kopf ΠΕΛΩΡΙΑΣ Rf. Dreizack und Hase.)
Bullettino 1854 XLI (Ar. mit Pan, dafs er auf einem Elephanten sitzt, ist wohl Irrthum?)
    c. *Mamertini.*
Millingen, ancient coins 33.
Avellino Bullettino VI 47.
Jul. Friedlaender, die oskischen Münzen 60.
Lavy I 66.
d'Orville Tafel III (ΡΩΜΑΝΟΥ Rf. Hund?) statt ΑΔΡΑΝΟΥ?

Morgantia.
Chaudoir Corrections 37 (Ar. mit Reiter.)
Jos. Alessi Carolo Gagliani mathematicae rerumque antiquarum perito. Catania 1832.
Lavy I 67 (Ar.)
Thomas Katalog No. 367 (Ar.)
Gréau No. 784 (Ar. mit Reiter.)

Motya.
Luynes, études numism. 1.
Sestini, Lettere di cont. VII 5.
Movers, Phoenizier II 2 334.
Bullettino Napolitano, nuova serie II 121 Tfl. IX 3.

Nacona.
Millingen, ancient coins 33.
Streber, Fortsetzung der Geschichte des Münchener Münzkabinets. 54.
Annali dell' Inst. 1829 150.
Berliner Blätter für Münzkunde I 268. (Campaner in Nacona.)

Naxus.
Millingen, ancient coins 35.
Luynes, Choix VI 10. VII 7.
Münter, Miscellanea Hafn. I 195.
R. Rochette, Graveurs 31, Tfl. II 10.
Revue archéologique IX 133. (Ar. Pallaskopf, Rf. Pegasus, ΝΑΧΙΟΝ (sic). Exemplar der Sammlung der Fr. Mertens ist falsch. Siehe archäologische Zeitung 1861 168.)

Panormus.
Sestini, Descrizione di molte medaglie in più musei 15 (Æ).
Sestini, Fontana II 6. III 6.
Memoiren der Petersburger archäologischen Gesellschaft 1847 143.
Münter, Miscellanea Hafn. I 195.
Lavy I 67.
    Griechische:
Luynes, Choix VI 11. (Ar. mit Biga.)
Thomas, Katalog 494, 495.
Fox 35. (Æ Weiblicher Kopf, Rf. Altar.)

Sicilia.

Punische:
Blätter für Münzkunde II 297.
Académie des inscriptions XV 2 26 (*ziz*).
Revue num. 1844 451. 1851 76.
Thomas Nr. 381 (grofser Medaillon).
Luynes, Choix X 23 (*N*).
Lavy I 67.
Allier I 19. (*N* mit phönicischer Aufschrift.)
Greppo 288. (R. mit ꊣ ꊣ.)
Revue num. 1856 Tfl. IV. (Ein Teil der punischen wird für afrikanisch erklärt.)

Lateinische:
Borghesi in Diamilla, Memorie 93.
Bullettino dell' Instituto 1834 78 (Acilius.)
Landolina, Paternò mon. consolari sicule. Napoli 1852, 4º.
Milano, Descrizione di 3 med. antiche, 4º. (Æ Januskopf, *Rf.* QB im Kranz; ferner Æ mit OMONOIA, *Rf.* VI ΛΙ ΙΣΣ?).
Eckhel, Addenda 19 (Janus).
Fiorelli, Osservazioni 68.
Augustus. Riccio, Tfl. LV. Cornelia 6 gehöre nach Panormus: Borghesi, Osservazioni XVII 7.

Hispani:
Museo Borbonico II Tfl. XVI 1.
Münter Miscellanea Hafniensia I 204.
Avellino, Opuscoli II 2.
Sestini, Descrizione di molte medaglie in più musei 17.
Sestini, Fontana II 6. III 6.

Paropus.
Leake, Num. Hell. Insular Greece, S. 67.

Segeste.
Millingen, Sylloge 29.
Avellino Bullettino III 112.
Luynes, Choix VII 8, 9.
Köhne, Zeitschrift III 10. Es steht nicht ΡΙ, sondern ΣΙ(Β) auf diesem Exemplar.
Orti, Illustrazione di una medaglia inedita di Segeste. Verona 1828. (Ist eine falsche Münze.)
Münter, Miscellanea Hafniensia I 196. (Irrig dem Augustus zugetheilt.)
Marrone, Cenni sulle antichità di Segesta. Palermo 1827.
Noehden, Specimens from the cabinet of L. Northwick Tfl. 7. (R. Weiblicher Kopf, *Rf.* Hund auf Hirschkopf.) Tfl. 8. (R. Weiblicher Kopf, *Rf.* Jäger mit Hunden, Priapherme.)
Lavy I 72.
Bullettino Napolitano, nuova serie, I 171. (Didrachmon mit phönicischer Aufschrift *ziz* und ΣΙΒ, aber ohne Stadtnamen.)

Sestini, Hedervar. IV 2. Addenda-Tafel I 11. (Æ Medaillon, ob ächt?).
Berliner Blätter für Münzkunde I 258. (Æ mit Hund.)

Selinus.

Akerman, Num. Chron. X 108.
Avellino Bullettino IV 131.
Luynes, Choix VI 12.
Annali dell' Inst. 1835 265.
Münter, Miscellanea Hafniensia I 197.
Reinganum, Selinus und sein Gebiet. Leipzig 1827. (S. 167 über die Münzen, aber nichts neues.)
Movers Phoen. II 2 332.
Lavy I 72.

Sergentium.

Eckhel, Addenda 18 unter Morgana, Mionnet S. I 400 269: Merusium. Revue num. 1859 348 Anm. (Siehe auch Sestini Hedervar. IV 2. Addenda-Tafel I 4).

Solus.

Movers Phoen. II 2 337.

Sticla (Stilpae?).

Avellino, Opuscoli III 157.
Allier I 20.
Fox 36. (Æ ΣΤΙΑ halber Stier).

Syracusae.

Noehden, Specimens from the cabinet of L. Northwick. Tfl. 13: Dekadrachmon mit Haarnetz und ΚΙΜΩΝ. — Tfl. 14: Æ Weiblicher Kopf, ΣΩ (σίων?) Quadriga. — Tfl. 15: Æ Pallaskopf v. vorn, ΕΥΚΛΕΙΔΑ, Rf. Quadriga. — Tfl. 16: N Artemiskopf, Rf. Apollokopf. — Tfl. 17: N Apollokopf, Rf. Biga. Tfl. 18: Æ Pallaskopf, Rf. Artemis schreitend. — Tfl. 19: Æ Demeterkopf, Rf. Quadriga.
Movers Phoenizier II 2 327.
Lavy I 73.
Bullettino Napolitano, nuova serie, I 171. (Æ mit phönicisch. Aufschrift ziz.)
Bullettino Napolitano, nuova serie, I 170. (N Medusenkopf auf einem Schild, Rf. Athlet.) Ich habe einen Abdruck eines Exemplars, welches ich in Campobasso gesehen und für moderne Stempel gehalten habe. Vergl. Mionnet I 291 712; eine Seite übereinstimmend!
Archaeologia XIX 1821 369.
Memorie Romane di antichità, III 1826 145.
Memorie numism. I 31:
Revue num. 1840 21. 1843 1.
Avellino Bullettino III 39. IV 21, 130, 144. VI 88.
Luynes, Études num. I 35.
Luynes, Choix VI 13—15. VII 10—19. VIII 1—6.
R. Rochette, Graveurs 10. Tfl. I 1—7. Tfl. II 11—17.
Revue archéol. V 118. (Der Name ΕΥΜΗΝΟΣ).
Museo Borbonico I Tff. LVI.
Annali 1839 63. Tfl. A 1. Æ Zeus Urios.

Sestini, Descrizione di molte medaglie in più musei 17.
Dumersan, Allier de Hauteroche I 21.
Diamilla, Memorie II 70. (Σ und C auf einer M.) siehe auch:
Welzl, 1139.
Sestini, Fontana III 6.
Münter Miscellanea Hafniensia I 198.
Sestini, Lettere di cont. IX 1. (Fackel AN.)
Fox 38. (Æ Weiblicher Kopf v. vorn, *Rf.* Sepia.)
Numism. Chronicle XVII 13. (N Herakles, *Rf.* ☐ mit weiblichem Kopf, Gewicht und Zeit).
Fox 37. (N Pallaskopf, *Rf*, ☐ ΣΥΡΑ, auch Num. Chron. XVII 100.

    Pegasus-Münzen.

Cousinéry, Ligue Achéenne. 164.
Memoiren der archaeologischen Gesellschaft zu St. Petersburg. 1847 142.
Prokesch, Bericht über die Verhandlungen der Berliner Akademie. 1848 426 (doch gehören diese Münzen wohl nicht nach Syrakus).
Annali I 340 (zur Zeit des Timoleon geprägt).

    Demaretion.

Boeckh, Metrologische Untersuchungen 304 und 320.
Grote, Blätter für Münzkunde I No. 6, 25, 36.
Annali 1830 81.
Hultsch de Damareteo argenteo nummo, Programm des Gymnasiums zum heiligen Kreuz. Dresden 1862.
Palaeographie der Münzen: Revue 1843 1.
Arethusa auf persischen Satrapen-Münzen. Pinder und Friedlaender, Beiträge I 234.

    (Talaria?)

Serra di Falco antichità della Sicilia IV 156.
Münter Miscellanea Hafn. I 201 (Die M. mit A.)
Sestini Lettere III 134.

    Tauromenium.

Sestini Descrizione di molte med. in più musei 18.
Sestini Fontana II 7, III 6.
Münter Miscellanea Hafn. I 206.
Lavy I 79.
Revue archéologique IX 135. (Diamilla, hier unter dem Namen Müller, publicirt die Münze, welche schon Hunter Tafel 57 II abgebildet ist.)

    Tricola.

Sestini Lettere di continuazione IV p. 8.

    Tyndaris.

Akerman Num. Chronicle IV 130.
Museo Borbonico IX Tafel XLV 12.
Luynes Choix VII 20.
Sestini Descrizione di molte med. in più musei 19.

Sestini Fontana II 7. III 6.
Sestini Lettere di continuazione VI 15.
Welzl 1150 (Frauenkopf *Rf.* Traube usw.)
Bulletino 1853 169 (Æ Pferdekopf, Æ Traube.)
Augustus; Borghesi in Diamilla Memorie p. 91 (L. Mussidius Proc.)
Numismatic Chronicle XVII 218.

Tyndaris und Agathyrnus.
Millingen, ancient coins 28; dazu:
Annali 1830 308.
Sestini Lettere di continuazione IV 9.

Incerti.
Æ halber Stier *Rf.* Krieger. Fiorelli Osservazioni 71 (Titelkupfer) cf. Himera Hunter 30 XXII.
Ʀ. Pegasus und punische Lettern. Millingen, ancient coins 36 vergl. Luynes, Numismatique d. Satrapies.
Æ ΙΕΡΑ... Kopf r., *Rf.* Stierkopf mit menschlichem Antlitz. Bullettino Napolitano nuova serie II 124, Tfl. IX 19.
Augustus, Æ Sisenn. Pr. Cos. usw. Riccio 2. Ausg. Cornelia Nr. 47 nach Borghesi Dec. 17 oss. 7. Diese Münzen gehören nach Sicilien.

KÖNIGE.

Agathocles.
Luynes, Choix XIII 2.

Hicetas.
Luynes, Choix XIII 1.
Lavy I 80.

Hiero II.
Revue belge II 63.
Luynes, Choix XIII 7—9 (ist Sikelioten-Münze).
Bullettino 1833 8.
Lavy I 80, 81.
Avellino Opuscoli I 194.
Annali 1830 81 dazu Monum. I Tfl. 19 Nr. 4 (gr. Ʀ. Medaillon. [32-Litrenstück]).
Thomas 630 (Ʀ. Medaillon. [Wie das vorige.])

Gelo II.
Avellino Opuscoli I 194.
Luynes, Choix XIII 12.
Münter, Miscellanea Hafn. I 204.
Lavy I 80.

Hieronymus.
Luynes, Choix XIII 10 (Ʀ. mit Blitz und ΑΦ). XVII 1 (grosse Ʀ. mit Blitz und ΦΙ).

Münter, Miscellanea Hafn. I 205.
Welzl 1170, 1172.
Thomas 735 (Æ Medaillon).
Philistis.
Luynes, Choix XIII 11.
Dumersan, Allier de Hauteroche II 1.
Phintias.
Sestini, Descrizione di molte medaglie in più musei 20.
(Theron.)
Es sind Münzen von Terina; Avellino Opuscoli I 156. II 133. III 312.

INSELN BEI SICILIEN.

Cossura.
Köhne, Zeitschrift I 161.
Bullettino dell' Instituto 1838 159.
Saulcy, Mémoires de l'académie des inscriptions XV 2 177.
Movers Phoenizier II 2 360. .
Lavy I 82.
Gaulos.
Movers Phoen. II 2 350.
Lipara.
Zeitschrift für Münzkunde II 11 berichtigt Bullettino 1852 176.
Sestini, Descrizione di molte medaglie in più musei 20.
Katalog Allier II 2.
Movers Phoenizier II 2 347.
Welzl 1193. (Æ AI, Vulkankopf; *Rf.* Januskopf.)
Annali 1857 110. Vervollständigt (mit einigen Buchstaben): Bullettino Napolitano 1862 111.
Lopadusa?
Fiorelli, Osservazioni 68. Dazu:
Avellino, Bullettino II 101 und 125.
Melita.
Miège hist. de Malte. Paris und Leipzig 1841, 8°. (Phoenicische und griechische Münzen.)
Movers Phoen. II 2 347.
Recherches historiques sur l'ile de Malte. Paris an. VII, (darin antike Münzen).
Académie des inscriptions IX 1736 157.
Danske Vidensk. Selsk. Skrifter 1800 I 2 167.
Sardinia.
Movers Phoen. II 2 556, 562.

CHERSONESUS TAURICA.

Chersonesus Taurica
und die Küstenländer am Schwarzen Meer.

de Waxel, Recueil de quelques antiquités trouvées sur les bords de la mer noire. Berlin 1803.

Pallas, Bemerkungen auf einer Reise in die südlichen Statthalterschaften von Russland. Leipzig 1801 Band II Tfl. 5.

Memoiren der archäologischen Gesellschaft zu St. Petersburg 1849 182: Colonien am Pontus Euxinus. 1851 361 und 1852 103 u. 176: die Gestade des Pontus Euxinus.

Köhler, Mémoire sur quatre médailles du B. Cimmérien. Petersburg 1808 (Gesammelte Schriften, herausgegeben von Stephani, VI 89.)

R. Rochette, Antiquités du B. Cimmérien. Paris 1822 und 2 Suppléments.

Köhler, Remarques sur l'ouvrage de R. Rochette: Antiquités u. s. w. Petersburg 1823.

v. Köppen, Alterthümer am Nordgestade des Pontus. Wien 1823.

Köhler, über eine Schrift (v. Köppen,) Alterthümer u. s. w. Petersburg 1823.

Köhler, Tarichos. Petersburg 1823.

Köhler, Recherches sur l'histoire des pêcheries de la Russie méridionale. Petersburg 1832.

[v. Koehne, Description du musée de feu le Prince Basile Kotschoubey, Pétersbourg 1856.]

Cercine, Carcinis.

Annali 1844 232.

Memoiren der Petersburger archäologischen Gesellschaft 1850 317.

Bullettino Napolitano, nuova serie III 25.

Chersonesus.

Memoiren der archäologischen Gesellschaft zu St. Petersburg. 1848 161 und 301. Ebenda 1849 1.

Annali 1840 215.

Akerman Num. Chronicle II 161. XIV 113 ist Ak., siehe XV 218.

Murzakewicz, Descriptio musei Odessani. Odessa 1841 4. Pars I.

Sestini, Hedervar. IV 1 1.

Dumersan, Allier de Hauteroche II 3—9 und IV 6.
Sestini, Chaudoir 29.
Chaudoir, Corrections 38.
Chaudoir, quelques médailles en bronze de la collection Cimérienne. s. l. 1817 8º p. 1.
Sestini, Fontana III 7.
Köhler, Gesammelte Schriften I 16. II 86.
Revue num. 1851 397 (früher Clides, eher nach Creta gehörig.)
Welzl 1199.
Bullettino Napolitano, nuova serie III 25. (*N*, Ɑ̄ Löwe, Æ).
P. Becker, Die Heracleotische Halbinsel. Leipzig 1856. (S. 88: Ɑ̄ Artemis mit Mauerkrone).
Annali 1861 366. (*N* und Ɑ̄. Die Kaisermünze von Chersonesus ist: Judaea, Nero. Cavedoni hat dies nicht erkannt, sondern im Bullettino, 1862 235 Verbesserungen der Lesung gegeben!)
Sestini, Lettere di cont. IV 10 abgebildet. Ebenda IX Tfl. III 1. Andre Exemplare haben das xEP nicht und die Münze wird jetzt einem Satrapen von Mysien zugeteilt. Hat Sestini vielleicht das xEP erfunden, weil der Knieende ähnlich in Chersonesus vorkommt?
[Musée, Kotschoubey I 119 ff.]
Vacquier, monnaie inédite de Chersonesus. Ɑ̄ 5—6 Herakleskopf, *Rf.* xEP, ..ΠΟΛΛΟΝΙΔΟ. Sitzender Apoll mit dem Pfeil. Ein Stempel mit verziertem Blitz auf der *Vf.* eingestempelt.
[v. Sallet, Zeitschrift für Numismatik I 17; Aera auf den M. (36 a. C. beginnend)].
[v. Sallet's Zeitschrift für Numismatik XI 47. Tfl. I n. 7. *N* or.]
[Alexeieff, Statère d'or inedit de Chersonèse Taurique avec le nom d'un roi Scythe..., Prag 1875 ist *N* mit Aufschr. BACIΛE(Y)OY CHC, v. Sallet, Zeitschr. f. Numismatik IV 273.]
Augustus. Annalen des Nassauischen Vereins für Alterthumskunde Band. VI Tfl. II 1. Vielleicht autonom, Apollokopf.
Commodus. Sestini, Lettere di cont. IV 10.

*Heracleum. [Ältere Zutheilung.]
Akerman, Num. Journal I 164. Die Münzen werden Heraclea auf der Insel Pharus bei Dalmatien, jetzt Lesina, zugetheilt. [Siehe dort.]

Panticapaeum.
Revue num. 1845 463.
Bröndsted, Reisen II 269.
Annali 1841 141. Mon. III 35 16.
Millingen, Monuments inédits I 22.
Sestini, Hedervar. IV 1 2.
Dumersan, Allier de Hauteroche II 11, 12.
Cadalvène 1.
Sestini, Chaudoir 29.
Chaudoir, Corrections 39.
Prokesch in: Bericht über die Verhandl. der Berliner Akad. 1848 418.
Köhler, Gesammelte Schriften II 115. Viele Münzen.

Welzl 1202.
Lavy I 84.
Heideken 640. (Æ Adler und Blitz.)
Sestini, Lettere di cont. IV 15. IX 114 Tfl. III 2 und 3.
Bullettino Napolitano, nuova serie III 27. (N Ꜫ Æ).
Bullettino dell' Instituto 1850 11 (unbedeutend).
Berliner Blätter für Münzkunde II 257. (N und einige Ꜫ.)
Revue num. 1865 11 (N).

Theodosia?

Sestini, Chaudoir 30.
Sestini, Lettere di cont. IV 19.
Memoiren der Petersburger numismatischen Gesellschaft. 1852 194. Die Æ-Münze S. 196 ist wohl boeotisch? Cf. Mionnet II 102 34 u. S. III 130.
Bullettino Napolitano, nuova serie III 29.

SARMATIA, SCYTHIA.

a) SARMATIA.

(Apollonia.)

Sestini, Chaudoir 30.
Chaudoir, Suppléments aux corrections 11.
  Diese Münzen gehören Apollonia Macedoniae?

Olbia.

Blaramberg, Choix de méd. d'Olbia. Paris 1822 8.
Chaudoir, Quelques méd. en bronze de la collection C., s. l. 1817 8.
Waxel, Recueil de quelques antiquités trouvées sur les bords de la mer noire. Berlin 1803 4.
Gerhard, archäologische Zeitung 1845 115.
Memoiren der archäologischen Gesellschaft zu Petersburg 1849 182.
Sestini, Hedervar. IV 1 4.
Sestini, Chaudoir 31.
Chaudoir, Corrections 40 und Chaudoir Suppléments aux corrections 11.
Sestini, Fontana I 18, II 8, III 7.
Lavy I 84.
Heydeken 752 (Æ ΤΕΟΠΑ? Adler). 754 (Æ Adler auf Delphin). 810 (Æ Stierkopf?).
Sestini, Lettere di cont. IV 20.
Bullettino Napolitano nuova serie III 29.
Annalen des Nassauischen Vereins für Alterthumskunde Band VI S. 14 Nr. 4 (ΕΙΡΗ ΒΑ).

Domitianus, Sestini, Chaudoir 37.
  Sestini, Lettere di cont. IV 35.
Septimius Severus, Chaudoir, Corrections 47.
Caracalla, Sestini, Chaudoir 37.
  Sestini, Lettere di cont. IV 35.
  Chaudoir, Corrections 47.
Geta, Heideken, 832 (cf. Blaramberg 191 Krieger).
Severus Alexander, Sestini, Hedervar. IV 1 5.
  Dumersan, Allier de Hauteroche II 13.
  Heideken 834 (cf. Blaramberg 197. Im Kranz).
  Sestini, Lettere di cont. IV 35.
  Fox 42 (*Rf.* Stier).

Mamaea, Sestini Chaudoir 37.
  Chaudoir, Corrections 47.
  Heideken 837 (cf. Blaramberg 200. Jupiter sitzend).
  Sestini, Lettere di cont. IV 35.

Tyra.
Revil 320 (R. Stier).
Akerman, Num. Chron. VIII 118.
Sestini, Chaudoir 39.
Chaudoir, Corrections 47.
v. Muralt, Mélanges d'antiquités etc. Zürich 1852 (Zusammenstellung aller Münzen von Tyra) auch Memoiren der archäologischen Gesellschaft in St. Petersburg III 1849 192.
Vespasianus, Sestini Chaudoir 39.
  Sestini, Lettere di cont. IV 37.
Domitianus, Chaudoir, Corrections 48.
Antoninus P., Sestini, Chaudoir 39.
  Chaudoir, Corrections 48.
  Sestini, Lettere di cont. IV 37.
M. Aurelius, Sestini, Chaudoir 40.
  Welzl 1222.
  Sestini, Lettere di cont. IV 38.
Commodus, Sestini, Chaudoir 40.
  Sestini, Lettere di cont. IV 38.
Septimius Severus, Sestini, Lettere di cont. IV 39.
Domna, Sestini, Chaudoir 40.
  Welzl 1223.
Caracalla, Sestini, Chaudoir 40.
  Dumersan, Allier de Hauteroche II 14.
  Magnoncour 186 (Bacchus mit Cantharus und Thyrsus).
  Sestini, Lettere di cont. IV 39.
Severus Alexander, Sestini, Chaudoir 41.
Mamaea, Sestini, Caudoir 41.
  Lavy I 85.

Achillea insula.
Die von Sestini edirten gegossenen Kupferstücke, Mionnet S. II 32, gehören nach Olbia, siehe Blaramberg Choix de méd. d'Olbia.

b) SCYTHIA.

Könige.
Canites, Berliner Blätter für Münzkunde II 132.
Can..., Berliner Blätter für Münzkunde II 134.
Heles, Berliner Blätter für Münzkunde II 136.

Pharzoeus, Berliner Blätter für Münzkunde II 136.
Sarias, Berliner Blätter für Münzkunde II 135.
    Eckhel, Doctr. IV 168.
    Cadalvène 35.
    Revue 1837 461.
[*Sau(macus)*, v. Sallet's Zeitschrift für Numismatik III 58 150. VIII 329.]
Scilurus K. v. *Sarmatia*, Sestini, Chaudoir 37, mit den Namen von Pythodoris und von Olbia.
    Memoiren der Petersburger archäologischen Gesellschaft 1848 171.
    Böckh, Corp. Inscr. Graec. II Nr. 2103.
    Blaramberg Olbia S. 63.
    Berliner Blätter für Münzkunde II 138.

DACIA. PANNONIA.

a) DACIA.

Archiv f. d. Kenntniss von Siebenbürgens Vorzeit und Gegenwart (Hermannstadt) 1841 S. 69 297 (fortgesetzt als: (Archiv des Vereins für Siebenbürgische Landeskunde (eb.) 1845 I Heft 2 S. 58: Ackner, antike Münzen eine Quelle der älteren Geschichte Siebenbürgens. Darüber:
Magazin für Geschichte, Literatur etc. Siebenbürgens herausg. v. A. Kurz, (Kronstadt) I 1 1844 S. 67.

Traianus, (ΔΑΚΙΑ) Mionnet S. IV 350, 351.

Kaisermünzen.

Philippus sen., Sestini, Hedervar. IV 1. 6, 7, 8. — *Otacilia*, 6, 7. — *Philippus iun.*, 6, 8. — *Traianus Decius*, 8, 8. — *Etruscilla*, 8, 9. — *Her. Etruscus*, 9. — *Hostilianus*, 9. — *Trebonianus Gallus*, 9. — *Volusianus*, 9. — *Aemilianus*, 10. — *Valerianus*, 10. — *Gallienus*, 9, 10.

b) PANNONIA.

Wiener Akademie, Sitzungsberichte Bd. I Heft III S. 31: Römische Provinz Noricum und Pannonien.
Numismatic Chron. N. S. (1863) 104 Berbis: vgl. Verbia Pamph.

Carnuntum?

Bullettino Napolitano 1835 1. Carnuntum zecca di Settimio Severo.
Annali 1838 61.

Sabaria?

Schoenvisner, libri IX antiquitatum et historiae. Pesth 1791.

Pannonia.

Über die Münze mit RAVI2 und BIATEC siehe Arneth: 12 römische Militair-Diplome.

MOESIA.

a) MOESIA SUPERIOR.

Moesia.
Domitian, (ΜΥΣΙΑ) Mionnet S. IV 350 332.

Dardania (Numi Metallorum).
Sestini, Hedervar. IV 1 11.
Antoninus P., Sestini, Hedervar. IV 1 11.

Pincum.
Hadrianus, Sestini, Hedervar. IV 1 11.

Viminacium.
Gordianus, Sestini, Hedervar. IV 1. 12, 13, 14. — *Philippus I*, 13, 14, 15, 16. — *Otacilia*, 15. — *Philippus II*, 15, 16. — *Traianus Decius*, 16, 17, 18. — *Etruscilla*, 17, 18. — *Her. Etruscus*, 18. Lavy I 86. — *Hostilianus*, S., H. IV 1. Magnoncour Nr. 198 (AN 13). — *Trebonianus Gallus*, Sestini, Hedervar. IV 1. 19, 20. — *Trebonianus Gallus* u. *Volusianus*, Numismatic Chron. VIII 39. — *Volusianus*, Sestini, Hedervar. IV 1. 19, 20. — *Aemilianus*, 20 — *Valerianus*, 20, 21. — *Mariniana*, 21. — *Gallienus*, 21.

b) MOESIA INFERIOR.

Callatia.
Millin Notice sur des méd. inéd. de Callatia, Paris 1815 (Autonome und Kaisermünzen), auch im Magasin Encyclop. 1815, II 136.
Sestini, Hedervar. IV 1 22 (überprägte.)
Allier Katalog II 15.
Memoiren der Petersb. archäol. Gesellsch. 1850 338 1852 364.
Welzl 1318 (Æ Stier.)
Sestini Lettere di continuazione IV 41, und dasselbe Ex. in:
Streber Fortsetzung der Geschichte des Münchener Münzkabinets 27.

Kaisermünzen (siehe oben.)
Hadrian, Sestini Descrizione di molte med. 21.
Faustina, Revue belge 3 Serie IV 2.
L. Verus, Sestini, Hedervar. IV 1 23.
Septimius Severus, Sestini Lettere di continuazione IV 44.

Caracalla, Sestini Lettere di continuazione IV 44.
Geta, Sestini Lettere di continuazione IV 45.
Severus Alexander, Sestini, Hedervar. IV I 23.
    Welzl 1319 (Schlange.)
Gordian, Sestini Lettere di continuazione IV 45.
Philippus sen., Sestini Lettere di continuazione IV 45.
Otacilia, Sestini Lettere di continuazione IV 46.
Philippus iun., Sestini Lettere di continuazione IV 46.

Dionysopolis.
Antoninus Pius, Becker, Tomi in Jahn's Archiv f. Philol. XIX Heft III S. 40.
Commodus, Dumersan, Allier de Hauteroche II 16.
    Sestini, Lettere di cont. IV 47.
Septimius Severus, Millin, notice, (s. Callatia) Tfl. 8. Cybele auf Löwen.
Domna, Sestini, Lettere di cont. IV 47.
Geta, Millin, notice, (s. Callatia) Tfl. 9. Artemis.
Severus Alexander, Sestini, Descrizione di molte medaglie in più musei 21.
    Sestini, Lettere di cont. IV 47.
Gordianus, Chaudoir, Corrections 48.
    Sestini, Hedervar. IV 1 23.
    Sestini, Lettere di continuazione IV 48.
Philippus iun., Millin, notice, (s. Callatia) Tfl. 10. Artemis.

Istrus.
Sestini, Descrizione di molte medaglie in più musei 21 (Æ).
Sestini, Hedervar. IV 1 24 (Æ und Ṙ).
Chaudoir, Corrections 48 (Ṙ und Æ).
Sestini, Fontana III 7 (Ṙ).
Annalen des Nassauischen Vereins für Alterthumskunde Bd. VI 1859 S. 15
    Nr. 7 und 8 (Æ mit Helioskopf, und Æ mit Kopf eines Flussgotts).
Augustus, Annali 1843 266.
Hadrianus, Sestini, Lettere di continuazione IV 48.
Septimius Severus, Welzl 1324 (Kaiser zu Pferd).
Caracalla und *Domna*, Sestini, Lettere di continuazione IV 48.
Geta, Sestini, Descrizione di molte medaglie in più musei 22.
    Welzl 1325 (dieselbe).
Severus Alexander, Sestini, Hedervar. IV 1 24.

Marcianopolis.
Streber Fortsetzung der Geschichte des Münchener Münzkabinets 28.
Borghesi Osservazioni XV 8—10 Magistratsnamen auf Kaisermünzen.
Septimius Severus, Sestini, Hedervar. IV 1 24.
    Sestini Chaudoir 42.
    Fiorelli Osservazioni 69 und dazu:
    Avellino Bullettino II 101, 105, 125.
    Akerman, Numismatic Chronicle XIV 112.
    Welzl 1326 (Apollo.)

Septimius Severus und *Domna*, Sestini, Hedervar. IV 1 25.
Caracalla und *Domna*, Köhne Zeitschrift I 259.
    Sestini Hedervar. IV 1 26.
    Millin, Monuments inédits II 90.
    Welzl 1333 (Serapis im Tempel.)
    Sestini Lettere di continuazione IV 49 (Jupiter.)
    Revue belge 3 Serie IV 2.
Caracalla, Sestini, Chaudoir 42.
    Sestini, Hedervar. IV 1, 25.
    Lavy I 87.
Curacalla und *Geta*, Sestini, Hedervar. IV 1 26.
Geta, Sestini, Hedervar. IV 1 27.
Macrinus, Sestini, Hedervar. IV 1 27.
Macrinus und *Diadumenianns*, Sestini, Hedervar. IV 1 27.
    Dumersan, Allier de Hauteroche II 17.
    Sestini, Chaudoir 42.
    Sestini, Fontana III 7.
Diadumenianus, Heideken 871 (Aesculap).
    Welzl 1337 (Adler).
    Sestini, Hedervar. IV 1 27.
    Lavy I 87 (Adler).
Elagabalus, Sestini, Chaudoir 43.
    Sestini, Hedervar. IV 1 28.
    Welzl 1338 (Mercur).
Elagabalus und *Maesa*, Streber, Denkschriften der Münchener Akademie. 1808, Hist. Cl. 418.
    Sestini, Hedervar. IV 1 29.
Severus Alexander, Sestini, Hedervar. IV 1 29.
    Sestini, Chaudoir 43.
    Revue belge 3. Serie IV 3.
Severus Alexander und *Maesa*, Chaudoir, Corrections 49.
    Sestini, Chaudoir 43.
    Sestini, Hedervar. IV 1 29.
    Welzl 1343 (Schlange).
Severus Alexander und *Mamaea*, Sestini, Hedervar. IV 1 30.
Gordianus III., Streber, Denkschriften der Münchener Akademie. 1808. Hist. Cl. 419.
    Sestini, Hedervar. IV 1 31.
    Revue belge 3. Serie IV 3.
Gordianus und *Tranquillina*, Sestini, Chaudoir 43.
Philippus sen. und *Otacilia*, Sestini, Hedervar. IV 1 31.
    Sestini, Lettere di cont. VI 18.

Nicopolis ad Istrum.

Dumersan, Allier de Hauteroche II 18.
Sestini, Lettere di continuazione IV 49.
Borghesi, Osservazioni XV 8, 9, 10. Magistratsnamen auf Kaisermünzen.

Hadrianus, Streber, Fortsetz. der Geschichte des Münchener Münzkabinets. 1815 29. Er sagt, die Lesung sei unsicher.
M. Aurelius, Welzl 1345 (Traube).
Commodus, Sestini, Hedervar. IV 1 32.
    Welzl 1346 (Bacchus). 1347 (Dreifufs).
Septimius Severus, Sestini, Hedervar. IV 1 32.
    Sestini, Chaudoir 43.
    Dumersan, Allier de Hauteroche II 19.
    Akerman, Num. Chron. XIV 112.
    Lavy I 88.
Domna, Sestini, Chaudoir 44.
    Sestini, Hedervar. IV 1 34.
    Revue num. 1843 17.
Caracalla, Sestini, Hedervar. IV 1 34.
    Sestini, Chaudoir 44.
    Lavy I 89.
    Welzl 1364 (Cista).
Caracalla und *Geta*, Sestini, Hedervar. IV 1 35.
Geta, Sestini, Descrizione di molte medaglie in più musei 22.
    Chaudoir, Corrections 49.
    Lavy I 89.
    Magnoncour Nr. 202. (Weibl. Figur mit Schwert, zu Füfsen ein Rad.)
Macrinus, Sestini, Hedervar. IV 1 35.
    Sestini, Descrizione di molte medaglie in più musei 22.
    Welzl 1367 (Adler).
    Revue belge 3. Serie IV 3.
Diudumenianus, Sestini, Hedervar. IV 1 36.
    Chaudoir, Corrections 49.
    Welzl 1371. Cf. Mionnet S. II 159 600, 166 636.
    Akerman, Num. Chron. XIV 112.
Elagabalus, Sestini, Hedervar. IV 1 37.
    Sestini, Descrizione di molte medaglie in più musei 22.
    Köhne, Zeitschrift III 11.
    Sestini, Chaudoir 44.
    Revue num. 1843 18.
    Lavy I 89.
Gordianus, Sestini, Hedervar. IV 1 39.

Tomi.

Annali dell' Instituto 1843 266.
Zeitschrift für Münzkunde III 13.
Sestini, Hedervar. IV 1 40.
Chaudoir, Corrections 49.
Annalen des Nassauischen Vereins für Alterthumskunde Bd. VI 1859 S. 15 Nr. 9 und 10. Æ Ähre u. s. f.; Æ mit ΚΑΛΛΙΚΡΑ.
Revue belge, 4. Serie I 119 (Adler).

Moesia inferior.

P. Becker, Beiträge zur Kenntniss Tomi's und der Nachbarstädte. Jahn, Archiv für Philologie XIX Heft 3 S. 1.
Mionnet I 362 52 nach Pellerin P. et V. I Tfl. 36 14 S. 263 mit ΤΟΜΙΘΗΝΩΝ; eben diese Form hat Pellerin ebenda 13, danach Mionnet I 361 44. Ein zweites Exemplar Sestini, Hedervar. IV 1 40 Nr. 2 und Caronni, Hedervar. I Nr. 2240.

Auf der ersten Münze sind die Typen für Tomi auffallend und weisen nach Lydien oder Phrygien, man möchte also ΤΟΜΗΡΗΝΩΝ lesen, wenn nicht ΤΟΜΙΤΗΝΩΝ deutlich steht.

Caligula, Becker, Beiträge S. 36 (siehe oben.)
Domitianus, Sestini, Lettere di continuazione IV. 50.
Traianus, Sestini, Hedervar. IV 1 40.
Hadrianus, Sestini, Hedervar. IV 1 40.
Revue belge 4. Serie I 120.
Antoninus Pius, Becker, Beiträge S. 37.
M. Aurelius, Sestini, Chaudoir 44.
Commodus, Sestini, Hedervar. IV 40.
Revue belge 4. Serie I 120.
Septimius Severus, Sestini, Hedervar. IV 1 40.
Revue belge 4. Serie I 120.
Caracalla, Streber, Fortsetzung der Geschichte des Münchener Münzk. 31.
Chaudoir, Corrections 50.
Revue belge 4. Serie I 121.
Caracalla und *Plautilla*, Welzl 1378.
Geta, Sestini, Hedervar. IV 1 41.
Lavy I 90.
Elagabalus, Revue belge 4. Serie I 121.
Severus Alexander, Sestini, Hedervar. IV 1 41.
Dumersan, Allier de Hauteroche II 20.
Revue belge 4. Serie I 121.
Maximinus, Sestini, Hedervar. IV 1 41.
Maximus, Sestini, Chaudoir 44.
Chaudoir, Corrections 50.
Revue belge 4. Serie I 121.
Gordianus III., Sestini, Hedervar. IV 1 42.
Welzl 1379 (Aesculap und Hygieia).
Sestini, Lettere di continuazione IV 50.
Revue belge 4. Serie I 122.
Gordianus und *Tranquillina*, Sestini, Chaudoir 45.
Revue belge 4. Serie I 122.
Philippus jun., Bullettino d. Inst. 1844 134.
Welzl 1381 (Hygieia).
[Berliner Blätter für Münzkunde V 9.]

THRACIA.

Cousinéry, Voyage en Macédoine II 166. Münzen von Theilen Thraciens, welche Philipp II mit Macedonien vereinigte.

Numismatische Zeitung 1838 S. 25 u. f. 1839 1 u. f. Thracische Münzen in der Herzoglichen Sammlung zu Gotha, von Rathgeber. — Die daselbst erwähnten oder beschriebenen Kaisermünzen sind nicht bei jedem Kaiser erwähnt, weil es fast nur auch sonst schon bekannte Stücke sind.

Paciaudi, Numi consulares M. Antonii S. 71 Nr. 1. Grofser Ӕ-Medaillon (12 Drachmen) thracisch oder macedonisch: [Ochsengespann R/. Quadrat mit Triquetra.]

Num. Chron. 2. Serie I 104 (ebenso.)

Abdera.

Cadalvène 5.

Dumersan, Allier de Hauteroche 21.

Akerman, Num. Chron. III 103, Annali 1861 134.

Millingen, Sylloge 30.

Luynes, Choix IX 1.

Streber, Denkschriften der Münchener Akademie 1808, Hist. Cl. 420.

Sestini, Hedervar. IV 1 42.

Sestini, Descrizione di molte medaglie in più musei 23.

Sestini, Fontana II 8, III 8.

Welzl 1382 1386 (Ӕ) u. f. 1405 (Æ).

Mionnet, I 366 21 E... ΓΩΝΥΜΟ statt ΕΠΙ ΕΚΑΤΩΝΥΜΟΥ, s. Suppl. II 207.

Gerhard, archäologische Zeitung 1852 457.

Bullettino 1850 11 (unbedeutend).

Numismatische Zeitung 1838 26.

Thomas 749 Ӕ.

Fox 43 (Ӕ ΠΟΛΥΑΡΗΤΟΣ).

Revue num. 1860 266.

Numismatic Chronicle 2. Serie I 106 (Ӕ Greif mit Pallaskopf u. s. w.).

[v. Sallet, Zeitschrift für Numismatik V 2, VII 222 (Ӕ ΠΟΛΥΚΡΤΗΣ).]

Die Münze von Abdera und Amphipolis Macedoniae bei Welzl 1964 ist gewiss von Abdera allein, der Name ΑΝΑΞΙΠΟΛΙΟΣ ΑΜΦΙΠΟΛΕΟΣ gelesen.

Nero und *Britannicus*, Sestini, Hedervar. IV 1 43.
Vespasianus und *Titus*, Sestini, Hedervar. IV 1 43.
Traianus, Akerman, Num. Chron. III 104.
Sestini, Descrizione di molte medaglie in più musei 23.
Lavy I 90 (mit s. Vater?)
Antoninus Pius, Sestini, Descrizione di molte medaglie in più musei 23.

Aeneia, siehe Macedonia S. 138.

Aenus.

Akerman, Numismatic Chronicle III 106.
Streber, Fortsetzung der Geschichte des Münchener Münzkabinets 32.
Gerhard, Archäologische Zeitung 1848 273 und Beilage 84 (ist Axus Cretae), auch 1850 197, aber irrig.
Sestini, Hedervar. IV 1 43.
Dumersan, Allier de Hauteroche III 1—4.
Sestini, Chaudoir 45.
Chaudoir, Corrections 50.
Sestini, Fontana III 8.
Welzl 1408 u. f. (R und Æ).
Eckhel, Doctr. num. II 23. AINIOI nach Pembroke, der Auctionskatalog Pembroke S. 113 Nr. 503 hat dafür AINION.
Numismatische Zeitung 1838 29.
Fox 44 (grofser R mit ☐ und Caduceus). [A. v. Sallet, Zeitschrift für Numismatik V 178.]
Fox 45 kl. R mit Stier [Typus von Kalchedon, Aufschrift AIN].
Archäologische Zeitung 1853 125 (der Thron, auf dem die Herme steht): [v. Sallet, Zeitschrift für Numismatik V 179.]

Anchialus.

Millingen, Sylloge 34.
Antoninus Pius, Sestini, Hedervar. IV 1 44.
M. Aurelius, Sestini, Lettere di continuazione IV 51.
Faustina jun., Sestini, Hedervar. IV 1 44.
Commodus, Sestini, Fontana III 8.
Welzl 1420 (Triptolemus).
Sestini, Lettere di continuazione IV 51.
Septimius Severus, Sestini, Hedervar. IV 1 44.
Cadalvène 8.
Numismatische Zeitung 1838 31.
Domna, Dumersan, Allier de Hauteroche III 5.
Sestini, Lettere di continuazione IV 52.
Caracalla, Sestini, Hedervar. IV 1 45.
Akerman, Numismatic Chronicle III 107.
Geta, Sestini, Hedervar. IV 1 45.
Sestini, Chaudoir 45.
Elagabalus, Greppo 339 (Diana).

Maximinus, Akerman, Numismatic Chronicle III 107.
  Sestini, Chaudoir 45.
  Sestini, Hedervar IV 1 45.
Gordianus, Sestini, Hedervar. IV 1 45.
  Sestini, Lettere di continuazione IV 52.
Gordianus und *Tranquillina*, Sestini, Hedervar. IV 1 46.
Tranquillina, Welzl, 1424 (Delphin).

Apollonia.

Streber, Fortsetzung der Geschichte des Münchener Münzkabinets 33, vergleiche aber Mionnet S. V 288, 58.
Gallienus, Streber, Fortsetzung der Geschichte des Münchener Münzkabinets 35, gehört nach Apollonia Pisidiae.

Argilus siehe Macedonia.

Bisanthe.

Sestini, Hedervar. IV 1 46.

Bizya.

Eckhel, Doctr. num. II 25, danach Mionnet I 374 71 BIZHNΩN, es müsste BIZYHNΩN heifsen. Gewifs ist EPIZHNΩN zu lesen.
Sestini, Hedervar. IV 1 47.
Mionnet VI 650 262, cf. VII 114.
Hadrianus, Numismatische Zeitung 1838 33.
M. Aurelius, Sestini, Hedervar. IV 1 47.
Septimius Severus, Zu Mionnet S. II 234 171: Olearius, epistola ad Joh. Henr. a Timaes. Jena 1696. Das Exemplar, früher der Schwarzburg'schen Sammlung gehörig, muss jetzt in Gotha sein.
Caracalla, Cadalvène 9.
  Sestini, Descrizione di molte medaglie in più musei 24.
Philippus sen., Sestini, Hedervar. IV 1 47.
  Sestini, Descrizione di molte medaglie in più musei 24.
  Schlichtegroll, Annalen I 67.
  Greppo 341.
Philippus iun., Streber, Numismata nonnulla graeca p. 100.

Byzantium.

Gerhard, archäologische Zeitung 1843 146.
Köhne, Zeitschrift 1 260.
Annali 1834 307 Tav. *G*. — Die Silbermünzen mit dem sitzenden Poseidon sind schon im Museum Hunter unter Byzanz aufgeführt, sie haben ΨΠΥ. Auch Sestini, Lettere VI 18 und 86 (1804) und Mionnet S. II 239 Anm. *a* (1822) ist zu vergleichen. Ebenso sind alle diese Münzen bei Payne-Knight (1830) unter Byzanz zu finden.
Sestini, Hedervar. IV 1 48.
Dumersan, Allier de Hauteroche XI 12 13.
v. Prokesch in Abhandlungen der Münchener Akademie 1845 71.
Eckhel, Addenda 20.

Lavy I 91.
Bullettino dell' Instituto 1850 11 (unbedeutend).
Numismatische Zeitung 1838 35 und 1839 65.
Thorwaldsen Nr. 1573 (Æ Byzantium und Chalcedon).
Drusilla, Sestini, Descrizione di molte medaglie in più musei 25.
Sabina, Dumersan, Allier de Hauteroche III 6.
M. Aurelius, Sestini, Hedervar. IV 1 49.
Commodus, Sestini, Hedervar. IV 1 49.
Crispina, Welzl 1432 (Jupiter).
Domna, Sestini, Hedervar. IV 1 49.
Caracalla, Sestini, Descrizione di molte medaglie in più musei 25.
Sestini, Hedervar. IV 1 49.
Geta, Sestini, Descrizione di molte medaglie in più musei 26
Sestini, Hedervar. IV 1 50.
Macrinus, Sestini, Hedervar. IV 1 50.
Diadumenianus, Dumersan, Allier de Hauteroche III 7.
Sestini, Hedervar. IV 1 50.
Severus Alexander, Köhne, Zeitschrift III 14.
Sestini, Hedervar. IV 1 51.
Mamaea, Sestini, Hedervar. IV 1 51.
Maximinus und *Maximus*, Sestini, Hedervar. IV 1 51.
Gordianus, Dumersan, Allier de Hauteroche 22.
Trebonianus Gallus, Greppo 348 (Byzantium und Nicaea).
Volusianus, Sestini, Descrizione di molte medaglie in più musei 26.
Gallienus, Sestini, Descrizione di molte medaglie in più musei 26.
Sestini, Hedervar. IV 1 51.
Salonina, Sestini, Hedervar. IV 1 51.
Macrianus, Dumersan, Allier de Hauteroche III 8.
Akerman, Num. Chronicle VI 118 (Nicaea und Byzanz).

Cossea siehe Macedonia, Brutus S. 137.

Cypsela.

Akerman, Numismatic Chronicle III 107.
Sestini, Descrizione di molte medaglie in più musei 27.
Sestini, Hedervar. IV 1 52.
Cadalvène 10.
Sestini, Fontana II 9, III 8.
Eckhel, Addenda 21.
Welzl 1438 (Æ).

Deultum.

Sestini, Descrizione di molte medaglie in più musei 27.
Numismatische Zeitung 1838 41.
Traianus, Dumersan, Allier de Hauteroche III 9.
Caracalla, Lavy, I 92.

Macrinus, Sestini, Chaudoir 46.
   Sestini, Hedervar. IV 1 52.
   Sestini, Fontana III 9.
Diadumenianus, Sestini, Hedervar. IV 1 52.
Severus Alexander, Sestini, Hedervar. IV 1 53.
   Welzl 1440 (Pflüger).
Mamaea, Sestini, Hedervar. IV 1 53.
   Lavy I 93.
   Greppo 352.
Maximinus, Sestini, Hedervar. IV 1 53.
   Akerman, Numismatic Chronicle III 108.
   Revue belge 3. Serie IV 4.
Maximus, Sestini, Hedervar. IV 1 53.
Gordianus, Sestini, Chaudoir 46.
   Sestini, Hedervar. IV 1 53.
   Lavy I 93.
   Sestini, Lettere di continuazione IV 52.
   Greppo 354.
Tranquillina, Sestini, Chaudoir 46.
   Dumersan, Allier de Hauteroche III 10.
   Sestini, Hedervar. IV 1 54.
Philippus jun., Sestini, Hedervar. IV 1 54.
   Sestini, Chaudoir 46.

Dicaea, Dicaeopolis.

Akerman, Numismatic Chronicle III 109.
Streber, Fortsetzung der Geschichte des Münchener Münzkabinets 35.
Sestini, Descrizione di molte medaglie in più musei 27.
Sestini, Hedervar. IV 1 52.
Cadalvène 11.
Eckhel, Addenda 21.
Sestini, Lettere VI 19 Tfl. I 7 irrig. Es ist Cnidus, Mionnet S. VI 483 236. Das Knobelsdorf'sche Exemplar selbst liegt mir vor.
Numismatische Zeitung 1838 42.

Edones.

Getas, König der Edoner. Millingen, Sylloge 35.

Goneis?

Streber, Numismata nonnulla graeca 101.

Hadrianopolis, (Orestias).

[Orestias, ältere Zutheilung. Siehe unten Orrhescii S. 144.]

Hadrianopolis.

Millingen, Sylloge additional observations, zu p. 78 weist die Münze bei Hunter Tfl. 2 Nr. 18 nach Hadrianopolis Pisidiae.
Sestini, Descrizione di molte medaglie in più musei 28.

Antoninus Pius, Sestini, Hedervar. IV 1 54.
    Welzl 1445 (Apollo).
Faustina jun., Sestini, Hedervar. IV 1 54.
Commodus, Sestini, Hedervar. IV 1 54.
    Sestini, Descrizione di molte medaglie in più musei 29.
    Lavy I 94.
Septimius Severus, Sestini, Descrizione di molte medaglie in più musei 30.
    Akerman, Numismatic Chronicle XIV 112.
    Greppo 356.
Caracalla, Sestini, Descrizione di molte medaglie in più musei 30.
    Sestini, Hedervar. IV 1 54.
    Welzl 1450 (Bacchus).
Gordianus, Sestini, Hedervar. IV 1 55.
    Lavy I 95.
    Magnoncour Nr. 207. (Apollo schreitend im Begriff, einen Pfeil abzuschiefsen.)
            Hadrianopolis und Plotinopolis.
Caracalla, siehe Plotinopolis.
            Heraclea Thraciae.
v. Prokesch in Bericht über die Verhandlungen der Berliner Akademie 1848 418. Æ 2 Löwenkopf, *Rf.* Gerstenkorn.
Ob Mionnet S. V 55 279 (H. Bithyniae) hierher gehört?
            Maronea.
Akerman, Numismatic Chronicle III 109.
Luynes, Choix IX 2.
Sestini, Hedervar. IV 1 57.
Dumersan, Allier de Hauteroche III 11.
Cadalvène 13.
Chaudoir, Corrections 51.
v. Prokesch, Bericht über die Verhandlungen der Berl. Akad. 1848 419.
Lavy I 95.
Welzl 1458 u. f. (Ꞛ und Æ).
Dumersan, Médailles inédites 73 giebt die Münzen mit ΕΠΙ ΜΑΡΩΝΟΣ nach Erythrae Joniae, wohl mit Unrecht.
Sestini, Lettere di continuazione IV 54 und VII 6.
Numismatische Zeitung 1838 57.
Fox 50. (Ꞛ halbes Pferd, *Rf.* Dreifufs.)
Fox 48. (Ꞛ 2 halbes Pferd, *Rf.* ☐.)
Fox 48. (Ꞛ 5 Pferd, *Rf.* ☐.)
Fox 49. (Ꞛ 6 Pferd, *Rf.* ΔΕΟΝΥΣ Traube.)
Fox 50. (Æ bärtiger Kopf, *Rf.* Pferd.)
[Sestini, Hedervar. IV 2 161: ΤΑΝΙΤΩΝ irrig gelesen und Tanos Cretae zugetheilt, ist: Hermesk. r. *Rf.* Traube $^{[ΜΑΡΩ]}_{ΝΙΤΩΝ}$ Æ 3. Kgl. Münzk.]
Severus Alexander, Sestini, Lettere di continuazione IV 53.
Trebonianus Gallus, Sestini, Hedervar. IV 1 58.
Volusianus, Sestini, Lettere di continuazione IV 54.

Mesembria.

Sestini, Lettere di continuazione VI 19.
Dumersan, Allier de Hauteroche III 12.
Sestini, Hedervar. IV 1 58.
Welzl 1496 (Æ Helm, *Rf.* Trophäe).
Streber, Fortsetzung der Geschichte des Münchener Münzkabinets 38.
Bullettino 1850 12.
Numismatische Zeitung 1838 58.
Alexander Magnus, Bullettino 1839 186.
Caracalla, Sestini, Hedervar. IV 1 59.
Gordianus, Sestini, Hedervar. IV 2 59.
  Sestini, Descrizione di molte medaglie in più musei 31.
Gordianus und *Tranquillina*, Sestini, Descrizione di molte medaglie in più musei 31.
Philippus jun., Numismatische Zeitung 1838 59.
Sestini, Hedervar. IV 1 59.

Nea Thraciae siehe Neontichus Aeolidis, Neandria Troadis.

Nicopolis ad Mestum.

Commodus, Sestini, Descrizione di molte medaglie in più musei 32.
Crispina, Sestini, Descrizione di molte medaglie in più musei 32.
Domna, Sestini, Hedervar. IV 1 59.
Caracalla, Sestini, Descrizione di molte medaglie in più musei 32.
Geta, Sestini, Descrizione di molte medaglie in più musei 32.
  Welzl 1499 (Pluto).

Odessus.

Sestini, Hedervar. IV 1 60.
Dumersan, Allier de Hauteroche III 13.
Memoiren der Petersburger archäologischen Gesellschaft 1852 365.
Pembroke, Auctions-Katalog 509 (zu Mionnet I 395 221).
Numismatische Zeitung 1838 65.
Alexander Magnus, Annali 1838 291. Mon. II 56 12.
Hadrianus, Sestini, Hedervar. IV 1 60.
Commodus, Sestini, Descrizione di molte medaglie in più musei 34.
Septimius Severus, Sestini, Hedervar. IV 1 60.
  Sestini, Descrizione di molte medaglie in più musei 34.
Caracalla, Sestini, Hedervar. IV 1 60.
Elagabalus, Sestini, Hedervar. IV 1 61.
  Sestini, Descrizione di molte medaglie in più musei 35.
Gordianus, Sestini, Hedervar. IV 1 61.
  Sestini, Descrizione di molte medaglie in più musei 35.
  Dumersan, Allier de Hauteroche III 14.
Gordianus und *Tranquillina*, Sestini, Descrizione di molte medaglie in più musei 36.
  Welzl 1504 (Pallas).

Thracia. 123

Odrysae.
Eckhel, Addenda 21.
Mionnet S. II 363 957 ist Potidaea.

Könige der Odrysen (siehe auch Thracische Könige S. 132).
R. Rochette, lettre à M. Grotefend sur quelques médailles des rois des Odryses. Paris 1836. Abdruck aus den Nouvelles Annales de l'institut de correspondance archéologique à Rome I 102. Besprochen: Revue num. 1844 146 und Grote, Blätter für Münzkunde III 18.
Sparadocus, Akerman, Numismatic Chronicle VI 126.
Streber, zweite Fortsetzung der Geschichte des Münch. Münzkab. S. 53.
Nouvelles Annales I 102.
Revue num. 1844 146.
Sestini, Fontana III 30 (Aspledon).
[Bulletin de correspondance hellénique III 409.]
Seuthes I., Numismatic Chronicle XX 151. (R. ΣΕΥΘΑ ΚΟΜΜΑ)
Amadocus I und *II*, Sestini, Mus. Hederv. IV 1 85.
Revue num. 1844 147.
[*Metocus*, v. Sallet, Zeitschrift für Numismatik V 95.]
Teres II, Sestini, Descrizione di molte medaglie in più musei 40.
Sestini, Fontana II 10, III 11.
Seuthes IV, Streber, Fortsetzung der Geschichte des Münch. Münzkab. 50.
Sestini, Hedervar IV 1 86.
Numismatische Chronik III 111.
Luynes, Num. des Satrapies S. 45.
Numismatische Zeitung 1839 58.

Oesyme, Aesyme.
Heuzey und Daumet, Mission en Macédoine usw. S. 22 Tfl. VI. Æ Pallaskopf, *Rf.* .. ΣΥΜΑΩΝ. Knieender Heracles wie auf den alten R. von Thasus.

Orestias siehe Hadrianopolis. Vergl. auch Orrhescii Maced.

(Passa, Passia.)
Mionnet S. II 365 967 (1822); dasselbe Cousinéry'sche Exempl. schon 1815 bei Streber, Fortsetzung der Geschichte des Münchener Münzkabinets S. 39 Tafel II 13. Er vermuthet, dafs statt ΠΑΣΙ: (ΕΡ)ΕΣΙ zu lesen sei und eine Münze von Eresus in der Kgl. Sammlung, welche ganz mit dieser übereinstimmt, bestätigt dies aufs gewisseste.

Pautalia.
Mionnet I 397 232 (die einzige autonome) ist von Cnidus, siehe Suppl. II 366 Überschrift.
Numismatische Zeitung 1838 72. Kaisermünzen.
Antoninus Pius, Sestini, Hedervar. IV 1 61.
M. Aurelius, Sestini, Hedervar. IV 1 61.
Dumersan, Allier de Hauteroche III 15.
L. Verus, Sestini, Hedervar. IV 1 61.

Faustina jun., Sestini, Hedervar. IV 1 62.
Commodus, Sestini, Hedervar IV 1 62.
    Sestini, Chaudoir 47.
    Köhne, Zeitschrift III 16.
    Welzl 1512 (Fortuna).
    Revue belge 3. Serie IV 4 (Mercur).
Albinus, Cadalvène 17.
Septimius Severus, Sestini, Chaudoir 47.
    Sestini, Hedervar. IV 1 62.
    Mittheilungen der Berliner Numismatischen Gesellschaft I 17.
    Welzl, 1513 1514.
    Greppo 367.
Domna, Sestini, Chaudoir 47.
    Sestini, Hedervar. IV 1 63.
Caracalla, Sestini, Hedervar. IV 1 63.
    Chaudoir, Corrections 51.
    Sestini, Chaudoir 47.
    Welzl 1517 1519.
    Revue belge 3. Serie IV 4 (Hygieia).
Geta, Sestini, Chaudoir 47.
    Sestini, Hedervar. IV 1 64.
    Welzl 1520.
    Greppo 369.
Elagabalus? Sestini, Hedervar. IV 1 65.
Gallienus, Greppo 371.

Perinthus.

Sestini, Hedervar. IV 1 65.
Archäologische Zeitung 1849 89.
Catalogue Allier Tfl. III 16.
Lavy I 97.
Numismatische Zeitung 1838 75.
Thomas, Katalog 841 (Æ Apollo).
Fox 52 (Æ Köpfe des Serapis und der Isis, *Rf.* Anubis).
Nero, Annalen des Nassauischen Vereins f. Alterthumskunde Bd. 6 Tfl. II 6.
Octavia, Sanclemente II 117.
Poppaea, Annali 1842 135 Tafel O 17. Mionnet hat sie irriger Weise bei Pessinus.
Domitianus, Cadalvène 19.
Traianus, Sestini, Hedervar IV 1 66.
    Numismatische Chronik XIV 112.
    Sestini, Lettere di continuazione IV 54.
Faustina sen., Sestini. Lettere di continuazione VI 22.
M. Aurelius, Sestini, Descrizione di molte medaglie in più musei 36.
Commodus, Sestini, Hedervar. IV 1 66.
Septimius Severus, Sestini, Hedervar. IV 1 66.
    Zeitschrift für Münzkunde IV 321.

Bullettino dell' Inst. 1844 116.
Welzl 1527 (Aesculap).
Caracalla, Sestini, Hedervar. IV 1, 66.
Archäologische Zeitung 1843 146.
Sabatier 22 (Quadriga).
Geta, Sestini, Descrizione di molte medaglie in più musei 36.
Sestini, Hedervar. IV 1, 68.
Katalog Allier III 17.
Chaudoir, Corrections 51.
Sestini, Lettere di continuazione V 2.
Elagabalus, Abhandlungen der Berliner Akademie 1845 71.
Sestini, Lettere di continuazione III 26.
Severus Alexander, Jakobs, Schlafende Ariadne auf einer Münze von Perinthus, Denkschriften der Münchener Akademie, Hist. Kl. 1814. [Jakobs, Vermischte Schriften V 405.]
Sestini, Hedervar IV 1 68.
Zeitschrift für Münzkunde IV 324.
Bullettino d. Inst. 1844 119.
Sestini, Fontana III 9.
Mamaea, Revue belge 2. Serie IV 5.
Gordianus III, Sestini, Hedervar. IV 1 69.
Tranquillina, Sestini, Hedervar. IV 1 69.
Welzl 1536 (Aequitas).
Philippus (jun.?), Numismatic Chronicle XIV 113.
Gallienus, Lavy I 97.
Sabatier 25 (Herakles).
Moustier 3227 (Herakles und Stier).

Philea.

Cadalvène 20.
Vergl. Sestini, Lettere di continuazione VII 15 und Mionnet S. III 100.

Philippopolis.

Sestini, Lettere di continuazione VII 6.
Bullettino d. Inst. 1850 12.
Numismatische Zeitung 1838 89. Kaisermünzen.
Domitianus, Sestini, Hedervar. IV 1 70.
Traianus, Sestini, Hedervar. IV 1 70.
Sestini, Fontana I 19, III 9.
Aelius, Sestini, Hedervar. IV 1 70.
Antoninus Pius, Revue num. 1843 18.
Sestini, Hedervar. IV 1 70.
Streber, Fortsetzung der Geschichte des Münchener Münzkabinets 40.
Sestini, Fontana II 9, III 9.
M. Aurelius, Köhne, Zeitschrift III 17.
Sestini, Hedervar. IV 1 71.

Welzl 1541 (Krieger).
Sestini, Lettere di continuazione VII 7.
Faustina jun., Sestini, Hedervar. IV 1 71.
Verus, Sestini, Hedervar. IV 1 71.
Lavy I 98.
Commodus, Pinder, Numi inediti 15.
Chaudoir, Corrections 51.
Sestini, Hedervar. IV 1 71.
Sestini, Fontana I 19, III 9.
Welzl 1545.
Fox 53 (Æ Schiff).
Crispina, Sabatier 28 (Reiter).
Septimius Severus, Cadalvène 24.
Sestini, Hedervar. IV 1 72.
Chaudoir, Corrections 51.
Köhne, Zeitschrift III 17.
Mittheilungen der Berliner Numismatischen Gesellschaft II 82.
Sabatier 29 (Adler).
Greppo 381.
Domna, Sestini, Hedervar. IV 1 73.
Caracalla, Bullettino d. Inst. 1844 118.
Köhne, Zeitschrift III 17, IV 325.
Sestini. Hedervar. IV 1 73.
Chaudoir, Corrections 52.
Akerman, Num. Chron. XIV 113.
Magnoncour 212. (Medaillon, Pallas stehend).
Geta, Sestini, Hedervar. IV 1 73.
Elagabalus, Sestini, Hedervar. IV 1 74.
Chaudoir, Corrections 52.
Lavy I 98.
Maesa, Chaudoir, Corrections 52.

Plotinopolis.

Antoninus Pius, Akerman, Num. Chron. III 111.
Sestini, Descrizione di molte medaglie in più musei 37.
Caracalla, Sestini, Hedervar. IV 1 74.

Plotinopolis und Hadrianopolis, *Caracalla.*

Eckhel, Doctr. II 45 und III 266, auch:
Mionnet S. II 482 1648, die Lesung ΔΟΜIΙΝΟΠΟΛΙC in ΑΔΡΙΑΝΟΠΟΛΙC berichtigt von Barucchi in den Memorie dell' accademia di Turino, Bd. 29 (1825) classe d. scienze stor. mor. Seite 54.

Selybria.

Akerman, Numismatic Chronicle VI 6.
Gerhard, archäologische Zeitung 1849 89, 1850 251; vergl. Mionnet S. V 551 363 Dardanus.

Serdica.

Kaisermünzen: Numismatische Zeitung 1838 108.
Faustina jun., Sestini, Hedervar. IV 1 75.
M. Aurelius und *L. Verus*, Sabatier 30 (38) Serapiskopf.
L. Verus, Sestini, Hedervar. IV 1 75.
Septimius Severus, Sestini, Hedervar. IV 1 76.
Domna, Sestini, Hedervar. IV 1 76.
Caracalla, Sestini, Hedervar. IV 1 76.
    Dumersan, Allier de Hauteroche III 19, 20.
    Mittheilungen der Berliner Numismatischen Gesellschaft II 83.
    Sestini, Descrizione di molte medaglie in più musei 37.
    Welzl 1553 (Schlange), 1560 (Hercules schlangenwürgend).
    Heideken 885 (Fortuna).
Geta, Sestini, Descrizione di molte medaglie in più musei 67.
    Sestini, Hedervar. IV 1 77.
Gallienus, Sestini, Descrizione di molte medaglie in più musei 38.
    Greppo 384.

(Tempyra?)

Sestini, Lettere di continuazione VI 19 ist Mesembria.
Mionnet S. II 499 nach Millingen ist Massilia; siehe Saussaye, Gaule Narbonnaise pl. I. n. 17.

    Tirida siehe Trieres.

Topirus.

Kaisermünzen, Numismatische Zeitung 1838 107.
Antoninus Pius, Streber, Fortsetzung der Geschichte des Münchener Münzkabinets 41.
    Sestini, Hedervar. IV 1 78.
M. Aurelius, (nicht *L. Verus*), Berliner Blätter für Münzkunde I 138.
Caracalla, Sestini, Hedervar. IV 1 78.
    Sestini, Fontana II 9, III 10.
Geta, Dumersan, Allier de Hauteroche III 21.
Elagabalus, Greppo 385.

Traianopolis.

Kaisermünzen: Numismatische Zeitung 1838 121.
Hadrianus, Streber, Fortsetzung der Gesch. des Münch. Münzkab. 42.
    Welzl 1563 (Aesculap).
    Sestini, Lettere di continuazione VII 8.
M. Aurelius, Sestini, Hedervar. IV 1 78.
Faustina iun., Streber, Fortsetzung der Geschichte des Münchener Münzkabinets 42.
    Sestini, Hedervar. IV 1 78.
L. Verus, Sestini, Hedervar. IV 1 78.
    Welzl 1565 (Thor mit Thürmen).
Commodus, Sestini, Hedervar. IV 1 78.
    Lavy I 99.

Septimius Severus, Sestini, Descrizione di molte medaglie in più musei 38.
Lavy I 99.
Welzl 1566 (Kaiser reitend).
Domna, Numismatic Chronicle III 115.
Welzl 1569 (Schlange).
Sestini, Lettere di continuazione VII 9.
Caracalla, Sestini, Descrizione di molte medaglie in più musei 38; ebenda: Mionnet S. II 511 1807 gehöre nach Serdica.
Sestini, Hedervar. IV 1 79.
Lavy I 99.
Sestini, Lettere di continuazione VII 9.
Geta, Streber, Fortsetzung der Geschichte des Münchener Münzkabin. 42.
Sestini, Hedervar IV 1 79.
Elagabalus, Sestini, Lettere di continuazione VII 8 (eher M. Aurelius).
Gordianus, Sestini, Lettere di continuazione VII 10.
Volusianus, Sestini, Lettere di continuazione VII 7.
Gallienus, Sestini, Lettere di continuazione VII 8.
Greppo 388.

CHERSONESUS THRACIA.

Aegospotamus.
Akerman, Numismatic Chronicle IV 1.
Sestini, Hedervar. IV 1 79.
Numismatische Zeitung 1838 137.

Aeolium.
Diese Münzen wurden früher Aeolis in genere zugetheilt. Stephanus Byzantius und Plinius erwähnen Aeolium. [Auf die gleiche Stadt bezieht Kirchhoff die in den attischen Tributlisten erwähnten ΑΙΟΛΙΤΑΙ: C. J. Att. I S. 229.]
Thorwaldsen Nr. 737 (Æ klein).

* Agathopolis.
Akerman, Numismatic Chronicle IV 1. [Borrell erweist Agathopolis statt der früheren Zutheilung Agassae Macedoniae.]
Annali 1841 135. Mon. III 35 11.
Revue num. 1845 402.
Fox 46 (Æ ΑΓΑ).
[Catalogue of greek coins in the British Museum. Thrace 188.]

Alopeconesus.
Akerman, Numismatic Chronicle IV 2.
Streber, Fortsetzung der Geschichte des Münchener Münzkabinets 43.
Sestini, Hedervar. IV 1 79.
Dumersan, Allier de Hauteroche IV 1.
Chaudoir Corrections 52.
Sestini, Lettere di continuazione V 105.

Cardia.

Akerman, Numismatic Chronicle IV 3.
Revue numismatique 1849 165.
Gerhard, arch. Zeitung 1843 146. 1849 89.
Sestini, Hedervar. IV 1 80.
Dumersan, Allier d. H. IV 2 (siehe auch 3 und 4).
Cadalvène 25.
Chaudoir Corrections 52.
v. Prokesch in Abhandlungen der Berliner Akademie 1845 72.
Sestini, Font. III 11.
Revue numismatique 1850 250.
Eckhel, Addenda 21.
Lavy I 100.
Welzl 1583 (Ähre) u. f.
Numismatische Zeitung 1838 137.
Septimius Severus, Sabatier 17 (grain d'orge).

Chersonesus.

Akerman Numismatic Chronicle IV 3.
Gerhard, archäologische Zeitung 1849 89.
Sestini, Hedervar. IV 1 80.
Sestini, Descrizione di molte med. in più musei 39.
Dumersan, Allier d. H. IV 5.
Lavy I 100.
Numismatische Zeitung 1838 130.
Fox 55 (Æ Löwe, *Rf.* χερ Aehre).

Coela.

Numismatische Zeitung 1838 145: Kaisermünzen.
Traian, Sestini, Hedervar. IV 1 81.
Antoninus P., Welzl 1591 (Prora).
M. Aurelius, Sestini, Hedervar. IV 1 81. Welzl 1591 (Prora).
Commodus, Welzl 1593 (Fortuna)
Caracalla, Sestini, Hedervar. IV 1 81.
Severus Alexander, Sestini, Hedervar. IV 1 81.
   Streber, Fortsetzung der Geschichte des Münchener Münzkabinets 43.
Gordianus, Sestini, Fontana I 20, III. 20.
   Welzl 1597 (Prora).
   Greppo 391.
Trebonianus Gallus, Sestini, Hedervar. IV 1 81.
Gallienus, Cadalvène 27.
   Sestini, Hedervar. IV 1 81.

Crithote, Crithosium.

Numismatic Chronicle IV 4.
Revue numismatique 1849 168.
Sestini, Hedervar. IV 1 82 (es stand gewiss κ^{ερ}, und ist eine der Münzen, welche Cerdylium zugetheilt werden).

Cadalvène 27.
Allier IV 7, 8.
Chaudoir, Corrections 53.
Sestini, Lettere di cont. VI 24.

Elaeūs.
Mionnet VI 641 190, 191 cf. VII 113.

Lysimachia.
Gerhard, archäologische Zeitung 1843 147.
Streber, Fortsetzung der Geschichte des Münchener Münzkabinets 44.
Sestini, Hedervar. IV 1 82.
v. Prokesch, Abhandlungen der Berliner Akademie 1845 72.
Memoiren der Petersburger archäologischen Gesellschaft 1850 343.
Welzl 1607, 1608 (Aehre).
Sestini, Lettere di cont. VII 11.
Numismatische Zeitung 1838 146.
Greppo 392.

Madytus.
Akerman, Numismatic Chronicle IV 5.
Millingen, ancient coins 43.
Dumersan, Méd. inéd. 28 (Æ Hund und Stier).

Sala.
[frühere Zutheilung der älteren Münzen von Sestus.]

*Sestus.
Millingen, ancient coins 42.
Sestini, Hedervar. IV 1 75.
Sestini, Fontana III 10.
Welzl 1551, 1552.
Dumersan, Allier d. H. III. 18.
Streber, Num. nonn. gr. 105 und
Akerman, Numismatic Chronicle III 112 (Borrell) [von ihm rührt die Zutheilung Sestus (ΣΑ); statt Sala her]. IV 7.
Streber, Fortsetzung der Geschichte des Münchener Münzkabinets 47.
Sestini, Hedervar. IV 1 82.
v. Prokesch, Abhandlungen der Berliner Akademie 1845 73.
Welzl 1610.
Numismatische Zeitung 1838 153.
Revue num. 1860 267 (Sestus?)
Augustus, Sestini, Hedervar. IV 1 82.
Nero, Sestini, Hedervar. IV 1 82.
Traian, Sestini, Hedervar. IV 1 82,
Caracalla, Sestini, Hedervar. IV 1 83. Sestini Descrizione di molte med. in più musei 39.
Gallienus, Sestini, Fontana I 20, III 11.

THRACISCHE KÖNIGE.

Revue num. 1844 146.
Annali di Num. I 107 (über die letzten Könige).
Cavedoni di alcune monete degli ultimi re della Tracia, Modena 1846 (aus Th. IV der Serie III der Memorie di religione e letteratura). Broch.

NB. Die Zutheilung der Münzen an die späteren gleichnamigen Könige ist weder gleichförmig noch sicher. Sie stehen hier alphabetisch. Die Odrysen-Könige s. oben S. 123.

Aeneas.
Revue num. 1844 149 (gehört nach Aeneia).

Bergaeus.
Revue num. 1844 149.
[v. Sallet, Zeitschrift f. Num. I 164].

Cavarus.
Sestini, Fontana III 11.
Cadalvène 40.
Dumersan, Allier d. H. 29.
Revue num. 1837 462.
Sestini, Hedervar. IV 1 86.
Sestini, Fontana III 11.
Lavy I 103.
Welzl 1716.
Sestini, in der Antologia di Firenze Bd. 13. Heft XXXVII S. 113.
Carabed, notice sur une médaille inédite de Cavarus, roi de Thrace, Constantinople 1824 4°, vgl. Antologia Bd. 17 Heft LI S. 142.

Cersibaulus.
v. Prokesch-Osten, Wiener Num. Zeitschrift IV 228 (Lysimachos-Typen mit ΚΕΡΣΙΒΑΥΛΟ. ΒΑΣΙΛΕΟ.

Cetriporis.
Revue num. 1863 240 (sonst nach Cea gegeben).

Cotys II.
Sestini, Hedervar. IV 1 89.
Sestini, Descrizione di molte med. in più musei 40.
Memoiren d. Petersb. archäol. Ges. 1850 341.

Cotys III.
Sestini, Descrizione di molte med. in più musei 41.
Sestini Hedervar. IV 1 89.

Cotys III und Sadales II.
Sestini, Hedervar. IV 1 90.
Sestini, Chaudoir 48 } dasselbe Ex.
Sestini, Lettere di continuazione V 3 }
Allier S. 29 [vgl. Friedlaender, Zeitschrift für Num. 2 10].
Also 3 Ex. Ich glaube es ist statt ΟΤΥΟC ΙΡΤΥΟΙ zu lesen und die M. ist spanisch.

Cotys IV.

Fiorelli Annali I 107, 185.

Cotys V.

Sestini, Hedervar. IV 1 90.

Cotys V und Rhescuporis.

Streber, Num. nonn. gr. 109.

[Demetrius.

v. Sallet, Zeitschrift für Num. III 58].

Lysimachus.

Revue belge II 64.
Luynes, Choix XIV 5, 6, XVII 4 (Typen Alexanders d. Gr.)
Streber, Fortsetzung der Geschichte des Münchener Münzkabinets 51.
Sestini, Hedervar. IV 1 86.
Dumersan, Allier d. H. 28.
Cadalvène 31.
Chaudoir, Corrections 53.
v. Prokesch, Abhandlungen der Berliner Akademie 1845 74.
Lavy I 103.
Welzl 1674 u. f. (Varianten).
Numismatische Zeitung 1839 25, 33, 41, 49.
Müller, Münzen des Lysimachus, Kopenhagen 1858.
Numismatic Chron. XVII 100 (Æ mit sitzendem Zeus).

Mostis.

Sestini, Hedervar. IV 2 40 [Nachahmung der Typen der spätesten Lysimachus-Münzen.]
Numismatische Zeitung 1839 59.
[Gardner, Numismatic Chron. 1876 298. Ueberprägt auf Thasus (ΗΡΑΚΛΕΟΥΣ ΣΩΤΗΡΟΣ).]
v. Sallet, Zeitschrift f. Num. XII 37.

[Orsoaltius

Bulletin de corresp. hellénique V 331. (Alexander-Typen mit ΒΑΣΙΛΕΟΣ ΟΡΣΟΑΛΤΙΟΥ)].

Rhoemetalces I.

Fiorelli Annali I 108.
Sestini, Hedervar. IV 1 90.
v. Prokesch im Bericht über die Verhandlungen der Berl. Akad. 1848 419.
Numismatische Zeitung 1839 58.

Rhoemetalces I und Cotys.

Sestini, Descrizione di molte med. in più musei 41.

Rhoemetalces II.

Millingen ancient coins 44.
Sestini, Descrizione di molte med. in più musei 42.
Numismatische Zeitung 1839 59.

Rhoemetalces III.

Fiorelli Annali I 109. —

Sadales II.
Sestini, Hedervar. IV 1, 90.
[Saratocus.
v. Sallet, Zeitschrift für Numismatik 163.
Cadalvène, Recueil 29 Tafel I 14.
R. Rochette, Nouvelles Annales I 138].

Sarios siehe Scythia.

THRACISCHE INSELN.

Imbrus.
Gerhard, archäologische Zeitung 1848 273, 1850 197, 1851 384.
Annali 1833 264, 269. (Eule).
Dumersan, Allier d. H. IV 10 (Eule).
Chaudoir, Corrections 53.
v. Prokesch in Bericht über die Verhandlung d. Berl. Akad. 1848 419.
Conze, Reise auf den Inseln des thr. Meeres, Tafel XX 10—12 (stehender Apoll, Eule usw.).
Augustus. Conze, Reise Tafel XX 9 (Dioskurenhüte usw.).

Lemnus.
Akerman, Num. Chron. IV 8.
Revue num. 1860 287 (Æ).

Hephaestia Lemni.
Akerman, Num. Chron. IV 8.
Streber, Fortsetzung der Geschichte des Münchener Münzkabinets 46.
Sestini, Descrizione di molte medaglie in più musei 39.
Sestini, Hedervar. IV 1 83.
Dumersan, Allier d. H. IV 9.
Sestini, Fontana II 10, III 11.
Welzl 1618 (Widder).
Sestini, Lettere di continuazione VII 12.
Conze, Reise auf den Inseln des thr. Meeres Tfl. XX 3—7 (Widder, Leuchter, Eule).
Badeigts No. 207 (Æ Diota).

Myrina Lemni.
Akerman, Num. Chron. IV 8.
Streber, Fortsetzung der Geschichte des Münchener Münzkabinets 47.
Sestini, Hedervar. IV, 1 83.
v. Prokesch, Abhandlung der Berliner Akademie 1845 73.
Sestini, Lettere di continuazione VII 14.
Conze, Reise auf den Inseln des thr. Meeres Tfl. XX 8, 14 (Eule).

'Samothrace.
Streber, Fortsetzung der Geschichte des Münchener Münzkabinets 48.
Sestini, Hedervar. IV 1 83.
Sestini, Chaudoir 48.
v. Prokesch, Abhandlung der Berliner Akademie 1845 73.
Eckhel Add. 22.
Lavy I 101.
Welzl 1621 (Halber Widder).
Sestini, Lettere di continuazione V 106.
Numismatische Zeitung 1838 154.
Conze, Reise auf den Inseln des thr. Meeres Tafel XVIII 7 9 10 11 Tafel XX 2 (nur Abweichungen der bei Mionnet beschriebenen, z. Th. andere Magistratsnamen).
Hunter 47 12 Æ hat angeblich ΤΡΙΩΒΟΛΟ.
Hadrian, Sestini Lettere di continuazione V 107.

Thasus.

Mionnet S. II Seite I bis IV.
Avellino Bullettino III 76.
Cousinéry, Voyage II 166, 175.
Streber, Fortsetzung der Geschichte des Münchener Münzkabinets 49.
Sestini, Hedervar. IV 1 84.
Sestini, Descrizione di molte med. in più musei 40.
Cadalvène 19.
Chaudoir, Corrections 53.
Sestini, Fontana II 10, III 11.
Welzl 1623 (N Herakles)(☐ inc.) u. f. (Varianten).
Bullettino 1850 12.
Numismatische Zeitung 1839 1, 9, 17.

PAEONIA.

Paeonia.
Numismatische Zeitung 1839 89.
Streber, Fortsetzung der Geschichte des Münchener Münzkabinets 52.
Chaudoir, Supplément aux corrections 12.

Nysa Paeoniae.
Streber, Fortsetzung der Geschichte des Münchener Münzkabinets 53.

Lycceius.
Akerman, Numismatic Chronicle IV 10, dazu Annali 1861 135.
Cadalvène 49.
Mionnet VI 711 4 cf. VII 119.
[Köhler, Corp. Inscr. Att. II 66 b.]

Patraus.
Akerman, Numismatic Chronicle IV 8.
Revue num. 1844 238. Die Münze bei Mionnet S. IV 220 1 gehört hierher.
Sestini, Hedervar. IV 1 91.
Cadalvène 43.
Mionnet VI 646 229, 230 232 cf. VII 114.
Lavy I 104.
Welzl 1728 (Ælig. Halber Eber), 1730 (Æl.), 1731 (Æ).
Pinder, Num. ined. S. 22 (Æl. mit Adler; irrig von Pinder dem Pausanias von Macedonien zugetheilt)
[v. Sallet, Zeitschrift für Numismatik XI 49 Tafel I 1.]

Audoleon.
Akerman, Numismatic Chronicle IV 9.
Sestini, Hedervar. IV 1 91.
Cadalvène 46.
Welzl 1725 (Æl. 2½ nur mit AV).
Pembroke 520, Æl. Typen Alexanders des Grossen.

[Bastareus
Bulletin de correspondance hellénique V 329 vermuthlich in Paeonien herrschend.]

Eupolemus.
Sestini, Chaudoir 49.
Numismatic Chronicle III 133. Die M. bei Mionnet II 560 60 sei unrichtig attribuirt und gehöre nach Kleinasien.

MACEDONIA.

Macedonia.
Cousinéry, Voyage en Macédoine. Paris 1831 2 Bde.

Macedonia, *incerti*.
Gerhard arch. Zeitung 1849 90. Kleine Goldmünzen.
Wiener Akademie d. Wissenschaft I 1850 332 (ebenso).
Sestini, Hedervar. IV 1 120 Æ.
v. Prokesch, Abhandlung der Berliner Akademie 1845 75.
Sestini, Fontana III 15.
Welzl 2378, 2386.
Revue num., 1860 269.
Newton, travels in the Levant London 1865 Th. II S. 24. die Dodekadrachmen.
Paciaudi N. consulares M. Antonii S. 71 No. 1.
Num. Chron. 2 Serie I 104.

Macedonia, *autonome M.*
Sestini, Hedervar. IV 1 92.
Dumersan, Allier d. H. IV 12.
Lavy I 105.
Welzl 1748 f. (Æ Varianten).

Macedonia romana.
Sestini, Hedervar. IV 1 93.
Welzl 1768 (Æ ΑΕΣΙLAS, sic).
Mionnet S. III 6 37, nach Sestini Lettere num. IX 20, wird mit Unrecht verdächtigt, wie Sestini Antologia di Firenze Bd. 18, LIII 69 sagt. Er führt andere Exemplare an. Dagegen sei die Münze Sanclemente L 1. Seite 230 Tfl. 9 69 und danach Mionnet S. III 5 36 wirklich falsch.
Mionnet S. III 7 44 sei unrichtig beschrieben und stimme mit ebenda 45; Sestini in der Antologia di Firenze Bd. 18 LIII 70.
Revue num. 1852 192. Römische Münzen nach Phil. V. Niederlage.
Revue num. 1852 317. (Römische Quaestoren in Macedonien.)

Borghesi, Osservazioni XVI 1—4 (Aesillas, Sura, CAE PR, SI).
[Friedlaender, v. Sallets Zeitschrift f. Num. III 177.
T. Quinctius Flamininus, Revue num. 1852 196 *N*.
[Friedlaender, Zeitschrift f. Num. XII 2].
Brutus, Berliner Blätter für Münzkunde II 143.
[Bullettino d. Inst. 1870 193.]

Macedonia *prima*.
Sestini, Hedervar. IV 1 93.
Millingen, Syll. 49.
Cousinéry, Voyage I Tafel III.
Luynes, Choix IX 3.
Cadalvène 52.
Welzl 1785, 1786 (R.).

Macedonia *secunda*.
Akerma[n, Num. Chron. IX 28.
Cousinéry, Voyage I Tafel III.
Sestini, Hedervar. IV 1 94.
Cadalvène 53.
Sestini, Fontana II 11, III 12.

Macedonia *tertia*.
Vergl. Cadalvène 54.

Macedonia *quarta*.
Akerman, Numismatic Chronicle IX 28.
Sestini, Hedervar. IV 1 94.
Cadalvène 55.
Sestini, Lettere di continuazione V 4.

Macedonia, Kaisermünzen.
(Flamininus und Brutus s. vorn.)

Augustus, Mionnet S. III 747 sei Claudius, es gebe kleine von Augustus Sestini in der Antologia di Firenze Bd. 18 LIII 70.
Claudius, Sestini, Hedervar. IV 1 94.
Nero, Sestini, Hedervar. IV 1 94.
Vitellius, Sestini, Fontana I 21, III 12.
Vespasian, Lavy 1 106.
Domitian, Sestini, Hedervar. IV 1 94.
Antonius P., Sestini, Hedervar. IV 1 94.
M. Aurelius, Sestini, Hedervar. IV 1 95.
Septimius Severus, Sestini, Fontana III 15.
    Welzl 1807 (femme tourrelée).
Caracalla, Mionnet S. III 12 83 sei von Tralles Lyd. In Sestini Catal. Aragoni S. 84 sei dies nachgewiesen: Sestini in der Antol. di Firenze Bd. 18 Heft 1 III 71.
Macrinus, Sestini, Hedervar. IV 1 95.
Diudumenian., Sestini, Hedervar. IV 1 95.

(*Elagabalus*, Pinder Num. ined. 17 irrig, es ist Gordianus, Mionnet S. III 13 90.)
Mamaea, Mionnet S. III 13 89. Das Exemplar sei jetzt in der Brera in Mailand und ganz undeutlich: Sestini in der Antol. di Firenze Bd. 18, LIII 71.
Philippus senior, Sestini, Lettere di continuazione III 36.

Macedonia (ohne Kaisernamen.)

Sestini, Decrizione di molte med. in più musei 52.
Sestini, Hedervar. IV 1 132.
Sestini, Fontana II 14, III 15.
Welzl 2625 u. f.
Sestini Lettere di continuazione III 36 (Zeitbestimmung dieser Münzen). Sie sind unter Philippus pater geprägt. Mionnet S. III 227 432 und 433 ferner 230 458 haben Datum 998 999 u. c. 245 246 n. Chr. Dasselbe Datum auf einer Münze des Phil. senior Mionnet S. III 14, 94, und Berhoea Mionnet I 469 164.

Acanthus.

Luynes, Choix IX 9.
Pinder, Num. ined. 19.
Sestini, Hedervar. IV 1 95.
Cadalvène, Tfl. I 21 u. S. 56 ist Apollonia, s. Akerman, Numismatic Chronicle XI 57.
Dumersan, Allier d. H. IV 13, 14.
Sestini, Fontana II 11, III 12.
Welzl 1810 u. f. (Varianten).
Sestini, Lettere di continuazione IV 56 (die erste gehört Apollonia Maced.)
Mionnet, S. III 17 115, gehöre nach Cyrene, und sei das in Caronni's Buch Viaggio a Tunis als Acauthus publicirte Exemplar: Sestini in der Antol. di Firenze Band 18, LIII 71.
Caronni a Tunis Tfl. IV. 14.
Revue num. 1860 267 (Æ).

Aeane.

Akerman, Numismatic Chronicle III 133.

Aegae.

Sestini, Hedervar. IV 1 96.
Sestini, Fontana III 14.

Aenia.

Millingen, Sylloge 41 und additional observations.
Sestini, Lettere di continuazione VIII 1.
Thomas Nr. 753.
[J. Friedlaender, Sitzungsberichte der Preussischen Akademie der Wissenschaften 1878 759. v. Sallet's Zeitschrift für Numismatik VII 221.]

Agassae.

[frühere Zutheilung s. Agathopolis, Cherson. Thrac. S. 128.]

Amphaxus.

Millingen, Sylloge 50.
Sestini, Hedervar. IV 1 96.

Amphipolis.

Sestini, Chaudoir 58 (unter Aegina) vergl.
Chaudoir, Corrections 54.
Akerman Numismatic Chronicle III 134.:
Avellino Bullettino IV 48.
Dumersan, Allier d. H. IV 15.
Cadalvène 58.
Sestini, Hedervar. IV 1 96.
Sestini, Fontana II 12, III 12.
Lavy I 107.
Welzl 1835 (Ʀ) u. f. (Æ), 1893 (Cereskopf *Rf* Bock).
Sestini, Lettere di continuazione IV 56.
Fox 56 (Æ Pferd, *Rf.* Keule).
Revue numismatique 1860 268 (Ʀ).
Revue numismatique 1863 1 (Ʀ).
Revue numismatique 1864 90 und 354.
Welzl 1964 (Amphipolis und Abdera) gehört Abdera mit dem Namen ΑΝΑ-ΞΙΠΟΛΙΟΣ s. oben S. 116.
Augustus, Sestini, Hedervar. IV 1 98.
Livia, Sestini, Hedervar. IV 1 98.
Lucius Caesar, Sestini, Hedervar. IV 1 98. Sestini, Lettere di continuazione IX 1.
Caligula, Sestini, Hedervar. IV 1 98.
Claudius, Sestini, Hedervar. IV 1 98.
Antonia, Mionnet S. III 30 217 sei Livia und habe ΙΟΥΛΙΑ ΣΕΒΑΣΤ Sestini in der Antol. di Firenze Bd. 18 LIII 71.
Agrippina, Mionnet S. III 13 219 sei dasselbe Exemplar der Sabina, welches Pellerin Melanges II 70 Tfl. 27 10 richtig gebe: Sestini in der Antologia di Firenze Bd. 18 LIII 71.
Nero, Sestini, Hedervar. IV 1 99.
Titus, Mionnet S. III 31 221 sei Paestum Tiber, pssc Kopf des Tiber, *Rf.* A·VERGILIVS usw: Sestini in der Antologia di Firenze Bd. 18, LIII 72.
Domitianus, Sestini, Hedervar. IV 1 99. Welzl 1929 (Diana).
Domitia, Lavy I 109.
Antoninus P., Sestini, Hedervar. IV 1 99. Sabatier 32 (sitzende Frau).
Marcus Aurelius, Sestini, Hedervar. IV 1 99. Mionnet S. III 36 252 ist von Philadelphia Coelesyriae. Sestini in der Antologia di Firenze Bd. 18 LIII 72.
Faustina iun., Sestini, Hedervar. IV 1 99.
L. Verus, Sestini, Hedervar. IV 1 99.
Commodus, Sestini, Chaudoir 50.
Sestini, Hedervar. IV 1 99.
Mionnet S. III 39 272 ist M. Aurelius von Philadelphia Coelesyriae: Sestini in der Antologia di Firenze Bd. 18 LIII 72.
Septimius Severus, Sestini, Hedervar. IV 1 100. Lavy I 110.
Caracalla, Sestini, Hedervar. IV 1 100.
Plautilla, Greppo 469.
Geta, Sestini, Fontana III 13.

Macrinus, Sestini, Chaudoir 50.
Severus Alexander, Sestini, Hedervar. IV 1 100.
Mamaea, Sestini, Chaudoir 50.
Traianus Decius, Revue belge 3 Serie IV 5.
Valerianus, Sestini, Hedervar. IV 1 100.
Salonina, Welzl 1963.

Aphytis.
Sestini, Hedervar. IV 1 100.

Apollonia.
Akerman Numismatic Chronicle XI 57.
Chaudoir, Corrections 54.

Arethusa in Mygdonia.
Millingen, ancient coins 37. (Æ Frauenkopf r. R/. Stier l. ΑΡΕΘΟ).

Argilus.
Millingen, ancient coins 37.
Annali dell' Instituto 1866 Th. 38 S. 330 (Æ mit dem Monogramm ΑΡΓ, unter Thracien gestellt).

(Arnae.)
Millingen, Sylloge 43 ist eine Münze von Arpi Apuliae.

Berga.
Sestini, Lettere di cont. IV 57 s. oben S. 131 Bergaeus rex.

Berhoea.
Akerman Numismatic Chronicle III 134.
Chaudoir, Corrections 55. [Æ ΚΟΙΝΟΝ ΜΑΚΕΔΟΝ Β ΩΝΕΚ ΒΕΡΟΙΕΩΝ].

Bisaltica.
Cousinéry, Voyage II 180.

* Mosses, vermuthlich König der Bisalten.
Cousinéry II 180, 195.
R. Rochette, Lettre à M. Grotefend sur les rois des Odryses 1836 S. 33 (aus Nouvelles Annales de l'Institut de corr. archéol. I 102 Taf. B), und Revue numismatique 1844. 140 liest ΜΟΣΣΕΩ (wie ΤΗΡΕΩ).
Millingen, ancient coins 38 wiederholt trotz Cousinéry die alte Lesung ΟΣΣΕΩΜ.
Luynes, Choix IX 4 ebenso.

Bottiaea.
Sestini, Hedervar. IV 1 101.
Eckhel Addenda 22.
Welzl 1790 (Æ Tête de femme R/. Knieender Stier).
Revue num. 1852 325.

Cassandrea.
Apollodorus rex, Eckhel Addenda 22.
Nero, Sestini, Hedervar. IV 1 101.
Galba, Sestini, Hedervar. IV 1 101.
Marcus Aurelius, Sestini Fontana III 13.

Mionnet S. III 54 354 ist Caracalla: Sestini in Antologia di Firenze Bd. 18 LIII 73; 355 ist Caesarea Samariae: Sestini ibid.
L. Verus, Sestini, Hedervar. IV 1 101.
Mionnet S. III 55 358 und 359 seien identisch, da die von Eckhel beschriebene auch aus Wiczay's Sammlung: Sestini, Antologia di Firenze Bd. 18 LIII 73; Mionnet eb. 360 sei Commodus: Sestini, Antologia di Firenze Bd. 18 LIII 73.
Domna, Mionnet S. III 56 369 sei Maesa und gleich Mionnet S. III 57 375. Sestini, Antologia di Firenze Bd. 18 LIII 73.
Caracalla, Sestini, Hedervar. IV 1 101.
Cadalvène 60.
Macrinus, Sestini, Hedervar. IV 1 102.
Welzl 1974.
Philippus sen., Akerman, Num. Journal I 42.

Cassera.
Sestini, Lettere VII 14 Tafel I 21, und Mionnet VII Seite 12 No. 2 Tafel XXXVIII No. 2 gehört hierher nach Mionnet Poids Seite 51 Anmerkung 2.

Cerdylium.
Revue num. 1863 84 (Æ mit Diota, früher Chersonesus zugetheilt). Dazu Annali 1861 134.

Chalcidice.
Akerman Chronicle XII Proceedings of the numism. society p. 21.
Ottfr. Müller, Gött. gel. Anz. 1830 p. 1442.
Cadalvène 61 cf. 72.
Dumersan, Allier d. H. IV 16.
Mionnet S. III 60 384: ΟΛΥΜΠΙΧΟΥ [vgl. Friedlaender-Sallet, das Königliche Münzkabinet n. 429].
Fox 57 (Æ 5 mit ΕΠΙ ΕΥΔΩΡΙΔΑ).

Dium.
Millingen, Sylloge 44 (ΔΙΑΤΩΝ).
Sestini, Descrizione di molte med. in più musei 42.
Sestini, Fontana II 13, III 13.
Sestini, Descrizione 101 (zu Mionnet VI 672 411 und den verwandten).
Augustus, Sestini, Descrizione di molte med. in più musei 42.
Sestini, Fontana II 13, III 13.
Sestini, Lettere di continuazione IX 3.
Livia, Sestini, Lettere di continuazione IX 3.
Tiberius, Welzl 1983.
Sestini, Lettere di continuazione IX 2 und 3.
Mionnet, VI 672 410 und 411, siehe Sestini Descrizione S. 101.
Nero, Mionnet S. III 61 391 sei Ptolemais Galilaeae, Sestini in der Antologia di Firenze Bd. 18 LIII 74.
M. Aurelius, Welzl 1984.
Sestini, Lettere di continuazione IX 4.
Caracalla, Sestini, Lettere di continuazione IX 4.
Soaemias, Sestini, Lettere di continuazione IX 4.

Severus Alexander, Welzl 1986.
Mamaea, Cadalvène 62.
Maximus, Cadalvène 62.
   Sestini, Hedervar. IV 1 102.
Gordian, Gerhard, arch. Zeitung 1843 147.
   v. Prokesch in Abhandlungen der Berliner Akademie 1845 74.
Gallienus, Sestini, Hedervar. IV 1 102.
   Sestini, Lettere di continuazione IX 4.
Salonina, Sestini, Hedervar. IV 1 102.
   Sestini, Lettere di continuazione IX 4.

Edessa.

Augustus, Sestini, Hedervar. IV 1 102.
Tiberius und *Livia*, Sestini, Hedervar. IV 1 102.
Hadrianus, Dumersan, Allier d. H. IV 17.
Septimius Severus, Magnoncour 221.
Macrinus, Mionnet S. III 72 449. Die Anmerkung sei falsch, es sei Ed.
   Maced.: Sestini in der Antologia di Firenze Bd. 18 LIII 74.
Elagabalus, Sestini, Hedervar. IV 1 103.
Cornelia Paula, Sestini, Hedervar. IV 1 103.
Severus Alexander, Chaudoir, Corrections 55.
   Welzl 2002.
Maximus, Sestini, Hedervar. IV 1 103.
   Sestini, Fontana III 13.
Gordian, Sestini, Hedervar. IV 1 103.
Gallienus, Sestini, Fontana III 13.

Eïon ('Ηϊών).

Die Zutheilung beruht auf dem *H*, das manche dieser Münzen haben, allein andere haben statt dessen Θ, ΘΙΙ und Monogramme. Cousinéry gab diese Münzen dem Mons Pangaeus und der Insel Thasos.
Numismatic Chronicle III 138, dazu Annali 1861 135.
Cousinéry, Voyage II 169.
Lavy I 112 (mit ΘΗ).
Welzl 2019 (2 Schwäne).
Streber, Num. Gs. 117 (ob hierher gehörig?)
Fox 58 (Æ. 2 Schwäne).
[Friedlaender, Zeitschrift für Num. VI 8].

Eurydicea.

Akerman Numismatic Chronicle III 135.
Sestini, Hedervar. IV 1 104.

Heraclea Sintica (siehe auch Eïon).

[Friedlaender, Zeitschrift für Num. 6 236].

Adaeus tyrannus.

(ist eine völlig unsichere Zutheilung, die nur auf *ΗΡ Σ* beruht, welches mit *ΑΕ Σ* wechselt. Auch weiss man nichts von Adaeus, er führt hier nicht den Königstitel.)

Sestini, Hedervar. IV 1 103.
Fox 59 (Æ Eberkopf *Rf.* Lanzenspitze) ΑΔΑ mit gleichen Monogrammen.

[Ichnae
Revue num. 1874 168].

Lete, oder Mons Pangaeus.
Luynes, Choix IX 5—7.
Cousinéry, Voyage II 59, 180.
Sestini, Descrizione di molte med. in più musei 42.
Sestini, Hedervar. IV 1 104.
Dumersan, Allier d. H. IV 11, 18.
Welzl 2028, 2029 (Ȧ die Frau hält Kranz) 2045, 2060 (Ȧ Herculeskopf *Rf.* Satyr und Frau).
Revue num. 1860 268.

Mende.
Akerman, Numismatic Chronicle III 138.
Gerhard, arch. Zeitung 1849 89, 1850 199.
Dumersan, Allier d. H. IV 19.
Cadalvène 64.
Sestini, Fontana II 13, III 14.
Mionnet VI 629 116 cf. VII 110.
Welzl 2065 n. f. (Ȧ und Æ).
Bullettino d. Inst. 1850 12 (unbedeutend).
Archäologische Zeitung 1862 309 (Namen der Stadt und Zeit der Prägung).
Combe, Mus. Brit. S. 246 Tfl. XIII 25 als Naxus beschrieben ist Mende, eine ähnliche ist im K. Kabinet und hat ΜΕΝΔΑΙΩΝ.

Methone.
Numismatic Chronicle IV 137.
Annali d. Inst. 1866 Th. 38 S. 330 (Æ Löwe).

Neapolis.
Akerman, Num. Chronicle III 139.
Gerhard arch. Zeitung 1848 273. 1849 90 (*N* irrig).
Luynes, Choix IX 8.
Annali d. Inst. 1833 264, 265, 269 (die erste wohl Neapolis Apul.).
Cousinéry, Voyage II 119.
Sestini, Hedervar. IV 1 104.
Cadalvène 68.
Dumersan, Allier d. H. IV 20, 21.
v. Prokesch in Abhandlungen der Berliner Akademie 1845 74.
Welzl 2080 (Ȧ).

Olynthus.
Mionnet S. III 518 ist Colophon Joniae (Antologia di Firenze Bd. 18 Heft LIII 74).
Mionnet ebenda 519 ist Thebae Boeot.

Welzl 2082 ist auch Thebae Boeot.
Cadalvène 72 (mehrere ᴀ̶ mit ΟΛΥΝΘ).
Millingen, Sylloge 45.
Avellino Bullettino VI 64.
Fiorelli, Annali I 184.

        Orrhescii, Orestae (vergl. Orestias Thraciae).
Avellino Bullettino III 120.
Sestini, Hedervar. IV 1 105.
Cadalvène 76.
Welzl 2084, 2085.
Sestini, Class. Gener. ed. II Seite 178.
Millingen, ancient coins 39 (hat noch: Orestias Thr.)
Cousinéry, Voyage II 180 u. f.

        Orthagoria.
Sestini, Hedervar. IV 1 105.
Sestini, Descrizione di molte med. in più musei 43.

        Ossa, siehe Bisaltica, Mosses.

        Pangaeus mons.
Die sonst Lete, Heraclea Sintica und Eïon zugetheilten Münzen: Cousinéry,
    Voyage II 169, 172.

        Pella vergl. Pellene Achaiae.
Sestini, Hedervar IV 1 105.
v. Prokesch in Abhandlungen der Berliner Akademie 1845 75.
Mionnet VI 652 275 cf. VII 115.
Lavy I 113.
Welzl 2088 (ᴀ̶), 2116 u. f. (Æ).
(*Caesar*, Mionnet S. IX 245 134 nach dem vorliegenden Exemplar ist es
    Augustus, s. meinen Katalog.)
Marcus Antonius und *Octavianus*, Mionnet I 482 256.
Octavia Aug.?, Sestini, Hedervar IV 1 106. Dies ist gewiss dieselbe, welche
    Sestini und nach ihm Mionnet I 480 218 als Livia aufführt.
Adrianus, Lavy I 114. Mionnet S. III 92 574 (das N sei Ende vom IMP
    CAES TRAIAN): Sestini, Cont. zur Antologia di Firenze LIII.
Marcus Aurelius, Sestini, Hedervar. IV 1106.
L. Verus, Welzl 2140.
Commodus, Berliner Blätter für Münzkunde I 138.
Elagabalus, Welzl 2144.
Severus Alexander, Lavy I 114.
Gordianus, Sestini, Hedervar. IV 1 107. Lavy I 114.
Philippus iun., Welzl 2155.

        Phila.
Mionnet, S. III 100 vergl.:
Cadalvène 20 und
Welzl 2156.
Sestini, Lettere di continuazione VII 15.

Philippi.

Sestini, Hedervar. IV 1 107.
Akerman Chronicle IV 130.
Cousinéry, Voyage II 19, 39.
Lavy I 115.
Welzl 2158 u. f. (Æ und Æ Varianten).
Nea Pandora, Athen 1854 Nov. Seite 278 (die Goldmünzen). Auch:
Lambros, six méd. d'or de Philippi, Corfù 1855. (Übersetzung des vorigen.)
Augustus, Sestini, Hedervar. IV 1 107. Cousinéry, Voyage II 19 42.
Tiberius, Cousinéry, Voyage II 19 43.
Claudius, Cousinéry, Voyage II 43. Sestini, Hedervar. IV 1 107.
Domitianus, Sestini, Hedervar. IV 1 108.
Commodus, Memorie numism. I 23.
Gallienus, Welzl 2181, 2183.

Potidaea.

Akerman Numismatic Chronicle III 139.
Millingen, Sylloge 47 (Æ).
Thomas 856 (Æ).
Annali 1866 Th. 38 S. 331 (Æ Stier).
Mionnet S. II 363 957 (irrig bei Odrysae).

Pydna.

Cousinéry, Voyage II 44.
Sestini, Hedervar. IV 1 108.
Welzl 2184 (cf. Mionnet I 487 285).

Sane (?)

Revue num. 1864 174 [Gew. 13, 86 gr. passt nicht zu den chalcid. Städten; die von Lenormant MAN gelesene Aufschrift hat ausser ihm Niemand zu lesen vermocht: Head, Catal. of greek coins in the British Museum Macedonia p. XXXII.]

Scione.

Die Münze Mionnet S. III 106 656 gehört nach Laus Lucaniae.
Sestini, Hedervar. IV 1 108.
Sestini, Descrizione di molte med. in più musei 43.
Archäologische Zeitung 1847 145.
Eckhel, Addenda 23.
Streber, Zweite Fortsetzung der Geschichte des Münchener Münzkabinets S. 39.
Chaudoir, Suppl. aux Corrections S. 12 unter Torone.
Badeigts Nr. 233 (Æ 2 Vögel .ΚΙΩ).
[Catalogue of gr. coins in the Brit. Museum. Macedonia 102.]

[Sermyle.

J. Friedlaender, Zeitschrift für Numismatik 6 235.]

(Spartolus.)

Streber, Num. nonn. gr. S. 111, aber die Münzen gehören dem König König Sparadocus. Revue num. 1844 147.

Stobi.

Augustus, Revue belge 3. Serie IV 6.
Titus und *Domitianus*, Sestini, Hedervar. IV 1 108.
M. Aurelius, Sestini, Hedervar. IV 1 109.
Faustina iun., Sestini, Hedervar. IV 1 109.
Septimius Severus, Sestini, Hedervar. IV 1 109.
 Sestini, Fontana III 14.
 Lavy I 115.
Domna, Sestini, Hedervar. IV 1 109.
 Lavy I 116.
Caracalla, Sestini, Hedervar. IV 1 110.
Geta, Sestini, Hedervar. IV 1 111.

Terone siehe Torone.

Thermae, Thessalonice [?].
Archäologische Zeitung 1849 90. 1850 251.
Revue num. 1860 268, 269.

Thessalonice.
Avellino Bullettino III 74.
Sestini, Hedervar. IV 1 111.
Akerman Num. Journal II 109 (ist wohl Thessalia).
v. Prokesch in Abhandlungen der Berliner Akademie 1845 75.
Welzl 2210 (Æ) u. f.
Mionnet S. III 120 855 ist Sagalassus wie M. III 511 105, Sestini in der Cont. zur Antologia di Firenze LIII.
Mionnet I 491 310 ist Athen, siehe S. III 568 236, Anm.
Caesar, Sestini, Hedervar. IV 1 113.
 Sestini, Descrizione di molte medaglie 44.
M. Antonius und *Octavianus*, Mionnet I 495 346, 347; S. I 127 813, wo ΑΥΤ-ΑΥΤ steht.
 Sestini, Hedervar. IV 1 113.
 Sestini, Descrizione di molte medaglie 45.
Augustus, Welzl 2285.
Mionnet S. III 128 825 und 826 sei Tiberius und Livia: ΤΙ ΚΑΙΣΑΡ ΣΕΒΑΣΤΟΣ Kopf des Tiber. *Rf.* ΣΕΒΑΣΤΗ ΘΕΣΣΑΛΟΝΙΚΕΩΝ usw. Sestini in der Continuazione zur Antologia di Firenze LIII.
 Sestini, Hedervar. IV 1 113.
 Sestini, Descrizione di molte medaglie 45.
Mionnet I 496 353 ist Thessalia.
Augustus und *Octavia*, Mionnet S. III 129 829 sei Tiberius und Livia: ΤΙΒΕΡΙΟΣ ΣΕΒΑΣΤΟΣ Kopf des Tiberius lorbeerbekränzt, rechtshin, *Rf.* ΣΕΒΑΣΤΗ ΘΕΣΣΑΛΟΝΙΚΕΩΝ Kopf der Livia rechtshin. Sestini, Cont. zur Antologia di Firenze LIII.
Augustus und *Tiberius*, Lavy I 118.
 Welzl 2298.
 Sestini, Hedervar. IV 1 113.
 Sestini, Descrizione di molte medaglie 46.

Caius und *Augustus*, Mionnet S. III 129 831 heisst ΓΑΙΟΣ ΣΕΒΑΣΤΟΥ ΥΙΟΣ: Sestini in der Continuazione zur Antologia di Firenze LIII.
Sestini, Hedervar. IV 1 113.
Sestini, Descrizione di molte medaglie 45.
Tiberius, Lavy I 118.
Tiberius und *Drusus*, Mionnet S. III 131 848, der Kopf sei nicht Drusus sondern Augustus, lorbeerbekränzt, die M. identisch mit Mionnet I 496 355: Sestini in der Continuazione zur Antologia di Firenze LIII.
Tiberius und *Livia*, Sestini, Hedervar. IV 1 114.
Sestini, Descrizione di molte medaglie 45.
Antonia, Sestini, Hedervar. IV 1 114.
Sestini, Descrizione di molte medaglie 45.
Fox 75 (Æ Pferd ΘΕΣΣ... ΝΕΙΚΕ so.)
Caligula und *Antonia*, Katal. Allier de Haut. V 1, dasselbe Exempl.: Mionnet S. III 132 854, der Ährenkranz ist irrig als Pinienapfel dargestellt, vergl. ihre röm. Münzen.
Sestini, Descrizione di molte med. gr. 46.
(*Germanicus*, siehe Sestini, Descrizione di molte med. gr. 46.)
Claudius und *Augustus*, Sestini, Hedervar. IV 1 114.
Sestini, Descrizione di molte med. gr. 46.
Claudius und *Agrippina*, Mionnet S. III 133 861; statt ΚΑΙΣΑΡ liest Sestini in der Cont. zur Antol. di Firenze LIII ΓΕΡΜΑΝΙΚΟΣ der Kopf linkshin. *Rf.* ΘΕΣΣΑΛΟΝΙΚΗ Kopf der Agrippina verschleiert rechtshin; Monogr. aus ΝΚ eingeschlagen.
Sestini, Hedervar. IV 1 114.
Agrippina, Sestini, Hedervar. IV 1 114.
Sestini, Descrizione di molte med. gr. 46.
Nero, Sestini, Hedervar. IV 1 115.
Sestini, Descrizione di molte med. gr. 47.
Nero und *Britannicus*, Sestini, Descrizione di molte med. gr. 47. — Mionnet S. III 135 875: nach Sestini nicht ΚΑΙΣ sondern ΚΑΙΣΑΡΙ, und den Kopf linkshin. *Rf.* ΘΕ ΚΑΙΣΑΡΙ ΒΡΙΤΑΝΙΚΩ (so) Kopf des Brit. linkshin: Sestini in der Cont. zur Antol. di Firenze LIII.
Vespasian, Sestini, Hedervar. IV 1 115.
Domitia, Mionnet S. III 137 884 habe ΘΕΣΣΑΛΟΙ und gehöre also nach Thessalien: Sestini in der Cont. der Antol. di Firenze LIII.
Traianus, Sestini, Hedervar. IV 1 115.
Sestini, Descrizione di molte med. 47.
Hadrian, Welzl 2309 (Victoria.)
Commodus, Welzl 2316 (Schrift in 4 Zeilen.)
Sestini, Descrizione di molte med. 48.
Sestini, Hedervar. IV 1 115.
Septimius Severus, Sestini, Descrizione di molte med. 48.
Sestini, Hedervar. IV 1 115.
Domna, Sestini, Descrizione di molte med. 48.
Sestini, Hedervar. IV 1 116.
Caracalla, Sestini, Descrizione di molte med. 48.
Sestini, Hedervar. IV 1 116.

Geta, Sestini, Hedervar. IV 1 116.
   Sestini, Descrizione di molte med. 49.
Macrinus, Welzl 2330.
Elagabalus, Sestini, Hedervar. IV 1 116.
   Sestini, Descrizione di molte med. 49.
Cornelia Paula, Sestini, Hedervar. IV 1 116.
   Sestini, Descrizione di molte med. 49.
Aquilia Severa, Sestini, Hedervar. IV 1 116.
   Sestini, Descrizione di molte med. 49.
Maesa, Sestini, Hedervar. IV 1 116.
   Sestini, Descrizione di molte med. 49.
Severus Alexander, Mionnet S. III 151 976 gehöre Valerian.: Sestini in d.
   Cont. zur Antol. di Firenze LIII.
   Sestini, Hedervar. IV 1 117.
   Sestini, Descrizione di molte med. 49.
   Revue belge 3. Serie IV 6.
Mamaea, Catal. Allier d. Haut. V. 2.
   Lavy I 120.
Maximinus, Welzl 2344.
   Sestini, Hedervar. IV 1 117.
   Sestini, Descrizione di molte med. 50.
Maximus, Chaudoir, Corrections 55.
   Sestini, Hedervar. IV 1 117.
   Sestini, Descrizione di molte med. 50.[1]
Gordian, Sestini Fontana III 14 (zu Eckhel Doctr. IV 437.)
   Lavy I 120.
   Mionnet S. III 157 1027 gehört Phil. sen.: Sestini in der Cont. zur
   Antol. di Firenze LIII.
   Sestini, Hedervar. IV 1 117.
   Sestini, Descrizione di molte med. 50.
Tranquillina, Streber, zweite Forts. der Gesch. des Münch. Münzkab. 41.
   Mionnet S. III 160 1044 1045, nach Sestini in der Contin. zur Antol. di
   Firenze LIII, besser bei Liebe Gotha num. p. 324, ΑΥΤΟ in nexu.
   Revue belge 3. Serie IV 6.
Philippus sen., Welzl 2357.
Otacilia, Sestini, Hedervar. IV 1 118.
   Sestini, Descrizione di molte med. 51.
Philippus iun., Sestini, Hedervar. IV 1 118.
   Sestini, Descrizione di molte med. 51.
   Revue belge 3. Serie IV 7.
Traian. Decius, Sestini, Fontana III 14.
Herennius Etruscus, Revue belge 3. Serie IV 7.
Valerianus, Sestini, Hedervar. IV 1 118.
   Sestini, Descrizione di molte med. 51.
Gallienus, Lavy I 120.
   Welzl 2316 und 2363.

Torone, Terone.
Sestini, Hedervar. IV 1 119.
Millingen, ancient coins 43.
Cadalvène 91.
Chaudoir, Suppl. aux corrections 12.
Streber, zweite Fortsetzung der Geschichte des Münch. Münzkabinets 43.
Welzl 2202 (cf. Mionnet S. 117 732, 118 735.)
Sestini, Lettere di continuazione IV 58.
Bullettino d. Inst. 1850 12.

Traelium.
Cousinéry, Voyage II 196.
Sestini, Hedervar. IV 1 119.
Sestini, Chaudoir 50.
Cadalvène 93.
Lavy I 121.

Trieres.
Streber, Num. nonnulla gr. S. 124.
Archäologische Zeitung 1845 118, 1848 Beilage 84 *
Millingen, Sylloge 40.
Numismatic Chronicle III 112.
Mionnet S. V 582 als Teria.
Sestini, Lettere di continuazione IV 59.
Sestini, Descrizione di molte med. in più musei 52.

[Tynteni.
v. Sallet, Zeitschrift f. Num. III 132.]

Tyrissa siehe Trieres.

Uranopolis.
Bullettino d. Inst. 1843 108.
Sestini, Hedervar. IV 1 120.
Eckhel, Addenda 23.
[Friedlaender, Zeitschrift f. Num. V 2 Tafel I 2 (Tetradrachmon).]

KÖNIGE von MACEDONIEN.

Amyntas I.
Cousinéry, Voyage II 191.

Alexander I.
Cousinéry, Voyage II 180, 191.
Sestini, Hedervar. IV 1 120.
Memoiren der Petersburger archäologischen Gesellschaft 1852 366.
[v. Sallet's Zeitschrift für Numismatik VIII 5, Taf. II 1.]
Archaeologia XIV 1803 14 (observations on ancient symbol of Macedon.)

Perdiccas II.

Cousinéry, Voyage II 191.
Welzl 2396.

Derdas?
Cousinéry, Voyage II 191. (Zweifelhafte Attribution.)

Archelaus I.
Cousinéry, Voyage II 191.
Sestini, Hedervar. IV 1 120.
Cadalvène 96.
v. Prokesch in Abhandlungen der Berliner Akademie 1845 76.
Akerman, Numismatic Chronicle III 140.
Dumersan, Allier d. H. V 6.
Lavy I 122.
Welzl 2410.

Aeropus III.
Sestini, Hedervar. IV 1 121.
Eckhel, Addenda 23.
Streber, zweite Fortsetzung der Geschichte des Münchener Münzkab. 37.

Pausanias.
Akerman Numismatic Chronicle III 141.
Cousinéry, Voyage II 191.
Pinder, Num. ined. 22 ist Patraus.
Sestini, Hedervar. IV 1 121.
Cadalvène 98.
Eckhel, Addenda 24.
Streber, zweite Forts. der Geschichte des Münchener Münzkabinets 38.

Amyntas II.
Avellino Bullettino V 57.
Sestini, Mus. Hedervar. IV 1 121.
Cadalvène p. 101.
Akerman Numismatic Chronicle III 144.
Welzl 2417.
Bullettino dell' Inst. 1850 12.

Alexander II.
Dumersan, Allier d. H. V 3, 4.

Perdiccas III.
Sestini, Hedervar. IV 1 121.
Dumersan, Allier d. H. V 5.
Lavy I 123.
Welzl 2426.
Fox 61 (Ak., Pferd n R/. □ mit Helm.)

Philippus II.
Millingen, ancient coins 44.
Luynes, Choix XIV 1.

Sestini, Hedervar IV 1 121.
Lavy I 123.
Müller, Numismatique d'Alexandre le Grand, worin auch Philipp behandelt wird.
Fox 67 (*N* Apollokopf linkshin, sonst wie die gewöhnlichen Stater; wird Philipp III. (Aridaeus) zugetheilt.)
Accademia de Siena IX 230 (1808, lo statere filippico).
Revue 1862 397 (Doppelstater).
Thorwaldsen 608. (Doppelstater).
Berliner Blätter für Münzkunde II 165 (über das Gewicht).
[v. Sallet's Zeitschrift für Numismatik IV 14 (nach Ph.'s Tode und zwar unter Lysimachos geprägt).]

Alexander III. Magnus.

Müllers Buch macht wohl die meisten dieser Citate überflüssig, nicht alle;

ebenso für Philipp II. und III.

Alexander III. Magnus.

Müller, Numismatique d'Alexandre le Grand, Kopenhagen 1855.
Monnaies d'Alexandre, in Cousinéry, Voyage I 225.
Übersicht seiner Münzen: v. Donop in Köhne, Zeitschrift II 1, 65, 129.
Zusammenstellung vieler: v. Prokesch in Abhandlungen der Berliner Akademie 1845 76, und Bericht über die Verhandlungen der Berliner Akademie 1848 420.
Schatz von Münzen Alexanders zu Patras gefunden, Num. Chron. XVI 29.
Revue numismatique 1863 169. (Beizeichen.)
Kopf mit Elephantenhaut. *N* Revue 1865 14 (Prora) aber ohne Schrift. Die Prora erinnert an die *N* von Cius
Akerman, Numismatic Chronicle III 144.
Chaudoir, Corrections 56.
Sestini, Hedervar. IV 1 123.
Luynes, Choix XIV 2.
Dumersan, Allier d. H. V 7, 8, 9.
Cadalvène 107.
Akerman, Numismatic Chronicle XIII 70 (Dekadrachmon).
[v. Sallet's Zeitschrift für Numismatik VIII Taf. 1 n. 2.]
Lavy I 123.
Revil 334 (Ṛ 8 mit Pegasus im Felde).
Bullettino 1850 13 (über Typus unbedeutend).
Fox 66 (Ṛ klein, Herakleskopf, *Rf.* Bogen und Keule).
Revue 1859 114 (Ṛ das Löwenfell mit Weinlaub verziert, falls es nicht Zufall ist?)
[v. Sallet's Zeitschrift für Numismatik XII 3, Ṛ Zeus mit Nike.]

Einige Münzen, den Beizeichen nach bestimmten Städten zugetheilt. [Nur die mit * bezeichneteten werden als zulässig gelten können.]
Akerman, Numismatic Chronicle II 164.
Welzl 2475 u. f.
Abydus, Welzl 2476.
Ace, Lavy I 124.
Aradus oder Ephesus, Numism. Chronicle II 165.
Aradus, Num. Chronicle XIX 221, XX 39.
Asia Lydiae, Pinder und Friedlaender, Beitr. I 180.
Byzantium, Akerman Numismatic Chronicle II 164.
Callatia, Akerman Chronicle II 165.
Chalcedon, Akerman Numismatic Journal II 77.
Numismatic Chronicle II 165.
Chios, Welzl 2478.*
Schachmann, S. 1 und 2. (Ⱥ mit Mag. Namen.)
Cyme, Schachmann S. 1 und 2 (Ⱥ mit Mag. Namen).
Dyrrhachium? Magnoncour (Ⱥ, ΔΥ und Kuhfuss).
Elyrus? Welzl 2483 (N ΕΛΥ halbe Ziege).
Ephesus, Akerman, Numismatic Chronicle II 165.*
Welzl 2485 u. f.
[Erythrae, Fox 62.]*
Heraclea Thraciae, Akerman, Numismatic Chronicle II 164.
Istrus, Akerman Numismatic Chronicle II 165.
Lampsacus, Lavy I 125.
Welzl 2492 u. f.
Lycia? Welzl 2502.
Maronea, Welzl 2504.*
Mesembria, Bull. 1839 186.
Miletus, Lavy I 124.*
Myrina, Lavy I 124.
Nicopolis Moes., Akerman Num. Chronicle II 165. [Σχοστόχου.]
Odessus Thr., Annali 1838 291, Mon. II 56 12.*
Welzl 2511.
Archaeologia XVI 1812 179, Tfl. XIV 2.
[Zeitschrift für Num. XI 49 mit ΟΔΗΣΙΤΩΝ.]
[Zeitschrift für Num. IV 15.]
Perinthus, Akerman Chron. II 165.*
Pitane, Akerman, Numismatic Chronicle II 165.
Welzl 2514.
Rhodus, Welzl 2517 u. f.
[Sicyon, Fox 63 (Apollo mit Tänie) Numism. Chronicle XVI 31.]*
Tarsus, Revue archéologique II 178.
Tomi, Akerman Numismatic Chronicle II 164.

Münzen mit unbestimmten Beizeichen.
Welzl 2521 u. f.

Münzen mit dem Königstitel.
Welzl 2572 u. f.

Sein Bild auf Münzen.
Stieglitz, archaeol. Unterhaltungen II 107.
[v. Sallet's Zeitschrift f. Num. VIII 29.]
Tesserae (Æ) Bildniss und seinen Namen neben christlichen Symbolen (Zeit des Honorius) Revue num. 1857 309.

Philippus III. Aridaeus.
Müller, Num. d'Alexandre le Grand, Kopenhagen 1855.
Sestini, Hedervar. IV 1 136.
Köhne, Zeitschrift III 18.
Luynes, Choix XVII 2.
Sestini, Hedervar. IV 1 133.
Lavy I 128.
Welzl 2663 u. f.
Fox 67 (Æ wie Philipps II. aber der Apollokopf linkshin, wird dem Phil. III. zugetheilt.)

Cassander.
Sestini, Hedervar. IV 1 136.
Lavy I 129.

Philippus IV.
Welzl 2768.

Alexander IV.
Gerhard archaeol. Zeitung 1843 147.
Sestini, Hedervar. IV 1 137.
v. Prokesch, in Abhandlungen der Berliner Akademie 1845 78.
Lavy I 130.

Antigonus rex Asiae.
Sestini, Hedervar. IV 1 137.
Luynes, Choix XIV 7.
Eckhel, Addenda 25.

Demetrius I. Poliorcetes.
Gerhard archaeol. Zeitung 1846 297. 1847 92.
Luynes, Choix XIV 3.
Sestini, Hedervar. IV 1 137.
Lavy I 131.

Antigonus I. Gonatas.
Sestini, Descrizione di molte med. in più musei 52.
Sestini, Hedervar. IV 1 138.
Sestini, Fontana II 14, III 15.
Pinder und Friedlaender Beiträge I 181.
Lavy I 131.
Welzl 2787 u. f.

Demetrius II.
Sestini, Hedervar. IV 1 139.
v. Prokesch, in Abhandlungen der Berliner Akademie 1845 78.

Philippus V.

Luynes, Choix XVII 3.
Sestini, Hedervar. IV 1 139.
Akerman, Num. Chron. XIV 113.
Numismatic Chron. 2. Serie I 105 (Æ Rf. Pallas mit dem Blitz.)

Perseus.

Luynes, Choix XIV 4.
Sestini, Hedervar. IV 1 140.
Dumersan, Allier d. H. V 10, 11.
Cadalvène 116.
Chaudoir, Corrections 56.
Sestini, Fontana III 15.
Lavy I 133.
Wiczay, Hedervar. Th. I Tfl. XII 264 S. 117 3052 ist wohl sicher Termessus.

THESSALIA.

Thessalia (*κοινόν*).
Mittheilungen der Berliner Numismatischen Gesellschaft I 18.
Chaudoir, Corrections 57.
Avellino Bullettino Napolitano IV 48.
Sestini, Hedervar. IV 1 142.
Sestini, Descrizione di molte medaglie in più musei 53.
Akerman Numismatic Journal II 109 (irrig als Thessalonice, vergl. Mionnet II 7 58.)
Sestini, Fontana III 16.
Lavy I 134.
Welzl 2916 u. f.
Sestini, Lettere di continuazione V 5 (Sebastei).
Revue numismatique 1852 211 u. f. (Epoche d. Prägung).
Mionnet S. III 267 51, 52 dazu Zoega Bassirilievi I 136, die Münze ist aus Hadrians Zeit. Vergl. R. Rochette, Mon. inéd. Add. Vign. 15 No. 5 S. 411, und Allier, Katalog S. 38 Tafel V 17.
Mionnet II 5 45 für ΠΑΛΟΥ ist ΙΤΑΛΟΥ zu lesen, wie Münzen bei Mionnet II 2 9 haben.
Thorwaldsen 424 (Æ mit macedonischem Schild).
[Friedlaender, Zeitschr. für Numismatik VII 219 (K. der ΟΜΟΝΟΙΑ *Rf.* ΘΕΣΣΑΛ und unter dem Rofs ΡΩΜ) berichtigt Mionnet II 650].

Augustus, Sestini, Descrizione di molte med. in più musei 53.
    Köhne, Zeitschrift III 19 irrig beschrieben, es ist Tiberius?
    Sestini, Hedervar. IV 1 143.
    Welzl 2829 u. f.
    Sestini, Lettere di continuazione V 5 (Augustus oder Tiberius).

Livia, Sestini, Hedervar. IV 1 144.
    Sestini, Fontana III 16.
    Sestini, Lettere di continuazione V 7.

Tiberius, Sestini, Hedervar. IV 1 143.

Nero, Sestini, Hedervar. IV 1 143.
  Sestini, Lettere di continuazione V 8.
Domitia, Mionnet S. III 137 884 Thessalonice gehöre hierher: Sestini Lettere di contin. zur Antologia di Firenze LIII.
Hadrianus, Sestiui, Hedervar. IV 1 144.
Antoninus P., Heideken 1154 (Pallas).
M. Aurelius, Sestini, Hedervar. IV 1 144.
Faustina iun., Sestini, Hedervar. IV 1 145.
Commodus, Sestini, Hedervar. IV 1 145.
Septimius Severus, Welzl 2936.
Domna, Sestini, Hedervar. IV 1 145.
Caracalla, Sestini, Hedervar. IV 1 145.
Gallienus, Sestini, Hedervar. IV 1 145.
  Sestini, Lettere di continuazione V 9.
Salonina, Sestini, Hedervar. IV 1 145.

Aenianes.
Bröndsted, Reisen II 208, 307.
Akerman Numismatic Chronicle II 149 VII 115.
Bullettino 1850 13 (unbedeutend).
Gerhard arch. Zeitung 1847 145, 1851 382.
Sestini, Hedervar. IV 1 146.
Chaudoir Corrections 57.
Cadalvène 120.
Dumersan, Allier d. H. V 14.
Sestini, Fontana II 15, III 16.
Welzl 2940, 2941.
Mionnet S. III 278 120 sei ℞, lorbeerbekr. Jupiterkopf linkshin. R/. AINIANΩN. Mann im Mantel linkshin schreitend, in der Linken Schild, in der erhobenen Rechten Lanze, vor den Füssen Lanze: Sestini in der continuazione zur Antologia di Firenze LIII.
Mionnet S. III 278 119 AM.. ist vielleicht ein Rest von TOΛMAIOΣ (..ΛM..) wie Mionnet II 9 68 hat.
Mionnet S. III 278 117 dies irrig beschriebene Exemplar der K. Sammlung auch S. IX 240 92.

Alos.
Millingen, Sylloge 51 (früher Alea Arcad.)

(Argesa.)
Mionnet S. III 279 123 und 124 gehören nach Argos Arg. Sestini in der cont. zur Antologia di Firenze LIII.

(Argissa.)
Revue numismatique 1853 266 [gehört nach Pherä: ΦE AR].

Atrax.
Sestini, Hedervar. IV 1 146.
Sestini, Fontana II 15, III 16.
Revue num. 1853 254.

Sestini, Lettere VI 28. Tafel J 15 danach Mionnet S. III 280 126 gehört Proconnesus, wie das vorliegende Knobelsdorffsche Exemplar ausweist, welches Sestini falsch gelesen hat. (Berliner Blätter f. Münzk. IV 19).

(Castanea.)
Revue numismatique 1853 254. Æ [Pferdekopf ΦΕ-ΑΉ Rf. Stiervordertheil: Pherā].

Cierium.
Numismatic Chronicle VII 117.
Archäologische Zeitung 1846 297, 1847 92 und 137 Anm., Beilage S. 51*
Dazu auch Bullettino 1848 136. Diese Münze gehört Thelpusa Arcadiae.
Millingen, ancient coins 47 (Ær u. Æ).
Bullettino Napol. III 57.
Transactions of the R. Society of Literature I 1 151 (mehrere Münzen).
Sestini, Hedervar. IV 1 146 (Æ).
Sestini, Chaudoir 51 (Æ).
Chaudoir, Corrections 57 (Æ).
Katalog Allier V 12.
Annali 1866 Th. 38 S. 331 (Ær Rofs, Rf. Heros, dem Aiax der Opuntier ähnlich.)

Cithrum?
Revue 1843 421.
[Imhoof-Blumer, Monnaies grecques 277: viell. lesbisch.]

Crannon.
Akerman, Numismatic Chronicle VII 116, dazu Annali 1861 135.
Annali 1833 115, 132.
Sestini, Hedervar. IV 1 146.
Dumersan, Allier d. H. V 15.
Mionnet II 10 76 nach Haym fällt fort, siehe Sestini, Lettere VI 29.
Hunter 32 XI, gehört nach Krannon.
Revue 1863 92 (Ær, mit Pharcadon oder Pharsalus).

Ctemene, Ctimene.
Akerman, Chronicle VII 118.
Sestini, Hedervar. IV 1 146.
Sestini, Fontana II 16, III 16.
Welzl 2945.

(Demetrias.)
Hadrian., Sanclemente II 190 gehört nach Nicomedia: Sestini letterc VII 16.

[Eurea.
Zeitschrift f. Num. I 173 (Æ weibl. K. de face Rf. Traube ΕΥΡΕΑΙΩΝ).]

Eurymenae.
Revue num. 1843 244 und 323.
Akerman Num. Chron. VII 118, Annali 1861 136.
Bullettino d. Inst. 1862 235.

Gomphi, Philippopolis.
Sestini, Hedervar. IV 1 146.

Philippopolis.
Millingen, ancient coins 46.

Gyrton.
Sestini, Hedervar. IV 1 147.
Welzl 2947.
Mionnet S. III 284 143 sei Larissa: Sestini in der cont. zur Antologia di Firenze 53.

Heraclea.
Gerhard arch. Zeitung 1843 147.
Cadalvène 121.
Sestini, Chaudoir 51.
Sestini, Fontana III 16.
Prokesch, in Abhandlungen der Berliner Akademie 1845 79.
Streber, zweite Fortsetzung der Geschichte des Münch. Münzkabinets 44.
Welzl 295 49.

Histiaeotis.
[frühere Zutheilung; von Borrell, Num. Chron. II 232 herrührend; s. unten Histiaea Eub.]

Homolium.
Gerhard archaeol. Zeitung 1847 147 n. 12.
Annali d. Inst 1839 274 (etwa Λ°A Laos?)
Dumersan, Allier d. H V 13.
Welzl 2950.
Sestini, Lettere di continuazione IV 59.

Lamia.
Bröndsted, Reisen II 208, 308.
Akerman Num. Chronicle VII 119.
Gerhard, arch. Zeitung 1843 147. 1844 253.
Sestini, Hedervar. IV 1 147.
Prokesch, in Abhandlungen der Berliner Akademie 1845 79.
[Friedlaender, Archäol. Zeitung XXIX 79 (Æ Philoktet verwundet).]
[Friedlaender, Zeitschrift f. Numismatik VI 16 VII 352. — VII 218 mit ΔΗΜΟC ΡΩΜΑΙΩΝ *Rf.* ΙΕΡΑ CYN(ΚΛΗΤΌ)C ΛΑΜΙ(ΕΩΝ).]

Lapithae.
Mionnet S. III 187 153 sei falsch: Sestini in der cont. zu Antologia di Firenze LIII.

Larissa.
Revue num. 1842 77 (Heros Aleuas). — 1849 165, 181.
Numismatic Chronicle I 222.
Mittheilungen der Berliner numismatischen Gesellschaft I 18.
Gerhard arch. Zeit. 1847 145 n. 4. 1848 Beilage 84 * [Osann!]. 1849 90.
Luynes, Etudes num. Seite 1.
Luynes, Choix IX 11.

Millingen, ancient coins 49.
Millingen, Sylloge 53.
Sestini, Descrizione di molte med. in più musei 53.
Sestini, Hedervar. IV 1 147.
Avellino Bullettino IV 49.
Sestini, Fontana II 16.
Prokesch, in Bericht über d. Verhandl. d. Berl. Akad. 1848 419.
Mionnet VI 633 140, cf. VII 111.
Lavy I 136.
Welzl 2959 u. f.
Sestini, Lettere di continuazione V 9, VII 16.
Cadalvène 122.
Annali d. Inst. XIX S. 400 Anm. 6.
Revue num. 1857. 85 ist Lappa Cretae.
Prokesch, Inedita S. 12 (Æ mit halbem Pferd und kleine Æ mit weidendem Pferd.)
Berliner Blätter für Münzkunde I 138 (zu Æ Mionnet II 17 131.)
Revue num. 1843 422 Æ 1 Rf. Pferdehuf auf dem Schild Vf. ΛΑΡΙ, Brustbild eines Heroen, bärtig mit Lorbeerkranz. Larissa nicht Pharkadon.)

Larissa und Pherae.
Prokesch, Inedita S. 12 (Æ).

Larissa am Ossa (sehr zweifelhafte Zutheilung.)
Prokesch, Inedita S. 12 (Æ mit weibl. Kopf und Stierkopf neben einander, vergl. Luynes, études numismatiques Titelblatt, Æ Stierkopf Rf. Pferdekopf. Die hier auch erwähnten Æ mit Stierkopf und Λ gehören Lappa.

Larissa Cremaste.
Mionnet II 17 129 und S. III 295 209 und 210 gehören hieher: Archäol. Zeitung 1846 301 Anm.
Archäologische Zeitung 1847 145 n. 3.
Sestini, Hedervar. IV 1 149.
Streber, zweite Fortsetzung der Geschichte des München. Münzkabinets S. 43.

Magnesia.
Gerhard archäologische Zeitung 1847 146. 1848 Beilage 85 * 1849 91.
Sestini, Hedervar. IV 1 149.
Cadalvène 123.
Welzl 2994.
Mionnet III 143 599 616 617 626 627 632 gehören hierher, siehe VII 92 und S. VI 231 Anm.
Fox 69 (Æ Artemis auf dem Schiff.)

Malienses.
Sestini, Hedervar. IV 1 150.
Prokesch, in Abhandlungen der Berliner Akademie 1845 79.
Welzl 2997.

Meliboea.

Sestini, Fontana II 18, III 18 unter Scotussa. Es ist sicher (M)ΕΛΙΒΟΕ(ΩΝ) zu lesen.

Prokesch, Inedita S. 12.

Melitaea.

Archäologische Zeitung 1847 146, 1848 Beilage 86 *. (Æ), 1849 91 (Ærr.)

Denkschriften der Wiener Akademie I 331.

Metropolis.

Prokesch, Inedita S. 13 [nicht Æ sondern Ær, Gew. 1, 695 (Bacchus schreitend mit Thyrsos und? *Rf.* Vordertheil des Stieres mit Menschenkopf ΜΗΤΡΟ).]

Minyae.

In der Antologia di Firenze LIII hat Sestini mit Unrecht gesagt: Mionnet S. III 297 217 sei Mende, und ebenda 218 sei Hephaestia. Im Mus. Hedervar. IV 1 150 wiederholt er letzteres. Er meint offenbar andere Münzen als die mit ΜΙΝV. [Die Überlieferung über das im Norden Thessaliens gelegene Minya (Steph. Byz. s. v. vergl. dazu O. Müller, Orchomenos 244) läfst sich nicht in Zweifel ziehen. Auf der vorliegenden Schwefelpaste des Pariser Exemplers ist deutlich ΜΙΝΙΕ, was, da die beiden letzten Buchstaben rechts nur zur unteren Hälfte erhalten sind, wohl *Μινυέ(ων)* zu lesen ist. Die Fabrik der M., wie des Typus des jugendl. epheubekränzten Bacchuskopfes (od. Bacchantink.) und der Amphora mit den Epheuranken entspricht den thessalischen M.)

Oetaei.

Gerhard, arch. Zeitung 1847 147.

Ersch und Gruber, Allg. Encycl. Section III Th. II 251 und 406.

Sestini, Hedervar. IV 1 150.

Streber, zweite Forts. d. Gesch. d. Münch. Münzkab. 46.

Revue num. 1843 420 [gehört nach Oenoe: Imhoof, Monnaies grecques 277.]

Orthe.

Sestini, Descrizione di molte med. in più musei 53.

Sestini, Hedervar. IV 1 150.

Revue num. 1848 244.

Gerhard, arch. Zeitung 1848 275, 1851 392.

Bullettino d. Inst. 1850 11.

Othrytae?

Eckhel, Doctr. und Addenda S. 25, aber

Sestini, Lettere cont. VIII 63 weist richtig nach, dass diese Münzen nach Aspendus gehören, danach Mionnet.

Sestini, Fontana III 17 hat andere Münzen, deren Zutheilung mir äusserst zweifelhaft scheint.

Pirasiae.

Annali 1866 Th. 38 S. 331 (Ær Reiter ΠΕΙΡΑΣΙΕΩΝ).

Pelinna.

Chaudoir, Corrections 58.

Sestini, Chaudoir 52.

Sestini, Hedervar. IV 1 150.

Sestini, Fontana III 17.
Mionnet S. III 301 232 sei von Prione und ΠΡΙΗΝΕΩΝ zu lesen: Sestini, cont. zur Antologia di Firenze LIII.
Fox 70 (Ꞛ Pallaskopf *Rf.* ΠΕ Pferd).
Einige früher Pelinna zugetheilte Münzen gehören nach Pellene Achaiae.

Perrhaebia.
Bröndsted, Reisen II 208; 308 (Æ).
Sestini, Descrizione di molte medaglie in più musei 54 (Ꞛ).
Cadalvène 127 (Ꞛ).
Sestini, Fontana II 16, III 17 (Ꞛ).
Streber, zweite Fortsetzung der Geschichte des Münchener Münzkabinets 47 (Ꞛ).
Welzl 3003 (Ꞛ).
Sestini, Lettere di cont. I 86 (Ꞛ), IV 61 (Ꞛ).
Prokesch, Inedita S. 13 (Æ).
Mionnet III 461 81 hat nicht ΠΕΡΓΑΙΕΩΝ sondern ΠΕΡΡΑΙΒΩΝ.

*Peuma.
Mionnet S. IV 19 115 mit ΠΕΥΜΑΤΙΩΝ. Vgl. Harwood, selecta numism. 2 Taf. V 3.
Bellermann, über eine seltene Erzmünze mit dem Monogramm des achäi. Bundesgeldes. Bonn 1859.
[v. Sallet's Zeitschrift für Numismatik XII 110].

Phacium.
Pinder, Num. ined. 24.
Sestini, Hedervar. IV 1 150.

Phalanna.
Sestini, Hedervar. IV 1 151.
Chaudoir, Corrections 57.
Welzl 3004 u. f.
Sestini, Lettere di continuazione IV 60.

Pharcadon.
Revue num. 1843 422; dieselbe Münze: Bröndsted Reisen I 51 als Pharus. [Beides irrig, sie gehört nach Larissa].
Sestini, Hedervar. IV 1 151.

Pharsalus.
Sestini, Hedervar. IV 1 151.
Dumersan, Allier d. H. V 16.
Cadalvène 128.
Archaeol. Zeitung 1847 147 (Schriftlose Ꞛ).

Pherae.
Bröndsted, Reisen II 208, 308.
Streber, Num. nonn. gr. 134 (Æ).
Millingen, Ancient coins 50 (Ꞛ).
Sestini, Descrizione di molte med. in più musei 54 (Ꞛ).

Sestini, Museo Hedervar. IV 1 (Ⓡ, Æ.)
Cadalvène 129 (Ⓡ.)
Streber, zweite Forts. d. Gesch. d. Münch. Münzkabinets 56 (ΦΕ ΑΤ halbes Pferd *Rf.* Weizenkorn.)
Sestini, Chaudoir 52 (Ⓡ.)
Sestini, Fontana II 17 (Ⓡ.), III 17 (Ⓡ.)
Prokesch, in Abhandlungen der Berl. Akademie 1845 79 (Ⓡ Æ).
Welzl, 3020, 3021.
Mionnet, S. III 306 254 sei Thebae: Sestini cont. zur Antol. di Firenze LIII.
Prokesch, Inedita S. 13 (Æ.)
Revue num. 1853 254 u. f. (Verbindung mit anderen thessal. Städten). Vergl. Larissa.
[v. Sallet, Zeitschrift f. Num. VI 10 (Ⓡ.)]

Alexander tyr.

Mionnet S. VI 481 216 Cnidus gehört hierher.
Revue 1859 109 (Ⓡ.)
Akerman, Numismatic Chronicle VII 121 und 110 (Ⓡ.)
Luynes, Choix IX 10 (Ⓡ.)
Thomas No. 983.
[v. Sallet's Zeitschrift f. Num. XI 49 (Ⓡ mit ΑΛΕΞΑΝΔΡΕΙΟΣ).]
v. Knobelsdorff, Catal. de méd. ant. gr. et rom. Berlin 1839 p. 87 (Æ 4 Vordertheil e. lieg. Stiers r. *Rf.* ΑΛΕΞΑΝΔΡΟΥ Vordertheil eines galopp. Pferdes. Vergl.: Tisiphonus Mionnet S. III 309 272.)

Philippopolis siehe Gomphi.

Scotussa.

Bröndsted, Reisen II 215 (Ⓡ.)
Sestini, Hedervar. IV 1 152.
Cadalvène 87.
Sestini, Fontana II 18, III 18 (Μ)ΕΛΙΒΟΕ(ΩΝ).
Streber, zweite Fortsetzung der Geschichte des Münch. Münzkabinets 48.
Welzl, 3023, 3024.
Sestini Lettere di continuazione IV 60.
Fox 71 (Æ halbes weidendes Pferd.)

Tisiphonus tyr.

Revue Num. 1853 261, die Beschreibung bei Mionnet S. III 309 272 ist irrig darin, dafs statt Vordertheil des Löwen es heifsen muss: Vordertheil des Stieres. *Rf.* Vorderhälfte des Pferdes ΤΕΙΣΙΦΟΝΟΥ.

Thebae.

Die Münzen mit dem Krieger vor dem Schiff Ⓡ und Æ, welche man Thebae Böot. gegeben hat, gehören hierher. (Bericht der Preuss. Akademie der Wissenschaften 1878 450). Æ mit Kopf der Demeter und Rofs, ΘΗΒΑΙΩΝ und Monogramm aus Α und Χ gehört auch hierher, S. Leake Num. Hellen.

(Thibros.)

Annali 1839 278 Tfl. *R* 8.

Tricca.

Akerman Num. Chronicle VII 124.

Gerhard, arch. Zeitung 1847 147.
Sestini, Hedervar. IV 1 152.
Sestini, Fontana III 18.

Incerti Thessaliae.
Caput equi globulis inclusum *Rf.* quadr. incusum. Prokesch, in Abhandlungen der Berliner Akademie 1845 79.

INSELN bei THESSALIEN.

Halonesus.
Streber, 2. Fortsetzung des Münchener Münzkabinets 49.

Peparethus.
Einige ihr früher zugetheilte Münzen gehören nach Pellene Achaiae.
Akerman, Numismatic Chronicle VII 124 (Æ 2 Demeterk. r. *Rf.* Thyrsos).
Cadalvène ΠΕΠΑ 135.
Prokesch in Abhandlungen der Berliner Akademie 1845 80. [Æ 3½; wohl Epidauros].

Sciathus.
Akerman Numismatic Chronicle VII 125.
Millingen, ancient coins 51.
Sestini, Hedervar. IV 1 152.

DALMATIA. LIBURNIA.

Dalmatia.
Numografia Dalmata von Gliubich im Archiv für Kunde österreichischer Geschichtsquellen XI 1853 S. 103.
Nummi Metallorum:
Sestini, Hedervar. IV 2 1.

Alvona. (Vgl. auch S. 165).
Mionnet II 27, S. III 312 vergl. Thisbe Boeotiae S. III 535.
Minervini, intorno le med. dell' antica Dalvon, Napoli 1852.

ILLYRICUM.

Aleta.

Mionnet S. III 313 1 habe wirklich ΑΛΛΕΤΩΝ: Sestini, continuazione zur Antologia di Firenze LIII.
Sestini, Fontana III 18 (caput muliebre diadematum *Rf.* Hercules stans.).
Akerman, Numismatic Chronicle VII 125 (gleiche Typen mit ΗΡΑΚΛΕΩΤΩΝ: Borrell).

Amantia.

Bullettino d. Inst. 1838 86. 1841 188.
Sestini, Hedervar. IV 2 2.
Welzl 3038.
Annali d. Inst. 1866 S. 332 (Æ Fackel).

Apollonia.

Chaudoir, Corrections 58.
Sestini, Descrizione di molte medaglie in più musei 55.
Akerman, Numismatic Chronicle VII 126. XIV 113 dazu XV 218 (ist Æ).
Gerhard, archäologische Zeitung 1849 91.
Annali 1840 215 Taf. *P.* 7.
Bullettino 1838 87 1841 188.
Sestini, Hedervar. IV 2 2.
Sestini, Fontana II 18, III 18.
Prokesch in Abhandlungen der Berliner Akademie 1845 80.
Welzl 3045 u. viele folg.
Heideken 1164 (Æ AINEA).
Mionnet S. III 321 sei Apoll. ad Rhyndacum Mysiae: Sestini, continuazione zur Antologia di Firenze LIII.
Cousinéry, Lig. achéenne 150.
Hadrianus, Welzl 3102, ganz zweifelhaft.
Faustina sen., Sestini, Hedervar. IV 2 6.
Marcus Aurelius, Sestini, Hedervar. IV 2 6.
Faustina iun., Sestini, Hedervar. IV 2 6.

Commodus, Sestini, Hedervar. IV 2 6.
Sestini, Fontana III 18.
Welzl 3103.
Septimius Severus, Sestini, Hedervar. IV 2 6 ganz wie Mionnet II 34 64.
Caracalla, Sestini, Descrizione di molte medaglie in più musei 56.
Sestini, Hedervar. IV 2 6.
Sestini, Fontana III 19.
Geta, Sestini, Descrizione di molte medaglie in più musei 56.
Sestini, Hedervar. IV 2 7.

(Avalon, Alvona?)
Sestini, Descrizione di molte medaglie in più musei 55.
Sestini, Hedervar. IV 2 1.
Sestini, Fontana III 19.
Ganz unsichere Zutheilung, die Münze gehört vielleicht nach Thebae Boeot.
Die Stadt hiess Aloos, Alvona, jetzt Albona.

Biludium.
Sestini, Hedervar. IV 2 7.

Byllis.
Sestini, Hedervar. IV 2 7.
Sestini, Fontana III 19.
Annali 1866 Th. 38 S. 332 (Æ Adler).

Daorsi.
Bullettino d. Inst. 1841 189.
Sestini, Hedervar. IV 2 7 (Pharus).
Archiv für Kunde österreichischer Geschichtsquellen XI 1853 136.

Dyrrhachium.
Revue numismatique 1838 334.
? Akerman, Numismatic Chronicle VII 131.
Millingen, Sylloge 54 (Pegasus).
Memoiren der archäologischen Gesellschaft zu St. Petersburg 1847 183 (Pegasus).
Bullettino 1838 88, 1841 31 und 189.
Sestini, Hedervar. IV 2 7.
Cadalvène 137.
Sestini, Fontana II 19, III 19.
v. Prokesch, Abhandlungen der Berliner Akademie 1845 81.
Mionnet VI 638 167 cf. VII 112.
Lavy I 140.
Welzl 3108 und viele folg.
Heideken 1204 (Æ. ΦΙΛΩΤΑ).
Cousinéry, Ligue achéenne 76 und 150.
Numismatic Chronicle XI 116 über die Alcinous Gärten.
Prokesch, Inedita S. 13 (kl. Æ. mit Pegasus).

Monunius siehe Illyrische Könige.

Enchelii, Enchelies [irrige Zutheilung].

Bullettino 1841 190. ℞ [Kuh r. mit Kalb EN *Rf*. Quadratum incusum; identisch mit Mionnet S. III Taf. 12 8; wohl korkyräisch].
Sestini, Hedervar. IV 2 15.

Olympe.

Millingen, ancient coins 51 [(Apollokopf r. ΓΑ *Rf.* ‚Obelisk' ΟΛΥΜΠΑ); Sammlung Hamilton]. ΣΤΑΝ
(Sestini, Fontana III 20 ist Boeotia.)

Rhizon.

Sestini, Fontana II 20, III 20. (Ganz unsichere Zutheilung.)
Lavy I 140.
[Numismatic Chronicle 1880 292 Zeuskopf *Rf.* im Kranz ΡΙΣΟ oder ΡΙΞΟ].

Scodra.

Bullettino d. Inst. 1838 91.
Sestini. Hedervar. 2 15.
Sestini, Fontana III 20.
Welzl 3250.
Mionnet S. III 354 318. Es sei ΣΚΟΔΡΕΙ vor ΝΩΝ zu ergänzen: Sestini in der continuazione zur Antologia di Firenze LIII. (Im Mus. Fontana III 20 dasselbe Exemplar.)
[Numismatic Chronicle 1880 288 ΣΚΟΔΡΕΙΝΩΝ.]

ILLYRISCHE KÖNIGE.

Ballaeus.

Annali 1842 122.
Revue num. 1846 304.
Sestini, Hedervar. IV 2 16.
Bullettino 1838 91.
Sestini, Fontana III 20.
Archiv für Kunde österreichischer Geschichtsquellen XI 1853 117.

Genthius.

Köhne, Zeitschrift III 21.
Sestini, Hedervar. IV 2 16.
Bullettino 1850 13 (unbedeutend.)
[Numismatic Chronicle 1880 271; wo die Aufschrift den Namen des Königs vollständig gibt, steht immer ΒΑΣΙΛΕΩΣ ΓΕΝΘΙΟΥ, so auch auf dem Wiener Ex.; nicht *Γεντίου*, wie Eckhel Doctr. II 158 zu lesen glaubte. In den Polybiushandschriften ist die richtige Lesart erhalten, bei Livius *Gentius*.]

Monunios.

Droysen, in Zimmermann Zeitschrift f. Alterthumswissenschaft 1836 No. 104.
Uhden, in Abhandlung der Berliner Akademie 1830 p. 89.
Revue num. 1840 297 (blosse Anzeige.)

INSELN bei ILLYRIEN.

Issa.

Bullettino d. Inst. 1838 92.
Sestini, Descrizione di molte med. in più musei 56.
Sestini, Hedervar. IV 2 17.
Sestini, Fontana III 21.
Mionnet VI 649 253 u. S. III 358 14 cf. VII 114 253.
Archiv f. Kunde österreichischer Geschichtsquellen XI 1853 122 (Zusammenstellung.)

Pharus.

Mittheilungen der Berl. Num. Gesellschaft I 19. Die Münze liegt vor, hat K-O auf der V. S., ist von Corcyra Φ-A oder vielleicht P-A ist Magistratsname.
Brönsted, Reisen I 52 vergl. Revue num. 1843 422 Pharcadon.
Bullettino 1838 92.
Annali 1842 122 (unter Ballaeus.)
Grote, Blätter f. Münzkunde II 254.
Sestini, Hedervar. IV 2 18.
Sestini, Descrizione di molte med. in più musei 57.
Sestini, Fontana III 21.
Welzl 3263 ff.
Archiv für Kunde österreichischer Geschichtsquellen XI 1853 109.

Heraclea ins. Phari.

Die M., welche früher Heracleum Chers. Taur. zugetheilt waren:
Bullettino 1838 89.
Akerman, Numismatic Journal I 164.
Archiv für Kunde österreichischer Geschichtsquellen XI 1853 132.
Prokesch, Inedita S. 13.
Millin, Monum. inédits I 13.
Sestini, Hedervar. IV 1 1.
Dumersan, Allier d. H. II 10.
Bullettino Napolitano, nuova serie III 27.

EPIRUS.

Epirus.

Akerman Num. Chronicle II 58.
Arneth, über das Tauben-Orakel von Dodona, Wien 1840.
Avellino Bullettino Napolitano V 5. VI 95.
Fiorelli, Osservazioni 69.
Sestini, Descrizione di molte med. in più musei 58.
Sestini, museo Hedervar IV 2 19.
Dumersan, Allier de Hauteroche V 18.
Cadalvène 139.
Sestini, Fontana III 21.
Welzl 3274 u. f.
Cousinéry, ligue achéenne 154.
Fox 72 (Æ Herakleskopf Rf. Keule im Kranze.)
Gréau N. 1281 (Æ mit dem behelmten Kopf der M. Alexanders d. Gr. ist ein moderner Stempel.)

Ambracia.

Gerhard. arch. Zeitung 1846 298   1847 94   1847 Beilage 51 *
Millingen, ancient coins 53.
Millingen, Sylloge 54.
Memoiren der archäol. Gesellschaft zu St. Petersburg 1847 133.
Annali 1829 311, 319, Mon. I Tafel XIII.
Sestini, Museo Hedervar. IV 2 21 (viele.)
Cadalvène 140.
Chaudoir, Corrections 58.
Prokesch, in Bericht über die Verhandlungen der Berl. Akademie 1848 427 (Pegasus.)
Lavy I 142.
Welzl 3292 u. f.
Cousinéry, Ligue achéenne 75, 157.
Thorwaldsen 456 (Æ Seekrebs.)

Athamanes.

Sestini, Descrizione di molte med. in più musei 69.
Sestini, Fontana II 27, III 30.
Lavy I 148.
Welzl 3651.
Revue num. 1853 254 (zu Thessalien gerechnet.)

Amynander, rex Athamanum.
Revue num. 1859 104.
[ἈθαΜΑΝΩΝ ist verlesen für: ἈρΤΕΙΩΝ; ΑΜΥΝΑΝΔΡΟΣ ist Magistratsname: Imhoof-Blumer, Acarnanien 95.]

Buthrotum.
Sestini, Descrizione di molte med. in più musei 58.
Sestini, Hedervar. IV 2 24.
Sestini, Fontana I 34 35, II 21, III 21.
Augustus, Borghesi, Osservazioni XI 6 zu Mionnet II 52 52.
Tiberius, Sestini, Hedervar. IV 2 24.

Cassope.
Sestini, Hedervar. IV 2 24.
Welzl 3312.
Sestini, Lettere di continuazione VII 17.
Annali 1866 Th. 38 S. 333 (Æ Schlange.)

(Celtae Äidonites.)
Mionnet S. III 418 400, dazu S. IX 242, 110.
Sestini, Hedervar. IV 2 37.
Sestini, Chaudoir 53.
Sestini, Fontana III 28.
Es ist sehr wahrscheinlich, dafs diese Münzen, auf welchen nur Sestini den Namen gelesen, ΕΛΕΑΙ; haben siehe Elea Epiri.

Damastium.
Sestini, Hedervar. IV 2 25.
Sestini, Descrizione di molte med. in più musei 59.
Cadalvène 143.
Chaudoir, Corrections 58.
Sestini, Fontana II 21, III 22.
Welzl 3315, 3316.
Fox 73 (Æ . . . A. TI . , Axt und Caduceus.)

Elea.
Cadalvène (Titelblatt u. S. 154 mit ΕΛΕΩ.) gab die M. Eleon Böot. Sie gehört wohl hierher, andere Ex. haben ΕΛΕΑΙ und Leake Num. Hell. Eur. S. 48 giebt sie mit Recht hierher. Andre mit ΘΕ allein gehören Thesprotia. Wohin die mit A gehören, weifs ich nicht. Vergleiche Celtae Äidonites, denen Sestini und Mionnet diese letzteren geben. S. Berliner Blätter f. Mk. IV 21 36 [ΕΛΕΑΤΑΝ lautet die Aufschrift auf besser erhaltenen Ex.: v. Sallets Zeitschrift f. Num. VI 14.]

Molossi.
Gerhard, arch. Zeitung 1849 92.
Sestini, Hedervar. IV 2 25.
Prokesch, in Bericht über die Verhandlungen der Berl. Akad. 1848 423.
Sestini, Lettere di continuazione IV 62.
Mionnet S. III 370 79 sei Ithaca: Sestini in der Cont. zur Antol. di Fir. LIII.

Nicopolis.

Sestini, Hedervar. IV 2 25.

Fox 74 (Æ Herakles im Tempel auf die Keule gelehnt.)

Kaisermünzen des Wiczayschen Katalogs berichtigt: Sestini, Descrizione di molte med. in più musei 60—65.

Augustus, Sestini, Hedervar. IV 2 25.
Sestini, Fontana III 24.
Mionnet VI 671 405 cf. VII 117.
Mionnet S. III 374 99 habe ΣΕΒΑΣΤΟΝ ΚΤΙΣΜΑ und ΙΕΡΑ ΝΙΚΟΠΟΛΙΣ Sestini in der Cont. zur Antologia di Firenze LIII.
Greppo 569.
Thorwaldsen, Tafel III (Æ mit ΜΥΡΙΩΝΥΜΟC.)
[Friedlaender, Zeitschrift f. Num. VII 216, ebenda (Asklepios ΦΙΝΑΙΟC, ein Beiname, der unter Traian wiederkehrt).]

Agrippa, Annali 1840 216.
Nero, Sestini, Hedervar. IV 2 26.
Domitian, Sestini, Hedervar. IV 2 26.
Traianus, Sestini, Hedervar. IV 2 26.
Welzl 3333.
Hadrianus, Sestini, Hedervar. IV 2 27.
Sestini, Fontana III 24.
Sestini, Descrizione di molte med. in più musei 65.
Welzl 3338—3341.
Heideken 1215 (Tisch mit Urne.)
Aelius, Sestini, Hedervar. IV 2 28.
Welzl 3345 u. f.
Sestini, Fontana III 25.
Antinous, Sestini, Hedervar. IV 2 28.
Sestini, Fontana III 24.
Antonin. P. Sestini, Hedervar. IV 2 29.
Sestini, Fontana II 23, III 25.
Sestini, Descrizione di molte med. in più musei 65.
Faustina sen., Welzl 3344.
Sestini, Lettere di continuazione V 10 (Av.)
Sestini, Fontana III 25.
M. Aurel., Sestini, Hedervar. IV 2 29.
Faustina iun., Sestini, Hedervar. IV 2 29.
Sestini, Fontana III 25.
Commodus, Sestini, Hedervar. IV 2 29.
Sabatier, 45 (Victoria.)
Crispina, Sestini, Hedervar. IV 2 30.
Septimius Severus, Sestini, Hedervar. IV 2 30.
Domna, Sestini, Hedervar. IV 2 30.
Sestini, Fontana III 25.
Caracalla, Sestini, Hedervar. IV 2 30.
Lavy I 142.
Sestini, Fontana III 25.

Geta, Sestini, Hedervar. IV 2 32.
Elagabalus, Sestini, Hedervar. IV 2 32.
Sestini, Fontana III 26.
Maesa, Sestini, Hedervar. IV 2 33.
Sestini, Fontana III 26.
Severus Alexander, Sestini, Hedervar. IV 2 33.
Mamaea, Sestini, Hedervar. IV 2 33.
Balbinus, Sestini, Hedervar. IV 2 33.
Welzl 3373.
Gordian, Sestini, Hedervar. IV 2 33.
Sestini, Fontana III 26.
Philippus sen., Sestini, Hedervar. IV 2 33.
Sestini, Descrizione di molte med. in più musei 66.
Sestini, Fontana III 26.
Otacilia, Sestini, Hedervar. IV 2 34.
Sestini, Fontana III 26.
Philippus jun., Welzl 3378.
Trebonian., Sestini, Hedervar. IV 2 34.
Köhne, Zeitschrift III 22.
Volusian., Sestini, Hedervar. IV 2 34.
Valerian., Sestini, Hedervar. IV 2 34.
Gallienus, Sestini, Hedervar. IV 2 34.
Sestini, Chaudoir 53.
Welzl 3382.
Sestini, Fontana III 26.
Salonina, Sestini, Hedervar. IV 2 36.
Sestini, Fontana III 27.

Oricus.

Sestini, Descrizione di molte med. in più musei 66.
Ebenda erklärt er die im Katalog Wiczay und danach bei Mionnet S. III 414 388 beschriebene für falsch gelesen, allein mit Unrecht wie es scheint, denn ihr gleich ist:
Millingen, ancient coins 52.

Pandosia.

Sestini, Hedervar. IV 2 36.
Sestini, Lettere di continuazione IV 62.

Phoenice, Phoenicape.

Sestini, Descrizione di molte med. in più musei 67.
Sestini, Hedervar. IV 2 37.
Sestini, Fontana III 28.
Claudius, Katalog Welzl No. 3389.
Nero, Zeitschrift für Münzkunde III 22.
   Mionnet, S. III 416 393. Auf der Ks. ΦΟΙΝΕΙΚΑΙΕΩΝ ΠΕΙ und der Kopf sei der des Claudius mit Strahlenkrone: Sestini cont. zur Antol. di Firenze LIII.
Traian., Fox 76 (Æ Artemis.)

Thesprotia.

Pyrrhus, Sestini Lettere di continuazione IV 64, danach Mionnet S. III 417 397, ist nach Sestini Lettere di continuazione VII 20 eine *verfälschte* Münze von Korinth.

Die beiden bei Mionnet folgenden kommen von *Goltz* her, die von Mionnet angeführten Schriftsteller haben sie von Goltz hergenommen. Sie gelten also auch nicht.

Die Münzen von Elaea Epiri (in Thesprotia) sind zu vergleichen. Es giebt deren, die nur ΘΕ haben und wohl nach Thesprotia gehören.

EPIROTISCHE KÖNIGE.

Alexander I.

Sestini, Museo Hedervar. IV 2 38.
Sestini, Descrizione di molte med. in più musei 67.
Cadalvène 144, vergl. 260.
Dumersan, Allier de Hauteroche V 19.
Sestini, Fontana III 28.
Welzl 3394, 3395.
Millingen, Suppl. aux considér. II 6.
Fox 77 (Æ Apollokopf *Rf.* Blitz.)
Akerman Chronicle VII 133: Münzen Alexander's I. von Epirus, dem Ptolemaeus IX Alexander zugetheilt; [gehören Ptolemaeus I, als Statthalter des Alexander IV.]

Alexander II.

Numismatic Chronicle VII 133.
Sestini, Hedervar. IV 2 39.
Sestini, Descrizione di molte med. in più musei 68.
Sestini, Chaudoir 53.
Chaudoir, Corrections 59.
Prokesch, in Abhandlungen der Berliner Akademie 1845 81.
Lavy I 143.
Welzl 3396.

Neoptolemus.

Eckhel, Addenda 25 (es ist vielmehr Eupolemos.)

Phthia.

Sestini, Hedervar. IV 2 38.

Ptolemaeus.

Revue num. 1848 256.
Gerhard, arch. Zeitung 1846 268, 1847 126.
Sestini, Hedervar. IV 2 40.
Akerman, Num. Chronicle XIV 113.

Pyrrhus.

Avellino Bullettino Napolitano IV 73.
Luynes, Choix XIII 3—6 (grosse ℞ mit Kopf des Zeus von Dodona, und ℞ mit Thetis.)

Sestini, Museo Hedervar. IV 2 38.
Sestini, Fontana III 28.
Sestini, Lettere di continuazione IV 64 (Thesprotia, ist falsch nach VII 20.)
Rochette, Mém. de Num. et d'Archéologique. Mém. de l'institut XIV 2 234 darüber: Revue num. 1843 143.
Ferrara, Medaglie del Re Pirro coniate in Sicilia Palermo 1839 8⁰.
Mionnet, S. III 422 14 und 423 15 haben ΦΘΙΑΣ: Sestini cont. zur Antol. di Firenze LIII.
Mionnet S. III 424 25 sei Thebae: Sestini cont. zur Antol. Firenze LIII.
Mionnet II 64 21 und Suppl. III 421 9 nach Pembroke, ist falsch, siehe Pembroke Auct. Katalog No. 1489.
Mionnet S. III 417 397 ist nach Sestini Lettere cont. VII 20 falsch.
Millingen, Suppl. aux considérations II 7.
[Ueber das angebliche Pyrrhus-Portrait: Friedlaender, Archäol. Zeitung 35 131.]

CORCYRA.

Corcyra.
Annali 1846 165, Mon. IV Tfl. XXXI.
Bullettino 1847 76, 1850 13 (unbedeutend.)
Bullettino Napolitano VI 62.
Gerhard, arch. Zeitung 1848 274, 1849 92.
Dumersan, Allier de Hauteroche V 20.
Sestini, Museo Hedervar. IV 2 40.
Sestini, Descrizione di molte med. in più musei 68.
Chaudoir, Corrections 59.
Prokesch, in Bericht über die Verhandlungen der Berl. Akad. 1848 423.
Prokesch, in Abhandlungen der Berliner Akademie 1845 81.
Sestini, Fontana II 23, III 29.
Lavy I 144.
Welzl 3406 u. f.
Heideken 1236 (Æ ΦΙΛΩΝ Akrostolium.)
Mionnet S. III 440 123 habe ΑΡΙΣΤΩΝΟC: Sestini in der Cont. zur Antol. di Firenze LIII.
Accademia di Torino XXXIX (orti di Alcinoo.)
Cousinéry, ligue achéenne 81 162.
Mionnet II 69 12 und 13, S. III 429 23 und 24 scheinen nicht hierher zu gehören, vielmehr nach Corone Messeniae.
Mionnet II 73 57 hat nicht Argeus, sondern Agrius, Beiname des Aristaeus. Er hält auch nicht die Schlange, sondern das Rhyton.
[Mittheilungen der Berliner Num. Gesellschaft I 19 (nicht Pharus).]
M. Antonius und *Octavia*, Mionnet S. III 443 142 die Aufschrift der Vs. sei unverfälscht: Sestini in der Cont. zur Antol. di Firenze LIII.
Augustus, Mionnet S. III 443 143 sei Alexandria und ΚΘ zu lesen: Sestini in der Cont. zur Antologia di Firenze LIII.

Livia, Sestini Hedervar. IV 2 46.
Antonin. P., Sestini Hedervar. IV 2 46.
M. Aurelius, Sestini Hedervar. IV 2 46.
L. Verus, Sestini Hedervar. IV 2 47.
Commodus, Sestini Hedervar. IV 2 47.
Elagabalus, Revue belge 3. Serie IV 8.
Septimius Severus, Sestini Hedervar. IV 2 47.
Domna, Sestini Hedervar. IV 2 48.
Caracalla, Sestini Hedervar. IV 2 48.
    Sabatier 49 (Pegasus.)
Plautilla, Sestini Hedervar. IV 2 49.
    Lavy I 145.
Geta, Sestini Hedervar IV 2 49.
Diadumenianus, Mionnet S. III 451 205 sei Nicomedia, Sestini in der Cont. zur Antologia di Firenze LIII.

ACARNANIA.

Acarnania (κοινόν).

Mionnet S. III 454 7, 8, 9 sind Oeniadae: Sestini Cont. zur Antologia di Firenze LIII.
Sestini, Hedervar. IV 2 50.
Cadalvène 145.
Welzl 3558.
Cousinéry, Ligue achéenne 77, 131.

Actium [ältere Zutheilung].

Millingen, ancient coins 53.
Sestini, Hedervar. IV 2 21.
[Imhoof-Blumer, Münzen Acarnaniens 18 verweist diese Pegasos-Stateren mit Ⱥ nach Leukas].

Alyzia.

Millingen ancient coins 54 (Pegasus.)
Memoiren der arch. Gesellschaft zu St. Petersburg 1847 133 (Peg).
Sestini, Hedervar. IV 2 50.
Prokesch, in Bericht über die Verhandlungen der Berl. Akad. 1848 427.
Welzl 3559, 3560.
Cousinéry, ligue achéenne 137.
Bullettino Napolitano, nuova Serie III 170 und Minervini, Saggio di osserv. num. 1856 169 tav. V 10; [ist ein archaischer Stater von Korinth mit Ϙ, wo M. ΑΛΥΖΙΑ im Quadrat liest, sind zufällige Risse: Berliner Blätter 1868 136].

Anactorium.

Cousinéry, ligue achéenne 79, 134.
Mittheilungen der Berl. Num. Gesellschaft I 19.
Millingen, Sylloge 55.
Memoiren der arch. Gesellschaft zu St. Petersburg 1847 136 (Pegasus).

Sestini, Hedervar. IV 2 51.
Chaudoir, Corrections 59.
Prokesch, in Bericht über die Verhandlungen der Berliner Akademie 1848 427 (Pegasus.)
Lavy I 146.
Mionnet, S. III 457 23 nach Eckhel N. Vet., hat schon Eckhel D. II 185 verbessert; ebenda 24 sei Anaphe, und ebenda 25 habe ΑΝΑ ΛΥΣ und sei auch Anaphe: Sestini in der Cont. zu Antologia di Firenze LIII.

Argos Amphilochicum.

Gerhard, arch. Zeitg. 1847 147, 1849 92, 1850 252 (beschrieben als Argos Cretae), 1851 383.
Sestini, Hedervar. IV 2 51.
Prokesch, in Bericht über die Verhandlungen der Berliner Akademie 1848 427 (Pegasus.)
Lavy I 146.
Cousinéry, Ligue achéenne 139.
[Revue num. 1843 430, nicht Argos Cretae].

Heraclea.

Gerhard, arch. Zeitung 1847 147.
Sestini, Hedervar. IV 2 52.
Prokesch, in Abhandlung der Berliner Akademie 1845 81.
Welzl 3576.
Archaeologia XVI 1812 12.

Leucas.

Petrizzopulo, Saggio storico di Leucadia, Firenze 1814 8⁰.
Eckhel, Addenda 26.
Sestini, Museo Hedervar. IV 2 52; 2 21 (Æ Monogr.)
Sestini, Fontana III 29.
Chaudoir, Corrections 60.
Millingen, ancient coins 55.
Numismatic Chronicle VII 131.
Fiorelli, Osservazione 70, dazu Bullettino Napolitano II 101 und 125.
Bullettino Napolitano V 93.
Memoiren der Petersburger arch. Gesellschaft 1847, 138.
Dumersan, Allier de Hauteroche V 21, 22.
Cadalvène 147.
Prokesch, Bericht über die Verhandlungen der Berliner Akademie 1848 427.
Lavy I 147.
Welzl 3582 u. f., 3608.
Mionnet S. III 466 86 sei Oeniadae: Sestini in der Cont. zur Antologia di Firenze LIII.
Annali d'Inst. 1849 157 (mehrere Æ und Æ.)
Sestini, Descrizione 167 No. 2, danach Mionnet S. III 464 72 ist Lebedus: Mionnet III 140 585. Die Aufschrift heisst wohl ΛΟΡΚΩΝ nicht ΛΔΟΡΚΩΝ.
Cousinéry, ligue achéenne 82, 144.
Prokesch, Inedita S. 14 (Æ gewiss falsch zugetheilt.)
Thorwaldsen 371 (die gewöhnl. grosse Æ mit ΣΩΤΗΡΙΧΟΣ.)

* Medeon.
Revue num. 1869 175 Tafel VI 11.
Prokesch, Inedita 34 3.
Numismatische Zeitschrift (Wien) 1870 268.
Sestini, Descript. num. vet. 1796 Tfl. I 12.
Sestini, Lettere di continuazione VII 3 1.
Mionnet S. I 304 703 (irrig Metapont und Megara Sic. zugetheilt.)
Sestini, Lettere di continuazione VII 4 3.
[Imhoof-Blumer, Münzen Acarnaniens 140.]

Metropolis.
Sestini, Descrizione di molte med. in più musei 68.
Sestini, Hedervar. IV 2 55.
Streber zweite Fortsetzung der Geschichte des Münch. Münzkabinets 52.
Cousinéry, ligue achéenne 146.
[Alle Zutheilungen der Pegasos-Stateren bleiben unsicher, zu erwarten wäre die Form Ματρόπολις, und Monogramme aus MA, nicht die jüngere Form Μητρόπολις.]

Oeniadae.
Ersch und Gruber, Allg. Encycl. S. III Th. II 94.
Sestini, Hedervar. IV 2 55.
Sestini, Descrizione di molte med. in più musei 69.
Sestini, Fontana II 23, III 29.
Berliner Blätter für Münzkunde II 1, (die ℞ mit F.)
Mionnet S. III 471 126 ist nicht Oeniadae, sondern Acarnania.
Revue num. 1865 159 (℞ mit T.)

Palaerus.
Millingen, ancient coins 55 (Pegasos-Stater mit Æ, ganz unsicher, da die Zutheilung nur auf dem Monogramm beruht, [das zu dem Stadtnamen Πάλαιρος nicht passt.]
[Welzl 4230, irrig unter Pellene.]
Annali 1866 Th. 38 S. 333 (℞ klein, Pegasus mit dem Monogramm ᾼR.)

Phytia.
Annali 1866 Th. 38 S. 333 (℞ Pegasus, sehr zweifelhaft, da die Zutheilung nur auf Φ beruht.)

Sollium [ältere Zutheilung.]
[Die M. gehören nach Mysien.]

Stratos.
Eckhel, Doctrina II 187 und danach Mionnet II 85, aber siehe Mionnet VII 76 die Berichtigung.
Chaudoir, Corrections 60 (eine kleine ℞ mit einem Σ, also unsichere Zutheilung.)
Annali 1866 Th. 38 S. 334 (Æ Kopf des Acheloos ΣΤΡΑΤΙΩΝ).

Thyreum.
Cousinéry, ligue achéenne 148.
Mittheilungen der Berl. num. Gesellschaft I 19.
Gerhard, arch. Zeitung 1847 138.
Sestini, Museo Hedervar. IV 2 56.

Bullettino 1850 14.
Hunter 60 VI Seite 335 danach Mionnet S. III 474 142 ist offenbar Temenothyrae wie Mionnet IV 146 828, 829, 830.
Fox 80 (Æ Pallaskopf *Rf.* Chimära.)
[Revue num. 1843 430 und Sestini Hedervar. IV 2 149 vervollständigt bei Imhoof, Acarnanien 178: Pallask. r. ΘΥΡΡΕΙΩΝ *Rf.* Eule r. ΧΕΡ ΣΥΣ Æ.]

AETOLIA.

Aetolia.
Luynes, Choix IX 14, 15.
Sestini, Museo Hedervar. IV 2 57.
Chaudoir, Corrections 60.
Prokesch, Abhandlungen der Berliner Akademie 1845 81.
Lavy I 148.
Berliner Blätter für Münzkunde I 139 (Æ.)

(Calydon als Aeoleis.)
Sestini, Hedervar. IV 2 58 und Sestini Class. Gener. ed. II p. 44 (aber auch Aeolium p. 33.): es sind Münzen von Oeniadae.

Lysimachia?
Mittheilungen der Berl. Numismat. Gesellschaft I 19. [Korinth Colonialmünze Frauenkopf r. *Rf.* Pegasus r. ΛΥ]
Revue num. 1860 270 (Æ) [M. des Aetolischen Bundes, ΛΥ Beamtenname.]

(Naupactus.)
Sestini, Hedervar. IV 2 60, den Abbildungen nach wohl zu bezweifeln, die zweite ist wohl italisch, Paestum?
Alle bei Mionnet publicirten sind zweifelhaft. Die mit korinthischen Typen haben N, also Anactorium, die folgende (56) ist sicher falsch; 57 hat NA; 58 liegt mir vor und ist eine röm. Tessera.

(Nysaea.)
Streber, zweite Fortsetzung d. Gesch. d. Münch. Münzkab. 51 (ΝΥΣΑΙΩΝ) [Nysa Cariae?]

DORIS.

(Cytinium.)
Annali 1841 139, Mon. III 35 13 (ist Tiryns.)
Revue num. 1845 403.
Dumersan, Méd. inéd. 41 (Æ Dreifufs im Kranze, sie gehört nach Cyparissia in Messenien, Grote Münzstudien III 105.)

LOCRIS.

Locri.

Luynes, Choix IX 16. [Pegasos-Stater: Pallaskopf im carré creux K/. ᴀ Dyrrhachium?]
Sestini, Hedervar. IV 2 59.
Prokesch, in Abhandlungen der Berliner Akademie 1845 81. (Æ Pallask., Traube ΛΟΚΡ).
Numismatic Chronicle XIV 114. (Æ Pallaskopf; Traube ΛΟ).
Prokesch, in Bericht über die Verhandl. d. Berl. Akad. 1848 428. [Pegasos-Stater von Leukas.]
Sestini, Fontana III 30.
Millingen, ancient coins 55. [Pegasos-Stater: Locri Epizeph.]
Welzl 3655 [Pegasos-Stater: vielleicht Leukas]; 3656 [Pegasos-Stater: Locri Epizeph.]
Cousinéry, Ligue achéenne 77, [Pegasos-Stater mit ΛΟΚΡΩΝ: Locri Epizephyrii]; ib. 128, [Leukas.]
Fox 84 (Æ Amphora R/. Traube.)
Mionnet II 91 10 gehört sie hierher? Einige, auf die M.'s Beschreibung völlig passt, gehören sicher *Itanus*.
Numismatic Chronicle VIII 118 Æ 7: [Locri Epizephyrii, Brit. Museum Cat. of greec coins, Italy 368 36.]

Locri Epicnemidii.
Gerhard arch. Zeitung 1847 148 1848, 92.

Locri Opuntii.
Gerhard arch. Zeitung 1846 298 1847 148 ist Keos s. 1851, 383.
Ersch und Gruber, Allg. Encycl. S. III Th. IV p. 273, 294.
Sestini, Hedervar. IV 2 59.
Sestini, Descrizione di molte med. in più musei 69.
Chaudoir, Corrections 60.
Prokesch, in Abhandlungen der Berl. Akad. 1845 81.
Sestini, Fontana II 27.
Akerman Chronicle XIV 114.
Revue arch. IX 135 (Æ Vase R/. Stern, zweifelhafte Zutheilung.)
Bullettino dell' Inst. 1850 14 (unbedeutend.)
Combe, Mus. Brit. S. 123 No. 4 Tfl. VI 4 ist Corcyra, ein Exemplar der Kgl. Sammlung hat ΚΟΡ.
Thorwaldsen 348 (Æ Stehender Heros.)
[*Galba* und *Otho*, Berliner Blätter für Münzkunde V 166.]

Amphissa.
Sestini, Hedervar. IV 2 60.

(Myonia? Locri?)
Cousinéry, Ligue achéenne 82. (Pegasos Æ.).

Oeantheia.
I. N. Οἰκονομίδου Λοκρικῆς ἀνεκδότου ἐπιγραφῆς διαφώτισις. Corfù 1850.
L. Ross, Lokrische Inschrift von Chaleion oder Oiantheia, Leipzig 1854.

Scarphea.
Gerhard, archäologische Zeitung 1843 147.
Revue archéol. 1845 I 107.
Prokesch in Abhandlungen der Berliner Akademie 1845 82.

Tarphea.
Akerman, Numismatic Chronicle XI 58.

Thronium.
Akerman, Numismatic Chronicle IV 131.
Mittheilungen der Berliner Numismatischen Gesellschaft I 20.

PHOCIS.

Phocis.
Sestini, Hedervar. IV 2 61 ℞ Æ.
Cadalvène 148 ℞.
Sestini, Fontana III 30 ℞.
Fox 85, 86, (℞ mit Stierkopf und ⊕ im Qu., und ℞ mit T und 2 Kugeln im Qu. Rf. ⊕
Prokesch, Inedita S. 14 (℞ mit Helm, Æ mit Pallas.)
Gerhard, archäologische Zeitung 1849 92 Æ.
Denkschriften der Wiener Akademie I 331 (kl. Æ.)
Thorwaldsen 497 (Æ ΦΑΛΛΙΚΟΥ).
[Friedlaender, Zeitschrift für Num. I 296.]

Anticyra.
Dumersan, Méd. inéd. p. 35 (Poseidonkopf Rf. Artemis Æ.)
Revue num. 1843 247, 415 (dieselbe Münze.)
Akerman Numismatic Chronicle VI 124 (ganz ähnlich.)
Gerhard archäologische Zeitung 1843 147 (ist Aegina, berichtigt 1846 373.)
[v. Sallets Zeitschrift für Numismatik VI 15.]

Bulis.
Annali 1866 Th. 38 S. 335 (Æ Reiter.)

Delphi.
Zu Mionnet VI 636 158 vergl. VIII 111 unter Dalmium ℞ mit Ziegenkopf und ΔΑΛ.
Bröndsted, Reisen I Titelblatt, p. VI, p. 120.
Gerhard archäologische Zeitung 1846 298, 1847 94. Æ zweifelhaft; [nach Imhoof, Monnaies grécques 244: Kyzikos.]
Avellino Bullettino IV 41.
Sestini, Descrizione di molte med. in più musei 70.
Cadalvène 150 (Æ ⊙ Rf. Dreifuss.)
Luynes, Choix X 4 (℞ mit ΔΑΛ.)
Rathgeber in Ersch-Gruber Encycl. Sect. III Th. III 391.
Bullettino d. Inst. 1852 176 (der Neger) 1853 78 und 93 (ältere Münzen.)

Fox 87 (℞ Widderkopf *Rf.* ☉). Diese spricht sehr für die Zutheilung aller
M. mit. Widderkopf, da ☉ (als Omphalos auch auf Æ mit ΔΕΛΦΩΝ vor-
kommt, siehe oben Bröndsted und Cadalvène.
Revue num. 1860 270 (℞.)
Archäologische Zeitung 1856 190 (℞ Negerkopf.)
Numismatic Chronicle XVII 99. (℞ mit 2 Ziegenköpfen.)
[Revue num. 1869—70 149 Tetradrachmon.]
Numismatic Chronicle 2 Serie I 108 (℞ mit sitzendem Apoll vergl. Ca-
dalvène's von ihm selbst verdächtigtes Ex.)
Domitian., Sestini, Museo Hedervar. IV 2, 62.
Hadrian., Sestini Descrizione di molte med. gr. in più musei 70.
    Sestini, Chaudoir 55.
    Sestini, Museo Hedervar. IV 2 62.
    Sestini, Fontana II 27, III 30.
Revue belge 4 Serie I 138.
Faustina sen., Sestini, Museo Hedervar. IV 2 62.
    Sestini, Descrizione di molte med. gr. in più musei 70.
    Sestini, Lettere di continuazione V 11.
    Schlichtegroll, Annalen I 54.
    Mionnet VI 702 598, 599 vergl. VII 119.
Faustina sen. und *M. Galerius Antoninus*, Sestini, Lettere di continuazione
V, 11 (Mionnet VI 703 604.)

Elatea.

Prokesch, Abhandlungen der Berliner Akademie 1845 82. (Æ Stierkopf v.
vorn ΕΛ *Rf.* Pallas.)

Lilaea.

Akerman Numismatic Chronicle VI 124.

Medeon, Modeon.

Sestini, Lettere di continuazione VII 18 giebt die ℞ mit ΜΩΔΑΙΩΝ hier-
her, welche früher unter Pergamum standen Mionnet II 586 468. [Viel-
leicht ΜΩΔΑΛΩΝ zu lesen: Die Fabrik verweist die M. nach Kreta:
v. Sallet, Zeitschrift für Numismatik XII 359.]

BOEOTIA.

Boeotia (*κοινόν*).

Numismatic Chronicle VI 125.
Sestini, Hedervar. IV 2 63.
Allier de Hauteroche VI 1.
Cadalvène p. 152.
Welzl 3693 u. f. (Varianten.)
Sestini, Lettere di continuazione II 40 (ΘΙΩΝ und andere Namen.)
Hunter 13 IX, und danach:
Mionnet S. III 505 23, ist wohl Tarent?
Fox 88 (℞ 5 KLEE.)

Mionnet S. III 507 39 nach Haym, dessen Abbildung zeigt, dass dies nichts als eine der häufigen Überprägungen ist.
Prokesch, Inedita S. 14 (kl. ℞ mit B.)

Anthedon.
Die Münze mit A, welche Mionnet S. III 508 43 hat, wird auch Haliartus zugetheilt.

(Aspledon)
ist Sparadocus, s. Numismatic Chronicle VI 126.

Chaeronea.
Gerhard archäologische Zeitung 1847 148   1849 93.
Denkschriften der Wiener Akademie I 331 (℞.)

Copae.
Millingen, ancient coins 57.
Gerhard archäologische Zeitung 1848 274. (1851 384.)

Coronea.
Gerhard archäologische Zeitung 1847 148.
Millingen, ancient coins 57.
Sestini, Hedervar. IV 2 64.
Sestini, Fontana II 28, III 31.

Delium [ältere Zutheilung.]
Cadalvène p. 153.
Sestini, Hedervar. IV 2 64.

(Eleon.)
Cadalvène p. 154, aber vergl. Elea Epiri S. 169.

(Erythraé) [ältere Zutheilung.]
Akerman, Chronicle VI 127 (Borrell): Die Münzen Mionnet S. III 514 75 gehören nach Erythrae Joniae.)
Sestini, Hedervar. IV 2 64 [ist Orchomenos Boeot.]
Sestini, Descrizione di molte med. in più musei 71.
Eckhel, Addenda 26.
Mionnet VII 135. (Es werden die Münzen mit der Blume von Erythrae Joniae hierher gelegt, irrig.)
Revue num. 1860 270 (℞.) [Orchomenos Boeot.]

Haliartus, Ariartus.
Sestini, Descrizione di molte med. in più musci 71.
Cadalvène 157.
Sestini, Fontana III 31.
Prokesch in Abhandlungen der Berliner Akademie 1845 96.
Sestini in der Antologia di Firenze Bd. 14 XXXXI 83 und 88.
Mionnet S. III 508 43, Anthedon, mit A, könnte auch hierher gehören.
Revue num. 1860 270.

Hyla.
Mionnet S. III 515. Sestini sagt an der von Mionnet angeführten Stelle, es gebe eine gleiche mit ΑΛΛΑΛΙΑΙΤΩΝ. Es ist alles dunkel, gewiss eine falsche Zutheilung — etwa eine phönizische?

Lebadea.

Gerhard archäologische Zeitung 1843 148 (unsichere Attribution). 1848 274 (1851 384.)
Revue archéologique 1845 I 107.
Akerman Numismatic Chronicle I 248.
Prokesch in Abhandlungen der Berliner Akademie 1845 83.
Denkschriften der Wiener Akademie I 331.
Prokesch Inedita S. 14 (Æ mit Λ.)
Revue num. 1865 160 (Æ mit ΛΕ.)

Mycalessus.

Gerhard archäologische Zeitung 1846 302, 303.

Orchomenus.

Sestini, Fontana II 28 III 32 (Æ Stern.)
Streber, zweite Forts. der Geschichte des Münch. Münzkabinets 54 (Æ.)
Sestini, Lettere di cont. IV 66 zu Lettere di cont. II 27 (Æ.)
Millingen, ancient coins 56 (Ʀ Ross und Schild.)
Ersch und Gruber, allgem. Encycl. Section III Th. 4 p. 444.
Dumersan, Allier de Hauteroche VI 2 (Ʀ boeot. Schild.)
Hunter, Tafel 13 XII (grosse Ʀ mit ΕΡΧΟ.)
Mionnet S. VI 52 17 Eresus gehört hierher, siehe:
Archaeologische Zeitung 1843 148.
Abhandlungen der Berliner Akademie 1845 83 (ist Eresus vergl. Mionnet S. VI 52 14.)
Fox 89 (Ʀ Pferd Rf. drei Gerstenkörner.)
Prokesch Inedita S. 14 (Ʀ.)
Numismatic Chronicle XIX 236 (Æ ΟΡΧ.)
[Berliner Blätter IV 20, bei Sestini lettere VI 47 No. 1 irrig Parium.]
[Archäologische Zeitung 24 (1864) 133; 29 (1871) 79 ist *arkadisch*.]

Oropus cf. O. Atticae S. 187.

Pharae.

Sestini, Descrizione di molte med. in più musei 73.
Streber, zweite Forts. d. Gesch. d. Münch. Münzcab. 56 [ΦΕ und ΑΤ halbes Pferd, Weizenkorn; thessalisch.]
Welzl 3737 (Ʀ Pferdekopf Rf. Keule.)

Plataeae.

Gerhard arch. Zeitung 1846 298, 1847 128 und 148, 1849 93.
Revue num. 1843 250 dazu Gerhard arch. Zeitung 1847 128.
Millingen, ancient coins 58.
Sestini, Hedervar. IV 2 65.
Dumersan, Allier de Hauteroche VI, 3.
Sestini, Chaudoir 56.
Prokesch, in Bericht über die Verhandlungen der Berl. Akad. 1848 423.
Streber, zweite Fortsetzung der Geschichte des Münchener Münzkabinets 58.
Revue num. 1860 270 (Ʀ.)

Tanagra.

Cadalvène p. 158.
Dumersan, Allier de Hauteroche p. 45.
Gerhard, arch. Zeitung 1849 93.
Sestini, Chaudoir 56.
Sestini, Hedervar. IV 2 65.
Sestini, Descrizione di molte med. in più musei 74.
Akerman Numismatic Chronicle I 249 VI 127.
Prokesch in Abhandlungen der Berliner Akademie 1845 83.
Prokesch in Bericht über die Verhandlungen der Berl. Akademie 1848 423.
Sestini, Fontana II 28, III 32.
Welzl 3741 u. f.
Denkschriften der Wiener Akademie I 331 (Ӕ.)
Prokesch, Inedita S. 15 (Æ.)
Tiberius, Sestini, Chaudoir 56.
Germanicus, Sestini, Hedervar. IV 2 65.
Traian., Sestini, Hedervar. IV 2 65.
Antonin. P., Sestini, Descrizione di molte med. in più musei 74.
    Sestini, Hedervar. IV 2, 66.
M. Aurel., Sestini, Hedervar. IV 2, 66.
    Sestini, Descrizione di molte med. in più musei 74.
    Dumersan, Allier de Hauteroche VI 7.
Faustina, Streber, zweite Fortsetzung der Gesch. des Münch. Münzcab. 59.

Thebae.

Akerman Num. Chronicle VI 128.
Gerhard arch. Zeitung 1846 269 1847 126.
Millingen, ancient coins 58 (Ӕ und Æ.)
Bullettino 1843 106.
Sestini, Hedervar. IV 2 66.
Sestini, Descrizione di molte med. in più musei 74.
Dumersan, Allier de Hauteroche p. 46 Tafel VI 4—6.
Cadalvène p. 161.
Sestini, Fontana II 28, III 32.
Prokesch, in Bericht über die Verhandl. der Berliner Akademie 1848 423.
Eckhel, Addenda 26.
Welzl 3747 u. f.
Sestini, Lettere di continuazione V 12.
Prokesch, Inedita S. 15 (kl. Ӕ mit ⊙, Æ mit Magistrats-Namen.)
Revue num. 1860 270 (Ӕ.)
Revue num. 1863 234 (Æ.)
[*Galba*, Berliner Blätter für Münzkunde V 167.]
Traian., Sestini, Hedervar. IV 2 67.

Thespiae.

Gerhard, arch. Zeitung 1849 93.
Sestini, Descrizione di molte med. in più musei 75.

Sestini, Hedervar. IV 2 68.
Dumersan, Allier de Hauteroche VI 8.
Akerman, Numismatic Chronicle I 249.
Sestini, Fontana II 29.
Vespasian., Sestini, Hedervar. IV 2 68.
Domitian., Sestini, Hedervar. IV 2 68.
    Sestini, Chaudoir 57.
M. Aurel., Welzl 3763.

Thisbe Boeot.
Mionnet S. III 535 dazu Minervini intorno le medaglie dell' antica Dalvon, Napoli 1852 (siehe Arch. Zeitung 1853, Anzeiger 289 nr. 58.)

Incerti Boeotiae.
Bröndsted, Reisen I p. 118.
Gerhard, arch. Zeitung 1846 298.

ATTICA.

Athen.
Beulé, monnaies d'Athènes, Paris 1858 4⁰.
Rathgeber, 99 Münzen der Athenaier, Weissensee in Thüringen, 1858 4⁰.
Discorso delle monete d'Atene, Mém. de l'acad. de Turin Tom. III 1807 Fevr. 28.
Arneth, M. von Athen im K. K. Münzkabinet zu Wien. Wiener Jahrbücher 82 Band 1838 Anzeigeblatt 28.
v. Prokesch, die M. Athens, Abhandl. d. Berl. Akad. Phil.-hist. Kl. 1848 1.
Cavedoni Osservazioni sopra le monete di Atene, Modena 1836. Aus Mem. di relig. Cont. V 1836 S. 321. Dazu Bullettino 1837 142.
Walpole Mem. relating to European and Asiatic Turkey p. 425. (The ruins of Laurium, gold and silver coinage of Athens.)
Attische Gewichte, Pinder und Friedlaender Beitr. I 61.
Eintheilung des Obolus, Revue archéol. III 305, 401.

Urälteste Münzen (Silber.)
Cousinéry Voyage II 125, 130.
Mionnet II 113 15, VII Tafel L No. 1 wird von Dumersan, Allier d. Haut. S. 32 Tafel IV 21 Neapolis Macedoniae zugetheilt.
Münzstudien II S. 484 Tfl. 31 (ob Athen?) vergl. Aegypten.
Revue numism. 1856 345 (Solon und Pisistratus.)
Annali 1866 (38) 335 (Æ halbes Ross *Rf.* Quadrat incus.)

Goldmünzen.
Luynes, Choix IX 19.
Dumersan, Allier de Hauteroche 47.
Welzl 3764 (osselet *Rf.* aire en creux.)
Cadalvène 163.
Hussey, Essay on ancient weights Seite 88 (führt mehrere auf.)
Beulé in den Mém. de la Société des Antiquaires de France, Band XXIII 305.

Revue num. 1863 176.
[v. Sallet's Zeitschrift V 3 *N*; IV 9 *N* aus der Zeit des Mithradates.]
Goldbracteat, Revue belge I 364. (Ein ebensolches Stück ist in der Kgl. Sammlung, es ist keine Münze, sondern ein Zierrat.)

Silbermünzen.
Dekadrachmen.
Sestini, Descrizione di molte med. gr. 76.
Bröndsted, Reisen II 189, 304.

Tetradrachmen.
Sestini, Hedervar. IV 2 68.
Köhne, Zeitschrift III 23.
Annali 1838 31 Monum. II Tafel 56 (12 ined. Tetradr.)
Sestini, Fontana III 32.
Tychsen de numo Ath. tetradrachmo. Comment. Soc. Gotting. recentiores. Vol. V 1821, S. 289.
Lavy I 153.
Welzl 3785 u. f.
Prokesch in Bericht über die Verhandlungen der Berliner Akademie 1848 423 (Viele Tetradrachmen mit Namen.)
Prokesch, Abhandlungen der Berl. Akademie 1845 84 (einige Tetradr.)
Luynes, Choix IX 20—22.
[v. Sallet's, Zeitschrift für Num. XI 49.]

Magistrate.
Bullettino 1837 202, 1838 185.

Einzelne Typen.
Selene Charinautes, Annali 1840 201 [Panofka.]
Venus Colias, Revue num. 1838 166, [die richtige Erklärung schon bei Combe Mus. Hunter, das Tempelbild des Delischen Apollon von Tektaios und Angelion; zur Seite r. und l. ein Greif: Archäol. Zeitung 40 332.]
Harmodius und Aristogiton, Mionnet II 125 144, abgebildet Stackelberg Gräber der Hellenen, Vignette (die Beamtennamen ΜΕΝΤΩΡ ΜΟΣΧΙΩΝ.)
Stephanophoros, Revue num. 1857 90.

Æ kleinere.
Sestini, Hedervar. IV 2 68.
Dumersan, Allier de Hauteroche VI 9.
Bröndsted, Reisen II 189, 304.
Lavy I 153 u. f.
Revue num. 1843 424 (weiblicher Doppelkopf *Rf.*, Athenakopf im Quadrat cf. Hunter 10 XXVI und Beulé S. 52.)
Akerman, Num. Journal I 42 (Nike.)
Gerhard, archäologische Zeitung 1846 268, 299.
Abhandlungen der Berliner Akademie 1845 84 (Prokesch.)
v. Prokesch Inedita S. 16.
Revue num. 1860 271 (Trihemiobolion mit zwei Eulen.)
Badeigts N. 278 (Eule *Rf.* Schild?)

Kupfermünzen.

Beginn der Prägung (Ol. 93, 4 und 94, 2): Archäol. Zeitung 1861 193*.
Revue num. 1851 107.

Sestini, Descrizione di molte med. 76.
Sestini, Hedervar. IV 2, 68.
Cadalvène 163.
Sestini, Fontana II 29 III 32.
Bröndsted, Reisen II 189, 304.
Lavy I 153 u. f.
Welzl 3876.
Prokesch in Bericht über die Verhandl. der Berl. Akademie 1848 423.
Gerhard, arch. Zeitung 1843 152 und 1846 374 1846 268.
Annali 1839 275 Tafel R 4.
Revue num. 1851 107.
Abhandlungen der Berliner Akademie 1845 84 (Prokesch.)
Fox 90 (Zweig).
Fox 91 (Hermes mit Heroldstab.)
Fox 92 (Dreifuss mit zwei Stierköpfen und zwei Zweigen.)
Prokesch, Inedita S. 17 (verschiedene Æ.)

Einzelne Typen.

Monumenti dell' Instituto VI Tfl. XXIII (Æ mit Athena und Marsyas) ebenso:
[Friedlaender, Zeitschrift für Numismatik VI 216.]
[Friedlaender, Zeitschrift für Numismatik V 4 (Eirene-Plutos).]
Leake, Topography of Athens, Titelkupfer und S. 57 (Darstellungen der Akropolis.)
Bröndsted, Reisen II S. XXIII (das Pariser Ex.) und S. 291.

Aegosthenae.

Septimius Severus, Annali S. 336.
Geta, Annali 1866 S. 336.

(Anaphlystus.)

Die hierher gegebenen Münzen, welche Pinder Num. ined. 6 Prenassus zutheilte, gehören nach Perga, Num. Chron. VI 128, IX 159, Revue 1853 33.

Eleusis.

Mionnet S. III 586 364 gehört nach Elaeusa ins. ad Ciliciam.

Megara.

Gerhard arch. Zeitung 1846 269.
Cadalvène 167.
Sestini, Hedervar. IV 2 76.
Dumersan, Allier de Hauteroche VI 10.
Sestini, Descrizione di molte med. in più musei 77.
Prokesch in Bericht über die Verhandl. der Berl. Akademie 1848 425.
Lavy I 156.

Antonin. P., **Sestini**, Descrizione di molte med. in più musei 77.
    Gerhard, archäologische Zeitung 1843 148.
    Sestini, Hedervar. IV 2 77.
M. Aurel., **Sestini**, Hedervar. IV 2 77.
L. Verus, **Annali** 1833 261.
    Revue belge 3 Serie IV 8.
Commodus, **Sestini**, Descrizione di molte med. in più musei 77.
    Sestini, Hedervar. IV 2 77.
Septimius Severus, **Sestini**, Chaudoir 57.
    Sabatier 52 (Ceres.)
Domna, **Sestini**, Hedervar. IV 2 77.
    Sestini, Descrizione di molte med. in più musei 77.
Caracalla, **Sestini**, Descrizione di molte med. in più musei 77.
    Gerhard, archäologische Zeitung 1843 148.
    Sestini, Hedervar. IV 2 78.
Prokesch, in Abhandlungen der Berl. Akademie 1845 85.
    Welzl 3919.
    Revue belge 3 Serie IV 8.
Geta, **Sestini**, Hedervar. IV 2 78.
    Sestini, Descrizione di molte med. in più musei 77.

Oropus?

(Lage der Stadt: Bullettino 1839 93.)
Akerman, Numismatic Chronicle VI 129 [Borrell — 2 Ex. in der Sl. der Bank of England; jetzt Brit. Mus.]
Sestini, Descrizione di molte med. in più musei 72.
Cadalvène 168.
Prokesch Inedita S. 15.
Es giebt mehrere Städte des Namens in Kleinasien usw. Die Münzen sind nicht attisch [*späterer Zusatz.*]

Pagae.

Commodus, **Streber**, Num. nonn. gr. 147.
    Sestini, Hedervar. IV 2 78.
    Sestini, Descrizione di molte med. in più musei 78.
    Sestini, Fontana III 33.
Septimius Severus, **Sestini**, Hedervar. IV 2 78.
    Eckhel D. N. II 225 führt nach Frölich eine Münze mit Demeter $\mu\alpha\lambda o\varphi o\varrho o\varsigma$ an, allein Frölichs Abbildung zeigt Artemis mit dem Hirsch.

INSELN BEI ATTICA.

Aegina.

Millingen, ancient coins 59.
Gerhard, archäologische Zeitung 1843 147 und 1846 373 (irrig als Anticyra.)
Sestini, Hedervar. IV 2 79.
Sestini, Descrizione di molte med. in più musei 78.

Cadalvène p. 171.
? Sestini, Chaudoir 58, vergl.:
Chaudoir, Corrections 54 (gehört eher Amphipolis.)
Lavy I 157.
Welzl 3923 u. f.
Heideken 1475 (Æ behelmter Kopf Rſ. A Kugel 2 Delphine.)
Prokesch Inedita S. 17 (Æ Anima.)
Grote, Münzstudien II 490 (wunderliche kleine Æ mit Nike und angeblich ΑΙΓΙ.)
[v. Sallets Zeitschrift für Num. IX 2.]
[Archäologische Zeitg. 29 79 mit ΑΙΑΚΟC; die Zutheilung bleibt unsicher.]
Septimius Severus, Gerhard archäologische Zeitung 1843 148.
    Sestini, Hedervar. IV 2 80.
    Prokesch, in Abhandlungen der Berliner Akademie 1845 85.
    Eckhel, Addenda 27.
Domna, Sestini, Fontana II 30, III 34.
Caracalla, Sestini, Fontana III 34.
Plautilla, Sestini, Hedervar. IV 2 80.
    Nota di alcune med. della collez. Mainoni n. 2.
    Gerhard arch. Zeitung 1843 148 n. 18 [n. 19 viell. Aegae Aeol.]
    Prokesch, in Abhandlung der Berliner Akademie 1845 85.
    Sestini, Fontana III 34.
    Mionnet S. III 603 63 ist wohl Aegira Mionnet S. IV 22 130. Auch Mionnet S. III 603 65 ist vielleicht Aegira?
[*Geta*, Berliner Blätter V 10.]

(Minoa ins. ad Megaram. vergl. Minthe Elidis.)
Paula, Sestini, Fontana III 33 abg. II tab. 10 n. 13 [Artemis ΜΙΝΟΗΤΩΝ Minoa Amorgi; s. Lambros, Νομίσματα τῆς νήσου Ἀμοργοῦ S. 17 Tfl n. 24.]

Salamis.

Bröndsted, Reisen II 249 und 312.
Schlichtegroll, Annali I 63.
Bullettino 1835 186, 188.
Chaudoir, Corrections 61.
Eckhel, Addenda 27.
Caracalla, Welzl 3965.

PELOPONNESUS.

ACHAIA.

(Achaia in genere.)

M. Aurel., Magnoncour 281 irrig, das Ex. selbst ist in der Königl. Sammluug, es ist die Münze von Eumenia Phrygiae M. IV 294 571.
Septimius Severus, Mionnet II 160 100 ist Nicaea, siehe Mionnet S. V 109 593 Anm.

Foedus Achaicum.

Sestini, Hedervar. IV 2 81.
Akerman, Num. Journal II 38.
Sestini, sopra le med. ant. d. confederazione degli Achei. Milano 1817, 4.
Cousinéry, Essai sur les monn. d'argent de la ligue Achéenne. Paris 1825, 4.
Prokesch, in Bericht über die Verhandlungen der Berliner Akademie 1848 426. (Viele Varietäten ohne Angabe der Städte.)
Welzl 3968 u. f. (Varietäten.).

Aegira Achaia.

Sestini, Hedervar. IV 2 82.

Aegium Achaia.

Sestini, Descrizione di molte med. in più musci 81.
Sestini, Hedervar. IV 2 82, 85.
Sestini, Fontana III 34.
Lavy I 158.

Alea Arc. [s. auch Elis S. 190.]

[v. Sallets Zeitschrift für Num. 2 162.]

Alipheira Arc.

Millingen, Sylloge 60.

Antigonea (Mantinea) Arc.

Prokesch, in Abhandlungen der Berliner Akademie 1845 86.
[Welzl 3989.]

Argos Arg.
Sestini, Hedervar. IV 2 83.

Asea Arc.
Sestini, Hedervar. IV 2 82.

Asine Arg.
Sestini, Hedervar. IV 2 83.

[Callista Arc.
v. Sallets Zeitschrift für Num. 9 258 ergänzt Eckhel D. N. II 233.]

Caphyae Arc.
Sestini, Hedervar. IV 2 84.

Cerynea.
Hat etwa das von Haym beschriebene Ex. statt ΚΑΡΙΝΟΙΩΝ (sic) ΚΟΡΙΝΘΙΩΝ?
Sestini, Confed. degli Achei p. 28 spricht zwar von einem anderen Ex. aber sagt nicht, dass er es gesehen habe. Vergl. Eckhel Addenda p. 27, wo dieselbe Berichtigung schon gemacht wird.
[Numismatic Chronicle 1866 31: ΑΧΑΙΩΝ ΚΑΡΥΝΕΩΝ; Athen (Univ.).]

Charisia Arc. [irrige Zutheilung.]
Mittheilungen der Berliner num. Gesellschaft I 21 [ist Megalopolis.]
Akerman Chronicle XIV 114 siehe XV 218 [ebenso.]

Cleonae Arg.
Welzl 3983 (Æ.)

[Clitor Arc.
v. Sallets Zeitschrift für Num. 9 260.]

Corinth Ach.
Eckhel, Addenda 27.
Sestini, Lettere di continuazione V 13.
Combe, Museum Brit. VII 15 (Æ.)

Corone Mess.
Sestini, Hedervar. IV 2 83.

Dipaea Arcad.
Revue num. 1860 271 (Æ.)

Dyme Ach.
Prokesch, in Abhandlungen der Berliner Akademie 1845 87.

* Elis.
Sestini, Hedervar. IV 2 84 [ΑΛΕΙΩΝ.]
Sestini, Lettere IX 23 [gl. Aufschrift; nicht Alea.]
Prokesch, in Abhandlungen der Berliner Akademie 1845 86.
Mionnet S. IV 8 41 ist ohne Zweifel nur ein schlecht erhaltenes Ex., ΥΡΩΚΥΛΟΥ irrig, [dafür zu lesen ΘΡΑCΥΛΕΩΝ].

Elisphasii.
Monatsberichte der Berliner Akademie 1855 351.
Revue num. 1860 271 und
[Numismatic Chronicle 1864 91 (das Ex. der Sl. Prokesch).]

Epidaurus Arg.
Sestini, Hedervar. IV 2 84 (Æ.)
Sestini, Descrizione di molte med. in più musei 80.
Sestini, Lettere di continuazione IX 114 Tafel III 4 (Æ.)

(Eua Arc.? es ist falsche Lesung.)
Sestini, Hedervar. IV 2 84 [Elis Æ.]
Welzl 3990 Æ [irrige Lesung bei mangelh. Erhaltung.]
Welzl 3989 [ist Antigoneia Ӕ.]

Gortys Arcad.
Revue num. 1860 271 (Æ.)
Annali 1861 137.
Numismatic Chronicle XIX 235.

Heraea Arc.
Dumersan, Allier de Hauteroche p. 53 (Æ.)
Revue num. 1860 271 (Æ aber ?)

Hermione Arg.
Sestini, Hedervar. IV 2 84 (Æ.)

[Hypana El.
v. Sallets Zeitschrift für Numismatik 2 257 (Æ).]

Lacedaemon.
Prokesch, in Abhandlung der Berliner Akademie 1845 86 (Ӕ.)

[Lusi Arc.
v. Sallets Zeitschrift für Num. 2 165 (Æ).]

Megalopolis.
Prokesch, in Abhandlung der Berliner Akademie 1845 86.

Megara Att.
Sestini, Fontana II 29, III 33 (Æ.)
Sestini, Lettere di continuazione V 13 (Æ.)

Messene.
Sestini, Hedervar. IV 2 83 Æ.
Sestini, Descrizione di molte med. in più musei 81.
Welzl 3992 (Ӕ.)

Methydrium.
Annali 1866 Th. 38 S. 337 (Æ.)

Orchomenos Arc.
Prokesch, in Abhandlung der Berliner Akad. 1845 86 (Ӕ.) [irrige Zutheilung.]

Pagae Att.
Sestini, Hedervar. IV 2 85 (Æ.)
Lavy I 158.

Pallanteum Arc.
Sestini, Descrizione di molte med. in più musei 81.
Combe, Mus. Britt. VIII 6.
[Welzl 3999 Æ.]

Patrae.
Lavy I 158 1782 1783.
Welzl 3995.

Pellene, Ach.
Sestini, Hedervar. IV 2 82.

Pheneus Arc.
Revue num. 1860 271 (Æ.)

Phialea, Phigalea Arc.
Sestini, Hedervar. IV 2 84 (Æ.)

Phlius Ach.
Sestini, Hedervar. IV 2 83.
Sestini, Fontana III 39.
Prokesch, in Abhandlungen der Berliner Akademie 1845 86.

Sicyon Ach.
Sestini, Hedervar. IV 2 83.

Stymphalus Arc.
Sestini, Hedervar. IV 2 85 (Æ.)
Sestini, Lettere IX 23.

Tegea Arc.
Sestini, Hedervar. IV 2 85.
Sestini, Descrizione di molte med. in più musei 80.
Prokesch, in Abhandlung der Berliner Akademie 1845 86.

[Teuthis Arc.
v. Sallets Zeitschrift für Num. 2 165 (Æ).]

Thelpusa Arc.
Sestini, Fontana I 75, II 33, III 46 (Æ.)

Thisoa Arc.
Sestini, Hedervar. IV 2 85 (Æ.)
Sestini, Lettere III 136 IX 23.

Aegira.
Akerman, Chronicle XIV 114.
Badeigts N. 275 (Æ ΠΡΟΘΥ.)

Septimius Severus, Sestini, Hedervar. IV 2 85.
    Sestini, Descrizione di molte med. in più musei 81.
    Sestini, Lettere di continuazione VIII 2.
Domna, Sestini, Lettere di continuazione VIII 2.
Plautilla, Streber, zweite Forts. der Gesch. des Münchener Münzkabinets 60.
    Sestini, Lettere di continuazione VIII 2.

[Aegae
Friedlaender, v. Sallet's Zeitschrift für Num. V 5.]

Aegium.
Gerhard, arch. Zeitung 1849 93.
Bullettino, 1843 108.
Sestini, Hedervar. IV 2 85.
Prokesch, in Abhandlungen der Berliner Akademie 1845 87.
Streber, zweite Fortsetzung der Geschichte des Münch. Münzkabinets 61.
Welzl 4006 (ΗΜΙΟΒΕΛΙΝ Artemis.)
Hadrian., Sestini, Descrizione di molte med. in più musei 82.
    Sestini, Hedervar. IV 2 86.
Antoninus P., Sestini, Fontana III 34.
M. Aurel., Dumersan, Allier de Hauteroche p. 49.
    Sestini, Fontana III 35.
    Welzl 4011.
Commodus, Sestini, Descrizione di molte med. in più musei 82.
    Sestini, Hedervar. IV 2 86.
Commodus und *Crispina*, Sestini, Fontana III 35.
Sept. Severus, Köhne, Zeitschrift III 24.
    Sestini, Fontana III 35.
Caracalla, Sestini, Fontana III 35.
    Lavy I 158.
Plautilla, Sestini, Fontana III 35.
Geta, Sestini, Fontana III 35.
    Welzl 4013.

Bura.
Geta, Archaeologische Zeitung 1843 149 1847 138.
    Prokesch, in Abhandlungen der Berliner Akademie 1845 87.

Corinthus.
Cousinéry, Ligue achéenne.
Sestini, Hedervar. IV 2 90.
Chaudoir, Corrections 61.
Numismatic Chronicle XIV 115.
Dumersan, Allier de Hauteroche VI 12—13.
Lavy I 158.
Luynes Choix IX 18.
Memoiren der archäol. Gesellschaft in S. Petersburg 1847 128 (Pegasus.)
Prokesch in Abhandlungen der Berliner Akademie 1845 1.
Sestini, Fontana III 36.
Memoiren der archäol. Gesellschaft in S. Petersburg 1847 121 (Fund von
    M. mit dem Pegasus.)

Welzl 4017 f.
TPIH (siehe auch Tirida Thrac. und Trieres Maced. oben S. 149):
Numismatic Chronicle 2 Serie XI 162.

Corinth im Bund mit Phocis [?]
Bullettino 1848 50.

Laus Julia Corinthus.
Revue 1839 340 vergl. 464 und 1852 208 (Æ und Æ mit Füllhorn und Q.)
Welzl 4089 (Æ.)
Bullettino Napolitano, nuova serie II 42.
Numismatic Chronicle XIX 232 (Æ, SE Jüngling mit zwei Rudern.)
Mionnet S. IV 52 352 hat P. AEBVTIO SP. F usf. und auf der Ks. PRF ITER auf einem Ex. der Breslauer Universität.
Gerhard, archäol. Zeitung 1843 149   1846 299   1848 275 dazu 1850 197   1851 384.
Sestini, Hedervar. IV 2 86.
Revue num. 1851 402 (e. M., die früher für Eriza galt.)
Akerman, Num. Chronicle XIV 115.
Lavy I 160.
Sestini, Lettere di continuazione VII 20 (läugnet d. M. mit INSTIGATVS.)
Sestini, Lettere di continuazione IX 5.
Katalog Heideken 1594 (Æ COR Pegasus Rf. P. Aebutio usw.)
Numismatic Chronicle XIX 229 (Æ Löwin auf e. Widder stehend.)
Sestini, Fontana III 36.
Annali 1839 275 Tafel R 3.
Sestini, Descrizione di molte med. in più musei 82.

Corinth. (Kaisermünzen.)
Caesar, Sestini, Hedervar. IV 2 93.
Caesar und *Augustus*, Sestini, Hedervar. IV 2 93.
M. Antonius, Sestini, Hedervar. IV 2 93.
Augustus, Sestini, Hedervar. IV 2, 93.
Mionnet II 172 183 ist Caligula und hat gewiss C. CAESAR AVGVST
Augustus, mit *Caius* und *Lucius*, Sestini, Hedervar. IV 2 94.
Livia, Sestini, Hedervar. IV 2 94.
Agrippa, Gerhard, arch. Zeitung 1843 149.
Sestini, Hedervar. IV 2 94.
Caius und *Lucius*, Sestini, Descrizione di molte med. in più musei 82.
Sestini, Fontana III 36.
Tiberius, Sestini, Fontana III 36.
Sestini, Hedervar. IV 2 95.
Drusus, Sestini, Fontana III 37.
Germanicus und *Caligula* Moustier 363.
Germanicus, Numismatic Chronicle XIV 115.
Borghesi Osservazioni XV 3 (Vipsanius.)
Sestini, Hedervar. IV 2 95.
Mionnet II 174 198 ist Caligula.

Agrippina sen., *Nero* und *Drusus*, Sestini Fontana III 37.
Sestini, Lettere di continuazione I 97.
Caligula, Borghesi Osservazioni XV 3 *(Vipsanius)*.
Sestini, Hedervar. IV 172 183 hat gewiss C. CAESAR AVGVST und ist Caligula, Mionnet II 174 198 ist auch Caligula.
Claudius, Sestini Fontana III 37.
Sestini, Hedervar. IV 2 95.
Claudius Nero und *Drusus*, Sestini Fontana III 37.
Claudius und *Messalina*, Sestini, Hedervar. IV 2 96.
Claudius Nero und *Britannicus*, Sestini Fontana III 37.
Nero, Sestini, Hedervar. IV 2 96.
Cadalvène 175.
Galba, Akerman, Chronicle XIV 115.
Sestini, Hedervar. IV 2 97.
Otho, Köhne, Zeitschrift III 26 (diese Münze ist falsch, die Vorderseite mit dem Grabstichel verfälscht.)
Domitianus, Millingen, ancient coins 59.
Sestini, Chaudoir 58.
Akerman, Numismatic Chronicle XIV 115.
Welzl 4152.
Sestini, Hedervar. IV 2 97.
Traianus, Sestini, Fontana III 38.
Sestini, Hedervar. IV 2 98.
Hadrianus, Revue num. 1868 133 mit LECH CENCH.
Millingen, ancient coins 59.
Revue belge 3 Serie IV 9.
Akerman, Numismatic Journal I 42.
Sestini Fontana III 38.
Lavy I 161.
Welzl 4162, 4163.
Sestini, Hedervar. IV 2 98.
Sabina, Sestini, Hedervar. IV 2 99.
Antoninus P., Akerman, Numismatic Journal I 42.
Sestini Fontana III 38.
Akerman, Chronicle XIV 115.
Sestini, Hedervar. IV 2 99.
Magasin encyclopédique 1810 III 250.
M. Aurelius, Sestini, Chaudoir 58.
Chaudoir, Corrections 61.
Gerhard, archäol. Zeitung 1843 149.
Sestini, Fontana III 38.
Prokesch in Abhandlungen der Berliner Akademie 1845 87.
Sestini, Hedervar. IV 2 100.
L. Verus, Sestini, Descrizione di molte med. in più musei 83.
Akerman, Numismatic Chronicle XIV 116.
Welzl 4169.
Sestini, Hedervar. IV 2 102.

Commodus, Sestini, Descrizione di molte med. in più musei 83.
    Köhne, Zeitschrift III 28.
    Welzl 4172, 4173.
    Sestini, Hedervar. IV 2 103.
Septimius Severus, Millingen, Sylloge 56.
    Millingen, ancient coins 60.
    Sestini, Fontana III 38.
    Akerman, Numismatic Chronicle XIV 116.
    Lavy I 162.
    Welzl 4177, 4179.
    Sestini, Hedervar. IV 2 104.
Septimius Severus und *Caracalla,* Sabatier 71 (Neptun).
Domna, Sestini, Fontana III 38.
    Welzl 4182, 4183.
    Sabatier 70 (Artemis).
    Sestini, Lettere di continuazione IX 6.
    Sestini, Hedervar. IV 2 105.
    Revue belge 3. Serie IV 9.
Caracalla, Sestini, Chaudoir 59.
    Welzl 4185, 4186.
    Sestini, Hedervar. IV 2 106.
    Cadalvène 175.
    Prokesch, Abhandlungen der Berliner Akademie 1845 87.
Plautilla, Welzl 4189.
    Sestini, Hedervar. IV 2 106.
Geta, Sabatier 72 (Melikertes).
    Sestini, Hedervar. IV 2 107.

Dyme.

Revue numismatique 1845 402.
Akerman, Numismatic Chronicle VI 129.
Annali 1841 138, Mon. III 35 12.
[Prokesch in Bericht der Berliner Akademie 1848 429 (Æ Pallaskopf;
    Rf. Monogramm aus ΔΥ Fisch im Kranz).]
Augustus, Prokesch in Abhandlungen der Berliner Akademie 1845 88.
    [Friedlaender, Arch. Zeit. 1861 165.
    Imhoof-Blumer, Monnaies grecques 165].

Helike.

Archäologische Zeitung 1861 S. 163.
Annali 1861 352.
Numismatic Chronicle 2. Serie I 216.
[Sallet's Zeitschrift für Numismatik V 6, VII 361].

Patrae.

Lavy I 162.
Gerhard, Archäologische Zeitung 1846 299 (Apamea Phryg.?).
Sestini, Hedervar. IV 2 108.

Prokesch in Bericht über die Verhandlungen der Berl. Akademie 1848 428.
Æ 3; [Frauenkopf R/. Pegasos; wohl Korinth.]
Mionnet VI 651 267, vergl. VII 115.
Welzl 4198, 4199.
Martini, antiquorum monumentorum Sylloge (Lipsiae 1787), darin de nummo Patrensium et de Diana Laphria.
Indulgentiae Aug. moneta impetrata, Mionnet II 192 326. Patrae hat auch bei Domitian (K. Münzk.) TR P V, also römischen Titel.
Cleopatra, Mionnet S. IV 134 907 nach Sestini; zu dieser Münze vergl. Mionnet S. VII 645 59 nach Vaillant (Num. gr. Imp. S. 18) irrig beschrieben. Nach der Schwefelpaste so: ΠΟΠΠΑΙΑ ΣΕΒΑΣΤΗ Kopf der Poppaea r. R/. Lotusblume und zwei Ähren, daneben Π (E?), von einem Kranz umgeben, lettere di continuazione IV 67.

Augustus, Sestini, Hedervar. IV 2 109
Claudius, Sestini, Hedervar. IV 2 109.
Agrippina, Sestini, Hedervar. IV 2 109.
Nero, Nota di alcune med. d. collez. Mainoni n. 12.
    Sestini, Hedervar. IV 2 109.
    Sestini, Lettere di continuazione IV 68.
Domitian, Sestini, Hedervar. IV 2 109.
    Welzl 4215.
Hadrian, Sestini, Descrizione di molte med. in più musei 88.
    Sestini, Hedervar. IV 2 110.
Sabina, Sestini, Hedervar. IV 2 110.
    Sestini, Lettere di continuazione IX 7.
M. Aurel., Streber, Numismata nonn. ined. 155.
    Sestini, Descrizione di molte med. in più musei 88.
    Welzl 4220.
    Sestini, Lettere di continuazione V 14.
    Greppo 674.
L. Verus, Sestini, Hedervar. IV 2 111.
    Welzl 4221.
Commodus, Sestini, Hedervar. IV 2 111.
Commodus, Millingen ancient coins 61.
    Sestini, Descrizione di molte med. in più musei 88.
Septimius Severus, Sestini, Descrizione di molte med. in più musei 88.
    Sestini, Hedervar. IV 2 112.
    Sestini, Fontana III 39.
    Sestini, Lettere di continuazione V 14.
Domna, Akerman, Num. Journal I 42.
    Welzl 4224.
Caracalla, Sestini, Hedervar. IV 2 112.
Plautilla, Sestini, Hedervar. IV 2 113.

(Peirae.)
Payne Knight p. 14 irrig. Die M. gehören nach Amisus, siehe Sestini, Lettere I 89 und Mionnet S. IV p. 433.

Pellene.

(Einige Münzen sind früher Pella Pelinna Peparethus zugetheilt worden.)
Numismatic Chronicle II 237 über die Zutheilung dieser M.; eine Æ mit Lyra und Dreifuss.
Archäologische Zeitung 1849 93 (2 Æ.)
Sestini, Hedervar. IV 1 152 (Æ unter Peparethus: Apollokopf *Rf.* Widderkopf ΓΕ im Lorbeerkranz).
Bericht über die Verhandlungen der Berliner Akademie 1848 428.
Welzl 4230 (Æ beim Kopf ΓΑ\ *Rf.* Pegasus? [vielleicht Palaerus].
Denkschriften der Wiener Akademie I 331 (Æ.).
Caracalla, Welzl 4231.
Plautilla, Sestini, Descrizione di molte med. iu più musei 89.
Sestini, Fontana III 39.

Phlius.

Cadalvène 177.
Prokesch in Abhandlungen der Berliner Akademie 1845 88.
Mionnet II 198 367 nach Sestini Lettere VIII 140 ist irrig beschrieben, vergl. auch Sestini Lettere II Taf. IV 23.
Geta, Sestini, Fontana III 39.
Revue belge 3 Serie IV 9.

Sicyon.

Cousinéry, Ligue achéenne 83 [gehört nach Corcyra], 175.
Akerman, Num. Chronicle VI 132.
Gerhard, archäologische Zeitung 1846 299. 1848 275. 1849 94.
Millingen ancient coins 61.
Annali 1830 336. (De nummis Sicyoniorum.)
Sestini, Descrizione di molte med. in più musei 89.
Chaudoir, Corrections 61.
Sestini, Museo Hedervar. IV 2 113.
Dumersan Allier de Hauteroche p. 50.
N? Dumersan Allier de Hauteroche VI 14.
Prokesch, in Bericht über die Verhandlungen der Berl. Akad. 1848 429.
Sestini, Fontana III 40.
Lavy I 163.
Welzl 4255 u. f.
Memorie di religione XVI 1829 513.
Revue num. 1860 271 (Æ.).
Akerman, Num. Chronicle VI 131. (Sicyon unter dem Namen Demetrias).
Septimius Severus, Welzl 4268.
Domna, Annali 1838 298 Mon. II 56 15.
Sestini, Hedervar. IV 2 116.
Caracalla, Sestini Hedervar. IV 2 116.
Akerman, Num. Chronicle II 58.
Sestini Lettere di continuazione IX 8.
Plautilla, Dumersan, Allier de Hauteroche VI 15.

Geta, Sestini Hedervar. IV 2 117.
Akerman, Num. Chronicle VI 136.

ELIS.

Elis.

Dumersan, Allier de Hauteroche VI 16, 17.
Bröndsted, Reisen I 112.
Gerhard, archäologische Zeitung 1846 300. 1848 275. 1849 94.
Avellino Bullettino VI 58.
Millingen, ancient coins 64.
Luynes, Choix IX 13.
Sestini, Hedervar. IV 2 117.
Prokesch, in Abhandlungen der Berliner Akademie 1845 88 (n. 36) Æ mit Ross (n. 37, 38 Zeuskopf, Blitz, irrige Zutheilung; etwa Creta?)
Sestini Fontana III 40.
Lavy I 164.
Welzl (4269 ist Oeniadae) 4273 u. f.
Magnoncour 296 (ΗΡΑ und Blitz.)
Revue num. 1852 5 und 342 (Zusammenstellung von 27 Æ und Æ, und über die Typen; No. 27 gehöre Olynth: Revue 1853 445).
Fox 98 (Æ FAΛ um dreifachem T [als Werthbezeichnung].
Berliner Blätter für Münzk. I 140 (Æ mit F, cf. Mionnet S. IV 177 26.)
Revue num. 1860 272 (Æ, F und Pegasus, eher Oeniadae?)
Cousinéry, Ligue Achéenne 185, (ebenso) und
Prokesch, in Bericht über die Verhandlungen der Berl. Akad. 1848 428. (Pegasus).
Numismatic Chronicle 2. Serie I 107 (Æ sitzender Zeus.)
[Monatsberichte der Berliner Akademie 1874 498.]
Hadrianus, Sestini Hedervar. IV 2 118.
Mionnet S. IV 180 47, dazu Archäologische Zeitung 1853 62.
Archäologische Zeitung 1862 339 (Zeus des Phidias, die M. wird bezweifelt [von Birket Smith, aber mit Unrecht.]
[Berliner Blätter für Münzk. V 21, für das ΔΙC ΑΥΤΟΚΡΑΤΩΡ vergl. den Nachweis Henzens aus Corp. Inscr. Graec. I 1072 gleichfalls auf Hadrian bezüglich.
Monatsberichte der Preuss. Akademie 1874 500.
Archäologische Zeitung 34 (1876) 34].
Septimius Severus, Sestini Hedervar. IV 2 118.
Caracalla, Sestini Hedervar. IV 2 119.
Revue num. 1852 23.

Chalcis Elidis?

Prokesch, Bericht über die Verhandlungen der Berliner Akad. 1848 429 [Dyme Æ.]

Minthe oder Minoe?

vergl. Minoa ins. ad Megaram s. oben S. 188.

Julia Maesa, Dumersan Allier de Hauteroche p. 51.

Myrtuntium?
Cousinéry, Ligue achéenne 82 [vermuthlich: Korinth].

[Opus
(vielleicht nach Lakonien gehörig)
Friedlaender, v. Sallet's Zeitschrift für Numismatik V 4.]

[Orthia
ältere Zutheilung s. oben Thessalien S. 159].

Pisa.
Denkschriften der Wiener Akademie I 352 (*N.*)
Archäologische Zeitung 1849 94.

Pylus cf. Pylus Messeniae.
Numismatic Chronicle VI 137 weist nach, dass Mionnet II 202 7 Pyrrha Lesbi gehört.
Welzl 4283.

INSELN bei ELIS.

Cephallenia.
De Bosset, Sur les méd. des îles de C. et d'Ithaca Londr. 1845 4.
Revue num. 1843 426 [: Clazomenä]; ib. 427 [: Cebrenia].
Sestini, Hedervar. IV 2 119.
Welzl 4284.
Numismatische Zeitung 1837 89, 97.

Cranium.
Sestini, Hedervar. IV 2 120.
Akerman, Num. Chronicle XIV 116.
Welzl 4290.
Numismatische Zeitung 1837 98.
Domna, Numismatische Zeitung 1837 113.
Philipp I, Numismatische Zeitung 1837 113.
Otacilia, Numismatische Zeitung 1837 113.

Nesus
[ältere Zutheilung; s. Kleinasien, Inseln bei Aeolis].

Palenses.
Sestini, Hedervar. IV 2 120.
Welzl 4300.
Pembroke 752 (A. abgeb. bei Torremuzza Taf. XXVI 2 unter Cephalocdium).
Numismatische Zeitung 1837 91.

Proni.
Sestini, Hedervar. IV 2 121.
Numismatische Zeitung 1837 114.

Same.
Gerhard, archäologische Zeitung 1846 270.
Sestini, Hedervar. IV 2 121.

Sestini, Chaudoir 60 cf. Chaudoir Corrections 62.
Welzl 4307.
Pinder und Friedlaender, Beiträge I 181 (gehört nach Clazomenä Archäologische Zeitung 1853 45).
Numismatische Zeitung 1837 115.
Badeigts No. 294 (Æ. Tigerkopf, *Rf.* Widderkopf, zweifelhafte Zutheilung).

Zacynthus.

Sestini, Chaudoir 60.
Chaudoir, Corrections 62.
Numismatic Chronicle I 250.
Luynes, Choix X 1.
Leitzmann, Numismatische Zeitung 1837 No. 18—20.
Sestini, Hedervar. IV 2 122.
Sestini, Descrizione di molte med. in più musei 90.
Sestini, Fontana III 41.
Mionnet VI 649 252 cf. VII 114.
Welzl 4311.
Revue archéologique IX 136 (Æ Schiff, *Rf.* Altar, zweifelhafte Zutheilung).
Hunter 62 XXIV danach:
Mionnet S. IV 195 4 ist wohl Canusium.
Revue 1863 235 (Æ).
Annali 1861 137.
Mionnet S. IV 196 20 ist wohl Cranium, siehe ebenda 186, 26.
M. Aurelius, Sestini, Hedervar. IV 2 124.
L. Verus, Sestini, Hedervar. IV 2 124.
Commodus, Sestini, Hedervar. IV 2 124.
Septimius Severus, Sestini, Hedervar. IV 2 124.
Welzl 4317.
Domna, Sestini, Hedervar. IV 2 124.
Caracalla, Welzl 4318.

Ithaca.

Chaudoir, Corrections 62.
Leitzmann, Numismatische Zeitung 1837 129.
De Bosset, sur les méd. de Cephallénie et d'Ithaque, Londres 1815 4.
Sestini, Hedervar. IV 2 125.

MESSENIA.

Messenia.

Gerhard, archäologische Zeitung 1848 276 ist Megara, siehe 1851 392.
Millingen, ancient coins 63.
Millin, Recueil 53 Taf. III 8 berichtigt: Bull. 1846 53. (Irrig Methydrion Arcad. zugetheilt).
Sestini Hedervar. IV 2 125.
Sestini, Descrizione di molte med. in più musei 90 Æ. mit ΙΘΩΜ.
Prokesch, in Abhandlungen der Berliner Akademie 1845 89. (Fraglich).

Lavy I 166.
Welzl 4332.
Heideken 1675 (Æ ME Dreifuss).
Septimius Severus, Sestini Hedervar IV 2 127.
Sestini, Chaudoir 60.
Welzl 4334.
Domna, Welzl 4335.
Caracalla, Sestini Fontana III 41.

Asine.

Revue num. 1860 272 Tfl. XII 9 Prokesch. Falsche Zutheilung, es steht nicht ΑΣΙ, sondern ΑΡΣΙ; nach Mionnet: Arsinoe Cretae.
Plautilla, Sestini, Descrizione di molte med. in più musei 92.
Sestini Hedervar. IV 2 137.
Sestini Fontana III 44.
Geta, Sestini Hedervar. IV 2 137.

Colone.

Mionnet S. IV 209 16 gehört nach Colone Troadis: Numismatic Chron. VI 137 und 193.
Sestini, Descrizione di molte med. in più musei 90.
Sestini Fontana III 41.
Septimius Severus, Sestini, Descrizione di molte med. in più musei 91.
Domna, Lavy I 429 (?)

Corone.

Cousinéry, Ligue achéenne 81, 162 [gehören nach Corcyra].
Die Corcyra zugetheilten Mionnet II 69 12 und 13, S. III 429 23 und 24 gehören hierher. (Pallaskopf R/. Traube im Kranz ΚΟΡ Ⱥ 3). In Corcyra kommt Pallas wohl nicht vor und ein vorliegendes Exemplar hat nicht den Charakter der M. von Corcyra.

Cyparissia.

Archaeologia XVI (1812) 278, Tafel XIV 5 und
Revue num. 1860 271. Beide Mal dieselbe M. von Lacedaemon irrig zugetheilt, siehe Bullettino 1861 111.
Domna, Sestini Hedervar. IV 2 127.
Geta, Katalog Allier 52.

Mothone.

Revue num. 1864 187.
Septimius Severus, Köhne, Zeitschrift III 29.
Plautilla, Sestini, Hedervar. IV 2 127.
Geta, Sestini, Hedervar. IV 2 127.
Akerman, Numismatic Chronicle IV 137.

Pylus (cf. Pylus Elidis).

Welzl 4339 und 4341 letztere identisch mit Sestini Lettere di continuazione IX 8, die Zutheilung höchst zweifelhaft.
Revue num. 1860 272.
Domna, Sestini Hedervar. IV 2 127.

Chaudoir, Corrections 62.
Allier de Hauteroche 52.
Caracalla, Sestini Hedervar. IV 2 127.

Thuria.
Gerhard, archäologische Zeitung 1848 276.
Sestini, Hedervar. IV 2 128.
Dumersan, Allier de Hauteroche VI 18.
Septimius Severus, Sestini Hedervar. IV 2 128.
Sestini Fontana III 41.
Caracalla, Sestini, Hedervar. IV 2 128.
Chaudoir Corrections 62.
Welzl 4344.

LACONIA.

Lacedaemon.
Revue numismatique 1844 238 (verweist Mionnet S. IV 220 1 zu Patraus).
Akerman, Numismatic Chronicle VI 138, vergl. Allaria Cretae Akerman Num. Chronicle VII 114.
Gerhard, archäologische Zeitung 1843 150.
Millingen, Sylloge 57.
v. Prokesch in Abhandlungen der Berliner Akademie 1845 89.
Oudinet, Réflexions sur la médaille de L. in Histoire de l'acad. des belles lettres etc. T. I 281.
Sestini, Hedervar. IV 2 128.
Atti de società Pontaniana III (Æ ΝΟΜΟΦV ΑΡΙCΤΑΝΔΡΟC).
Welzl 4355 u. f.
Bullettino 1861 111 (Æ ΡΩΜΑ, ΚΟΙ·ΛΑΚΕ·ΤΙΜ·ΚΥΠΑΡΙCCΙΑC).
Thorwaldsen 183 (Æ Apollokopf, *Rf.* Dioskurenhüte, abweichend von den gewöhnlichen).
Köhne, Zeitschrift V 2 zu Cadalvène Recueil de méd. pl. II 35. (Athene Chalkioikos auf M. v. Lacedaemon).

[Areus
Friedlaender, Zeitschrift für Numismatik II 284.]

Cleomenes III.
Vergl. Numismatic Chronicle VII 120, wo die M. Lamia Thess. gegeben wird, gewiss mit Unrecht. Es ist der Kopf eines macedonischen Königs, nach Bompois (Étude historique des portraits attribués à Cléomène III, Paris 1870) Antigonus Doson, geprägt nach der Schlacht bei Sellasia (222).

Kaisermünzen.
Augustus, Sestini, Hedervar. IV 2 130.
Claudius, Sestini, Hedervar. IV 2 130.
Hadrianus, Sestini, Hedervar. IV 2 130.
Antoninus Pius, Sestini, Hedervar. IV 2 131.

Commodus, Sestini, Hedervar. IV 2 131.
   Welzl 4369.
Gallienus, Sestini, Hedervar. IV 2 131.
   Chaudoir, Suppléments aux corrections 12.
   Zeitschrift für Münzkunde V 2.
   v. Sallet's Zeitschrift für Numismatik VII 217 [mit lateinischer Werthbezeichnung, ebenso bei Plautilla und Geta].

Asopus.
Septimius Severus, Sestini, Hedervar. IV 2 131.
Geta, Sestini, Fontana III 41.

Boea.
Plautilla, Sestini, Hedervar. IV 2 131.

Gythium.
Septimius Severus, Sestini, Hedervar. IV 2 132.
   Sestini, Chaudoir 60.
Domna, Sestini, Hedervar. IV 2 132.
   Sestini, Lettere di continuazione IX 10.
Caracalla, Sestini, Hedervar. IV 2 132.
   Sestini, Lettere di continuazione IX 10.
Plautilla, Sestini, Hedervar. IV 2 132.
   Sestini, Lettere di continuazione IX 10.
Geta, Sestini, Hedervar. IV 2 132.
   Köhne, Zeitschrift III 30.
   Sabatier 87 (Apoll).
   Sestini, Lettere di continuazione IX 10.

(Pyrrichos).
Numismatic Chronicle VI 138 (Berichtigung von Mionnet S. IV 235 83).

(Thea).
Dumersan, Allier de Hauteroche 46 (gehört wohl nach Boeotia).

ARGOLIS.

Argos.
Bröndsted, Reisen II 276, 317.
Akerman, Numismatic Chronicle VI 42.
Gerhard, archäologische Zeitung 1843 150. 1846 300. 1848 276 dazu 1851 392. 1849 95.
Millingen, ancient coins 61.
Avellino Bullettino IV 41.
Chaudoir, Corrections 63.
Sestini, Hedervar. IV 2 133.
Sestini, Descrizione di molte medaglie in più musei 91.
Mittheilungen der Berliner Numismatischen Gesellschaft II 84.

Luynes, Choix IX 17.
v. Prokesch, in Abhandlungen der Berliner Akademie 1845 89.
Dumersan, Allier de Hauteroche VII 1.
Prokesch, in Bericht über die Verhandlungen der Berliner Akademie 1848 429.
Sestini, Fontana III 42.
Welzl 4373 u. f.
Sestini, Lettere di continuazione IX 12.
Sestini, in der Antologia di Firenze Band 14 Heft XXXXI 87 und 83 (Zusammenstellung der Tetradrachmen).
Fox 99 (*Rf.* 5 zwei Delphine und dazwischen ein Mohrenkopf).
Die Tetradrachmen, welche früher Argos Cretae zugetheilt worden sind, gehören hierher.

    * [Die Münzgruppe mit Ө, früher Thyrea zugetheilt].
Gerhard, archäologische Zeitung 1846 300 Æ.
Annali 1839 276 Tav. R 6. Æ archaisch.
Sestini, Hedervar. IV 2 139.
Welzl 4406 u. f.
Diamilla Memorie p. 98 (Epidaurus Æ) gehört hierher?

Hadrianus, Sestini, Hedervar. IV 2 134.
    Sestini, Fontana III 42.
Sabina, Sestini, Fontana III 42.
Antinous, Annali 1833 321.
    Sestini, Hedervar. IV 2 134.
Antoninus Pius, Sestini, Hedervar. IV 2 135.
    Sestini, Fontana III 42.
    Greppo 709.
    Revue belge 3. Serie IV 10.
M. Aurelius, Sestini, Hedervar. IV 2 135.
L. Verus, Sestini, Hedervar. IV 2 135.
    Chaudoir, Corrections 63.
    Sestini, Fontana III 43.
    Welzl 4390.
Commodus, Sestini, Hedervar. IV 2 136.
    Lavy I 168.
Septimius Severus, Nota di alcune med. della collezione Mainoni No. 1.
    Gerhard, archäologische Zeitung 1843 151.
    Annali 1831 277, ob Septimius Severus?
    Sestini, Hedervar. IV 2 136.
    Sestini, Fontana III 43.
    Welzl 4392.
    Revue belge 3. Serie IV 10.
Domna, Millingen, Sylloge 59.
    Sestini, Hedervar. IV 2 136.
    Sestini, Fontana III 44.
    Heideken 1694 (Jupiter sitzend).

Revue belge 3. Serie IV 10.
Caracalla, Chaudoir, Corrections 63.
Sestini, Hedervar. IV 2 136.
Sestini, Lettere di continuazione IX 12.
Revue belge 3. Serie IV 11.
Plautilla, Sestini, Hedervar. IV 2 137.
Severus Alexander, Annali 1839 277, aber ob richtig?
Gallienus, Akerman, Numismatic Journal I 44.

Cleone.

(Für die autonomen Münzen Mionnet S. IV 257 134 135 137 138 siehe Clitor Arcadiae).
Archäologische Zeitung 1848 277, 1850 198.
Cousinéry, Ligue achéenne 80 [Korinth].
Revue numismatique 1860 272 (Æ).
Septimius Severus, Gréau No. 1547.
Plautilla, Sestini, Descrizione di molte medaglie in più musei 93.
Geta, Sestini, Hedervar. IV 2 137.
Sestini, Descrizione di molte medaglie in più musei 93.

Epidaurus.

Prokesch in Abhandlungen der Berliner Akademie 1845 91. Æ 1 (*Rf.* E intra lauream).
Chaudoir, Corrections 63.
Streber, Numismata nonn. gr. 159. Æ.
Akerman, Numismatic Chronicle V 193.
Gerhard, archäologische Zeitung 1843 150. 1848 277.
Mittheilungen der Berliner Numismatischen Gesellschaft II 85.
Sestini, Descrizione di molte medaglie in più musei 93. Æ.
Sestini, Hedervar. IV 2 137.
Cavedoni in Diamilla Memorie 98 [gehört nach Argos s. oben S. 205].
Thorwaldsen 18 (Æ Löwenkopf, *Rf.* E, sicher irrig zugetheilt).
[Berliner Blätter für Münzkunde III 85 und
Archäologische Zeitung 27. 98 [Æ mit der Bildsäule des Thrasymedes].
[Prokesch, Abhandlungen der Berl. Akad. 1845 80, irrig unter Peparethos].
Antoninus Pius, Sestini, Descrizione di molte medaglie iu più musei 93.
Sestini, Hedervar. IV 2 138.
Sestini, Fontana III 45.
Akerman, Numismatic Chronicle XIV 124.
Domna, Sestini, Hedervar. IV 2 137.

Hermione.

Cousinéry, Ligue achéenne 81 [Korinth].
Revue num. 1860 272 (Æ zweifelhafte Zutheilung.)
Domna, Chaudoir, Corrections 64.
Caracalla, Sestini Fontana III 45.
Plautilla, Sestini, Descrizione di molte med. in più musei 94.
Sestini Hedervar. IV 2 139.

Methana.
(*Domna*, Sestini, Chaudoir 61, aber berichtigt in Chaudoir Corrections 64.)
Caracalla, Sestini Fontana III 45.
Geta, Numismatic Chronicle VI 139.

(Midea)?
Gerhard, archäologische Zeitung 1843 150.
Revue archéologique 1845 I 108.
v. Prokesch in Abhandlungen der Berliner Akademie 1845 91.

Thyrea.
[ältere Zutheilung s. oben Argos S. 205].

Tiryns.
Annali 1841 139 Mon. III 35 13 [Cytinium zugetheilt, ist Tiryns; aber nicht Æ., wie irrig angegeben ist, sondern Æ.]
Revue numismatique 1864 179 und 1865 153.

Troezene.
Akerman, Numismatic Chronicle VI 139.
Sestini, Hedervar. IV 2 139.
Sestini, Descrizione di molte med. in più musei 94.
Dumersan, Allier de Hauteroche VI 19.
Chaudoir Corrections 64.
Welzl 4408.
Annali 1861 138.
Commodus, Akerman, Numismatic Chronicle VI 140.
Gerhard, archäologische Zeitung 1843 150. 1846 375. 1847 138.
Sestini Hedervar. IV 2 140.
v. Prokesch, in Abhandlungen der Berliner Akademie 1845 91.
Fox 100 (Jäger? oder Bacchus?)
Septimius Severus, Millingen ancient coins 64.
Sestini, Hedervar. IV 2 140.
Sestini, Fontana III 45.

Inseln bei Argolis.
(Irene.)
Mionnet II 242 89 vergl. VII 80.
Welzl 4410 ist dieselbe Münze. [Æ 3 Hermione.]

(Tiparenus.)
Welzl 4411. (Jugendlich bekränzter Kopf *Rf.* Diota mit Epheu bekränzt, ΤΙ Æ 3.)

ARCADIA.

Arcadia.
Cousinéry, Ligue achéenne 80 [vermuthlich: Korinth].
Gerhard, archäologische Zeitung 1843 151. 1847 148.
Luynes Choix IX 12.

Annali 1835 167.
Sestini Hedervar. IV 2 140.
Sestini Lettere III 137. IX 12.
Prokesch, in Abhandlungen der Berliner Akademie 1845 92.
Prokesch, in Bericht über die Verhandlungen der Berliner Akademie 1848 428 (Æ 2½; Peg.); [gehört nach Korinth].
Pinder und Friedlaender, Beiträge I 85 über Typen arcad. M.
Welzl 4412.
Revue numismatique 1865 161 (Æ sitz. Arkas).

Vergl. Foedus Achaicum oben S. 189 ff.

Alea.
Millingen, Sylloge 51 (Æ Phrixos auf dem Widder) weist die M. nach Alos Thess.
[Imhoof-Blumer, M. Akarnaniens 50 (Artemisk. *Rf.* Bogen ΑΛ) Æ und Æ.]

*(Basilis.)
Sestini, Cl. Gener. ed. 2 51 vergl. Luynes Satrapies p. 50, Tafel VI.
Sestini, Fontana I 70, III 45, vergl. die Münzen des Cavarus?
Archaeologia XVIII, 1817 344 (some remarks on a coin of Basilis.)

Caphyae.
Dumersan, Allier de Hauteroche VI 21.
Septimius Severus, Köhne, Zeitschrift III 31.
Caracalla, Sestini Hedervar. IV 2 141.

Charisia.
Sestini, Hedervar. IV 2 141 (Æ Apollokopf *Rf.* Wolf 𝕏).
Revue numismatique 1865 162 (Æ Pallaskopf *Rf.* Ά).
[Zeitschrift für Numismatik II 138 und 246].

Clitor, Cleitor (früher Cleone Arg.)
(Polyb. IV 18: in der Nähe Artemistempel, welcher einige Typen erklärt).
Gerhard, archäologische Zeitung 1843 150. 1846 375. 1849 95.
Payne, Knight p. 4 A Nr. 1 und 2 gehören nach Erythrae Joniae, B Nr. 1 und 2 nach Clitor.
Dumersan, Allier de Hauteroche VII 9.
Chaudoir, Corrections 63.
Cousinéry, Ligue achéenne 80 [vermuthlich: Korinth].
Domna, Sestini, Class. Gener. ed. 2 p. 51.
Sestini, Lettere di continuazione VII 21.

Heraea.
Bröndsted Reisen II 239.
[Sestini, Lettere di continuazione VIII 5 (Æ archaisch).]
Prokesch, in Bericht über die Verhandlungen der Berliner Akademie 1848 429 (Æ Typen der Arcadier, Pallaskopf *Rf.* sitzender Pan l. und Monogramm Æ und HP, also höchst zweifelhaft.)

Fox 101 (Ǣ. Gorgonenmaske ⧾.)
Revue num. 1860 273.
[v. Sallets Zeitschrift für Numismatik VII 215 Taf. IV 13.]
Septimius Severus, Sestini Hedervar. IV 2 142.
    Sestini Lettere di continuazione III 41.
Caracalla, Sestini, Hedervar. IV 2 142.

Mantinea.
Millingen ancient coins 65.
? Annali 1839 273.
Welzl 4423 4424.
Revue archéologique IX 137 (Æ Stier mit menschlichem Antlitz, ist vielleicht sicilisch.)
Fox 102 (Ǣ. Bär *Rf.* Dreizack.)
Fox 103 (Ǣ. Pallaskopf *Rf.* Weiblicher Kopf.)
Fox 104 (Ǣ. Pallaskopf *Rf.* M.)
Thorwaldsen 120 (Ǣ. mit Pallaskopf und M, sie wird hier irrig Sicyon zugetheilt.)
Septimius Severus, Köhne Zeitschrift III 31.
    Sestini Fontana I 71, III 45.
    Welzl 4426.
Plautilla. Sestini, Descrizione di molte med. in più musei 95.

Megalopolis.
Bullettino d. Inst. 1846 49.
Fiorelli Annali I 59.
Sestini Hedervar. IV 2 142.
Sestini Lettere di continuazione IV 69.
Mionnet S. IV 281 54 gehört nach Megara.
Septimius Severus, Bullettino 1846 49, 109.
Domna, Sestini Fontana I 72, III 46.
Caracalla, Bullettino 1846 49, 109.
    Sestini, Descrizione di molte med. in più musei 95.
    Greppo 716.
Geta, Bullettino 1846 49, 109.
    Sestini Fontana I 72; III 46.
    Welzl 4429.
Elagabalus, Sabatier 88 (Dreifuss Schlange usw.)

Methydrion.
Millingen Rec. p. 53 Tafel III 8 (gehört nach Messenia vergl. Bullettino 1846 53).
[Imhoof-Blumer, Monnaies grecques 200.]

Orchomenus.
Archäologische Zeitung 1849 95.
Abhandlungen der Berliner Akademie 1845 92. Prokesch giebt hierher die Münzen von Eretria Mionnet S. IV 364 93 [Æ 4 caput Palladis *Rf.* Diana venatrix — auf den Trümmern von Orchomenos gekauft].

Pinder und Friedlaender, Beiträge I 182.
Prokesch, Inedita 1854 277.
[Archäologische Zeitung 24 133; 29 79.]
Kaisermünzen: Ersch uud Gruber, Allgem. Encycl. S. III Th. 4 S. 441.
Septimius Severus, Sestini, Fontana I 72 III 46.
Caracalla, Sestini Hedervar. IV 2 143.

*[Pallantium.

Prokesch, Abhandlungen der Berliner Akademie 1845 91 Æ 1 (jugendl.
  Kopf *Rf.* grosses E mit ΠΑΛ, irrig als Epidauros beschrieben).
v. Sallet's Zeitschrift für Numismatik II 169].

Pheneus.

Gerhard, archäologische Zeitung 1846 301 (Æ) 1849 95 (Æ).
Annali 1847 279.
Bullettino 1848 175.
Sestini, Hedervar. IV 2 143.
Sestini, Chaudoir 61.
Domna, Sestini, Lettere IX 26.
Plautilla, Sestini, Fontana I 72, III 46.
Geta, Sestini, Hedervar. IV 2 144.

Phialea, Phigalea.

Septimius Severus, Sestini, Descrizione di molte med. in più musei 95.
  Sestini, Chaudoir 62.
Domna, Sestini, Hedervar. IV 2 144.
Caracalla, Sestini, Hedervar. IV 2 144.
Geta, Sestini, Descrizione di molte med. in più musei 95.

Psophis.

[Archäologische Zeitung 1844 342 (Taf. XXII 33 Æ 1½ von Prokesch als
  Aspendos beschrieben).]
Archäologische Zeitung 1849 95 n. 37 (Æ 3).
Sestini, Fontana I 73, III 46 (Æ 4).
Revue num. 1860 273 (Æ).
Septimius Severus, Sestini, Descrizione di molte med. in più musei 96.

Stymphalus.

Dumersan, Allier de Hauteroche VI 22.

Tegea.

Bröndsted Reisen II 239, 311.
Gerhard, arch. Zeitung 1848 277.
Avellino Bullettino III 59 IV 144.
Bullettino dell' Instituto 1843 107.
Sestini Hedervar. IV 2 144.
Dumersan, Allier de Hauteroche VII 2.
Sestini Fontana I 73, III 46.
Lavy I 169.

Istituto Lombardo VI (1843) 340.
Revue num. 1860 273.
Berliner Blätter für Münzkunde I 257 (irrig Terina zugetheilt.)
Numismatic Journal I 43 ist Epidaurus siehe Num. Chron. XVIII 119.
Antoninus Pius, Akerman Journal I 43.
Domna, Sestini Fontana I 74, III 46.

Thelpusa.
Sestini Hedervar. IV 2 145.
Bullettino 1848 136 zu Arch. Zeitung 1846 297 (ΕΡΙΩΝ, von Prokesch irrig nach Cierium gegeben).

Thisoa.
Welzl 4434 irrig, aber wohin gehört die Münze? Ist etwa zu vergleichen Cephallenia (Mionnet S. III 185 20 und 21) oder Larisa (Revue numismatique 1843 422)?

CRETA.
Creta.
R. Pashley travels in Crete London 1837 2 Bände 8. Enthält Holzschnitte mehrerer cretischer Münzen, die auch bei den einzelnen Städten hier eingetragen sind.
Arneth über Münzen von Creta. Sitzungsberichte der Wiener Akademie 1849 November.
Augustus, Mionnet S. IV 296 1 ist Hierapytna, siehe 323 Anmerkung a, und vergl. 336 265.
Caligula, Sestini, Hedervar. IV 2 145.
Claudius, Sestini, Hedervar. IV 2 145.
Thorwaldsen III 32 (Æ. Medaillon).
Claudius, Octavia, Britannicus, Berliner Blätter für Münzkunde I 259.
Traianus, Sestini, Hedervar. IV 2 146.
Dumersan, Allier de Hauteroche 54.
Hadrianus, Sestini, Hedervar. IV 2 147.
Sestini, Fontana III 47.
Antoninus Pius, Sestini, Hedervar. IV 2 147.
Welzl 4445.
Commodus, Sestini, Hedervar. IV 2 147.

Allaria.
Akerman, Num. Chronicle VII 114 (früher Lacedaemon zugetheilt).
Berliner Blätter für Münzkunde I 258.

Apollonia.
Revue numismatique 1865 163 (kl. Æ. mit Dreifuss).

Aptara.
Revue numismatique 1843 428 (Æ).
Sestini, Hedervar. IV 2 148 (Æ. und Æ).
Mionnet VI 652 280 cf. VII 115 (Æ).
Mionnet VI 658 322 cf. VII 116 (Æ).

R. Rochette, Graveurs 49 (Ꭱ ΠΤΟΛΙΟΙΚΟΣ [Beamtenname].)
Heideken 1719 (Æ Lyra).
Fox 105 (Æ Vogel).
Revue numismatique 1860 273 (Æ).
Berliner Blätter für Münzkunde I 259.

(Arcadia).

Akerman, Chronicle VI 140 (die früher für kretisch gehaltenen altarkadischen Silbermünzen).

Argos [ältere Zutheilung].

Revue numismatique 1843 430 [ist Argos Amphiloch.]
Gerhard, Archäologische Zeitung 1849 92 1850 252 [von Prokesch richtig nach Argos Amphiloch. verwiesen, wogegen Cavedoni wieder Longpérier beipflichtet].

Arsinoe.

Sestini, Hedervar. IV 2 148.
Sestini, Fontana III 47.
Welzl 4447, 4448.
Sestini, Lettere di continuazione IX 112 (oder gehören sie zu Arsinoe-Ephesus?)
[Revue numismatique 1860 272 gehört hierher.]

Axus.

Sestini, Hedervar. IV 2 149.
Prokesch, Abhandlungen der Berliner Akademie 1845 93.
Pashley travels in Crete I 156, 157.
   (Ꭱ Apollo *Rf.* Dreifuss
   Æ Jupiter *Rf.* Dreifuss
   Æ Jupiter *Rf.* Blitz
   Æ Jupiter *Rf.* Dreifuss darüber Blitz).
Tiberius, Revue numismatique 1862 110.

Ceraitae.

Revue numismatique 1843 428.
Sestini, Descrizione di molte medaglie in più musei 96.
Sestini, Hedervar. IV 2 149.
Caius und *Lucius Caesar*, Catalogue Campana I. (?)

Chersonesus.

Revue numismatique 1843 430, die gleiche Münze auch:
Sestini, Hedervar. IV 2 149 [Thyrrheion].
Numismatic Chronicle VI 141 } früher Clides.
— — VIII 6 }
Berliner Blätter für Münzkunde II 260 (Ꭱ mit Stierkopf und Löwenkopf zweifelhafte Zutheilung).

Cnosus.

Sestini, Hedervar. IV 2 149.
Lavy I 170.

Pashley, Travels in Crete I 202 und 208 (8 Tetradrachmen mit dem Labyrinth und verschiedenen V\f., eine hat ΠΟΛ ΧΟΣ neben dem Apollokopf).
Fox 107 (Ȃ Minotaur R\f. Stern in □).
[v. Sallet's Zeitschrift für Numismatik VI 132 (Ȃ ΜΙΝΩΣ thronend R\f. K. der Demeter r.)].

Augustus.
Die früher Carthago nova zugetheilten gehören hierher. Ich glaube, auch, die bei Liebe Gotha S. 405 abgebildeten mit ROMA und C. I. N. CNO
Revue numismatique 1845 340, 1846, 5 und 317.
Bullettino dell' Instituto 1848 76.
Annali di Numismatica I 67 und 186.
[v. Sallet, Zeitschrift für Numismatik VI 13].

Cydonia.
v. Prokesch, Abhandlungen der Berliner Akademie 1845 93 (Æ).
Schlichtegroll, Annalen I 64 (Æ).
Gerhard, archäologische Zeitung 1843 151 (Æ).
Avellino, Bullettino IV 20.
Sestini, Hedervar. IV 2 151 (früher Megara zugetheilt).
Sestini, Fontana III 47 (Æ mit ΝΑΥΑΝΤΟΣ so).
Welzl 4461 (Ȃ mit sitzendem Hund).
Pashley, Travels in Crete II Titelblatt (Ȃ Tetradrachmon, Bogenspannende männliche Figur).
Berliner Blätter für Münzkunde I 259 (Ȃ).
Revue numismatique 1865 164 (Ȃ).
Augustus, Sestini, Hedervar. IV 2 153.
Tiberius, Borghesi, Osservazioni IX 6.
Revue numismatique 1862 110.
Claudius, Sestini, Hedervar. IV 2 153.
Sestini, Lettere di continuazione IX 14. (Es stand daselbst nach einem mir vorliegenden Exemplar ΕΠΙΕΤΕΑΡΧΟΝ ΚΥΔΩΝΙΑΤΑΝ, Sestini's Ergänzung (ΛΑΧΕ)ΤΕ ΑΡΧΟ(ΝΤΟΣ) ist gewiss falsch. — Auf einer anderen Münze, welche er Litt. IX 27 publizirt hatte und welche Mionnet S. IV 314 125 wiederholt, berichtigt er ΛΑΚΕΣ in ΛΑΧΕΤ. Eine Silbermünze des Tiberius hat ΛΑΧΗΤ.
Domitianus, Sestini, Hedervar. IV 2 153.
Sestini, Fontana III 47.
Revue belge 4. Serie I 123 (es steht aber ΚΙΔΥΝ).
Hadrianus, Sestini, Hedervar. IV 2 153.
M. Aurelius, Mionnet S. IV 315 135 aus Wiczay, aber Sestini Mus. Hedervar. IV 2, 6 No. 53 berichtigt, dass dies Wiczay'sche Exemplar nach Apollonia Illyr. gehöre
Domna, Sestini, Hedervar. IV 2 153.

Eleuthernae.
Sestini, Hedervar. IV 2 154.
Tiberius, Borghesi, Osservazione IX 6.

Elyrus.
Archäologische Zeitung 1843 151. 1846 301.
Sestini, Hedervar. IV 2 154.

v. Prokesch, Abhandlungen der Berliner Akademie 1845 93.
Sestini, Fontana III 47.
Welzl 4467.
Mionnet S. IV 318 151, vergl. dazu Cadalvène p. 216 Tafel III 15 Eretria.

Gortyna.

Millingen, Sylloge 61 (Ʀ).
Avellino, Bullettino IV 94.
Sestini, Hedervar. IV 2 154 Ʀ und Æ.
Sestini, Descrizione di molte medaglie in più musei 96, Ʀ; die mit MYNO-TAYPOS berichtigt von:
Streber, Numismata nonnulla graeca 164;
[v. Sallet, Zeitschrift für Numismatik VI 263 liest TSMYPOS rückläufig; aus gleichem Stempel jetzt auch im Kgl. Münzk.]
Lavy I 170.
Welzl 4468 Ʀ.
Fox 108 (Ʀ Löwenkopf von vorn Rf. liegende Ziege.)
Fox 109 (Ʀ mit ΓΟΡΤΥΝΟΜ ΤΟ ΚΑΙΜΑ) vergl. auch
Leake, Numismata hellenica und
Revue numismatique 1864 103 und 363.
Fox 110 (Ʀ mit athenischen Typen).
Numismatic Chronicle IV 141, 2. Serie I 174 (Ʀ mit gleichen Typen).
[v. Sallet's Zeitschrift für Numismatik IX 119 (Ʀ mit der ephesischen Artemis: Metellus Creticus in Gortyna)].
Tiberius, Borghesi, Osservazioni IX 6.
Caligula und *Germanicus*, Sestini, Hedervar. IV 2 155.

Hierapytna.

Mionnet II 123 124 unter Athen beschrieben, gehört hierher, vgl. Eckhel N. vet. anecd. 149.
Revil 353 (Ʀ 8 Typen von Athen ΖΗΝΟΦΙ etc.)
Sestini, Hedervar. IV 2 156.
Chaudoir, Corrections 64.
Sestini, Fontana III 47.
Pashley, Travels in Crete I 271 (Æ Jupiterkopf Rf. Palmbaum, Monogramm und Acrostolium).
Sestini, Lettere di continuazione VIII 3.
Transactions of the R. society of literature second series Band III Seite 76. (Der Name ΣΩΣΟΣ auf einem Amphora-Henkel).
Caligula, Sestini, Hedervar. IV 2 156.

Hyrtacus.

Sestini, Lettere di continuazione VIII 4.
[v. Sallet, Zeitschrift für Numismatik VI 11].

Itanus.

Gerhard, archäologische Zeitung 1849 95.
Sestini, Hedervar. IV 2 156.
Dumersan, Allier de Hauteroche VII 3.
Sestini, Fontana III 47.

Revue archéologique IX 138 (R.).
Augustus und *Livia*, Sestini, Fontana III 48.

Lappa.
Revue numismatique 1857 85 (unter Larissa).
Sestini, Hedervar. IV 2 156.
Welzl 4484.
Pembroke 774 (die Münze Mionnet II 286 223 sci von Domitian).
Revue numismatique 1860 190, 195.
Domitianus, Sestini, Hedervar. IV 2 157.
Commodus, Sestini, Hedervar. IV 2 157.

Lasos.
Sestini, Fontana III 48.
[v. Sallet, Zeitschrift für Numismatik VI 11].

Lissus.
Sestini, Descrizione di molte medaglie in più musei 97.
Sestini, Hedervar. IV 2 157.
Sestini, Fontana III 48.
Cattaneo, Lettere a Dom. Sestini sopra due med. greche Milano 1811 (Dioskurenhüte *Rf.* Köcher ΛΙΣΙ, dazu Eckhel Num. vet. anecd. 152, X 2.
Pashley, Travels in Crete II 78 (über dieselben beiden Münzen von Cattaneo und Eckhel).

Lyttus.
Sestini, Hedervar. IV 2 157.
v. Prokesch in Abhandlungen der Berliner Akademie 1845 93.
Lavy I 172.
Welzl 4490.
Caligula und *Germanicus*, Sestini, Descrizione di molte medaglie in più musei 98.

*[Matala
(die Form des Stadtnamens schwankt)
v. Sallet, Zeitschrift für Num. XII 359 mit ΜΩΔΑΙΩΝ oder ΜΩΔΑΛΩΝ].

Myrina?
Streber, Numismata nonnulla graeca 163 (vielleicht Gortyna?).
Dumersan, Allier de Hauteroche VII 4.

Olus.
Rathgeber in Ersch und Gruber Allg. Encycl. S. III Th. IV 108.
[Berliner Blätter für Münzkunde V 11].

Phaestus.
Annali 1835 154 (Talos).
Revue numismatique 1840 188 (Talos).
Archäologische Zeitung 1853 114 (Talos).
Mercklin, Talos, Petersburg 1851 88.
Accad. Rom. X 1842 331 (Velchanos).
Revue numismatique 1842 82 (Velchanos).

Akerman, Chronicle III 69 (Velchanos).
Bullettino 1841 61.
Sestini, Hedervar. IV 2 157.
Dumersan, Allier de Hauteroche VII 5, 6.
Welzl 4491.
Pembroke 766 (Æ).
v. Prokesch in Abhandlungen der Berliner Akademie 1845 93.
Streber, Numismata nonnulla graeca 161.
Gerhard, archäologische Zeitung 1849 95.
Avellino Bullettino IV 101. VI 48.

Phalanna [ältere Zutheilung].
Akerman, Chronicle VI 142 [verweist das von Sestini, Lettere III und Eckhel D. II 318 besprochene Didrachmon Herakopf *Rf.* Wolfsvordertheil zwischen zwei Delphinen nach Argos].

Phalasarna.
Sestini, Hedervar. IV 2 158.
Sestini, Lettere di continuazione IX 15.

Polyrhenium.
Revue numismatique 1843 430 [Pallaskopf *Rf.* Eule: Myrina Lemni].
Sestini, Hedervar. IV 2 158.
Sestini, Lettere di continuazione IX 15.
Mionnet S. IV 336 264 ist Pyranthus?
Numismatic Chronicle 2. Serie I 174 (Æ attische Typen).
Caligula und *Germanicus*, Sestini, Hedervar. IV 2 158.
    Chaudoir, Corrections 64.
Claudius, Sestini, Hedervar. IV 2 158.
Titus, Sestini, Hedervar. IV 2 158.

Praesus.
Sestini, Hedervar. IV 2 159.
Dumersan, Allier de Hauteroche VII 7, 8.
v. Prokesch in Abhandlungen der Berliner Akademie 1845 94.
Mionnet VI 633 143 cf. VII 111.
Pembroke 769 (Æ Mionnet II 296 296 verbessert).

Priansus.
Köhne, Zeitschrift III 32.
Sestini, Hedervar. IV 2 160.
Memoiren der Petersburger archäologischen Gesellschaft 1850 347.
Pashley, Travels in Crete I 297 Æ (Poseidon stehend *Rf.* Figur auf Sessel dahinter Baum) Æ (Weiblicher Kopf *Rf.* Palmbaum).
Mionnet S. IV 339 277 ist Pyranthus.
Numismatic Chronicle 2. Serie I 174 (Æ mit attischen Typen).

Pyranthus.
Annali 1841 140, Mon. III 35 14, 15 vergl.:
Revue numismatique 1845 404.

Aber diese Münzen gehören nach Pyrrha Lesbi, siehe Akerman, Chronicle VII 61.
Mionnet S. IV 336 264 Polyrhenium und
Mionnet S. IV 339 277 Priansus haben wohl ΡΑΡ und gehören Pyranthus?

Rhaucus.

Mionnet VI 648 249 gehört wohl hierher, in der Sammlung der Bibliothek in Frankfurt am Main ist ein Exemplar. [Pferdekopf r. PAYKIΩN *Rf.* Delphin Dreizack. Abdruck im Königl. Münzkabinet.]
Fox 111 (Æ Weiblicher Kopf *Rf.* Dreizack).

Rhitymna.

Sestini, Hedervar. IV 2 160.
Chaudoir, Corrections 65.
Pashley, Travels in Crete I 102
(Æ Pallaskopf *Rf.* 2 Delphine).
(Æ Pallaskopf *Rf.* Dreizack).

Sybritia.

Sestini, Hedervar. IV 2 160.
Mionnet VI 537 165 vergl. VII 112.

Tanos [irrige Zutheilung.]

Sestini, Hedervar. IV 2 161 [ist Maronea].

Thalassa.

Sestini, Descrizione di molte med. in più musei 98.
Sestini, Hedervar. IV 2 161.
Bibl. Ital. 1816 39, 289 (Sestini über Münzen dieser Stadt).
Vespasianus, Sestini, Hedervar. IV 2 161.
Domitianus, Sestini, Hedervar. IV 2 162.
Dumersan, Allier de Hauteroche 57.
Sestini, Fontana III 48.
Traianus, Sestini, Hedervar. IV 2 162.

Tylissus.

Pashley Travels in Crete I 161. (Æ Weibl. Kopf mit Diadem, *Rf.* Nackter Mann mit Bogen, Bockskopf, eine Pflanze).

Incerti Cretae.

Wolfskopf v. vorn *Rf.* herzförmige Vertiefung. Archäol. Zeitnng 1847 148 n. 21 [ungriech.]
Löwenrachen *Rf.* vertiefter Einschlag ib. n. 22 [Chersonnesus Thr.]
Apollokopf *Rf.* gezacktes Viereck ib. n. 23.
Maske *Rf.* Harpyie ib. n. 24, 1851 384 [Kleinasiatisch].
Alle vier Gerhard, arch. Zeitung 1847 148, 1851 384.

EUBOEA.

Euboea.
Gerhard, arch. Zeitung 1843 151   1846 269.
Sestini, Hedervar. IV 2 163.
v. Prokesch, Abhandlungen der Berliner Akademie 1845 94.
Welzl 4521.
(Mionnet S. IV 353 20 21 sind wohl Sicyon?)

(Artemisium.)
Mionnet S. IV 354 22 und 23 gehören Archelaus, siehe Mionnet S. III 178, 26 und 27 und Cadalvène S. 96. Vergl. Num. Chron. III 140, VI 143.
Mionnet S. IV 354 24, nach Sestini, Eckhel hatte die Münze zu den Incerti gestellt. Die Zutheilung ist ganz unsicher. Sollte es nicht Paestum sein?

Carystus.
Akerman, Chronicle VI 144.
Gerhard, arch. Zeitung 1846 269.   1849 95.   1850 200.
Sestini, Hedervar. IV 2 163.
Sestini Fontana III 48.
Mionnet II 302 16 ist gewiss Neapolis Campaniae? wo ähnliche vorkommen.
Fox 112 (Æ Palmbaum KA).
[Sallets Zeitschrift für Num. VIII 10 (Æ mit Doppelkopf des Herakles und Poseidon).]
Nero, Sestini, Chaudoir 62.
Sestini, Lettere di continuazione IX 18.
Traianus, Annali 1840 217.
Sestini, Lettere di continuazione IX 18.
M. Aurelius, Sestini Fontana III 48.

(Cerinthus, siehe Clitor Arcad.

Chalcis, vergl. Chalcidice Maced.
[v. Sallet, Zeitschrift für Num. III 134, 217 Æ. (Adler Rf. Rad ΛΑΨ).]
Bullettino Napolitano III 59.
Archäologische Zeitung 1846 269.
Millingen, ancient coins 65 Æ.
Bullettino 1846 110, 1847 22.
Sestini, Descrizione di molte med. in più musei 98. (Auf einem Ex. der Königl. Sammlung steht nur X, die Münze ist gewiss italisch).
Sestini, Hedervar. IV 2 164.
Dumersan, Allier S. 57 Tafel VII 10, 11.
Welzl 4537 (überprägt?)
Augustus, Annali 1842 132 (Mescinius).
   Revue num. 1846 304.
Livia, Sestini, Hedervar. IV 2 164.
Nero, Sestini, Hedervar. IV 2 165.
[Hermes VIII (1874) 229 mit ΕΠΙΜΕΛηθέντος ΚΛΕΟΝΙΚΟΥ].
Traianus, Sestini, Hedervar. IV 2 165.

Hadrianus, Sestini, Hedervar. IV 2 165.
M. Aurelius, Sestini, Hedervar. IV 2 165.
L. Verus, Sestini, Hedervar. IV 2 165.
Septimius Severus, Mittheilungen der Berliner Num. Gesellschaft II 86.

Eretria.
Gerhard, arch. Zeitung 1843 151   1849 96.   1850 201.
Sestini, Hedervar. IV 2 165.
Dumersan, Allier de Hauteroche VII 12.
Chaudoir, Corrections 65.
Prokesch in Abhandlungen der Berliner Akademie 1845 94.
Memoiren der Petersburger archäologische Gesellschaft 1852 367 (Æ Blitz) [zweifelhafte Zutheilung.]
Cadalvène p. 216 Tafel III 15 dazu Elyrus Mionnet S. IV 318 151.
Mionnet S. IV 364 93, Æ mit Artemis und EP E, werden nach Orchomenus Arcadiae zugetheilt von Prokesch in den Abhandlungen der Berl. Akad. 1845 S. 92 Tafel III 47—49; [s. oben S. 209.]
Revue num. 1864 189 *N* 1 Stierkopf *Rf.* Quadrat inc. (unsichere Zutheilung.)
Commodus, Akerman, Chronicle VI 145.
Annali 1861 138.

* Histiaea.
Köhne, Zeitschrift VI 122.
Sestini, Hedervar. IV 2 106.
Dumersan, Allier de Hauteroche VII 13.
Chaudoir, Corrections 65.
Lavy I 174 No. 1956.
Numismatic Chronicle II 232. (Die Silbermünzen werden Histiaeotis in Thessalien zugetheilt.)
Annali 1861 138 (die Frage ob hierher oder nach Thessalien).
Lavy I 174 1952 (Æ mit Θ·I·H) [falsch].
Revue num. 1865 164 (grosse Æ.)

CYCLADEN.

Amorgos.
Bullettino 1843 108.
[Lambros, Νομίσματα τῆς νήσου Ἀμοργοῦ, Athen 1870.]

Aegiale Amorgi.
Akerman, Chronicle V 173 und 193 (Typus).
Avellino Bullettino VI 78.
Sestini, Chaudoir 63.

Arcesine Amorgi.
Annali 1866 Th. 38 S. 337.
Revue num. 1843 435 (nicht Aphrodisias.)

Minoa Amorgi.
Mamaea, Revue numismatique 1853 250.

Andros.
Sestini Fontana III 49.
Gerhard, archäologische Zeitung 1849 96.
Sestini, Hedervar. IV 2 167.
Sestini, Chaudoir 63.
Chaudoir, Corrections 65.
Memoiren der Petersburger archäol. Gesellschaft 1850 348.
Welzl 4567 4571.
Memoiren der Petersburger archäol. Gesellschaft 1851 270 (Æ.)
Mionnet II 312 3 und Metropolis Mionnet S. VI 257 1142, 3 viell. Prymnessus? meint Katalog Greppo wohl mit Unrecht.
Revue num. 1860 273 (Æ).
Hadrianus, Akerman, Chronicle V 175.
M. Aurelius und *L. Verus*, Sestini, Descrizione di molte medaglie in più musei 99.
Sestini, Hedervar. IV 2 167.
Commodus, Sestini, Descrizione di molte medaglie in più musei 99.
Sestini, Hedervar. IV 2 167.
Geta, Akerman, Chronicle V 137.

Anaphe.
Dumersan, Allier de Hauteroche VII 14.
Sestini, Fontana III 49.
Welzl 4564, 4566.
Sestini, Lettere di continuazione VII 22.
Mionnet S. III 457 24 Anactorium, gehöre hierher: Sestini in der Continuazione zur Antologia di Firenze LIII.
L. Ross Anaphe, München 1838 4⁰ (Abhandlungen der Münchener Akademie) Topographie und Inschriften.

Ceos.
Sestini, Lettere di continuazione V 15 (viele Münzen).
Bröndsted, Reisen I 67, 84, Tafel XXVII.
Köhne, Zeitschrift III 33 (gehört Ceramus Cariae.)
Sestini, Descrizione di molte med. in più musei 100.
Sestini, Hedervar. IV 2 167.
Dumersan, Allier de Hauteroche VII 15, 16.
Sestini, Lettere di continuazione IX 114 Tfl. III 8.
Revue num. 1863 240 (die M. mit ΚΕΤΡΙΠΟΡΙΟΣ nach Thracien gegeben).

Carthaea.
Bröndsted, Reisen I Tafel III und XXVII Seite 1, 3, 13.
Gerhard, archäologische Zeitung 1846 268. 1847 91.
Sestini, Hedervar. IV 2 168.
Sestini, Fontana III 49.

Sestini, Lettere di continuazione V 15.
[Sestini, Lettere VI 32 und lettere di continuazione V 21, beide Male gleiches Ex. falsch beschrieben; es enthält Löwe mit ΛΕΑΝΔΡΟΣ Æ Milet; Berliner Blätter IV 19].

Coresia, Coressus.
Bröndsted, Reisen I 36, Tafel XXVII.
? Fellows 1840 Tafel 34 1.
Sestini, Hedervar. IV 2 168.
Dumersan, Allier de Hauteroche VII 17.
Sestini Fontana III 49.
N? Revue belge V 242.
Sestini, Lettere di continuazione V 15 und folgende. Die Münze Seite 23 Tafel I 14 sei falsch sagt Bröndsted Reisen I 87 Anm. 9.

Julis.
Bröndsted, Reisen I 13, 76, Taf. XXVII.
Sestini, Hedervar. IV 2 168.
Gerhard, archäol. Zeitung 1843 151.
Prokesch, Abhandlungen der Berliner Akademie 1845 95.
Welzl 4590.
Sestini, Lettere di continuazione V 15.

Poeeessa.
Bröndsted, Reisen I Tafel XXVII.
Sestini, Lettere di continuazione V 15.

Cythnus.
Mittheilungen der Berliner Numismatischen Gesellschaft I 22.
Millingen, ancient coins 66.
Sestini, Hedervar. IV 2 169.
Mionnet II 315 29 nach Pembroke, bestätigt aber etwas berichtigt: Auctions-Katalog Pembroke 775.

Delos.
Schlichtegroll, Annalen I 66.
Akerman, Chronicle V 175.
Dumersan, Allier de Hauteroche VII 18.
Prokesch, in Abhandlungen der Berliner Akademie 1845 94.
Annali 1861 139.
Thorwaldsen 804 (Æ Palmbaum).

Gyaros.
Akerman, Chronicle V 176.
Annali 1861 139.

Jos.
Sestini Fontana III 49.
Prokesch, in Abhandlungen der Berliner Akademie 1845 95.
Mittheilungen der Berliner Numismatischen Gesellschaft I 23 Tfl. II 15. Das Ex. liegt vor, es ist eine bekannte M. von Thyrea Argol. [s. oben S. 205].

Bullettino 1843 107.
Sestini, Hedervar. IV 2 169.
[Friedlaender, v. Sallet's Zeitschrift für Numismatik I 294 Homer].
Faustina iun., Sestini, Hedervar. IV 2 170.
Sestini, Descrizione di molte med. greche in più musei 100.
Katalog Allier VII 19.
Commodus, Annali 1833 264, 267.

Melos.

Mittheilungen der Berliner Numismatischen Gesellschaft II 86.
Sestini, Hedervar. IV 2 170.
Sestini, Descrizione di molte med. in più musei 100.
Dumersan, Allier de Hauteroche VII 20.
Prokesch, Abhandlungen der Berliner Akademie 1845 95.
Sestini Fontana III 50.
Hadrianus, Sestini, Hedervar. IV 2 171.

Myconus.

Sestini, Hedervar. IV 2 171.
Mionnet II 320 64 ist Cnidus, siehe Suppl. VI 485 245 Anm.

Naxus.

Akerman, Chronicle V 176.
Gerhard, archäologische Zeitung 1843 151. 1849 96.
Sestini, Descrizione di molte med in più musei 101.
Prokesch, in Abhandlungen der Berliner Akademie 1845 95.
Sestini, Hedervar. IV 2 171.
Dumersan, Allier de Hauteroche VII 21.
Sestini Fontana III 50.
Mionnet VI 650 265 cf. VII 115.
Combe Mus. Brit. 246 1 Tfl. XIII 25 ist Mende Maced., eine ähnliche ist in der Königl. Sammlung).
Fox 113 (Æ Traube *Rf.* Thyrsus).
Septimius Severus, Sestini, Descrizione di molte med. in più musei 101.
Geta, Sestini, Descrizione di molte med. in più musei 101.

Parus.

Sestini, Descrizione di molte med. in più musei 102.
Chaudoir, Corrections 66.
Prokesch, in Abhandlungen der Berliner Akademie 1845 95.
Sestini Fontana III 50.
Welzl 4607.

Pholegandrus.

Akerman, Chronicle V 178.
Sestini, Descrizione di molte med. in più musei 103.
Pinder und Friedlaender, Beiträge I 182.
Badeigts No. 323 (Æ 2 Delphine).

Platia?
Revue num. 1843 250, aber siehe
Archäologische Zeitung 1847 128 wo die M. nach Plataeae Boeotiae gegeben werden.

Scyrus.
Eine falsche Münze hat Dumersan méd. inéd. S. 7 publicirt.

Seriphus.
Sestini, Hedervar. IV 2 172.
Sestini, Descrizione di molte medaglie in più musei 103.
Dumersan, Allier de Hauteroche VII 22.
Chaudoir, Corrections 66 [zweifelhafte Zutheilung].
Streber, 2. Fortsetzung der Geschichte des Münchener Münzkabinets 62.
Heideken 1794 (Æ ΣE Köcher).
Sestini, Lettere di continuazione V 29.
Revue archéol. IX 137 (Æ Pferd, ist eine ganz zweifelhafte Zutheilung).
Memorie di religione XVI 1829 513.

Sicinus.
Sestini, Hedervar. IV 2 172.
Sestini, Lettere di continuazione V 32.

Siphnus.
Gerhard, archäologische Zeitung 1846 268. 1847 91. 1849 96.
Sestini, Hedervar. IV 2 172.
Dumersan, Allier de Hauteroche VII 23.
Chaudoir, Corrections 66.
v. Prokesch, Abhandlungen der Berliner Akademie 1845 95.
Sestini, Fontana III 50.
Sestini, Lettere di continuazione V 30.
Memorie di religione XVI 1829 513.
Fox 114 (Æ. 1 Weiblicher Kopf *Rf.* Adler).
Septimius Severus, Sestini, Lettere di continuazione V 32,
Gordianus, Dumersan, Allier de Hauteroche VII 24.

Syrus.
Akerman, Chronicle V 179.
Gerhard, archäologische Zeitung 1849 96. 1850 201.
Köhne, Zeitschrift III 35.
Bullettino 1843 108.
Sestini, Hedervar. IV 2 172.
Chaudoir, Corrections 67.
Sestini, Fontana III 50.
Annali 1861 139.
Domitianus, Sestini, Hedervar. IV 2 173.
    Akerman, Chronicle V 180.
Traianus, Dumersan, Allier de Hauteroche 60.

Hadrianus, Dumersan, Allier de Hauteroche 60.
Pinder, Nummi inediti 34 (irrig unter Syria).
Akerman, Num. Chronicle V 180.
M. Aurelius, Sestini, Hedervar. IV 2 173.
M. Aurelius und *L. Verus*, Sestini, Hedervar. IV 2 173.
L. Verus, Akerman, Chronicle V 180.
Septimius Severus, Sestini, Hedervar. IV 2 173.
Caracalla und *Geta*, Sestini, Hedervar. IV 2 174.
    Sestini, Descrizione di molte medaglie in più musei 104.
Severus Alexander, Sestini, Hedervar. IV 2 174.

Tenus.

Sestini, Fontana III 50.
Gerhard, archäologische Zeitung 1849 96.
Sestini, Hedervar. IV 2 174.
Sestini, Lettere di contiuuazione V 33.
Tiberius, Sestini, Lettere di continuazione V 34.
Antoninus Pius, Sestini, Descrizione di molte med. in più musei 104.
Septimius Severus, Sestini, Descrizione di molte med. in più musei 104.
    Sestini, Hedervar. IV 2 175.
    Sestini, Chaudoir 64.

Thera.

Gerhard, archäologische Zeitung 1849 96.
v. Prokesch, in Abhandlungen der Berliner Akademie 1845 96.
Streber, zweite Fortsetzung der Geschichte des Münch. Münzkabinets 64.
Welzl 4625.
L. Verus, Sestini Fontana III 50.

KLEINASIEN.

ALLGEMEINES.

Kleinasien im Allgemeinen.
Revue num. 1853 165: Die Städte Apollonia in Kleinasien.
[Hermes VIII 228 'Ἐπιμελητής auf Münzen].
[Hermes IX 429 Αἰτησαμένου auf Münzen].

Kleinasiatische Stateren.
Sestini, Descrizione degli stateri antichi Firenze 1817 4.
Revue belge I 201.

Cistophoren.
Pinder und Friedlaender, Beiträge I 26.
Sitzungsberichte der Berliner Akademie 1852 609.
Revue numismatique 1846 266.
Akerman, Chronicle IX 1 und 66.
Panel de cistophoris Lugd. 1734 4.
Borghesi, Osservazioni V 10 Cistophoren des C. Fannius. V 8 über Cistophoren. VI 9 Cistophoren von Tralles. XII 4 Cistophoren des M. Antonius Riccio Tfl. L 2. XIV 8 Cistophoren von Laodicea.
Numismatic Chronicle IX 73 (M. Antonius).
Welzl 6387 (Dionysopolis, irrig).
Dumersan, description des cistophores du Cabinet de France I, Cab. de l'amateur 4. Jahrgang, 6. Lieferung.
Pinder, Ueber die Cistophoren und über die kaiserlichen Silbermedaillons der römischen Provinz Asia, Berlin 1856 (aus Abhandlungen der Berliner Akademie 1855).
Bullettino 1857 158 und 170.

BOSPORUS CIMMERIUS.

Die Könige s. Könige von Pontus.
Gorgippia.
Dumersan, Allier de Hauteroche VIII 1.
Sestini, Hedervar. II 1.
Sestini, Chaudoir 65.
Sestini, Hedervar. II 39 (verbessert Mionnet S. IV 415 4).
Köhler, Dissertation sur le monument de la reine Comosarye (Petersburg 1805) Titelblatt (Figur Ξ) gehört Agrippias - Phanagoria, siehe Sestini, Hedervar. II 39.

Phanagoria.

Köhler, gesammelte Schriften II 115, 125.
Numismatic Chronicle V 183.
Numismatic Chronicle XVI 97 die sonst Agrippenses und Caesarea zugetheilten Münzen. Schon vorher in Boeckh C. J. Gr. II nr. 2126^b bekannt gemachte Berichtigung von Stempowski.
Mionnet S. IV 417 12 nach Sanclemente, doch hat dieser: arcus, Mionnet: flèche.
Mionnet S. VII 20 81 Phaselis gehört hierher.
Millingen, ancient coins 67.
Annali 1839 278.
Chaudoir, Corrections 67.
Chaudoir, Suppléments aux corrections 13.
Sestini, Hedervar. II 2.
Lavy I 77.
Welzl 4628.

Sindi.

Berliner Blätter für Münzkunde I 1, II 260.
Revue num. 1860 273.

COLCHIS.

Chaudoir, Corrections 67.
Memoiren der Petersburger archäologischen Gesellschaft 1852 367.

Dioscurias.

Sestini, Hedervar. II 4.
Welzl 4629 irrig, das Exemplar ist in der Königlichen Sammlung, es ist eine Münze von Epirus, vergl. Mionnet S. III 361 20.

Aristarchus, Herr von Colchis.

Archäologische Zeitung 1849 28 (R.) und
Denkschriften der Wiener Akademie Bd. I 331 (Prokesch).
Memoiren der Petersburger archäologischen Gesellschaft 1852 369 (Borrell's Exemplar).
Revue num. 1853 251; dasselbe Exemplar auch:
Fox II No. 1.
[Numismatic Chronicle N. S. (1877) 17 1; Aufschrift stets: (ΑΡΙϹΤΑΡΧΟΥ ΤΟΥ ΕΠΙ ΚΟΛΧΙΔΟϹ).]

PONTUS.

M. Aurelius, Sestini, Lettere di continuazione V 107 Cl. Gener. ed. II 58. Die Münze gehört aber nach Neocaesarea.

Amasia.

Bullettino 1840 69, 110.
Chaudoir, Corrections 68.
Sestini, Lettere di continuazione IV 69.

Antoninus P., Sestini, Lettere di continuazione VII 23.
Verus, Sestini, Hedervar. II 5.
Commodus, Sestini, Hedervar. II 5.
Septimius Severus, Sestini, Hedervar. II 6.
    Sestini, Chaudoir 65.
    Sestini, Fontana III 51.
    Lavy I 177.
Domna, Sestini, Fontana III 51.
Caracalla, Sestini, Hedervar. II 6.
Geta, Sestini, Hedervar. II 8.
    Sestini, Lettere di continuazione VII 24.
Severus Alexander, Sestini, Hedervar. II 9.

Ameria?

Dumersan, Allier de Hauteroche p. 61 [wohl Amisus?].

Amisus.

Sestini, Lettere di continuazione VII 25 (AR und Æ).
Dumersan, Allier de Hauteroche VIII 2.
Sestini, Hedervar. II 9.
Chaudoir, Corrections 68.
Sestini, Chaudoir 66.
Lavy I 177.
Welzl 4649.
Borghesi, Osservazioni X 1 zu Mionnet S. IV 438 135.
Fox II No. 2. (Æ Korb mit Früchten CΠΘ, 257 n. C.).
[Friedlaender, v. Sallet's Zeitschrift für Numismatik II 29].
Traianus, Sestini, Chaudoir 66.
    Sestini, Lettere di continuazione VII 26.
Hadrianus, Dumersan, Allier de Hauteroche VIII 3 AR. Med.
    Sestini, Hedervar. II 11.
    Lavy I 178.
Caracalla, Sestini, Hedervar. II 11.
    Sestini, Lettere di continuazione IV 70.
Valerianus, Fox II No. 3.
Salonina, Fox II No. 4.

(Athenae).

Numismatische Zeitung 1834 No. VI und VII, eine falsche Münze.

Cabira.

Sestini, Hedervar. II 11.
Akerman, Chronicle V 183.

Cerasus.

Welzl 4655.
Hadrianus, Sestini, Hedervar. II 12.
M. Aurelius, Sestini, Lettere di continuazione VII 28.

Elagabalus, Sestini, Lettere di continuazione VII 28.
Cornelia Paula, Akerman, Chronicle V 183 [mit Aera PNΘ: Kgl. Münzkabinet].
Severus Alexander, Sestini, Hedervar. II 12.

Chabacta.
Sestini, Hedervar. II 13.

Comana.
Sestini, Lettere di continuazione VII 24.
Fox II No. 5 (Æ Keule usf.)
Nerva, Sestini, Hedervar. II 13.
(*Antoninus P.*, Dumersan, Allier de Hauteroche VIII 4, gehört aber nach Comana Cappadociae).
Septimius Severus, Millingen, ancient coins 67.
    Sestini, Hedervar. II 14.
Gallienus, Revue belge 4. Serie I 158.

Gaziura.
Sestini, Hedervar. II 14.

Heraclea.
Gordianus, Fiorelli, Annali I 25.
Amastris, siehe Heraclea Bithyn. unten S. 240.

Laodicea.
Sestini, Hedervar. II 14.

(Mariandyni).
Die einzige Münze Mionnet S. IV 447 167 ist von Marium Cypri.

Neocaesarea.
Tiberius, Streber, Num. nonn. gr. 168.
    Sestini, Lettere di continuazione VII 29.
Caligula, Sestini, Hedervar. II 14.
Domitianus, Sestini, Lettere di continuazione VII 29.
Traianus, Sestini, Lettere di continuazione VII 30.
Antoninus P., Sestini, Hedervar. II 15.
M. Aurelius, Sestini, Lettere di continuazione VII 30.
Septimius Severus, Sestini, Hedervar. II 15.
    Chaudoir, Corrections 68.
    Sestini, Lettere di continuazione VII 31.
Domna, Sestini, Lettere di continuazione VII 32.
Caracalla, Sestini, Hedervar. II 16.
    Sestini, Lettere di continuazione VII 32.
Severus Alexander, Welzl 4658.
Gallienus, Sestini, Hedervar. II 16.
    Sestini, Lettere di continuazione VII 33.

Pharnacia.
Sestini, Hedervar. II 16.
Sestini, Lettere di continuazione III 63 (wiederholt auch Lettere VIII.)

Mionnet S. IV 454 203 gehört nicht hierher, auch nicht nach Phanagoria wie Sestini Hedervar. II 17 meint, und nicht nach Phaselis wie Sanclemente I 304, sondern Amisus?
Allier VIII 5.

(Phina).
Mittheilungen der Berliner Numismatischen Gesellschaft I 28.
Die Zutheilung ist irrig, die Münze gehört nach Nicopolis Epiri und stellt einen Asklepios Phinaios dar.
[v. Sallet's Zeitschrift für Numismatik V 330.]

Pimolissa.
Denkschriften der Münchener Akademie 1808 Hist. Classe 421.
Sestini, Hedervar. II 16.

Sarbanissa.
Sestini, Hedervar. II 17.

Sebastopolis.
Akerman, Chronicle V 183.
Sestini, Lettere di continuazione IX 19.
Vespasianus, Akerman, Chronicle V 183.
Antoninus Pius, Revue belge 3 Serie IV 11.
Geta, Fox II No. 6.

Taulara.
Die von Dumersan einer Stadt Aulari Paphl. zugewiesene Münze hat nach einem Abdruck, der 1874 hier vorlag, ΤΑVΛΑΡΩΝ, und gehört also der Stadt, welche bei den Schriftstellern Τάλαυρα genannt wird. Die M. ist unzweifelhaft pontisch.
[v. Sallet's Zeitschrift für Numismatik II 115].

Trapezus.
Traianus, Sestini, Lettere di continuazione VII 34.
M. Aurelius, Sestini Lettere di continuazione VII 35.
Domna, Sestini, Lettere di continuazione VII 35.
Caracalla, Sestini, Lettere di continuazione VII 35.
Elagabalus, Streber, Num. nonn. gr. 169.
Sestini, Lettere di continuazione VII 36.
Gordianus, Sestini, Hedervar. 2 18.
Philippus sen., Sestini, Hedervar. 2 18.
Chaudoir, Corrections 69.

Zela.
Septimius Severus, Akerman, Chronicle V 184.
Domna, Sestini, Lettere di continuazione IV 19.
Caracalla, Akerman, Chronicle V 184.
Dumersan, Allier de Hauteroche VIII 6.
Sestini, Lettere di continuazione IV 70.

KÖNIGE von PONTUS und BOSPORUS.

Die Reihen der Könige: Boeckh Corpus Inscriptionum graecarum II S. 94 und 96.

Bosporanische Könige.

Köhler, Antiquités du Bosphore 76.
Köhler, Médailles grecques des rois de la Bactriane et du Bosphore. Petersburg 1822. Gesammelte Schriften I 1.
Waxel, Recueil de quelques antiquités trouvées sur les bords de la mèr noire, Berlin 1803.
Chaudoir, quelques médailles en bronze s. l. 1817.
Chaudoir, Supplément aux corrections 15.
Sestini, Hedervar. IV 2 28.
Memoiren der archäologischen Gesellschaft zu St. Petersburg 1847 290 (über falsche Münzen).
Spartokiden-Münzen, Memoiren der archäologischen Gesellschaft zu St. Petersburg 1851 279.
Sabatier, Souvenirs de Kertsch, chronologie du royaume du Bosphore. Petersburg 1849 4.
Erste Achämeniden-Könige von Pontus und Bosporus. Memoiren der Petersb. archäologischen Gesellschaft 1852 233, auch 200.
Zeitschrift für Münzkunde 1859 bis 1862 S. 25 (die Aspurgianischen Könige).
[Köhne, Musée Kotschoubey vol. II, Petersburg 1857.
A. v. Sallet, Beiträge zur Geschichte und Numismatik der Könige des cimmerischen Bosporus und des Pontus von der Schlacht bei Zela bis zur Abdankung Polemo II, Berlin 1866].

Asander.

Revue belge III 1.
Sestini, Chaudoir 68.
Chaudoir, Supplément aux corrections 13.
Sestini, Hedervar. 2 20.
Köhler, Gesammelte Schriften II 71.
[Köhne, Musée Kotschoubey II 155.
v. Sallet, Beiträge 5 ff.]

Dynamis (Tochter des Pharnaces).

Annali 1841 320.
Revue numismatique 1846 67.
[Köhne, Musée Kotschoubey II 156].

Eumelus II.

Sestini, Chaudoir 67.

Eupator I.

Grote, Blätter für Münzkunde III 270.
Dumersan, Allier de Hauteroche IX 13—17.
Sestini, Chaudoir 71.
Chaudoir, Corrections 71.
Akerman, Chronicle XIV 116.

Eupator II.
Memoiren der Petersburger archäologischen Gesellschaft 1850 5; [ist Eupator I: v. Sallet, Zeitschrift für Numismatik IV 309].

Leuco II.
Akerman, Chronicle II 160.
Annali 1841 5.
Sestini, Chaudoir 66.
Chaudoir, Corrections 69.
[v. Sallet, Zeitschrift für Numismatik IV 229].

Mithridates III.
Memoiren der Petersburger archäologischen Gesellschaft 1852 234.
Berliner Blätter für Münzkunde II 261.

Mithridates IV.
Köhler, Gesammelte Schriften I 50.
Revue numismatique 1863 217.

Mithridates VI.
Akerman, Chronicle V 185.
Luynes, Choix XIV 9.
Sestini, Hedervar. 2 19.
Chaudoir, Corrections 69.
Dumersan, Allier de Hauteroche VIII 7, IX 1.
Sestini, Fontana III 51.
Berliner Blätter für Münzkunde II 264.

Paerisades.
Memoiren der Petersburger archäologischen Gesellschaft 1852 98.
[v. Sallet, Zeitschrift für Numismatik IV 231: Paerisades II; ebenso: Oreschnikow, zur Münzkunde des cimmerischen Bosporus, Moskau 1883].

Pharnaces I.
Berliner Blätter für Münzkunde II 263 (Tetr.)

Pharnaces II.
Sestini, Hedervar. 2 19.
Revue belge VI 209.
Köhler, Gesammelte Schriften II 219.
Revue numismatique 1863 217.

Polemo I.
Allier de Hauteroche, Mémoire sur une médaille de Polemon 1825. (Recueil de la société de Cambrai 1825 221).
Dumersan, Allier de Hauteroche VIII 8.
Memoiren der Petersburger archäologischen Gesellschaft 1852 251 (Polemo und Tryphaena).
Fox II No. 7 (Ɑ., ʙɪ, Kopf der Königin).
Berliner Blätter für Münzkunde II 265.

[Köhne, Musée Kotschoubey II 169
v. Sallet, Beiträge 34].

Polemo II.
Nota di alcune medaglie della collezione Mainoni No. 11.
Dumersan, Allier de Hauteroche VIII 9, 10, 11.
Sestini, Museo Hedervar. 2 20.
[Köhne, Musée Kotschoubey II 182
v. Sallet, Beiträge 71].

Pythodoris.
Sestini, Fontana III 51.
[Köhne, Musée Kotschoubey II 177.
v. Sallet, Beiträge 69].

Spartocus.
Romanzoff, Description d'une médaille de Spartocus Petersburg 1824.
Köhler, Descriptioni d'une médaille de Spartocus Petersburg 1824. Gesammelte Schriften II 45.
Memoiren der Petersburger archäologischen Gesellschaft 1851 279.
[Köhne, Musée Kotschoubey II 30.
v. Sallet, Zeitschrift für Numismatik IV 231].

Tryphaena.
Memoiren der Petersburger archäologischen Gesellschaft 1852 251.

KÖNIGE von BOSPORUS.

Reihenfolge nach Memoiren der Petersburger archäol. Gesellschaft 1850 S. 7.
Mithridates VII. Pharnaces. Asander. Polemo I. Sauromates I. Rhescuporis I. Sauromates II. Rhescuporis II. Polemo II. Mithridates II. Gepaepyris. Cotys I. (Lücke v. 11 Jahren). Rhescuporis III. (Lücke v. 8 Jahren). Sauromates III. Cotys II. Rhoemetalces. Eupator I. (Lücke v. 3 Jahren). Sauromates IV. Eupator II. Rhescuporis IV. Cotys III. Sauromates V. Rhescuporis V. Ininthimeius. Rhescuporis VI. Phareanses. Rhescuporis VII. (Lücke v. 7 Jahren). Sauromates VI. Teiranes. Thothorses. Sauromates VII. Rhadamsades. Rhescuporis VIII.

Cotys I.
Sestini, Hedervar. 2 22.
Sestini, Chaudoir 70.
Dumersan, Allier de Hauteroche IX 2—7.
Chaudoir, Suppléments aux corrections 14.
Chaudoir, Corrections 71.
Sestini, Fontana III 52.
Lavy I 179.
Memoiren der Petersburger archäologischen Gesellschaft 1851 152 (N).

Cotys I und Britannicus.
Akerman, Coins of the Romans relating to Britain. Lond. 1836 p. 12.

Cotys II.

Akerman, Chronicle V 185.
Sestini, Chaudoir 72.
Chaudoir, Suppléments aux corrections 14.
Sestini, Hedervar. 2 23.

Cotys III.

(Cotys IV ist identisch, nach Memoiren der Petersburger archäologischen Gesellschaft 1850 9 Anm.)
Sestini, Chaudoir 73.
Sestini, Hedervar. 2 24 (irrig).
Chaudoir, Corrections 72.
Chaudoir, Suppléments aux corrections 15.
Dumersan, Allier de Hauteroche X 8.

Gepaepyris.

Sestini, Chaudoir 70.
Chaudoir, Corrections 71.
Sestini, Hedervar. 2 22.
Dumersan, Allier de Hauteroche VIII 15.

Ininthimeius.

Sestini, Chaudoir 74.
Chaudoir, Corrections 72.
Dumersan, Allier de Hauteroche X 9.
Sestini, Hedervar. 2 25.

Mithridates II.

Sestini, Chaudoir 70.
Chaudoir, Corrections 70.
Sestini, Hedervar. 2 22.

Phareanses.

Sestini, Chaudoir 75.
Memoiren der Petersburger archäologischen Gesellschaft 1847 282, 288 (wird nachgewiesen: Areanses sei eine falsche Münze).

Rhadamsades.

Sestini, Chaudoir 77.
Chaudoir, Corrections 75.
Sestini, Hedervar. 2 27.
Stempowski, Notice sur les méd. de Rhadamsades Paris 1822.
Köhler, Gesammelte Schriften I 30. (Roi inconnu).

Rhescuporis I.

Dumersan, Allier de Hauteroche VIII 16, 24.
Sestini, Chaudoir 69.
Chaudoir, Suppléments aux corrections 13.

Rhescuporis II.

Sestini, Chaudoir 69.

Sestini, Hedervar. 2 21.
Memoiren der Petersburger archäologischen Gesellschaft 1851 152 u. f. *N*,
und *N* mit Tiberius).

Rhescuporis III.
Dumersan, Allier de Hauteroche X 4—6.

Rhescuporis IV.
Sestini, Hedervar. 2 24.
Sestini, Chaudoir 73.
Chaudoir, Corrections 72.

Rhescuporis V.
Dumersan, Allier de Hauteroche X 11.

Rhescuporis VI.
Sestini, Hedervar. 2 26.
Sestini, Chaudoir 74.
Chaudoir, Corrections 73.

Rhescuporis VII.
Sestini, Hedervar. 2 27.
Sestini, Chaudoir 75.
Chaudoir, Corrections 73.
Akerman, Chronicle XIV 116.
Lavy I 180.

Rhescuporis VIII.
Sestini, Chaudoir 77.
Chaudoir, Corrections 76.
Akerman, Chronicle XIV 117.
Pembroke 878 (Æ, BKX Constantin-Münze).

Rhoemetalces.
Sestini, Hedervar. 2 23.
Sestini, Chaudoir 72.
Dumersan, Allier de Hauteroche IX 10—12.

Sauromates I.
Chaudoir, Corrections 69.
Memoiren der Petersburger archäologischen Gesellschaft 1851 152.

Sauromates II.
Sestini, Chaudoir 68.
Chaudoir, Corrections 70.
Dumersan, Allier de Hauteroche IX 8, 9.
Sestini, Hedervar. 2 21.
Akerman, Chronicle XIV 116.
Fox II No. 8 und 9 (Æ mit dem Kopf des Königs und der Königin).
[v. Sallet, Zeitschrift für Numismatik IV 307].

Sauromates III.

Sestini, Chaudoir 71.
Sestini, Hedervar. IV 2 23.
Chaudoir, Supplément aux corrections 14.
Dumersan, Allier de Hauteroche IX 18—21, X 1—3.
Chaudoir, Corrections 71.
Köhler, Gesammelte Schriften II 131.
Zeitschrift für Münzkunde 1859—1862 S. 193 (die Heracles-Typen).
[Köhne, Musée Kotschoubey II 272.
Oreschnikow, zur Münzkunde des cimmerischen Bosporus 17.
v. Sallet, Zeitschrift für Numismatik IV 308].

Sauromates IV.

Sestini, Chaudoir 71.
Chaudoir, Corrections 72.
Chaudoir, Supplément aux corrections 14.
Dumersan, Allier de Hauteroche X 7.
Sestini, Hedervar. 2 24.
Akerman, Chronicle XIV 116.

Sauromates V.

Sestini, Chaudoir 74.
Akerman, Chronicle XIV 116.

Sauromates VI.

Sestini, Chaudoir 76.

Teiranes.

Chaudoir, Corrections 74.

Thothorses.

Sestini, Chaudoir 76.
Chaudoir, Corrections 74.
Dumersan, Allier de Hauteroche X 10.
Sestini, Hedervar. 2 26.
Akerman, Chronicle XIV 117.

CYΓΓHC unbekannter König.

Memoiren der Petersburger archäologischen Gesellschaft 1852 349.

PAPHLAGONIA.

Abonoteichos.

Sestini, Hedervar. II 30.
Faustina iun., Berliner Blätter für Münzkunde I 140.

Aegialus.

Domna, Sestini, Lettere di continuazione VI 39.
Caracalla, Sestini, Lettere di continuazione VI 39 (früher Aegialus in Achaia zugetheilt).

Amastris.

Akerman, Chronicle V 187.
Chaudoir, Corrections 77.
Dumersan, Allier de Hauteroche X 12.
Sestini, Hedervar. II 30.
Sestini, Lettere di continuazione VIII 5.
[Friedlaender, v. Sallet's Zeitschrift für Numismatik VI 17 (Homerkopf *Rf.* Agaue) falls die Zutheilung richtig ist].
Domitianus, Sestini, Lettere di continuazione VIII 6.
Traianus, Sestini, Lettere di continuazione VIII 6.
    Berliner Blätter für Münzkunde I 140.
Plotina, Sestini, Lettere di continuazione VIII 7.
Antoninus P., Sestini, Hedervar. II 31.
    Annali 1839 64 Tav. *A* 2.
    Sestini, Lettere di continuazione IV 71.
M. Aurelius, Sestini, Hedervar. II 31.
Faustina iun., Sestini, Hedervar. II 31.
    Sestini, Lettere di continuazione VIII 7.
L. Verus, Sestini, Lettere di continuazione VIII 8.
Commodus, Sestini, Hedervar. II 32.
Caracalla, Sestini, Hevervar. II 32.
    Diamilla, Memorie 101 (Weibliche Figur mit Aehren?)
    Sestini, Lettere di continuazione VIII 8.
Maximinus, Sestini, Lettere di continuazione VIII 8.

(Aulari).

Dumersan, Catalog Allier Tafel X 14.
Visconti, Opere varie, Milano 1830 Th. III S. 241 (Observation sur une médaille grecque inédite).
Siehe oben S. 229: Taulara Ponti.

Cromna.

Sestini, Hedervar. II 32.
Numismatic Chronicle II 166, V 188.
Sestini, Chaudoir 80 (Æ).
Lavy I 180 (Æ).

Germanicopolis.

Hadrianus, Archaeologia XVII 1814 218.
M. Aurelius, Sestini, Hedervar. II 32.
Faustina iun., Sestini, Hedervar. II 32.
Septimius Severus, Sestini, Hedervar. II 33.
Domna, Sestini, Hedervar. II 33.
Caracalla, Sestini, Hedervar. II 34.

Neoclaudiopolis.

M. Aurelius, Sestini, Hedervar. II 34.

Pompeiopolis.
M. Aurelius, Sestini, Hedervar. II 34.
Faustina iun., Sestini, Fontana III 52.

Sebaste.
Sestini, Hedervar. II 35.
Traianus, Sestini, Hedervar. II 35.
   Welzl 4678.
   Sestini, Lettere di continuazione V 35.
M. Aurelius und *L. Verus*, Sestini, Chaudoir 80.
   Chaudoir, Corrections 77.
   Sestini, Lettere di continuazione V 35.
Caracalla, Sestini, Lettere di continuazione V 35.

Sesamus.
Dumersan, Allier de Hauteroche X 15.

Sinope.
Mittheilungen der Berliner Numismatischen Gesellschaft I 23 II 87.
Sestini, Hedervar. II 35.
Sestini, Chaudoir 80.
Dumersan, Allier de Hauteroche X 16.
Akerman, Numismatic Chronicle II 167.
Chaudoir, Corrections 77.
Sestini Fontana III 52.
Lavy I 181.
Welzl 4681, 4688.
Heideken 1973 (Æ ΕΚΣ Adler).
Sestini, Lettere di continuazione VII 36.
Sestini Cl. Gener. ed. 2 p. 178 (Æ, ΓΚΣ).
Greppo 772.
[Mionnet III 619 389, gehört hierher: Imhoof-Blumer, monnaies grecques 230. Six, Numismatic Chronicle III sere V 48].
Phönicische Münzen: Bullettino 1838 160.
Zeitschrift der deutsch-morgenländischen Gesellschaft Bd. VI und IX 79.
Revue numismatique 1861 1 (Datames).
Luynes, Num. des Satrapies 36, 65.
Caesar, Sestini, Lettere di continuazione VII 40.
Augustus, Sestini, Lettere di continazione VII 40.
   Magnoncour 308 (Æ ΣΙΝΩΠΟΥ Europa auf dem Stier, sollte es nicht Sidon sein?)
Caligula, Sestini, Lettere di continuazione VII 40.
Claudius und *Agrippina*, Sestini, Lettere di continuazione VII 41.
Nero und *Agrippina*, Sestini, Lettere di continuazione VII 41.
Hadrianus, Sestini, Hedervar. II 37.
   Sestini, Lettere di continuazione VII 42.
Aelius, Memorie di Numism. 102.
   Bullettino 1862 131.

M. Aurelius, Sestini, Lettere di continuazione VII 42.
  Allier de Hauteroche X 17.
Septimius Severus, Sestini, Lettere di continuazione VII 43.
Domna, Sestini, Lettere di continuazione VII 43.
  Sestini, Hedervar. II 37.
Caracalla, Sestini, Lettere di continuazione VII 44.
  Sestini, Hedervar. II 37.
Geta, Sestini, Lettere di continuazione VII 44.
Macrinus, Sestini, Lettere di continuazione VII 45.
  Sestini, Hedervar. II 37.
Severus Alexander, Sestini, Lettere di continuazione VII 45.
Maximinus, Sestini, Lettere di continuazione VII 45.
  Sestini, Chaudoir 80.
Valerianus, Sestini, Lettere di continuazione VII 45.
Gallienus, Sestini, Lettere di continuazione VII 46.

BITHYNIA.

Über die bithynische Aera.
Borghesi in der Autologia di Firenze Band 11 Heft XXXI S. 87.

Bithynia.

Vespasianus, (Mionnet II 408 1) Borghesi Osservazioni X 9.
Domitianus, Borghesi Osservazioni X 9 (fehlt bei Mionnet.)
Sabina. Ob die eine Figur Bithynia ist? S. dazu die R. Medaillons von Hadrian mit ROM SP AVG, welches *Romae Spei Augusto* heissen könnte, dann wäre diese Figur also Spes. Es ist eine seltsame Zusammenstellung Rom Spes und Augustus. Aber freilich COMmuni ASIAE ROMae ET AVGVSTO auf Münzen des Augustus u. c. 735 sind auch seltsam in dieser Gemeinschaft.
[Berliner Blätter für Münzkunde V 10].

(Agrippenses).

Die Münzen Sestini, Museo Hedervar. II 39 und Sestini, Chaudoir 81, ebenso die verwandten von Caesarea gehören Phanagoria, siehe, nach Stempowski, Boeckh C. J. Gr. II No. 2126^b, Num. Chronicle XVI 97 und J. Friedlaender in der (Wiener) Numismatischen Zeitschrift II S. 280. Man hatte diese Münzen auch Agrippias Judaeae zugetheilt.

Apamea, Myrlea.

Numismatic Chronicle V 188.
Sestini, Chaudoir 82.
Welzl 4696 (Myrlea) 4697 (Papirius Carbo).
Caligula und *Germanicus*, Numismatic Chronicle V 189.
Nero, Drusus, Agrippina, Drusilla und *Julia*, Moustiers 376.
Agrippina, Drusilla, Julia, Cohen I S. 155.
M. Aurelius, Mittheilungen der Berliner Numismatischen Gesellschaft I 24.
Numismatic Chronicle VIII 40.
Commodus, Millingen Sylloge 62.

Domna, Numismatic Chronicle V 189.
Caracalla, Numismatic Chronicle V 190.
Sestini, Chaudoir 82.
Chaudoir, Corrections 78.
Trebonianus Gallus, Lavy I 182.
Valerianus, Lavy I 182.
Gallienus, Sestini, Chaudoir 82.
Lavy I 183.

Astacus.
Archäologische Zeitung 1844 342 (unter Aspendus, siehe die Anmerkung, auch 1847 85 unter Aspendus).
Pinder, Num. ined. 25, dasselbe Stück schon vorher erwähnt:
Sestini, Lettere di continuazione III 66.

Bithynium-Claudiopolis.
Domitianus, Mionnet VI 687 504, 505 cf. VII 118.
Antinous, Mionnet II 417 45 u. Suppl. V 19 99 und 100 vergl. meinen Katalog.
Commodus, Welzl 4705.
Severus Alexander, Chaudoir, Corrections 78.

Calchedon.
Numismatic Journal I 43.
Numismatic Chronicle II 161, V 190 mit dem Portrait des Lysimachus und der Arsinoe.
Gerhard, archäologische Zeitung 1844 337. 1845 115 [Osann]. 1846 270; [die Aufschrift ΚΑΛ ist ganz deutlich].
Annali 1834 308.
Lavy I 183.
Annali 1861 140 (R. Apollo).
M. Aurelius, Welzl 4707.
Gordianus, Greppo 788.

Cius, siehe Prusias ad mare.

Clitae.
Titus, Numismatic Chronicle V 192 (Borrell).
Annali 1861 140 (über die gleiche M.)

Cratia.
Die Münzen: Mionnet S. V 32 173, 174 gehören nach Cretopolis Pisidiae
Numismatic Chronicle VI 115, X 94 (Borrell).
Geta, Annali 1840 217.

Dia.
Millingen, Sylloge 63, dies ist die falsche Münze, welche Sestini Falsificatori Tafel III No. 2 publicirt hat.

Hadriani
Revue numismatique 1852 90 wo die Stadt zu Mysien gerechnet wird.
Sestini, Lettere di continuazione VIII 15.
Fox II 12 (Artemis).

Hadrianus, Sestini, Chaudoir 82.
Sabina, Sestini, Lettere di continuazione VIII 15.
Antoninus P., Sestini, Lettere di continuazione VIII 15.
Commodus, Sestini, Lettere di continuazione VIII 16.
Septimius Severus, Sestini, Lettere di continuazione VIII 16.
Domna, Sestini, Lettere di continuazione VIII 17.
Geta, Lavy I 184.
    Sestini, Lettere di continuazione VIII 17.
Maximus, Sestini, Lettere di continuazione VIII 17.
Gordianus P., Sestini, Lettere di continuazione VIII 17.
Philippus sen., Sestini, Lettere di continuazione VIII 18.
Philippus iun., Berliner Blätter für Münzkunde I 261.

Hadrianotherae.

Revue numismatique 1852 90, liege in Mysien.
Numismatic Chronicle VI 115.
Sestini, Chaudoir 81.
M. Aurelius, Welzl 4713.
Septimius Severus, Numismatic Chronicle VI 116.
Domna, Sestini, Chaudoir 81.
Caracalla, Numismatic Chronicle VI 116.
Otacilia, Numismatic Chronicle VI 116.

Heraclea.

Annali 1841 145 Mon. III 35 17 [Æ: Heraclea Thess.]
Revue num. 1845 464.
Streber, Num. nonn. gr. 188.
Köhne, Zeitschrift IV 327 mit dem Theater dazu: Gordianus III zu vergl.
Bullettino 1844 121.
Welzl 4714 (?) 4716.
Sestini, Lettere di continuazione VII 47 [Æ archaischer Herakopf r. *Rf.* ΕΡΑ im gemusterten Oblong: Heraea Arcadiae.]
Grote, Blätter für Münzkunde III 105. (Die M. Sestini, Lettere di continuazione VII 47 No. 1 sei falsch).
Revue archéologique 1879 (März) 136: M. v. Klearchos und Satyros, den Vorgängern des Dionysios. (Bompois; zweifelhaft).

Könige.

Dionysius, Revue numismatique 1860 274.
Amastris, Memoiren der Petersburger archäologischen Gesellschaft 1850 350.
    Mionnet liest ΒΑΣΙΛΙΣΣΑΣ der Paste hat ΗΣ.
Sestini, Lettere di continuazione VIII 5 gehört hierher? und ist nur schlecht beschrieben, wenigstens die Vs. gewiss.
Nero, Numismatic Chronicle VI 116.
Titus, Sestini, Lettere di continuazione VII 52.
Traianus, Sestini, Lettere di continuazione VII 52.
    Numismatic Chronicle VI 116.
    Annali 1861 141.

Septimius Severus, Sestini, Lettere di continuazione VII 53.
  Revue belge 3 Serie IV 11.
Domna, Akerman, Chronicle VI 117.
  Memoiren der Petersburger archäologischen Gesellschaft 1850 183.
  Greppo 792.
Caracalla, Sestini, Lettere di continuazione VII 54.
Geta, Greppo 793.
Macrinus, Sestini, Lettere di continuazione VII 55.
Diadumenianus, Akerman, Chronicle VI 117.
Severus Alexander, Mittheilungen der Berl. num. Gesellschaft I 23.
  Sestini, Lettere di continuazione VII 56.
  Greppo 794.
Soaemias, Memoiren der Petersburger arch. Gesellschaft 1850 184.
Maesa, Sestini, Lettere di continuazione VII 56.
Maximinus, Akerman, Chronicle VI 117.
Maximus, Akerman, Chronicle VI 117.
Pupienus, Akerman, Chronicle VI 117.
Gordianus, mit der Ansicht des Theaters, Stieglitz Archaeologie der Baukunst II 1 122. 179. Vergl. Köhne, Zeitschrift IV 327.
Tranquillina, Akerman, Chronicle VI 117.
Gallienus, Sestini, Lettere di continuazione VII 56.
Salonina, Sestini, Chaudoir 81.
Saloninus, Numismatic Chronicle VI 117.
  Revue belge 4 Serie I 125.

Juliopolis.

Caracalla, Memoiren der Petersburger arch. Gesellschaft 1850 185.
  Berliner Blätter für Münzkunde I 141.
Geta, Welzl 4720.

Myrlea siehe Apamea.

Nicaea.

Bullettino Napolitano VI 17.
Sestini, Lettere di continuazione I 78, und II, Tafel No. 17 Beiname des Jupiter in Nicaea.
Caligula, Köhne, Zeitschrift VI 122.
Messalina, Millingen Sylloge 64.
Agrippina iun., Diamilla Memorie I 71.
  Fiorelli Annali I 86.
Vespasianus, Sestini, Lettere di continuazione VIII 9.
Domitianus, Schlichtegroll Annali I 56.
  Akerman, Journal I 1.
Traianus, Lavy I 184.
Antoninus P., Welzl 4723.
  Sestini, Lettere di continuazione II 49.
  Revue belge 3 Serie IV 12.

M. Aurelius, Akerman, Journal I 1.
> Akerman, Chronicle VI 118.
> Memoiren der Petersburger archäologischen Gesellschaft 1850 186.
> Lavy I 184.

Domitia Lucilla, M. Aurel's Mutter.
> Revue numismatique 1863, 242 und 465.
> Annali 1861 141.

Faustina iun., Caronni Tfl. XII 72.

L. Verus, Annali 1840 218 Taf. P 9.

Lucilla, Akerman, Chronicle VI 118.

Commodus, Akerman, Journal I 1.
> Annali 1840 217.
> Thorwaldsen III 153 (Hipparchos).

Septimius Severus, Heideken 1982 (Æ Adler, 2 Standarten).
> Akerman, Journal I 1.
> Akerman, Chronicle XIV 117.
> Magnoncour 310 (Bacchus und Ariadne sitzend).

Domna, Akerman, Journal I 1.
> Magnoncour 311 (Reiter).

Caracalla, Akerman, Chronicle XIV 117.

Geta, Akerman, Journal I 1 43.
> Köhne, Zeitschrift VI 122.
> Welzl 4737.

Maesa, Akerman, Journal I 1.

Severus Alexander, Numismatic Chronicle VIII 41.
> Pinder, Numi inediti 27.
> Sestini, Lettere di continuazione II 49.

Mamaea, Welzl 4753.

Maximinus, Numismatic Chronicle VI 118.

Gordianus III., Sestini, Chaudoir 83.
> Luynes, Étud. num. 67.
> Lavy I 185.

Tranquillina, Welzl 4764.

Otacilia, Numismatic Journal I 1.

Hostilianus, Lavy I 185.

Trebonianus Gallus, Welzl 4765.
> Greppo 348 (Nicaea und Byzantium).

Valerianus, Greppo 802.
> Moustier 3148 (Tisch mit drei Körben).

Gallienus, Revue belge 3 Serie IV 12.

Macrinus, Numismatic Chronicle VI 118 (Nicaea und Byzantium).
> Lavy I 185.

> [*Quietus*, v. Sallet's Zeitschrift für Numismatik VII 220 ΤΙΤ ΦΟΥΛ ΙΟΥ ΚΥΗΤΟC CEB.
> Katalog Allier ΤΙ ΦΟΥΛΙΟΥ vergl. Mionnet S. V 165 963].

Nicomedia.

Historische Nachrichten: Transactions of the R. Society of Literature I 2, Seite 24.
Bullettino Napolitano IV 48.
Mionnet S. V 168 977 siehe hier Livia.

Bullettino 1840 74, 107. Über Typen der Kaisermünzen.
Livia, Mionnet S. V 168 977 der Schwefelpaste nach: Livia. Auch kommt der Proconsul Thorius unter Augustus vor, Mionnet II 466 303. Vielleicht ist Livia als Juno Sospita dargestellt.
Claudius, Annali 1842 132 Tav. O 12.
    Welzl 4771.
Britannicus, Thorwaldsen Tafel IV 156.
Domitianus, Mionnet VI 687 502, 503 vergl. VII 118.
Antoninus P., Greppo 803 (Ceres).
    Fox II 13 (Asklepios-Stab).
L. Verus, Mionnet S. V 186 1095 ist Synnada, siehe Sestini, Lettere di continuazione III 119.
Commodus, Welzl 4778.
    Mionnet II 471 334 dazu VII 133 und Sestini, Lettere di continuazione III 120: Apollonis Lydiae.
Pescennius Niger, Numismatic Chronicle XII 25.
    Revue num. 1868 436.
Caracalla, Welzl 4786.
Maximus, Numismatic Chronicle VI 119.
Tranquillina, Zeitschrift für Münzkunde III 37.
    Numismatic Chronicle VI 119.
    Lavy I 186.
Otacilia, Magnoncour (Poseidon auf Prora).
Traianus Decius, Lavy I 186.
Trebonianus Gallus, Zeitschrift für Münzkunde III 37.
Gallienus, Lavy I 187.
    Welzl 4799.
    Greppo 811 (zwei Körbe).
    Berliner Blätter für Münzkunde I 142.

Prusa ad Olympum.

Sestini, Lettere di continuazione VII 62.
Droysen, Hellenismus III 2 259 (2. Auflage).
Nero, Welzl 4793.
    Sestini, Lettere di continuazione VII 62.
Traianus, Welzl 4794.
Commodus, Pinder, Num. ined. 27.
    Welzl 4795.
    Sestini, Lettere di continuazione VII 62.
    Fox II 14 (Flussgott).
    Numismatic Chronicle XVII 99.

Crispina, Moustier 2000 (Ephesische Artemis).
Pertinax, Numismatic Chronicle VI 119.
Septimius Severus, Sestini, Chaudoir 83.
Caracalla, Mionnet II 482 393; abgebildet Jahrbücher des Vereins der Alterthumsfreunde im Rheinlande Heft 35 S. 87.
Maximinus, Archäologische Zeitung 1844 337.

Prusias ad mare, Cius.

Revue num. 1865 8 (*N*; Fund von Saida).
Numismatic Chronicle VI 119.
Welzl 4802, 4805.
Greppo 812 (Æ. Prora).
Fox II (Æ. Prora ΚΙΑ).
Sestini, Lettere di contin. VIII 10 (Æ. ΚΙΑ) V 37 (Æ ΠΡΟΥΣΙΕΩΝΠΡΟC).
Domitianus und *Domitia*, Sestini, Lettere di continuazione VIII 12.
Hadrianus, Sestini, Lettere di continuazione VIII 12.
Sabina, Sestini, Lettere di continuazione VIII 12.
M. Aurelius, Sestini, Lettere di continuazione VIII 13.
Pescennius Niger, Revue num. 1868, 433.
Caracalla, Sestini, Chaudoir 82.
    Welzl 4808.
    Fox II 11 (Bacchus).
Diadumenianus, Lavy I 187.
Elagabalus, Greppo 813 (Apollo).
Severus Alexander, Sestini, Lettere di continuazione VIII 13.
Mamaea, Sestini, Chaudoir 82.
Orbiana, Annali 1847 280.
Maximus, Akerman, Chronicle VI 119.
Tranquillina, Sestini, Lettere di continuazione VIII 14.
Philippus iun., Lavy I 187.
Etruscilla, Akerman, Chronicle VI 119.
Valerianus, Akerman, Chronicle VI 120.
    Heideken 1991 (Æ Hercules Farnese).
Gallienus, Akerman, Chronicle VI 120.
    Köhne, Zeitschrift III 39.
    Sestini, Lettere di continuazione VIII 14.

Prusias ad Hypium.

Augustus, Eckhel, Num. Vet. anecd. S. 190 und Mionnet S. V 236 1390 ist Temnus, Num. Chron. VI 120.
Vespasianus, Sestini, Lettere di continuazione VII 58.
Domitianus, Sestini, Lettere di continuazione VII 59.
Traianus, Sestini, Lettere di continuazione VII 59.
Faustina iun., Sestini, Lettere di continuazione VII 60.
L. Verus, Sestini, Lettere di continuazione VII 60.
Commodus, Sestini, Lettere di continuazione VII 61.
Septimius Severus, Sestini, Lettere di continuazione VII 61.

Geta, Sestini, Lettere di continuazione VII 61.
Diadumenianus, Sestini, Lettere di continuazione VII 61.
  Welzl 4800.
  Gordianus, Avellino Bullettino I 133.

Tium.
Sestini, Lettere di continuazione VIII 18.
Numismatic Chronicle VI 121.
Fox II 15 (Æ Caduceus und zwei Füllhörner).
Berliner Blätter für Münzkunde II 180 (Bacchus).
Domitianus, Sestini, Lettere di continuazione VIII 19.
Antinous, Sestini, Lettere di continuazione VIII 20.
Antoninus P., Sestini, Lettere di continuazione VIII 20.
M. Aurelius, Sestini, Lettere di continazione VIII 21.
Faustina iun., Sestini, Chaudoir 83.
  Sestini, Lettere die continuazione VIII 22.
Commodus, Numismatic Chronicle VI 121.
  Sestini, Lettere di continuazione VIII 22.
Septimius Severus, Berliner Blätter für Münzkunde II 181.
Caracalla, Numismatic Chronicle VI 121.
  Sestini, Chaudoir 83.
  Sestini, Lettere di continuazione VIII 22.
  Greppo 816.
  Fox II 16 (Mars).
  Berliner Blätter für Münzkunde II 181.
Geta, Becker, unedirte Münze von Tius, in Jahn, Archiv für Philologie XIX
  Heft II S. 189 (und 199). Es steht aber nicht ΖΕΥC ΕΥΡΗCΙΟC, sondern ΖΕΥC CΥΡΓ(A ··)ΙΟC. Das Beckersche Ex. ist im Kgl. Mk. [siehe
  Friedlaender, Zeitschrift für Numismatik XI 48].
Elagabalus, Numismatic Chronicle VI 121.
Julia Paula, Numismatic Chronicle VI 121.
  Berliner Blätter für Münzkunde II 181.
Mamaca, Numismatic Chronicle VI 121.
Gordianus, Numismatic Chronicle VI 121.
  Sestini, Lettere di continuazione VIII 23.
Valerianus, Numismatic Chronicle VI 122.
Gallienus, Numismatic Chronicle VI 122.
  Revue belge 3. Serie IV 12; 4. Serie I 127.

KÖNIGE VON BITHYNIEN.

Nicomedes I.
Numismatic Chronicle VI 123.
Luynes, Choix XVII 9.
Fox II 17 (Æ. Sitzende Figur).

Nicomedes II.
Luynes, Choix XIV 10, XV 11.
Sestini, Lettere di continuazione VII 63 (Chronol.)

Nicomedes III.
Sestini, Lettere di continuazione VII 63 (Chronol.)
Chaudoir, Corrections 79.
Lavy I 189.

Nicomedes incertus.
Mittheilungen der Berliner Numismatischen Gesellschaft II 88.

Oradaltis.
Ersch und Gruber, Allg. Encycl. S. III Th. IV 300.

Prusias I.
Akerman, Numismatic Chronicle III 98.

Prusias II.
Pinder und Friedlaender, Beiträge I 84.
Lavy I 188 (incert.)
Fox II 18—20 (kleine Æ).

MYSIA.

Mysia. *Satrap Orontas.*
Revue numismatique 1863 235 (Æ).

Abbaeti.
Eckhel in der Doctrina hat die Münze mit ABBAITΩN MYΣΩN an dieser Stelle, Mionnet S. IV 434 hat sie, *nach Sestini, Lettere di continuazione VI 29*, nach Aba Cariae gestellt. Also nicht bloss *zufällig*, wie Revue numismatique 1851 230 gemeint ist. Aber Sestini's Gründe für die Zutheilung nach Aba sind schwach, und die alte ist wohl die bessere.

Adramytium.
Numismatic Chronicle II 168.
Sestini, Lettere di continuazione VIII 24.
Revue numismatique 1843 83, 1852 86.
Welzl 4822, 4826.
Mionnet VI 655 302 vergl. VII 113.
M. Aurelius, Sestini, Lettere di continuazione VIII 26.
Septimius Severus, Sestini, Chaudoir 84.
Domna, Sestini, Lettere di continuazione VIII 26.
Caracalla, Numismatic Chronicle VI 146.
  Sestini, Lettere di continuazione VIII 26.
Geta, Sestini, Lettere di continuazione VIII 27.
Maesa, Sestini, Lettere di continuazione VIII 27.
Severus Alexander, Sestini, Lettere di continuazione VIII 28.

Maximinus, Sestini, Lettere di continuazione VIII 28.
Philippus jun., Numismatic Chronicle VI 146.
Antandrus.
Sestini, Lettere di continuazione VIII 28.
Revue numismatique 1845 5.
Numismatic Chronicle III 96, VI 146.
Chaudoir, Corrections 79.
Antoninus P., Numismatic Chronicle VI 147.
Apollonia ad Rhyndacum.
Sestini, Lettere di continuazione VIII 29.
Revue numismatique 1853 184.
Fox II 21 (gehört Knidos).
Nerva, Sestini, Chaudoir 84.
Nerva und Traianus, Welzl 4828.
Hadrianus, Akerman, Numismatic Chronicle VI 147.
Antoninus P., Sestini, Lettere di continuazione VIII 30.
M. Aurelius, Sestini, Lettere di continuazione VIII 30.
Geta, Sestini, Lettere di continuazione VIII 31.
Elagabalus, Sestini, Lettere di continuazione VIII 31.
Welzl 4829.
Maximus, Sestini, Lettere di continuazione VIII 32.
Gallienus, Greppo 821 (Apollo).
Assus.
Sestini, Lettere di continuazione VIII 32.
Akerman, Chronicle III 96.
Fox II No. 22 (Æ. Greif- und Löwenkopf).
Augustus, Sestini, Lettere di continuazione VIII 34.
M. Aurelius, Sestini, Lettere di continuazione VIII 34.
Septimius Severus, Akerman, Chronicle VI 147.
Geta, Sabatier 81 (Weibliche Figur).
Severus Alexander, Sestini, Lettere di continuazione VIII 34.
Astyra.
Numismatic Chronicle VI 148: die Münze Mionnet S. V 296 93 gehört nach
    Astypalaea, die des Antoninus P. Mionnet II 525 66 mit ΑΡΤΕΜΙC ΑCΤΥ-
    ΡΗΝΗ, wie Mionnet selbst angiebt, nach Antandrus.
[Vergleiche hierzu das bei Astyra Cariae Bemerkte, unten S. 273].
Atarneus.
Akerman, Numismatic Chronicle III 97.
Cistophori, Numismatic Chronicle IX 7.
Camae. (ΚΑΜΗΝΩΝ)
(Mionnet hat Camena).
Die kleinen Æ mit ΚΑ und Sphinx gehören Caunus Cariae.
Numismatic Chronicle III 97 besser VI 148. [Als Provenienz bezeichnet
    Borrell die Gegend von Adramyttion, woraus aber noch keineswegs folgt,
    dass die Prägstätte der M. mit ΚΑΜΗΝΩΝ identisch ist mit Cane Aeolidis].
Annali 1861 142.

Commodus, Millingen, ancient coins 68.
Septimius Severus, Sestini, Lettere di continuazione IX 20 (Abbildungen der bei Mionnet beschriebenen).

Cisthene.

Sestini, Lettere di continuazione II 67.
Akerman, Numismatic Chronicle VI 149.

Cyzicus.

Luynes Choix X 3, 6, 7, 9, 10 N.
Akerman, Numismatic Chronicle VI 150 N.
Revue num. 1860 275 (N).
Revue belge II 303 (N) III 305 (N).
Memoiren der Petersburger archäologischen Gesellschaft 1852 370 (N).
Revue num. 1856 7, 88, 152 (N).
Numismatic Chronicle XVII 99 (N mit Herakleskopf).
Annali 1841 150 Mon. III 35 20—23 (N).
Fox II 23—26 (4 N), wogegen 27 Æ nach Lampsacus oder Clazomenae gehört.
Revue num. 1852 87 (N und $Æ$).
Sestini, Chaudoir 84.
Chaudoir, Corrections 79.
Welzl 4842 u. f. ($Æ$).
Sestini, Lettere di continuazione IV 72.
Archäologische Zeitung 1849 28, 97 ($Æ$).
Millingen, Sylloge 64.
Millingen, Ancient coins 71.
Annali 1833 265 ($Æ$) 272 ($Æ$).
Revue archéologique IX 138 ($Æ$ Kopf des Kyzikos $Rf.$ Pallas Nikephoros).
Mionnet II 542 196 statt κλειβηρογ lies κα cebhpoγ nach Supplément V 327 284 u. f.
Domitianus und *Domitia,* Fox II 28.
Traianus, Annali 1833 265, 272.
Sestini, Lettere di continuazione IV 72.
Hadrianus, Sestini, Lettere di continuazione IV 74.
Antoninus P. (?), Annali 1833 266, 272.
Faustina iun., Diamilla Memorie I 20 (als κοph cωτeipa). Dazu Revue archéologique IX 339.
Lavy I 190.
Welzl 4865.
Greppo 826.
L. Verus, Lavy I 191.
Commodus, Akerman, Chronicle VI 151.
Lavy I 191.
Revue num. 1852 87.
Septimius Severus, Köhne, Zeitschrift II 12.
Sestini, Lettere di continuazione IV 75.

Caracalla (?), Annali 1833 266.
  Greppo 828.
Mamaea, Annali 1843 265, 272.
Maximinus, Sabatier 93 (Fackel mit Schlange).
Maximus, Annali 1843 266, 272.
Philippus sen., Welzl 4874.
Gallienus, Welzl 4878.
  Revue belge 3. Serie IV 13.

Gargara.
Revue num. 1852 88 (Æ).
Fox II 29 (Æ Stier) und 30 (Æ Pferd.)
Augustus, Thorwaldsen Tafel III 143.
Commodus, Fox II 31.

Gergithus.
Archäologische Zeitung 1844 337 (Kopf von vorn R*f*. Sphinx Æ) 1845 116.
Annali 1840 218 Tav. *P*. 11.
Sestini, Chaudoir 85.
Sestini, Lettere di continuazione I 88.

Germe.
Numismatic Chronicle VI 154.
Sestini, Chaudoir 86.
Chaudoir, Corrections 79.
Welzl 4884 (Medaillon: Apollo und Marsyas).
Traianus, Welzl 4885.
Commodus, Zeitschrift für Münzkunde III 39.
Septimius Severus, Streber, Numismata nonn. gr. 191.
Septimius Severus, Sabatier 94 (Kaiser reitend).
Domna, Welzl 4888.
Caracalla, Revue num. 1852 89.
Soaemias, Numismatic Chronicle VI 154.
Severus Alexander, Numismatic Journal I 43.
Gordianus III., Numismatic Chronicle VI 154.
  Revue belge 3. Serie IV 13.
Tranquillina, Revue belge 4. Serie I 133.
Philippus sen., Diamilla Memorie 106 (3 Nymphen mit Vasen).
Gallienus, Fox II 32.

Harpagia? (oder Cyzicus?)
Luynes Choix X 8 (Harpyie mit dem Thunfisch; Hekte).

  * [ΙΟΛΛΕΩΝ wohl Jolla oder ähnlich].
Revue numismatipue 1843 423.
Thomas No. 1394 Æ.
[v. Sallet, Zeitschrift für Numismatik IV 312 Tafel VIII hat diese früher Sollium Acarn. zugetheilten M. nach Mysien verwiesen; vergl. auch Imhoof-Blumer Monnaies grecques 245.]

Lampsacus.

Revue belge I 369 (Gewichte).
Archäologische Zeitung 1846 98 N (Helle auf dem Widder Rf. Eber).
Denkschriften der Wiener Akademie I 331 (ebenso); vergl. dazu Archäol. Zeitung 1853 116.
Numismatic Chronicle VI 155 N (Nike, Seepferd).
Luynes Choix X 17 18 N.
Millingen, ancient coins 69 n. 7 8 N.
Fox II 27 (R. Tetradr. att. Währung: Löwe Rf. geflügelter Eber im Quadrat; gehört vielleicht hierher), [ähnlich: Head, Synopsis of the contents of the Brit. Museum. Guide to the coins I A 21].
Fox II 33 (klein R. Seepferd; vielleicht hierher gehörig).
Millingen, ancient coins 69 n. 9 R. [Tetradr. kleinasiat. Währ.]
Revue num. 1852 90 R. 9.
Sestini, Chaudoir 86 R. 4.
Welzl 4890 ff.
Numismatic Chronicle VI 155 R. 2½.
Archäologische Zeitg. 1846 266 (Vorderh. des Hippokamp ΛΑΜ Rf. Leier Æ 1).
Tiberius, Lavy I 192.
Hadrianus, Welzl 4908.
Antoninus P., Greppo 840 (halbes Seepferd).
Commodus, Fox II 34 (Lampsacus und Phocaea ΟΜΟΝΟΙΑ).
Caracalla, Lavy I 192.

Miletopolis.

Archäologische Zeitung 1845 113.
Chaudoir, Suppléments aux corrections 18.
Plotina, Welzl 4913.
Antoninus P., Numismatic Chronicle VI 157.

Parium.

Numismatic Chronicle VI 157.
Archäologische Zeitung 1846 268, 1847 126.
Millingen, ancient coins 70.
Luynes Choix X 19.
Bullettino 1840 72.
Chaudoir, Corrections 80.
Lavy I 192.
Welzl 4914 (N).
Mionnet II 576 409 ist Salapia (die Schwefelpaste liegt vor).
Fox II 35 (R. Demeter Kopf Rf. ΠΑΡΙ im Kranz).
Cistophori, Numismatic Chronicle IX 7.

Colonia Julia Pariana.

Sestini, Lettere di continuazione II 55 u. f. VIII 35.
Mionnet S. V 393 691 ist wohl Korinth.
Caesar, Sestini, Lettere di continuazione II 59.

M. Antonius, Sestini, Chaudoir 86.
    Mionnet VI 676 437 cf. VII 118.
    Sestini, Lettere di continuazione II 62.
Augustus, Sestini, Lettere di continuazione II 58, 63. VIII 36.
Gaius Caesar, Sestini, Lettere di continuazione VIII 36.
Germanicus, Sestini, Lettere di continuazione VIII 36.
Tiberius, Welzl 4941.
Caligula, Sestini, Lettere di continuazione II 64.
Galba, Sestini, Lettere di continuazione VIII 37.
Vespasianus, Sestini, Lettere di continuazione VIII 37.
Vespasianus, Titus, Domitianus, Sestini, Lettere di continuazione VIII 37.
Domitianus, Sestini, Lettere di continuazione VIII 37.
Traianus, Plotina, Marciana, Sestini, Lettere di continuazione VIII 38.
Hadrianus, Sestini, Lettere di continuazione II 65 VIII 38.
Hadrianus und *Sabina,* Sestini, Lettere di continuazione VIII 38.
Hadrianus und *Antoninus P.,* Sestini, Lettere di continuazione VIII 39.
Antoninus P. und *M. Aurelius,* Sestini, Lettere di continuazione VIII 39.
Antoninus P., M. Aurelius, Faustina iun., Sestini, Lettere di cont. VIII 39.
M. Aurelius und *Faustina iun.,* Sestini, Lettere di continuazione VIII 39.
Commodus, Zeitschrift für Münzkunde III 40.
Geta, Sestini, Lettere di continuazione II 65.
Philippus sen., Sestini, Lettere di continuazione II 66.
Otacilia, Sestini, Lettere di continuazione II 66.
Gallienus, Bullettino 1840 75.
Salonina, Welzl 4953.
Saloninus, Lavy I 194.

Pergamum.

ΜΩΔΑΙΩΝ Eckhel Doctr. II 464 dawider Mionnet II 586 468, s. Sestini Lettere di continuazione VII 18. Die Schwefelpaste erinnert an Rhaucus.
Revue num. 1865 13 (N aus dem Fund von Saida).
Numismatic Chronicle VI 158 (N).
Fox II 36 (Æ. Stierkopf ΓΕΡΓ).
Streber, Numismata nonn. gr. 194.
Chaudoir Corrections 80.
Welzl 4968 (Æ Var.)
Revue num. 1863 314 (die gewöhnlich Lesbos zugetheilten Æ).
Mionnet II 131 209 nach Pellerin P. et V. I Tafel XXII 5 ist wohl das Palladium.
Mionnet S. V 421 868 bei Sestini als Aphrodite abgebildet ist gewiss M. II 592 525 und S. V 422 878.
[Friedlaender, Hermes IX 492: Das nur bei Vaillant Num. imp. Gr. 86 erwähnte und danach bei Eckhel II 471 und Mionnet II 607 611 citirte ΕΠΙCΤΑΤΟΥ ΤΕΜ ΑΝΝΙΟΥ ΠΕΡΓΑΜΗΝΩΝ ist sonst nicht nachgewiesen, wahrscheinlich verlesen für ΕΠΙ CΤΡΑ (τηγοῦ) ΤΕΡΠΑΝΔΡΟΥ].

Pergamus und Sardes.
Numismatic Chronicle VII 7.

Cistophori.

Sestini, Chaudoir 86.
Numismatic Chronicle IX 9.
Pinder und Friedlaender, Beiträge I 26.
Lavy I 194.
Welzl 4956 u. f.
Revue numismatique 1852 91.
Revue numismatique 1859 118 (Theilstück).

Augustus, Welzl 5003.
    Sabatier 94 (Männliche Figur).
Livia und *Julia,* Welzl 5007.
Gaius Caesar, Thorwaldsen, Tafel III 132.
Germanicus und *Agrippina,* Welzl 5009.
Caligula, Borghesi, Osservazioni XIV 2.
Caligula und *Drusilla,* Borghesi, Osservazioni XIV 2.
Hadrianus, Lavy I 196.
    Fox II 37.
    Revue belge 3. Serie IV 14.
Antoninus P., siehe Mionnet III 61, S. VI 79.
M. Aurelius, siehe Mionnet III 61, S. VI 79.
    Welzl 5016.
Commodus, Annali 1835 269.
    Moustier 1957 (mit Ephesus: Aesculap und Diana).
Septimius Severus, Greppo 864 (der Kaiser).
    Sestini, Lettere di continuazione III (Titelblatt und Vorrede).
Septimius Severus und *Domna,* Revue belge 4. Serie I 130.
Caracalla, Akerman, Chronicle II 243. VI 160.
    Revue belge 4. Serie I 131.
    Annali 1861 143.
[*Caracalla* und *Geta,* Geta radirt: Königl. Münzkabinet].
Mamaea, Akerman, Chronicle XIV 118.
Salonina, Akerman, Chronicle XIV 118 berichtigt XV 218.

Könige von Pergamum.

Luynes Choix XIV 8.
Welzl 5023 u. f. Æ und Æ.
Lavy I 197. (Attalus II).

Perperene.

Avellino Bullettino IV 37.
Sestini, Lettere di continuazione VII 65.
[*Caligula,* v. Sallet's Zeitschrift für Numismatik VI 15].
Antoninus P., Numismatic Chronicle VI 187.
    Annali 1861 143.
M. Aurelius, Sestini, Lettere di continuazione VII 66.
Commodus, Sestini, Lettere di continuazione VII 67.
Septimius Severus, Numismatic Chronicle VI 187.

Severus Alexander, Numismatic Chronicle VI 187.
Gordianus, Sestini, Lettere di continuazione VII 68.
Philippus iun., Sestini, Lettere di continuazione VII 68.

Pionia.
M. Aurelius, Numismatic Chronicle VI 187.
   Fox II 38 (Victoria den Kaiser bekränzend).
Domna, Numismatic Chronicle VI 188.

Placia.
Archäologische Zeitung 1844 337 Æ, 1845 114 Æ, 1847 91, 126 Æ.
Numismatic Chronicle VI 188.

Poemenani.
Nota di alcune med. della collezione Mainoni 13 (Blitz).
Sestini, Lettere di continuazione IV 76.
[Friedlaender, v. Sallet's Zeitschrift für Numismatik III 123: ΠΟΙΜΗΣ der κτιστής von P.]

Poroselene (siehe Inseln bei Aeolis).

Teuthrania.
Catalog Borrell n. 147.
[Imhoof-Blumer, Monnaies grecques 258 Æ].
Fox II 39. (Æ. *Vf.*: Weiblicher Kopf von vorn mit Schleier und Lorbeerkranz). Diese Sam. gehören sicher nicht hierher. Sollten sie nach Troezene gehören? Allier Tafel VI 19 hat ähnlichen Kopf.
[Das Monogramm Ŧ dieser kleinen Sm. von 0,26 gr. ist Werthbezeichnung, das Doppelstück von 0,43 hat ein Monogr. aus HM; wahrscheinlich peloponnesisch: v. Sallet, Zeitschrift für Num. V 102].

Trimenothyrae, siehe Phrygia.

[Zeleia
Catalogue d'Allier de Hauteroche Tafel XIII 20.
v. Sallet's Zeitschrift für Numismatik VII 223].

INSELN bei MYSIEN.

Proconnesus.
Numismatic Chronicle VI 189 (Æ).
Archäologische Zeitung 1844 338 (Æ Vase) 1846 375.
Fox II 40, 41.
Revue num. 1860 275.

TROAS.

Abydus.
Millingen, ancient coins 68.
Sestini, Chaudoir 87.

Chaudoir, Corrections 81.
Mionnet VI 647 237 cf. VII 114.
Welzl 5050 u. f. (Æ).
Sestini, Lettere di continuazione VII 69.
Augustus, Sestini, Lettere di continuazione VII 72.
Titus und *Domitianus*, Sestini, Lettere di continuazione VII 73.
Antoninus P., Sestini, Lettere di continuazione VII 73.
M. Aurelius, Sestini, Lettere di continuazione VII 73.
Faustina iun., Sestini, Lettere di continuazione VII 73.
L. Verus, Sestini, Lettere di continuazione VII 73.
Lucilla, Sestini, Lettere di continuazione VII 73.
Commodus, Sestini, Lettere di continuazione VII 74.
Septimius Severus, Sestini, Lettere di continuazione VII 74.
  Gréau 1702 (Hero und Leander).
Caracalla, Sestini, Lettere di continuazione VII 75.
Severus Alexander, Archäologische Zeitung 1845 114.
  Heideken 2043 (Æ Tempel).
Mamaea, Sestini, Lettere di continuazione VII 75.

Achilleon? [oder Achaiion?]

Fox II (Æ Helm R*f.* grosses Monogramm aus A und X).
[Leake, Numismata Hellenica Asiat. Gr. Add. 142 ('Αχαιϊον).]
Katalog Pericles Exereunetes London 1871 (Æ mit Lanzenspitze und A X.

Alexandria.

Streber, Numismata nonn. gr. 198.
Lavy I 198.
Welzl 5066.
Sestini, Lettere di continuazione VII 75.
Revue num. 1859 115.
[Berliner Blätter IV 21 berichtigt Sestini lettere VI 51 Tafel II 12 und lettere VIII 148 Anm. Tafel VI 26 zu GEN COL AVG TRO].
Domitianus, Greppo 871 (Hercules).
Caracalla, Lavy I 199.
  Allier de Hauteroche Tafel XIII 3.
  Revue belge 3. Serie IV 14.
Elagabalus, Lavy I 199.
Severus Alexander, Lavy I 199.
Maximinus, Greppo 877 (Adler).
Maximus, Pinder, Num. ined. 28.
  Sabatier 110 weidendes Pferd.
  Fox II 43 (Ross weidend).
Trebonianus Gallus, Revue belge 4. Serie I 135.
Volusianus, Numismatic Chronicle VIII 127.
Gallienus, Lavy I 200.
  Grepppo 882 (Hercules).
Saloninus, Greppo 884 (Lupa).
(*Licinius*, Mionnet S. V 548 355 ist sicher irrig).

Antigonia, d. i. Alexandria's früherer Name.
Numismatic Chronicle VI 190.
Numismatic Chronicle XV 205 Alexandria habe den Namen Antigonia nicht
  auf Münzen; die von Sestini Cl. Gener. angeführte gehöre nach Colophon,
  die von Ramus habe Borrell nach Cebrenia gegeben.

(Arisba).
Numismatic Chronicle VI 190: der bei Mionnet angeführten Münzen Zu-
  theilung mit Recht bezweifelt.
Pescennius Niger, Revue num. 1868 433.

Berytis.
Millingen Sylloge 67.
Chaudoir, Corrections 81.
(Warum nennt Mionnet den Kopf: Odysseus? Es ist doch eher ein troja-
  nischer Held mit einem Hut wie der des Odysseus).

Cebrenia.
Numismatic Chronicle VI 190 (ΚΕ Widderkopf Vs. Apollokopf Ꭱ.).
Revue num. 1858 162 Ꭱ ohne Aufschrift.
Fox II 44 (Ꭱ Widderkopf *Rf.* Gorgo).
Annali 1861 144.
[Revue num. 1843 427: Cebrenia, nicht Cephallenia].

Colone.
Numismatic Chronicle VI 137 und 193, siehe die früher Colone Messeniae
  zugetheilten autonomen M.

Dardanus.
Archäologische Zeitung 1846 265 [Bärtiger Herakleskopf mit Löwenhaut]
  von vorn *Rf.* Köcher und Bogen ΔΑR im Quadrat, Ꭱ. 3; von Prokesch zu
  Karavassera im Golf von Arta gekauft. Von anderer Seite wird jetzt
  Thessalien als Provenienz angegeben. Kleinasiatisch ist die M. nicht].
Numismatic Chronicle VI 196 (2 Hähne *Rf.*: viertheiliges Quadratum Ν).
Archäologische Zeitung 1849 98 (Reiter *Rf.* Hahn; ebenfalls ohne Auf-
  schrift Ꭱ).
Fox II 45 (Ꭱ).
Sestini, Chaudoir 87 (Ꭱ).
Sestini, Lettere di continuazione IV 76 (Hahn? ΔΑ *Rf.* Leier im Quadrat).
Lavy I 200.
Sestini, Lettere di continuazione VII 79.
Revue num. 1843 431.
Mionnet S. V 551 365; jetzt Selymbria: Num. Chronicle IV 6.
Cistophori, Sestini, Chaudoir 87.
Numismatic Chronicle IX 13.
Augustus, Sestini, Chaudoir 87.
Traianus, Sestini, Lettere di continuazione VII 80.
Hadrianus, (Welzl 5110 in der Königl. Sammlung, es ist Sabina, und gehört
  nicht hierher.)
Sabatier 114 (Adler).
M. Aurelius, Fox II 46 (Kaiser zu Ross).

Commodus, Thorwaldsen Tafel III 146 (die Köpfe des M. Aurelius und des Faustina auf der *Rf*).
Septimius Severus, Mionnet S. V 554 380 gehört nach Alinda, Sestini Lettere di continuazione VII 81.
Geta, Sestini, Lettere di continuazione VII 80.

Gentinos.

Numismatic Chronicle VI 186 (Apollokopf r. *Rf*. Bienc ΓENT Æ 3½).
Archäologische Zeitung 1845 114 (ebenso ΓEN Æ 2½). 1847 126.
Annali 1861 144.

Gryneum.

Numismatic Chronicle IX 159. Die früher Pyrnus Cariae zugetheilten Münzen; [sie gehören nach Gr. Aeolidis, s. unten S. 259].

Hamaxitus.

Numismatic Chronicle VI 197.
Archäologische Zeitung 1844 338. 1845 375.
Millingen, Sylloge 66.
Mionnet S. VII 214, irrig, es ist die Münze mit ΠΕΥΜΑΤΙΩΝ: Friedlaender in Archäol. Zeitung 1861 165.

Ilium.

Archäologische Zeitung 1844 338.
Luynes, Choix X 13.
Welzl 5112 u. f.
Sestini, Lettere di continuazione VIII 41.
Revue num. 1852 95.
Fox II 47 (R. Pallas).
Sestini, Lettere di continuazione VIII 41: Kaisermünzen.
Julius Caesar, Welzl 1525.
Augustus, Sabatier 115 (Kaiser).
Augustus und *Claudius*, Welzl 5128.
Galba, Archäologische Zeitung 1844 339 mit seiner Gemahlin Lepida?
    Archäologische Zeitung 1845 117 und 1846 375.
      dazu Revue 1864 479.
Vespasianus, Welzl 5130.
Vespasianus, Titus, Domitianus, Lavy I 201.
Traianus und *Hadrianus*, Sestini, Museo Hedervar. IV 2 25.
Hadrianus, Revue 1852 95.
Antoninus P., Archäologische Zeitung 1844 339. 1846 375.
    Köhne Zeitschrift II 12.
M. Aurelius, Chaudoir, Corrections 81.
    Annali 1833 265.
L. Verus, Revue belge 3 Serie IV 14.
Commodus, Lavy I 201.
Crispina, Annali 1833 265.
    Chaudoir, Corrections 81.
Septimius Severus und *Caracalla*, Sabatier 116 (Hector).
Elagabalus, Revue numismatique 1852 95.

Maesa, Berliner Blätter für Münzkunde I 262.
Maximinus, Welzl 5134.
Gallienus, Berliner Blätter für Münzkunde I 142.

Neandria.
Akerman, Chronicle VI 198.
Gerhard, archäologische Zeitung 1844 339.
Köhne, Zeitschrift V 1.
Sestini, Chaudoir 87.
Sestini, Lettere di continuazione VIII 40.
Fox II 48 (Æ. Widder).

Ophrynium.
Welzl, 5136, 5137.
Dumersan, Allier de Hauteroche XIII 11 (Kopf des Hector: Móm. de l'inst. XIV 2, 240).

Rhoeteum.
Revue numismatique 1852 96.

Scepsis.
Akerman, Chronicle VI 198. (Æ. 3½ ΣΚΗΨΙΩΝ).
Gerhard, archäologische Zeitung 1844 339 (n. 12—15 Æ ΣΚΗ; n. 16 Vorderhälfte des Pferdes *Rf.* Palme im ☐ Æ 1). 1846 375.
Sestini, Lettere de continuazione VIII 50.
Revue numismatique 1852 96.
Fox II 49 (Æ. Palmbaum) [gehört nach Karystos: Imhoof Mon. Gr. 266].
Faustina iun., Sestini, Lettere de continuazione VIII 51.
Commodus, Akerman, Chronicle VI 198.
Revue belge 4 Serie I 136.
Septimius Severus, Sestini, Lettere de continuazione VIII 51.
[*Caracalla*, (mit ιΔΗ), Friedlaender, Zeitschrift für Numismatik I 299].
Severus Alexander, Sestini, Lettere de continuazione VIII 51.
Mamaea, Revue numismatique 1852 96.

Sigeum.
Akerman, Chronicle VI 199.
Annali 1841 154 Mon. III 35 24.

Teria.
Mionnet S. V 582 ist Trieres.

Thebe.
Millingen, Sylloge 68 (weibl. K. in Schleier r. *Rf.* drei Halbmonde (auf einem Schild) ΘΗΒΑ Æ).
Sestini, Lettere di continuazione II 69, IX 114 Tafel III 7 (weibl. K. mit Aehrenkranz r. *Rf.* Vorderh. des Flügelpferdes r. ΘΗΒΑ).
Sestini, Lettere di continuazione VI 27 und 111 [gehört Adramyttion].

Thymbra.
Akerman, Chronicle VI 199.

INSELN bei TROAS.

(Plitaniae ins. et Plate.)
Annali dell' Instituto 1846 274.
Bullettino 1847 34.
Fiorelli Annali I 216. Alles bezüglich auf die M. von Pantikapaeon.
Bullettino 1847 80. 1848 119.

Tenedus.
Gerhard, archäologische Zeitung 1844, 340.
Avellino, Bullettino III 74.
Pembroke 894 (Æ Doppelkopf Rf. behelmter alter Kopf, unicus).
Greppo 897.

AEOLIS.

Aeolis.
Diese Münzen gehören Aeolium in der thracischen Chersonesus s. oben S. 128.

Aegae.
Akerman, Numismatic Chronicle VII 45.
Fox II 50 (Æ Halbe Ziege) gehört nach Aegium Achaiae.
(*Tiberius*, Welzl 5145, jetzt ist dies Ex. in die Königl. Sammlung. Es ist bei Welzl unrichtig beschrieben, es ist die Münze des Augustus, welche Mionnet S. VI 469 171 unter Apollonia Cariae beschreibt.)
Messalina, Moustier 431 (Zeus)
   [v. Sallet's Zeitschrift für Numismatik VI 12].

[Autokane.
v. Sallet's Zeitschrift für Numismatik XI 50 Tafel I 3. 4. — Identisch zu sein mit dem bei Steph. Byzant., Strabo X 446 XIII 581 und Liv. XXXVI 45, XXXVII 8 erwähnten Κάναι oder Κάνη braucht Αὐτοκάνη nicht; zu vergleichen wäre: Καρπάθιοι und Ἐτεοκαρπάθιοι, die zwei verschiedene Gemeinwesen bilden: Corp. Inscr. Att. I 261].

Canae.
s. Camae Mysiae und Caunus Cariae.

Cyme.
Numismatic Chronicle III 90. VII 46.
Archäologische Zeitung 1844 340 (Æ Adlerkopf ohne Aufschrift).
Luynes, Choix X 22.
Bulletino 1841 63 Æ und Æ.
Sestini, Chaudoir 88.
Chaudoir, Corrections 82.
Lavy I 202.
Welzl 5148 u. f. (Æ).
Dumersan, méd. inéd. 73 giebt die plumpen Tetradrachmen von Cyme (oder Clazomenae?) nach Erythrae Joniae; Sestini in der Antologia di Firenze Band 14 Heft XXXXI S. 89 giebt sie Aulis Boeotiae.

Hunter 22 XVIII ist Panormus: HispanoRVM.
Fox II 51 (Æ Stern), 52 (Æ ‚Altar'), 53 (Æ weibl. Kopf), 54 (Æ Apollo).
Annali 1861 145 (Æ Genius).
[Berliner Blätter IV 23].
Drusus, Numismatic Chronicle XVII 200, die früher Characa Lyd. zugetheilte.
Nero, Numismatic Chronicle VII 48.
Vespasianus, Streber Numismata nonn. gr. 208.
Crispina, Akerman, Chronicle III 96.
Caracalla, Greppo 903 (Dioscur).
Mamaea, Sestini, Chaudoir 88.
  Revue belge 4 Serie I 139.
Maximus, Eckhel D. II 494 (mit ET. B) wird für Gordian erklärt und die Aufschrift berichtigt: Sestini Lettere VIII 70.
Gordianus III, Sestini, Lettere VIII 70.
Tranquillina, Sestini Chaudoir 88.
  Akerman, Chronicle VII 48.
Valerianus, Akerman, Chronicle IV 138. VII 48.
  Welzl 5187.
  Annali 1861 145.
Gallienus, Lavy I 203.

Elaea.

Archäologische Zeitung 1844 340.
Köhne, Zeitschrift III 41.
Chaudoir, Corrections 82.
Sestini, Chaudoir 88.
Fox II 55 (Æ Korn), 56 (Æ Vase), 57 (Æ ΙΕΡΑ CΥΝΚΛΗΤΟC *Rf.* Asklepios).
  Die Æ mit Prora und ΕΛΑΙ im Kranze gehören Elaeusa Ciliciae, eine von ihnen hat ΕΛΑΙΟΥΣΙΩΝ.
[Berliner Blätter IV 21; Berichtigung zu Sestini Lett. VI 52.]
Commodus, Sestini, Chaudoir 88.
  Welzl 5197.
Maximinus, Sestini, Chaudoir 88.

*Gryneum Aeolidis.

Numismatic Chronicle IX 159, (Borrells zweifelnde Zutheilung dieser M. nach Gryneum Troadis). [Apollok. von vorn *Rf.* ΓΥΡΝΗΩΝ Muschel Æ.]
Bullettino, Napolitano nuova Serie III 24.
[*Εφημερὶς ἀρχαιολογικὴ* Serie II 1861 313 pl. 42].
[In den athenischen Tributlisten stets: *Γρυνειῆς* genannt im *Ἰωνικὸς φόρος*].

Larissa.

Revue numismatique 1844 28.
Archäologische Zeitung 1849 28 Æ.
Welzl 5198.
Fox II 58 (Æ Kuh).

Myrrhina.

Sestini, Chaudoir 88.

Millingen, Sylloge additional observations zu p. 78. (Die M. bei Pellerin peuples et villes III p. 136 gehöre nach Hadrianopolis Pisidiae.)
Lavy I 203.
Welzl 5201, 5202.
[Sestini, Lett. VIII 143 Tafel VI 17 gehört Eubrogis Gal.: Berl. Bl. IV 25.]
Septimius Severus und *Domna*, Akerman, Chronicle VII 49.

Neontichos.
Akerman, Chronicle VII 49.

Pitane.
Sestini, Lettere di continuazione VI 25, IX 114 Tfl. III 5.
Revue num. 1852 92, 1860 275.
Thorwaldsen 1556 ist eine bekannte M., die gewöhnlich Ptolemaeus Apion zugetheilt wird.
[v. Sallet's Zeitschrift für Numismatik IX 4].
Gaius und *Lucius*, Sestini, Lettere di continuazione VI 26.
Domitianus, Sestini, Lettere di continuazione VI 26.
Geta, Sestini, Lettere di continuazione IX 114 Tafel III 6.
Severus Alexander, Berliner Blätter für Münzkunde I 142.

Temnus.
Numismatic Chronicle VII 50 (Apollokopf *Rf.* Vase TA AM ℞ 2).
Annali 1861 145 (℞).
Welzl 5206, 7.
Mionnet IV 83 455 gehört auch hierher nach Numismatic Chronicle VII 50.
Mionnet III 27 159 hat auf der *Rf.* den Homer, in Smyrna ist er ebenso dargestellt.
Augustus, Numismatic Chronicle VI 120. VII 51.
Borghesi, Osservazioni II 6, zu Mionnet III 28 166 es sei Gaius Caesar.

INSELN bei AEOLIS.

Lesbos.
Numismatic Chronicle VII 51.
Revue numismatique 1863 314. Die gewöhnlich Lesbos zugetheilten Potinmünzen werden Pergamum gegeben.
Annali 1861 146 (Sappho).
Commodus, Sestini, Lettere di continuazione VIII 51.

Eresus.
Numismatic Chronicle VII 52.
Sestini, Chaudoir 89.
Mionnet S. VI 52 17 gehört nach Orchomenus Boeot. s. Archäologische Zeitung 1843 148.
Fox II 59 (Æ Caduceus).
Hadrianus, Sestini, Lettere di continuazione IX 21.
M. Aurelius, Sestini, Lettere di continuazione IX 21.
Fox II 60 (Victoria).

Commodus, Allier de Hauteroche Sapho d'Eresus, Paris 1822, 8.
    Sestini, Lettere di continuazione IX 21.
Severus Alexander, Sestini, Lettere di continuazione IX 21.
Philippus sen., Akerman, Chronicle VII 52.
Philippus jun., Akerman, Chronicle VII 52.
    Fox II 61 (Aesculap).

Methymna.

Numismatic Chronicle VII 52.
Sestini, Chaudoir 89.
Welzl 6214 (Æ).
Faustina jun., Revue belge 4 Serie I 140.
Commodus, Numismatic Chronicle VII 53.
    Welzl 5219.
    Sestini, Lettere di continuazione VIII 52.
Caracalla, Numismatic Chronicle VII 53.
    Gréau, N. 1741 (Bacchuszug).
Geta, Lavy I 204.
    Sestini, Lettere di continuazione VIII 52.
Severus Alexander, Sestini, Lettere di continuazione VIII 52.

Mytilene.

Streber, Denkschriften der Münchener Akademie 1813 (Theophanes).
Sestini, Chaudoir 89.
Numismatic Chronicle VII 53.
Bröndsted Reisen II 284 (Sappho).
Welzl 5225 u. f. 5275.
Fox II 62 (Billon, Negerkopf *Rf.* zwei Augen, ohne Schrift, ganz willkürliche Zutheilung).
Revue belge 4 Serie I 142 (Nicomachis und Andere).
Archäologische Zeitung 1853 125. Die Herme auf den Æ.
(Die Namen Ulpia Severiana: Eckhel Doctr. II 506 beruhen auf irriger Lesung: Sestini Cl. Gener. 2. Ausg. S. 80).
Sabina, Revue belge 4 Serie I 143.
Antinous, Revue belge 4 Serie I 144.
M. Aurelius, Welzl 5289.
    Greppo 921 (Victoria).
    Revue belge 4 Serie I 144.
Faustina iun., Numismatic Chronicle VII 59.
Crispina, Numismatic Chronicle VII 59.
    Welzl 5290, 5291.
Domna, Sestini, Chaudoir 89.
    Chaudoir, Corrections 82.
Caracalla, Numismatic Chronicle VII 59.
Geta, Numismatic Chronicle VII 59.
Elagabal, Sestini, Chaudoir 89.
Mamaea, Numismatic Chronicle VII 59.

Pyrrha.

Archäologische Zeitung 1844 340. 1846 270 (Frauenkopf *Rf.* Bock ΠΥΡ Æ; auch Mionnet II 202 7),
[Hunter 44 VII irrig als Pylus Elidis].
Archäologische Zeitung 1845 118.
Archäologische Zeitung 1847 126 (Cavedoni will auch Luynes Annali XIII 140 Monumenti III 35 n. 14 15, Pyranthus, hierher ziehen).
Numismatic Chronicle VII 61.
Sestini, Chaudoir 89.

*Nasos (zwischen der Küste von Aeolis und Lesbos).

Sestini, Chaudoir 89.
Numismatic Chronicle VII 60.
Revue numismatique 1845 413.
Annali 1861 146.
['Εαρινός, Μουσεῖον καὶ βιβλιοθήκη τῆς ἐν Σμύρνῃ εὐαγγελικῆς σχολῆς περ. 2 1876].

Poroselene.

Bei Mionnet in der Reihe der mysischen Städte; es liegt aber auf einer Insel bei Lesbus und wird wohl besser zu den Inseln bei Aeolis gestellt.
Septimius Severus, Revue num. 1852 93.
Revue belge 4. Serie I 134.

JONIA.

Jonien, die panionischen Münzen.

Mehrere sind abgebildet in dem Fronto des A. Mai, Mailand 1815 T. I S. XXIV. Es sind dieselben, welche Sestini citirt und Mionnet nach ihm. Mai erklärt ΠΡΟΝΟΜ durch ΠΡΟΝΟΜῳ.

Clazomenae.

Numismatic Chronicle VII 62.
Archäologische Zeitung 1849 99, 1853 45.
Revue numismatique 1846 62.
Avellino, Bullettino IV 20, VI 58.
Luynes, Choix X 14, 15, 16.
Annali 1841 156, Mon. III 35 25—29.
Bullettino 1839 137.
Sestini, Chaudoir 90.
Chaudoir, Corrections 83.
Sestini, Lettere di continuazione VIII 54.
(Mionnet III 67 42, cf. 44).
Mionnet VI 632 138, cf. VII 111.
Welzl 5298 u. f. (Æ und Æ).
Fox II 63 (Æ Widderkopf *Rf.* halber Stier).
Numismatic Chronicle XVII 99 (die Foxsche).
Dumersan Médailles inedites 73 giebt die plumpen Tetradrachmen von Clazomenae oder Cyme nach Erythrae Joniae. Sestini Antologia di Firenze Band 14 XXXXI 89 giebt sie nach Aulis Bocotiae, weil eine ΑΥ habe.

Otho, Mionnet III 71 85 gehört Locri Opuntii, vergl. eine ganz ähnliche des Galba in der Königlichen Sammlung.
Titus und *Julia*, Sestini, Chaudoir 90.
Domitianus und *Domitia*, Sestini, Chaudoir 91.
Faustina iun., Sestini, Chaudoir 90.
Commodus, Numismatic Chronicle VII 62.
Welzl 5329.

Colophon.

Mionnet S. VI 95 n. 90, 92, 95 tête laurée de femme usf. ist immer Apollokopf.
Revue numismatique 1846 61.
Schlichtegroll, Annalen I 60.
Sestini, Chaudoir 91.
Archäologische Zeitung 1844 340.
Avellino, Bullettino IV 97.
Annali 1841 159 Mon. III Tafel 35, 30.
Mionnet VI 644 217, cf. VII 113.
Welzl 5334, 5336.
Sestini, Lettere di continuazione V 38.
Mionnet III 76 110, ΜΑΚΑΞ ist nach der Paste (ΔΗ)ΜΩΝΑΞ zu lesen.
Mionnet S. VI 99 127 nach Hunter Tafel 19 VIII ist Solus Sicil.
Revue belge I 203 No. 4 (Æ, ?)
Traianus, Streber, Numismata nonnulla graeca 213.
    Avellino, Bullettino V 64.
    Sestini, Lettere di continuazione VIII 56.
Maximinus, Streber, Numismata nonnulla graeca 213.
    Sestini, Lettere di continuazione VIII 56.
Valerianus sen., Sestini, Chaudoir 91.
Decius, Sestini, Chaudoir 91.

Ephesus.

Katalog Dupré 1867 No. 289 (Æ).
Numismatic Chronicle VII 63 (Ӕ).
Archäologische Zeitung 1849 99 (Ӕ).
Sestini, Chaudoir 91.
Grote, Blätter für Münzkunde II 10.
Lavy I 206.
Welzl 5339 5341 (Ӕ), 5351 u. f. (Æ).
Heideken 2089 (Æ ΦΙΛΕΤΑΙΡΟΣ Hirsch).
Palin, Observations numismatiques Rom 1833 Tafel 9 (Ӕ Löwenhaut und Keule *Rf.* Blatt mit Traube).
Fox II 64 (Ӕ Traube auf Blatt *Rf.* Keule und Löwenhaut).
Revue numismatique 1863 223 (Ӕ mit Heraclesknabe ΣΥΝ).
Unter dem Namen *Arsinoe* (siehe auch Ptolemais Pamphyl.).
    Numismatic Chronicle II 171 und 176.
    Droysen, Hellenismus II 2 258; III 1 267; III 2 276.

Revue numismatique 1848 245.
Sestini, Lettere di continuazione IX 111.
[Head, Numismatic Chronicle 2 Ser. (1880) 127].
Cistophori, Grote, Blätter für Münzkunde II 9.
Akerman, Chronicle IX 14.
Lavy I 206.
Pinder und Friedlaender, Beiträge I 26.
Borghesi, Osservazioni V 10 (Fannius).
Fox II 65.
Kaiser: Numismatic Chronicle IV 73.
Drusus und *Antonia*, Numismatic Chronicle IX 37.
Claudius, Sabatier 120 (Capedo und lituus).
Claudius und *Agrippina*, Akerman, Chronicle IX 33.
[*Claudius* und *Messalina*, v. Sallet's Zeitschrift für Numismatik VI 15 (ΚΟΥ-ΣΙΝΙΟΣ ΕΠΙΣΚΟΠΟΣ ΤΟ Δ)].
Messalina, Welzl 5377, Haym Thes. Brit. II Tafel 29 5. Das Welzl-Exemplar ist in der Königlichen Sammlung, es hat den Namen nicht, könnte auch Poppaea sein.
Nero, Numismatic Chronicle IX 39.
Borghesi, Osservazioni XIV 1 (Acilius Aviola) (R. conf. Rhodus).
Nero und *Poppaea*, Pinder und Friedlaender, Beiträge I 183 und:
Borghesi, Osservazioni XIV 1 (Aviola).
Vespasianus, Zeitschrift für Münzkunde I 382.
Domitianus, Revue numismatique 1858 166.
Domitia, Fox II 68 (Ephesus und Smyrna).
Traianus, Sestini, Lettere di continuazione VIII 56.
Antoninus P., siehe Mionnet III 61, Suppl. VI 79.
Fox II 66 (Kopf der Artemis).
Revue belge 4. Serie I 146.
M. Aurelius, siehe Mionnet III 61, Suppl. VI 79.
Lavy I 207.
Sabatier 121 (Hirsch).
Fox II 67 (Artemis usf.).
M. Aurelius und *Faustina*, Welzl 5386.
Commodus, Köhne, Zeitschrift I 382.
Berliner Blätter für Münzkunde I 143 (Ephesus und Pergamum).
Septimius Severus, Sestini, Lettere di continuazione IV 77.
Caracalla, Welzl 5391.
Sestini, Lettere di continuazione IX 66 (mit Cotiaeum).
Macrinus, Sestini, Chaudoir 92.
Sestini, Lettere di continuazione I 47 dazu II Tafel 14 und 15.
Elagabalus, Welzl 5399.
Severus Alexander, Chaudoir, Corrections 83.
Zeitschrift für Münzkunde I 382.
Welzl 5402, 5405.
Maximinus, Welzl 5407.

Gordianus, Chaudoir, Corrections 84 (mit Alexandria).
Traianus Decius, Welzl 5413.
Etruscilla, Sestini, Lettere di continuazione I 47.
Valerianus, Zeitschrift für Münzkunde I 382.
Gallienus, Streber, Numismata nonnulla graeca 217.
Lavy I 207.

Erythrae.

Dumersan, Médailles inédites 73 giebt die plumpen Tetradrachmen von Clazomenae oder Cyme, die Münzen von Maronea mit ΕΠΙ ΜΑΡΩΝΟΣ hierher.
Sestini, Lettere di continuazione IV 78.
Sestini in der Antologia di Firenze Band 14 Heft XXXXI Seite 83 und 87 (R̶. Medaillon mit ΦΑΝΝΟΘΕΜΙΣ).
Schlichtegroll, Annalen I 61.
Numismatic Chronicle VII 64. VI 127 weist die Münzen Mionnet S. III 514 75 Erythrae Boeotiae nach E. Joniae.
Archäologische Zeitung 1846 266.
Chaudoir, Corrections 84.
Sestini, Chaudoir 92.
Pinder und Friedlaender, Beiträge I 184.
Lavy I 208.
Welzl 5434 u. f. 5443 u. f.
Heideken 2100, 2101 (Æ ΕΙΝΟΕΝΟΣ und ΔΗΜΗΤΡΙΟΣ).
Fox II 69 (R̶. Pegasus) 70—73 (verschiedene Æ).
Archäologische Zeitung 1849 99. Liste von Magistratsnamen.
Augustus, Lavy I 209.
Welzl 5497.
Traianus, Sestini, Chaudoir 92.
M. Aurelius, Numismatic Chronicle VII 64.
Philippus sen., Mionnet III 252 1426 cf. VII 135 und III 135 554.
Otacilia, Fox II 74 (ΟΜΟΝΟΙΑ von Erythrae und Chios, deren Namen nicht beigeschrieben sind, cf. Mionnet III 135 554.

Gambrium.

Schlichtegroll, Annalen II Heft 1, 19.

Heraclea.

Einige Münzen gehören nach Heraclea Illyrici siehe Bullettino 1838 89.
Gerhard, archäologische Zeitung 1844 341. 1849 28.
Revue 1851 242.
Fox II 76 (Æ Serapiskopf R̶f. Isis).
Fox II 102 (Æ Drei weibliche Gestalten, Amazone zw. Artemis und Leto?).
Augustus, Welzl 5506.
Caracalla, Fox II 77 (Aesculap).
Macrinus, Revue numismatique 1851 242.

Larissa Joniae (bei Ephesus).

Revue numismatique 1858 449 [nach Imhoof, Monnaies Gr. 289 thessalisch].

Lebedus.

Sestini, Chaudoir 93.
Archäologische Zeitung 1844 340, gehört nach Milet; 1846 376.
Mionnet VI 647 240, vergl. VII 114.
Welzl 5507.
Hierher gehört auch Mionnet S. III 464 72, vergl. III 140 585, aber ΛΟΡ-ΚΩΝ ist richtig.

Lebedus und Teos.

Numismatic Chronicle VII 66.

Lebedus und Perperene.

Antoninus P., Sestini, Chaudoir 93.

Leucae.

Numismatic Chronicle VII 66 [helmeted head, front face of Pallas, *Rf*. lion standing to l. looking back ΛΕΥ Æ 2; unsicher, da hier sonst nur rein klazomenische Typen vorkommen].

Magnesia.

Numismatic Chronicle VII 67.
Bullettino Napolitano IV 41.
Zeitschrift für Münzkunde III 42.
Bullettino dell' Instituto 1837 37.
Sestini, Chaudoir 93.
Welzl 5511 u. f.
Mionnet III 143, 599 616 617 618 626 627 632 gehören Magnesia Thessaliae, siehe VII 92 und Suppl. VI 231 Anm. III 143 624 ist Magnesia Lydiae, siehe VII 92 und Suppl. VI 231 Anm.
Mionnet IV 70 379 gehört hierher, siehe Suppl. VI 236 1032 Anm.
Fox II 78 (Æ Hirsch) 79 (Æ Ephesische Artemis).

Themistokles, als Herr von Magnesia.

Revue numismatique 1856 47.
Caligula, Mionnet VI 671 407, cf. VII 117.
Sabina, Welzl 5520.
M. Aurelius, Welzl 5521.
Caracalla, Welzl 5522.
  Fox II 80.
Mamaea, Revue belge 4. Serie I 148.
Gordianus, Sestini, Chaudoir 93.
  Welzl 5525, 5526.
  Sestini, Lettere di continuazione V 39.

Metropolis.

Mionnet Suppl. VI 257 1142, 3 (und Mionnet II 312 3 Andros) gehören wohl nicht hierher?
Antoninus P., Annali 1840 220 Tav. Q 3.
Domna, Sestini, Chaudoir 93.
Caracalla, Welzl 5527.
Gallienus, Revue belge 4. Serie I 149.

Milet.

Bröndsted, Reisen II 269.
Revue numismatique 1838 417.
Numismatic Chronicle VII 68.
Millingen, Sylloge 70.
Annali 1834 345 (le géant de Milet).
Chaudoir, Corrections 84.
Sestini, Chaudoir 93.
Numismatic Chronicle XIV 118.
Welzl 5531 u. f. (Æ und Æ).
Heideken 2106 (Æ ΔΙΑΡΗΣ Löwe).
Sestini, Lettere di continuazione V 40.
Archäologische Zeitung 1853 387 (Æ mit ΕΚΑ).
Tiberius, Chaudoir, Corrections 84.
Nero, Sestini, Chaudoir 93.
Hadrianus, Welzl 5569.
Sestini, Lettere di continuazione V 40.
M. Aurelius und *Commodus*, Thorwaldsen, Tafel III 102 (Leto).
Domna, Mionnet Suppl. VI 279 1282 nicht Pan, sondern Apoll, der sich auf den Omphalos stützt, welchen eine Schlange umwindet. Ein gutes Ex. im Städtischen Museum zu Triest.

Myus.

Revue numismatique 1858 166.

Neapolis.

Numismatic Chronicle VII 68 weibl. Kopf, viell. Hera, *Rf.* Poseidon ΝΕΑΠΟΛΙΤΩΝ Æ 5.
Fox II 81 weiblicher Kopf, Livia ähnlich ΘΕΟC CΥΝΚΛΗΤΟC *Rf.* Bacchus ΝΕΑΠΟΛΙΤΩΝ ΠΥΘΕΟΥ Æ 5.

Naulochus.

Numismatic Chronicle XI 58. (Jugendlicher männl. Kopf mit Helm r. *Rf.* Delphin ΝΑΥ im kreisförmigen Mäander Æ 2.)
Annali 1861 146.

Phocaea.

Luynes Choix X 11, 12.
Chaudoir, Corrections 85.
Lavy I 210.
Welzl 5583, 5585 (Æ).
Mionnet III 177 834 ΚΡΟΝΑΞ, vergl. ΜΑΝΔΡΩΝΑΞ Annali 1841 159 in Clazomenae und ΜΑΝΔΡΟ und ΑΜΑΝΔΡΟΝ in Alexandria Troas Eckhel D. II 480. Es ist wohl immer derselbe Name?
Vespasianus, Chaudoir, Corrections 85.
Hadrianus, Sestini, Chaudoir 94.
Domna, Moustier 2213 (Stehende Tyche, Hund und Phoca).
Caracalla, Numismatic Chronicle XIV 118.
Geta, Sestini, Lettere di continuazione V 41.

Maximinus, Sestini, Lettere di continuazione V 41.
Maximus, Welzl 5588.
   Sestini, Lettere di continuazione V 41.

Phygela.

Numismatic Chronicle VII 69. (Artemiskopf von vorn mit Diadem *Rf.* Stier stossend l. ΦΥΓ im Kranz Æ 4.)
Revue numismatique 1853 246. (Æ 7, Gewicht 13, 96 gr.)

Priene.

Numismatic Chronicle VII 69.
Welzl 5597 u. f. (Æ).
Sestini, Lettere di continuazione III 74.
Mionnet II 187 889 ist Trieres in Maced.
Fox II 82 (Æ Bias Kopf).
Visconti, Iconographie grecque, Supplementtafel *A*: Æ mit stehendem Bias.
Severus Alexander, Sestini, Lettere di continuazione III 77.

Smyrna.

Revue numismatique 1848 5.
Numismatic Journal I 43 (Æ).
Millingen, ancient coins 72 (sitzender Homer Æ 4).
Avellino Bullettino IV 97 (Homer).
Chaudoir Corrections 85 (Æ).
Lavy I 210.
Welzl 5648 u. f. (Æ).
Bullettino d. Inst. 1837 154 (Æ).
Numismatic Chronicle VII 70 (Cistophor).
Augustus und *Livia*, Annali 1850 201.
Augustus und *Tiberius*, Numismatic Chronicle XIV 119.
Germanicus und *Agrippina*, Welzl 5717.
Caligula, Borghesi Osservazioni XIV 2 (Aviola).
Claudius und *Agrippina*, Sestini, Lettere di continuazione VII 58.
   Die Münze Mionnet S. VI 332 1645 ist ohne Zweifel von Drusus und Antonia s. Mionnet III 219 1223.
Domitianus, Millingen, ancient coins 72.
   Pinder und Friedlaender, Beiträge I 237.
   Revue belge 3. Serie IV 15.
Domitia, Sestini, Lettere di continuazione VIII 58.
Traianus, Borghesi Osservazioni XV 6 zu Mionnet III 227 1271.
Hadrianus, Welzl 5731.
   Sestini, Lettere di continuazione VIII 58.
M. Aurelius, Sestini, Lettere di continuazione VIII 59.
Lucilla, Revue belge 3. Serie IV 15.
Commodus, Streber, Numismata nonn. gr. 220.
   Lavy I 211.
   Sestini, Lettere di continuazione VIII 59.

[*Septimius*, *Caracalla* und *Geta*. Geta radirt: Königl. Münzk. — Numismatic Chronicle I 194.]
Domna, Welzl 5740.
Sestini, Lettere di continuazione VIII 60 verbessert von Streber, Num. nonn. gr. S. 222.
Caracalla, Lavy I 213.
Sestini, Lettere di continuazione VIII 60.
Publications de la société pour la recherche des monuments dans la G. D. de Luxembourg IV Seite 95.
Moustier 2325 (3 Tempel).
Pescennius Niger, Revue numismatique 1868 434.
Gallienus, Welzl 5754.

Smyrna und Laodicea Phrygiae.
Numismatic Chronicle VIII 30.

Teos.
Numismatic Chronicle VII 70.
Archäologische Zeitung 1844 340 aber siehe 1845 118 und 1846 376 Æ. mit TPIH s. Trieres Maced. oben S. 148.
Welzl 5764 u. f. (Æ).
Heideken 2118 (Æ CT TI ΠΕΙCΩΝΕ TH — ΘΗ ist Druckfehler — Bacchus u. s. f.
Ramus, Mus. Reg. Daniae. I. 245 No. 3, dazu
Sestini, Lettere di continuazione VI 105.
Fox II 83 (Æ. Lyra) 84 (Æ Mars).
Monumenti dell' Instituto Archeologico VI Tafel XXV (Anakreon).
[v. Sallet's Zeitschrift für Numismatik IX 117.]
Octavia M. Antonii, Mionnet S. VI 383 1933 ist *Octavia Neronis*, die Münze liegt mir vor.
Otacilia, Archäologische Zeitung 1844 341.

Teos und Lebedus.
Numismatic Chronicle VII 71.

INSELN bei JONIEN.

Chios.
Whitte de rebus Chiorum, addita est enumeratio numorum. Havn. 1838.
Rec. in Zimmermann Zeitschrift 1840 p. 955.
Χιακὰ ὑπὸ τοῦ ἰατροῦ ’Αλεξ. Βλάστου. Ἐν Ἑρμουπόλει 1840. 2 Bände.
Avellino, Bullettino IV 97, 107. V 60. VI 58.
Numismatic Journal I 43.
Sestini, Chaudoir 94.
Numismatic Chronicle XIV 119.
Lavy I 214.
Welzl 5775 (Æ.) 5788 (Æ).
Sestini, Lettere di continuazione V 42.
Annali 1842 218.

Annalen des Nassauischen Vereins für Alterthumskunde Band VI 21 Nr. 27 Tafel II 8. Æ berichtigt Mionnet S. VI 395 69 (ΧΑΛΠΗ ist zu lesen: ΤΡΙΧΑΛΚΟΝ). [Berliner Blätter für Münzkunde V 12].

Icaria.
Mionnet S. IV 403 114, dazu Sestini, Lettere di continuazione II 46.

Oenoe Icariae.
Archäologische Zeitung 1849 100.
Denkschriften der Wiener Akademie I 331.
[Revue numismatique 1843 420, nicht Oetaei].

Samos.
Akerman, Chronicle II 60 (Ankaios). VII 72.
Mittheilungen der Berliner num. Gesellschaft II 88 Æ.
Pinder, Numi ined. 29.
Chaudoir, Supplément aux corrections 18 (Grosse ℞ mit ΣΑ und ΠΑ).
Sestini, Chaudoir 94.
Pinder und Friedlaender, Beiträge I 71.
Mionnet VI 636 156, cf. VII 111 ℞.
Lavy I 215.
Welzl 5804 u. f. (℞ und Æ).
Fox II 85—87 (℞ ohne Schrift) 88, 89 (℞.)
Revue num. 1863 223 (grosse ℞ mit Heraklesknaben ΣΥΝ).
Numismatic Chronicle XVII (℞ ΛΟΧΙΤΗΣ).
Nero und *Agrippina*, Lavy I 215.
Vespasianus, Titus und *Domitianus*, Fox II 90.
Domitianus, Welzl 5861.
Commodus, Akerman, Chronicle XIV 119.
Septimius Severus, Lavy I 215.
    Welzl 5909.
Otacilia, Welzl 5909.
Traianus Decius, Welzl 5914.
    Revue belge 3. Serie IV 15.
Valerianus sen., Chaudoir corrections 86.

CARIA.

Aba.
Die autonomen Münzen mit ΑΒΒΑΙΤΩΝ ΜΥΣΩΝ, welche Mionnet im Supplément VI 434 hier anführt, gehören nach Abbaeti Mysiae. Eckhel hat es ganz richtig, und Sestini's Gründe für Aba Lettere di continuazione VI 29 scheinen mir nicht genügend.

Alabanda.
Numismatic Chronicle IX 143 ℞ 6.
Archäologische Zeitung 1849 101.
Revue numismatique 1851 232.
Sestini, Lettere di continuazione VI 30 und 111.

[v. Sallet's Zeitschrift für Numismatik VIII 9 (ΚΙCCIOC).]
Livia, Sestini, Letttere di continuazione VI 31.
Britannicus, Sestini, Lettere di continuazione VI 32 [wo der Name des Apollo ΚΙCCIOC zu lesen ist s. o.].
Claudius und *Nero*, Revue numismatique 1851 232.
Commodus, Sestini, Lettere di continuazione VI 107 (Die Münze bei Ramus M. R. D. Seite 250 nr. 3 gehöre Amblada Pisidiae).
Caracalla, Revue numismatique 1851 232.
Sestini, Lettere di continuazione VI 32.
Caracalla und *Geta*, Sestini, Lettere di continuazione VI 33.
Geta, Fox II 91 (Diana).

Alinda.
Sestini, Lettere di continuazione VI 33.
Numismatic Chronicle XI 144.
Fellows 1840 Taf. 35 8, 9.
Sestini, Chaudoir 95.
Revue numismatique 1851 233.
Welzl 5942.
Pembroke 999 (Æ Sistrum), auch
Fox II 92 (Æ Sistrum).
Nero, Revue numismatique 1851 233.
Trajanus, Revue numismatique 1851 234.
Antoninus Pius, Revue numismatique 1851 234.
M. Aurelius, Revue numismatique 1851 234.
Septimius Severus, Revue numismatique 1851 234.
Domna, Revue numismatique 1851 234.
Caracalla, Berliner Blätter für Münzkunde I 262.
Droysen, Hellenismus II 2 198.

Amyza, Amyzon.
Numismatic Chronicle IX 144.
Annali 1861 147.

(Annaea, Anaea.)
Rollin, Catalogue vom Jahre 1849 p. 85, es ist eine Münze von Maconia.
Numismatic Chronicle XV 205.

Antiochia ad Maeandrum.
In Numismatic Chronicle IX 145 wird Pellerin's Ansicht wieder aufgenommen, dass dies Alabanda sei. [Mit Unrecht; dass mehr als ein Antiochia in Karien war, ist nicht zu bezweifeln: Droysen Hellenismus III 2 279].
Numismatic Chronicle IV 140. IX 145.
Archäologische Zeitung 1844 341 Æ (gehört nicht hierher).
Avellino Bullettino IV 48.
Chaudoir, Corrections 86.
Pinder und Friedlaender, Beiträge I 71, 72.
Mionnet VI 655 299 cf. VII 115.
Revue numismatique 1851 235 Ѫ.; Æ (Apollok. l. *Rf.* ΑΝΤΙΟΧΕΩΝ ΤΩΝ πρὸς ΜΑΙΑΝΔΡΩΙ Adler über dem Maeanderstreifen).

Sestini, Lettere di continuazione VI 33.

Mionnet III 313 54 zu dem Namen ΜΕΝΕΥΘΕΥΣ, welcher auch auf der Münze von Alabanda (ebenda Seite 305 Anm.) vorkommt, siehe ΠΕΡΕΣΘΕΥΣ bei Hunter Tafel 5 No. VII, es heifst gewiss immer ΜΕΝΕΣΘΕΥΣ.

Fox II 93 (Æ. Bison auf dem Maeanderstreifen) 94 (Æ Bacchus).

Domitianus, Sestini, Lettere di continuazione VI 35.
Antoninus Pius, Lettere di continuazione VI 35.
L. Verus, Revue numismatique 1851 235.
Philippus iun., Revue numismatique 1851 235.
  Monatsberichte der Berliner Akademie 1857 476 (der Fluss heifst Morsynos, nicht Korsynos).
Gallienus, Revue numismatique 1851 235.
  Welzl 5946.
  Fox II 95 (Jupiter sitzend vor einem Tisch mit einer Urne).

Aphrodisias, Plarasa.

Der Fluss, der auf Münzen dieser Stadt vorkommt, ist derselbe wie in Antiochia Cariae: ΜΟΡΣΥΝΟΣ.

Streber, Num. nonn. gr. 225.
Akerman, Chronicle IV 144. VII 15. VIII 42.
Fellows 1840 Taf. 34 10 irrig, es ist die Münze von Laodicea Phrygiae. Mionnet S. VII 579 416.
Chaudoir, Corrections 86.
Sestini, Chaudoir 95.
Pinder und Friedlaender, Beiträge I 72.
Revue numismatique 1851 236 und 246 (Plarasa).
Sestini, Lettere di continuazione V 44 und IX 115, Tafel III 12, 13.
Revue numismatique 1849 428.
Fox II 96 (Æ Asklepios).
Annali 1861 147.
Augustus, Sestini, Chaudoir 95.
Gaius Caesar, Numismatic Chronicle 2 Serie I 218.
Livia, Millingen Sylloge 71.
Tiberius, Welzl 5952.
Septimius Severus, Revue numismatique 1851 237.
Domna, Revue numismatique 1851 237.
  Sestini, Lettere di continuazione VI 35.
Maximinus, Akerman, Chronicle IV 141.
Gordianus III, Revue belge 3 Serie IV 16. 4 Serie I 151.
  Numismatic Chronicle 2 Serie I 218.
Gallienus, Fox II 97.
Salonina, Sestini, Chaudoir 95.
  Pinder und Friedlaender, Beiträge I 72.

Apollonia.

Numismatic Chronicle III 97, IX 147.
Chaudoir, Supplément aux corrections 18.

Pinder und Friedlaender, Beiträge I 72, 73.
Revue numismatique 1853 172.
Fox II 98 (Æ Bacchus).
Berliner Blätter für Münzkunde II 196.
Numismatic Chronicle 2 Serie I 218.
[v. Sallet's Zeitschrift für Numismatik 218 (Apollo und Daphne)].
(Unter den folgenden Münzen in der Revue 1853 sind viele aus Mionnet wiederholte.)
Augustus, Revue numismatique 1853 176.
Livia, Revue 1853 176.
Caligula, Revue 1853 176.
Traianus, Revue 1853 176.
Hadrianus, Revue 1853 176.
M. Aurelius, Revue 1853 177.
  Sestini, Chaudoir 95.
Septimius Severus, Revue 1853 177.
Geta, Revue 1853 177.
  Pinder und Friedlaender, Beiträge I 73.
Gallienus, Revue 1853 177.
Salonina, Revue 1853 177.

Astyra Cariae (früher A. Rhodi).
Pauly, Real-Encycl. der classischen Alterthumskunde I 889.
Akerman, Chronicle IX 166 (Borrell: Astyra Rhodi).
[Æ. 4½ 149½ e. gr. large vase *Rf.* ΑΣΤΥ vase of elegant shape, in field a lyre; in square: Brit. Mus. aus Borrell's Besitz.
Æ 2 Head of Venus r. *Rf.* ΑΣΤΥ Diota Br. Mus.
Æ 3 Head of Apollo, front face *Rf.* ΑΣΤΥΡΑ Diota Br. Mus.].
Revue numismatique 1851 251. Æ. 3 Apollokopf de face *Rf.* ΑΣΤΥ Bogen im Köcher.
[Leake, Numismata Hellenica, Supplement Asia 26, zweifelnd in der Peraea Rhodi (nach Stephanus Byzantius 'Α. πόλις Φοινίκης κατὰ 'Ρόδον, ἐν ᾗ ἐτιμᾶτο ἡ 'Αθηνᾶ 'Αστυρίς) angesetzt.
Die Münzen gehören aber wahrscheinlich doch dem bei Antandros gelegenen Astyra in Mysien (oben Seite 247), das zum 'Ιωνικὸς φόρος gerechnet wird: C. J. Att. I 234 ff.].

Bargasa.
Akerman, Chronicle IX 147.
Commodus, Chaudoir Corrections 86.
Salonina, Sestini, Lettere di continuazione VI 40.

Bargylia.
Archäologische Zeitung 1844 341. 1847 81 und Beilage 50.*
Sestini, Lettere di continuazione VI 41.
Fox II 99 (Æ. Reh).
Antoninus Pius, Sestini, Lettere di continuazione VI 42.
M. Aurelius, Sestini, Lettere di continuazione VI 42.

Septimius Severus, Sestini, Lettere di continuazione VI 43.
Geta, Sestini, Lettere di continuazione VI 43.

Calynda.
Numismatic Chronicle IX 148.
Millingen, Sylloge 72.
Memoiren der Peterburger archäologischen Gesellschaft 1850 354 gehört nach Blaundus, siehe darüber Numismatic Chronicle XIX 225.

Caunus.
Streber, Numismata graeca 200 (Stier *Rf.* Sphinx ΚΑΥ Æ).
Numismatic Chronicle IX 149.
Revue numismatique 1856 369.
Numismatic Chronicle 2. Serie I 220.

Ceramus.
Sestini, Lettere di continuazione VI 44.
[Berliner Blätter für Münzkunde V 13],
[v. Sallet, Zeitschrift für Numismatik VI 55, danach scheint die Stadt zeitweise den Namen Ptolemais geführt zu haben; vergl. dazu Ptolemais Pamphyliae unten S. 290].
Antoninus P., Sestini, Lettere di continuazione VI 45 (dasselbe Allier'sche Exemplar, welches Mionnet und der Katalog Allier auch hat).

Cnidus.
Mionnet S. VI 481 216 ist Alexander von Pherae.
Mionnet S. VI 481 217 ΑΡΑΘΦΑΝΗΣ statt Ἀγαθοφάνης, Mionnet schrieb dem Sestini nach.
Revue numismatique 1851 238.
Millingen, ancient coins 74.
Welzl 5958 (Ær.) 5967 u. f. (Æ).
Mionnet S. VI 482 227, ΕΑΝΤΑΝ ist nach einem vorliegenden Exemplar ΠΑΝΤΑ zu lesen, vergl. 483 236.
Duchalais recherches sur quelques points de l'hist. num. de la ville de Cnide. Paris 1851 aus Société d. antiq. de France XX.
Transactions of the R. society of Literature 2 series, vol. III Seite 60 und 123, zahlreiche Magistratsnamen und Beizeichen auf Henkeln von Amphoren (zur Vergleichung mit den Namen der Münzen).
[Brandis, v. Sallet's Zeitschrift für Numismatik I 47].
Revue numismatique 1863 223 (Ær. mit Heraklesknaben ΣΥΝ).
[Berliner Blätter für Münzkunde IV 19 berichtigt die von Sestini, Lettere di continuazione VI 29 unter Magnesia Thess. beschriebene, bei Pinder ebenso irrig Numi inediti Tafel II 4 Samos zugetheilte Münze].
[Fox II 21 (K. des Herakles *Rf.* Stierkopf ΑΠΟΛΛΟΔ ΚνιδΊΩΝ].
Antoninus Pius, Mionnet III 342 236 ist höchst wahrscheinlich identisch mit III 342 229 und S. IV 485 248, denn der Kopf der ersteren hat Aehnlichkeit mit Antoninus Pius, wie die Pasten und das Exemplar der Königlichen Sammlung zeigen.
Caracalla und *Plautilla*, Sestini, Lettere di continuazione VI 47.
Plautilla, Revue numismatique 1851 238.

Cyon.
Welzl 5971, ist Cyme sonst zugetheilt.

Daedala.
Galba, Welzl 5973, dies Exemplar ist jetzt in der Königlichen Sammlung, es ist: Dardanus, Augustus.
[*Caracalla*, Sestini, Lettere di continuazione VIII 79 Tafel V 25 und danach bei Mionnet III 344 247 beschrieben, ist Adraa Arabiae: Berliner Blätter für Münzkunde IV 24].

Eriza.
Numismatic Chronicle IX 150 [nach Waddington: Laodicea].
Revue numismatique 1851 402, die Münze von Pellerin (auch Mionnet III 345 248 ist dieselbe) gehöre nach Corinth.
Numismatic Chronicle 2. Serie I 219 ebenso:
[Sallet's Zeitschrift für Numismatik X 56 Poseidonkopf *Rf.* Adler auf Blitz ΕΡΙΖΗΝΩ(Ν) Æ 4.]
Caracalla, Revue numismatique 1856 373.
[Zeitschrift für Numismatik X 56].

Euippe.
Numismatic Chronicle IX 151 und
Fox II 100 (Æ Pegasus).
Commodus, Berliner Blätter für Münzkunde I 262.

Euralium, Euranium.
Caracalla, Akerman Chronicle IX 150 (ΕΥΡΑΛΕΩΝ Bacchus mit Thyrsos und Kantharos).
Annali 1861 147.

Euromus.
Numismatic Chronicle IX 151.
Annali 1847 280 (irrige Zutheilung).
Sestini, Lettere di continuazione IV 79 und IX 115 Tafel III 10.

Halicarnassus.
Sestini, Lettere di continuazione IV 79, VI 47 und 108, VIII 62.
Sestini, Chaudoir 96; Chaudoir Corrections 86.
Numismatic Chronicle IX 152.
Mionnet VI 640 189, cf. VII 112.
Mionnet S. VI 490 271, 272. Vergl. Revue numismatique 1853 46 No. 1, wo diese Münzen Selge zugetheilt werden.
Revue numismatique 1851, 240.
Lavy I 217.
Welzl 5975 (Æ).
Greppo 1024 (Æ Frau).
Fox II 101 (Æ Lyra).
Zu dem Typus der Kaisermünzen: Figur zwischen drei Bäumen, auf denen Vögel, siehe Streber numismata gr. 226 und Bullettino 1839, 180.
Agrippina, Sestini, Lettere di continuazione VI 48.

Traianus, Revue numismatique 1851 240
Hadrianus, Numismatic Chronicle IX 153.
Antoninus P., Numismatic Chronicle IX 153.
   Revue numismatique 1851 240.
   Sestini, Lettere di continuazione VI 48.
M. Aurelius und *L. Verus*, Sestini, Lettere di continuazione VI 49.
Faustina iun., Numismatic Chronicle IX 153.
L. Verus, Revue numismatique 1851 241.
Commodus, Sestini, Lettere di continuazione VI 49.
Septimius Severus, Sestini, Lettere di continuazione VI 49.
Caracalla und *Geta*, Streber, num. gr. 226 dazu
   Bullettino 1839, 180.
   Sestini, Lettere di continuazione IV 80, VI 40.
   Archäologische Zeitung 1853 118.
Gordianus, Revue numismatique 1851 241.

Harpasa.

Numismatic Chronicle IX 154.
Sestini, Lettere di continuazione VI 52.
Traianus, Numismatic Chronicle IX 154.
M. Aurelius, Sestini, Lettere di continuazione VI 52.
Gordianus, Sestini, Lettere di continuazione VI 52.

Hydrela.

Millingen Sylloge 73.

Hyllarima, Hyllarimene.

Millingen, Sylloge 74.
Numismatic Chronicle IX 154 ΕΠΙ ΤΕΙΜΟΘΕΟΥ ΑΡΧΟΝΤΟC weibl. Kopf
   r. *Rf.* ΥΛΛΑΡΙΜΕΩΝ Pallas stehend den Olivenzweig in der Rechten,
   Speer und Schild in der Linken Æ 4.

Jasus.

Fox II 103 (Æ Aufschrift in einem Kranz) 104 (Æ Muschel).
Akerman, Chronicle IV 142. IX 155.
Lavy I 217.
Welzl 5980.
Sestini, Lettere di continuazione V 45.
Memoiren der Petersburger archäologischen Gesellschaft 1852 378 (Æ).
Numismatische Zeitung 1841 158 (über den Typus des Delphin mit dem
   Knaben).
Revue numismatique 1860 275.
Hadrianus, Streber, Numismata nonnulla graeca 232.
   Sestini, Lettere di continuazione IX 115 Tafel III 11. (Dasselbe Ex.
   wie Streber; die beiden Stiche ergeben den Maafsstab für die Treue
   der Sestini'schen Abbildungen).
Caracalla, Sestini, Chaudoir 99.
   Sestini, Lettere di continuazione V 45.

Idyma.
Numismatic Chronicle IX 156.
Annali 1841 149 Mon. III 35 19.
Fox II 105 (Æ mit Blatt).
Berliner Blätter für Münzkunde I 144 (Æ).

Mylasa.
Fellows 1840 Tafel 35 4.
Sestini, Chaudoir 96.
Revue numismatique 1851 245.
Sestini, Lettere di continuazione VI 53.
Augustus, Revue numismatique 1851 245.
    Sestini, Lettere di continuazione VI 54.
Traianus, Numismatic Chronicle XIV 119.
Hadrianus, Revue numismatique 1851 245.
Antoninus Pius, Fox II 106.
Septimius Severus, Fellows 1840 Tafel 35 5.
Caracalla, Welzl 5983.

Myndus.
Gerhard, archäologische Zeitung 1844 341. 1847 83. 1847 Beilage 50*.
Akerman, Chronicle IX 158.
Pinder, Numi inediti 30.
Sestini, Chaudoir 96.
Revue 1851 245.
Welzl 5984.
Sestini, Lettere di continuazione VI 55.
Fox II 107 (Æ).
Mionnet S. VI 514 384 ist wohl Blaundus Lydiae.
Commodus, Sestini, Lettere di continuazione VI 56.
Septimius Severus und *Domna*, Sestini, Lettere di continuazione VI 56.

Nysa.
Augustus, Sestini, Chaudoir 96.
Hadrianus, Mionnet III 365 363 sei identisch mit 362, Sestini, Lettere di
    continuazione VI 57.
Hadrianus und *Sabina*, Sestini, Lettere di continuazione VI 57.
Sabina, Sestini, Lettere di continuazione VI 57.
Antoninus P., Pinder und Friedlaender, Beiträge I 74.
    Sestini, Lettere di continuazione VI 58.
M. Aurelius (?), Akerman, Chronicle IV 141.
Faustina iun., Sestini, Chaudoir 96.
L. Verus, Sestini, Lettere di continuazione VI 58.
Commodus, Sestini, Lettere di continuazione VI 58.
Domna, Revue numismatique 1851 246.
Caracalla, Ramus Mus. Reg. Daniae I 253 sei Nero, Sestini, Lettere di con-
    tinuazione VI 107.
Maesa, Sestini, Chaudoir 97.

Maximinus, Sestini, Chaudoir 97.
Gordianus, Sestini, Lettere di continuazione VI 58.
  Welzl 5987.
Otacilia, Akerman, Chronicle IV 141.
Etruscilla, Sestini, Lettere di continuazione VI 59.
Valerianus, Pinder und Friedlaender, Beiträge I 74.

Orthosia.
Akerman, Numismatic Journal I 43.
Sestini, Lettere di continuazione VI 59.
Greppo 1032 (Æ Halbmond).
Augustus, Sestini, Lettere di continuazione VI 59.
Domitianus, Sestini, Lettere di continuazione VI 59.
Hadrianus, Sestini, Lettere di continuazione VI 60.
Maximinus, Sestini, Lettere di continuazione VI 60.

Palaeopolis.
siehe Palaeopolis Pamphyliae unten Seite 289.

Pedies.
Annali 1861 352, dazu Bullettino 1862 236.

Plarasa siehe Aphrodisias.

Prenassus.
Sestini, Lettere di continuazione VII 81 giebt die Münze Mionnet III 460 77 hierher, und Mionnet S. VI 534 473 und S. VII 44 76. Dasselbe wiederholt Pinder Num. ined. Seite 6. Allein Numismatic Chronicle VI 128, IX 159, Revue numismatique 1853 33 widerlegt es.

*Pyrnus [s. Gryneum Aeolidis oben Seite 260].

Sebastopolis.
Millingen, Sylloge 73.
Revue numismatique 1851 247.
Berliner Blätter für Münzkunde II 191.

Stratonicea.
Numismatic Chronicle IV 144.
Fellows 1840 Tafel 35, 7.
Chaudoir Corrections 87.
Revue numismatique 1851 248.
Sestini, Lettere di continuazione VI 60.
Traianus, Sestini, Lettere di continuazione VI 63.
M. Aurelius, Sestini, Lettere di continuazione VI 63.
Septimius Severus, Sestini, Chaudoir 97.
Septimius Severus und *Domna*, Sestini, Lettere di continuazione VI 64.
  Akerman, Chronicle VI 144.
  Revue numismatique 1851 249.
Caracalla und *Domna*, Sestini, Lettere di continuazione VI 64.

Caracalla und *Geta*, Numismatic Chronicle VIII 43.
Numismatic Chronicle I 194 (Geta ausradirt).
Caracalla, Revue numismatique 1851 249.
Mamaea, Sestini, Lettere di continuazione VI 64.
Valerianus, Sestini, di continuazione VI 65.

Tabae.

Akerman, Chronicle III 99. VII 17. IX 160.
Chaudoir Corrections 87.
Pinder und Friedlaender, Beiträge I 74, 75. (Fundort: Davas).
Revue numismatique 1851 250.
Sestini, Lettere di continuazione IX 115 Tafel IV 1, 2, 3.
Fox II 109, 110 (Æ ΔΗΜΟC).
Revue numismatique 1860 275.
Augustus, Akerman, Chronicle III 99.
Germanicus und *Drusus*, Sestini, Lettere di continuazione VI 66.
Nero, Akerman, Chronicle III 99, ebenso:
Pinder und Friedlaender, Beiträge I 75.
Sestini, Lettere di continuazione VI 66.
Hadrianus, Sestini, Lettere di continuazione VI 66.
Antoninus P., Sabatier 137 (Fig. mit phryg. Münze).
Faustina iun., Akerman, Chronicle III 99.
L. Verus, Pinder und Friedlaender, Beiträge I 75. (Fundort: Davas).
Domna, Sestini, Chaudoir 97.
Geta, Akerman, Chronicle III 99.
Sestini, Lettere di continuazione IX 115 Tafel IV 4.
Valerianus, Akerman, Chronicle III 99.
Gallienus, Akerman, Chronicle II 167. VIII 43. XIV 119.
Revue belge 4. Serie I 152.
Salonina, Pinder und Friedlaender, Beiträge I 76. (Fundort: Davas.)
Sestini, Lettere di continuazione VI 67.

*Telemissus
[siehe Tel. Lyciae unten Seite 286].

Termera.
Revue numismatique 1856 53 (Tymnes, Dynast).

Trapezopolis.
Pinder und Friedlaender, Beiträge I 76.
Revue numismatique 1851 250.
Sestini, Lettere di continuazione VI 67.
Augustus, Numismatic Chronicie IX 161.
Annali 1861 147.
Vespasianus, Numismatic Chronicle IX 161.
Commodus, Sestini, Lettere di continuazione VI 68.
Domna, Numismatic Chronicle IX 161.

Tripolis.

Numismatic Chronicle IV 145.
Sestini, Chaudoir 97.
Sestini, Lettere di continuazione VI 69. IX 115 Tafel IV 6.
Fox II 111 (Æ Aesculap und Hygiea).
Augustus, Sestini, Lettere di continuazione VI 69.
Livia, Sestini, Lettere di continuazione VI 70.
Tiberius, Sestini, Lettere di continuazione VI 70.
Caligula, Sestini, Lettere di continuazione VI 71.
Faustina iun., Numismatic Chronicle IX 162.
L. Verus, Welzl 5998.

CARISCHE KÖNIGE.

Schmidt, zur Geschichte der Karischen Könige, Göttingen 1861, 4°.
Hecatomnus, Revue numismatique 1856 60.
   Das Exemplar der Königlichen Sammlung, ein Unicum, ward von Newton Halicarnassus II 1 Seite 45 verdächtigt, ich habe es vertheidigt in J. Brandis Münz-Mafs- und Gewichtwesen in Vorderasien 338.
Idrieus, Lavy I 218.
Pixodarus, Numismatic Chronicle IX 162.

INSELN bei CARIEN.

Astypalaea.
Numismatic Chronicle IX 163.
Archäologische Zeitung 1846 267 (vielleicht Livia).
Bullettino 1843 108.
Numismatic Chronicle 2. Serie I 218.
Mionnet III 400 1 ist eine römische Tessera, sie liegt mir vor.

Calymna.
Schlichtegroll, Annalen II Heft 1 Tafel 7, 13.
Archäologische Zeitung 1847 85 Æ. 1849 101 Æ.
Archäologische Zeitung 1844 341 [irrige Zutheilung]. 1845 113 [ebenso].
Akerman, Chronicle IX 164.
Sestini, Chaudoir 98.
Welzl 6012 (Æ ΚΑΛ 3 Aehren).

Cos.
Mionnet III 406 56. Die Schwefelpaste liegt mir vor, es steht darauf ΜΕ ΝΙΚΑ(ΡΧΟΣ) und ein Exemplar der Königlichen Sammlung hat dies ganz deutlich. Diese Münze gehört Messenia, sie fällt also bei Kos aus, und der Name ΝΙΚΑΣ ebenfalls.
Fox II 112 (Æ Modius usw.).
Bröndsted, Reisen II 269.
Streber, Num. nonn. gr. 240. (Æ).

Akerman, Journal I 44
Archäologische Zeitung 1844 341. 1847 85.
Köhne, Zeitschrift II 13. (Æ).
Luynes, Choix X 2.
Annali 1835 259 (Discobolus).
Sestini, Chaudoir 98 (2 ℞ und 1 Æ).
Chaudoir, Corrections 87. (1 ℞)
Mionnet VI 660 cf. VII 116 (Æ ΔΙΟ · ΔΙΟΥ).
Lavy I 219.
Welzl 6017 u. f. (℞ und Æ).
Diamilla, Memorie p. 100 (A ΒΟΥΛΑ, *Rf.* Hercules mit einem Knaben).
Sestini, Lettere di continuazione IV 81 (℞ Apollo).
Hunter 21 IV ist Capua vergl. J. Friedlaender Osk. Münzen Tafel III 25.
Möhsen, Berlinische Medaillensammlung I 257, Abbildung der Münze mit Xenophon, vergl. Eckhel.
Nikias, Borghesi, Osservazioni XVII 8.
Lepidus, Borghesi, Osservazioni XVII 8.
Augustus, Welzl 6046.
Caracalla und *Geta*, gemeinsam mit Halicarnassus geprägt, siehe dort.

Nisyros.

Millingen, Sylloge 75 (?)
Sestini, Chaudoir 98.
Memoiren der Petersburger archäologischen Gesellschaft 1850 356.
Welzl 6050.
Mionnet III 412 102, die Pariser Schwefelpaste liegt vor, diese Münze gehört Aegina, wie ein Exemplar der Kgl. Sammlung zeigt (siehe meinen Katalog).

Rhodus.

Die beiden Goldmünzen im Kgl. Kabinet zu Berlin sind ächt, Mionnets Zweifel völlig unbegründet.
Cavedoni observ. sur les monnaies de la Lycie (Tafel).
Luynes, Choix X 5.
Sestini, Chaudoir 98.
Chaudoir, Corrections 87.
Pinder und Friedlaender, Beiträge I 77.
Lavy I 221.
Welzl 6061 u. f. (℞ und Æ).
Campana 1475 (℞ ΝΙΚΑΓΟΡΑΣ).
Sestini, Lettere di continuazione IV 81.
Revue numismatique 1863 223 (℞ mit Heraklesknaben ΣΥΝ).
Numismatic Chronicle 2. Serie I 219 (℞).
Mionnet S. VI 605 317 — etwa Corinth? doch giebt es Münzen mit diese Typen.
Revue numismatique 1864 16 und 254 (Apollon Cillaeus).
Revue numismatique 1865 10 *N*.

Nero, Sestini, Chaudoir 98.
Moustier 511 ΔΙΔΡΑΧΜΟΝ ℞ vergl. Ephesus.
Transactions of the R. society of literature Serie 2 Theil III Seite 1. Zahlreiche Magistratsnamen auf Henkeln von Amphoren, die Liste der Namen Seite, die auch auf Münzen vorkommenden Seite 31, die Inschriften selber Seite 111. Die Beizeichen Seite 46. (Handel von Rhodus Seite 50).

Astyra Rhodi, siehe A. Cariae oben Seite 273.

Camirus.
Numismatic Chronicle IX 162.
Sestini, Lettere di continuazione VII 82.

Jalysus.
Numismatic Chronicle IX 170.
Avellino Bullettino V 60.
Annali 1841 145, Mon. III 35, 18.
Hunter 66 XVIII.

Lindus.
Numismatic Chronicle IX 171 (die Münze hat ΛΥΝΔ nach Borrell).

Syme.
Revue numismatique 1853 249 (bärtiger Bacchuskopf mit Epheu bekränzt, *Rf.* Kantharos mit Weinranke ΣΥ ℞ 3; 4,07 g).

Telus.
Annali 1833 115, 130 (Hermeskopf *Rf.* Biene). Dies ist dass bei Mionnet S. VI 610 339 citirte Fontana'sche Ex. von Panofka edirt. Es hat aber ΤΕ und kann unmöglich nach $T\tilde\eta\lambda o\varsigma$ gehören; [Telemissus].
[Athenakopf von vorn *Rf.* Krebs ΤΗΛ: Kgl. Münzk.].

LYCIA.

Lycia.
Pinder und Friedlaender, Beiträge I 93 (Koner, Zusammenstellung aller lycischen Münzen).
Sestini, Lettere di continuazione III 83 (Della Licia numismatica von Mionnet benutzt).
Fellows, account of discoveries in Lycia 1840. London 1841, 8º.
Spratt und Forbes, Travels in Lycia, London 1847, 8º.
Fellows, Coins of ancient Lycia before the reign of Alexander. London 1855, 8º.
Cavedoni, observations sur les médailles de Lycie Paris 1845; dasselne in: Mémoires présentées à l'académie des Inscriptions I Serie II 1852.
Supplement dazu: Annali di Numismatica I 97, vergl. Revue archéol. 1845.
Bullettino 1845 118 (Münzen mit den Typen von Rhodus).
Revue numismatique 1840 Seite 405, 1859 Seite 121. Die Münzen mit Apollokopf und Vogel an der Wange.
[J. Leicester Warren, An essay on greek federal coinage, London 1863, 35].

Claudius, Pinder und Friedlaender, Beiträge I 94.
Numismatic Chronicle 2. Serie I 219.

Lycischer Satrap.
Revue numismatique 1861 41.
Luynes, Numismatique des Satrapies 52.

Acalissus.
Gordianus, Revue numismatique 1853 90.

Antiphellus.
Numismatic Chronicle X 81.

Aperlae Lyciae.
Revue numismatique 1843 432.
Fellows 1840 Tafel 34, 8 als Heraclea.
Spratt II p. 293 1 als Perecle.
Luynes, Choix XI 14.

Apollonia, siehe auch Apollonia Pisidiae.
Pinder und Friedlaender, Beiträge I 78.
Revue numismatique 1852 183.
Augustus, Mionnet S. VII 5 15 ist identisch mit S. VI 469 172 Ap. Cariae.
Geta, Numismatic Chronicle 2. Serie I 219.
Gallienus, Numismatic Chronicle 2. Serie I 219.

Araxa?
Numismatic Chronicle 2. Serie I 220 (unsichere Zutheilung XA und Monogramm PA).

Arycanda.
Revue numismatique 1853 91.
Gordianus, Fellows 1840 Tafel 35 3, verbessert Mionnet III 433 12.
Tranquillina, Revue numismatique 1853 91.

Balbura.
Numismatic Chronicle X 81.
Revue numismatique 1843 252.
Fox II 113 (Æ Blitz).
Caligula, Revue numismatique 1843 252.
Fox II 114.

Bubon.
Revue numismatique 1853 91.
Numismatic Chronicle X 82.

Cabalis, siehe Copalle.

Cadyanda.
Numismatic Chronicle X 82.

[Candyba
Friedlaender, v. Sallet's Zeitschrift für Numismatik V 7].

Choma.
Revue numismatique 1853 92.
Numismatic Chronicle 2. Serie I 220.

Copalle.
Millingen, ancient coins 74 (Æ. Geflügelter Eber, Vorderhälfte, KAB darauf eingestempelt *Rf.* Vertieftes rohes Quadrat).
Archäologische Zeitung 1849 29.
Fellows 1840 Tafel 34, 5.
Spratt II 293 3—5.

Corycus?
Numismatic Chronicle 2. Serie I 220 (ко Löwe).

Corydalla.
Severus Alexander, Welzl 6112.
Gordianus, Bullettino 1833 161.

Cragus.
Archäologische Zeitung 1849 29.
Revue numismatique 1843 434, 1853 92.
Fellows 1840 Tafel 34 10, Tafel 35 1.
Sestini, Chaudoir 99.
Berliner Blätter für Münzkunde I 144 (Æ).
Augustus, Cavedoni observations sur les médailles de la Lycie, Tafel. (Æ Cragus und Telmissus).
[Leicester Warren, Essay on greek federal coinage 41].

Cragus und Telmessus.
Numismatic Chronicle X 87.

Cragus und Xanthus. Cragus und Tlos.
Archäologische Zeitung 1849 29.
Revue numismatique 1853 92.

Cragus und Myra.
Revue numismatique 1843 434.

Cyaneae.
Numismatic Chronicle X 83.
Pinder und Friedlaender, Beiträge I 78.
Numismatic Chronicle 2. Serie I 220.

Gagae.
Revue numismatique 1858 169.

Heraclea siehe Aperlae.
Numismatic Chronicle 2. Serie I 220 (wohl irrige Zutheilung?).

Limyra.
Numismatic Chronicle X 35.
Fellows 1840 Tafel 35 2.

Dumersan, Méd. inéd. 49 (Æ Victoria).
Revue numismatique 1853 94.
Numismatic Chronicle 2 Serie I 220 (AR und Æ).
Tranquillina, Revue numismatique 1853 94.

Lydda.
Revue numismatique 1859 121 (rhodische Typen). [Zweifelhafte Zutheilung.]

Massicytus.
Fellows 1840 Tafel 34 16, 17.
Lavy I 222.
Sestini, Lettere di continuazione VI 71.

Myra.
Numismatic Chronicle X, 85.
Fellows 1840 Tafel 34, 9.
Revue numismatique 1849 418 (Typen der Kaiserm.); 1860 275 (Æ).
Archäologische Zeitung 1845 113. 1847 125 irrig, statt ΜΥΡ ΠΟΛ (oder ΠΟΔ wie Cavedoni will) ist ΣΜΥΡ, ΑΠΟΛ zu lesen
Pinder und Friedlaender, Beiträge I 78.
Caracalla, Revue belge III Serie IV 16 (Æ).
Gordianus III, Revue numismatique 1849 418.

Patara.
Revue numismatique 1853 94.
Numismatic Chronicle 2. Serie I 220.
Gordianus III, Berliner Blätter für Münzkunde I 164.

Perekle, siehe Aperlae.

Phaselis.
Cavedoni, observ. sur les monnaies de la Lycie, berichtigt Mionnet S. VII 20 81 als nach Phanagoria gehörig.
Sestini, Lettere di continuazione IV 82.
Revue numismatique 1853 95.
[Leicester Warren, Essay on greck federal coinage 42 Leier im Quadrat ΦΑΣΗΛΙ (AR) vergl. Pinder und Friedlaender, Beiträge 119].
Gordianus, Revue numismatique 1853 95.

Phellus.
Revue numismatique 1853 96.

Pinara.
Fellows 1840 Tafel 34 13, 14.
Pinder und Friedlaender, Beiträge I 79.

Podalia
Numismatic Chronicle X 86.
Gordianus, Fox II 115.

Rhodia, Rhodiopolis.
Revue numismatique 1840 405, 451.
Tranquillina, Revue numismatique 1853 96.

*Telemissus, Telmessus.

Sestini, Lettere di continuazione III 81, IX 115 Tafel IV 5: Helioskopf de face *Rf.* Apollo auf dem Omphalos sitzend ΤΕΛΕΜΙΣΣΕΩΝ Æ 3.
Numismatic Chronicle X 87 (Borrell) Artemis *Rf.* ΤΕΛ ΚΡ Hirsch Æ 4 (Telemissus und Cragus).
Annali 1833 115 130 Hermeskopf *Rf.* Biene ΤΕ Æ 3.
[Die Münzen von Telemissus entstammen alle, wie Borrell bereits gesehen hat, einer und derselben Prägstätte. Telemissus steht zum lykischen Städtebunde ähnlich wie Phaselis].

Telephius?

Revue numismatique 1843 325.
Revue numismatique 1846 65.

(Tityassus), siehe Pisidien.

Tlos.

Archäologische Zeitung 1849 29.
Numismatic Chronicle X 88.
Schlichtegroll, Annalen II Heft 1 Tafel 7 No. 14.
Revue numismatique 1843 434, 1860 275.
Fellows 1840 Tafel 34 12.
Pinder und Friedlaender, Beiträge I 79.
Numismatic Chronicle 2. Serie I 220.
Gordianus, Numismatic Chronicle X 89.
Fox II 116.

Tlos und Cragus.

Sestini, Chaudoir 99.
Archäologische Zeitung 1849 29.
Numismatic Chronicle 2. Serie I 220.

Trabala.

Annali 1841 162, Mon. III 35, 32.
Fellows 1840 Tafel 34 11.
cf. Akerman, Chronicle X 89 Trebenna.
Revue numismatique 1846 65.

Trebenna.

Numismatic Chronicle X 89.
Gordianus, Numismatic Chronicle X 89.
Revue numismatique 1853 97.

Troouneme? (Tlos?)

Fellows 1840 Tafel 34, 7.

Xanthus.

Revue numismatique 1840 405.
Revue numismatique 1853 97.

Lycia. Inseln bei Lycien. Pamphylia.

Numismatic Chronicle 2. Serie I 220.
Mionnet IV 445 79 gehört nicht hierher, sondern es ist Gaza M. S. VIII 372 47. Die Schwefelpaste und ein vorliegendes Ex. zeigen es.

Incerti Lyciae.
Archäologische Zeitung 1844 342.
Luynes, Choix XI 14.
Spratt II p. 293.
Fellows 1840 Tafel 34 3, 4, 6, 7, 15 und p. 456 ff.
Revue numismatique 1843 325 ff.; 1860 276.
Pinder und Friedlaender, Beiträge I 79.
[Catal. Behr 108 und 654 gehört nach Chalcis Eub.]

INSELN bei LYCIEN.

Megiste.
Millingen, Sylloge 75.

PAMPHYLIA.

[Die pamphylischen Aufschriften auf Münzen: Friedlaender, v. Sallet's Zeitschrift für Numismatik VI 297].

Ariassus.
Septimius Severus, Sestini, Lettere di continuazione VIII 67.
Caracalla, Sestini, Lettere di continuazione VIII 67.
Geta, Sestini, Lettere di continuazione VIII 67.
Gordianus III, Numismatic Chronicle 2. Serie I 220.

Aspendus.
Luynes, Choix XI 4, 15.
Avellino, Bullettino VI 70.
Archäologische Zeitung 1844 342 (gehört nach Psophis).
Sestini, Lettere di continuazione VIII 63.
Revue numismatique 1853 20 (R zwei Ringer und Æ mit halbem Pferd und Steuer).
Fox II 117 (ΑΣ Caduceus *Rf.* Schild).
[v. Sallet's Zeitschrift für Numismatik IV 297.]
Zeitschrift für Numismatik V 134 mit ΣΤΛΕΓΕΥΣ [scheint Blau verlesen zu haben].
Traianus, Revue numismatique 1853 22.
Domna, Berliner Blätter für Münzkunde II 182.
Maximus, Sestini, Lettere di continuazione VIII 65.
Gordianus, Sestini, Lettere di continuazione VIII 65.
    Mionnet III 447 12 nach Sestini Descr.; dasselbe Exemplar: Sanclemente III Tafel XXXI 330.
Trebonianus Gallus, Revue numismatique 1853 22.

Gallienus, Sestini, Lettere di continuazione VIII 66.
Revue numismatique 1853 22.
Salonina, Sestini, Lettere di continuazione VIII 66.
Revue numismatique 1853 22.
Saloninus, Sestini, Lettere di continuazione VIII 67.

Attalia.
Archäologische Zeitung 1845 113.
Denkschriften der Münchener Akademie Hist. Classe 1808 422.
Sestini, Lettere di continuazione III 99.
Revue numismatique 1853 24 (Æ Pallas).
Augustus, Welzl 6124. Dies Ex. ist in die Königl. Sammlung gekommen, es ist eine M. von Nicopolis Epiri, die *Rf.* wie Mionnet S. III 373 96, die *Vf.* wie ebenda 372 85.
Tiberius, Sestini, Lettere di continuazione IV 84.
Traianus, Sestini, Lettere di continuazione IV 84.
L. Verus, Revue numismatique 1853 24.
Commodus, Sestini, Lettere di continuazione VIII 68.
Plautilla, Berliner Blätter für Münzkunde II 182.
Geta, Welzl 6126, jetzt in der Königl. Sammlung, ist weder Geta noch Attalia, sondern Philadelphia Lydiae autonom.
Elagabalus, Sestini, di continuazione VIII 68.
Maesa, Sestini, Lettere di continuazione VIII 68.
Philippus iun., Sestini, Lettere di continuazione VIII 69.
Trebonianus Gallus, Pinder, Num. ined. 31.
Gallienus, Sestini, Lettere di continuazione VIII 69.
Saloninus, Sestini, Lettere di continuazione VIII 69.
[*Valerianus*, Berliner Blätter für Münzkunde V 14].

Etenna.
Berliner Blätter für Münzkunde II 182.
[v. Sallet's Zeitschrift für Numismatik VI 56.]
Faustina iun., Akerman, Journal I 44.
Domna, Sestini, Lettere di continuazione VIII 70.
Severus Alexander, Sestini, Lettere di continuazione VIII 70.
Philippus I, Revue numismatique 1853 25.
Salonina, Revue numismatique 1853 25.

(Iloea).
Solche Stadt existirt nicht, die Münze des Gordianus, Mionnet S. VII 39 64, ist von Tlos und III 444 77 beschrieben.
Siehe Grote, Blätter für Münzkunde IV 218, nachher hat Waddington in der Revue numismatique 1853 26 dasselbe wiederholt.

Isinda.
Revue numismatique 1853 26 (Helm).
Sestini, Lettere di continuazione VIII 70.
Denkschriften der Münchener Akademie Hist. Cl. 1808 423.
Domna, Sestini, Lettere di continuazione VIII 70.

Philippus jun., Fox II 118.
Traianus Decius, Revue numismatique 1853 27.
Volusianus, Revue numismatique 1853 27.
Gallienus, Revue numismatique 1853 27.

Magydus.
Millingen, Sylloge 76.
Luynes, Choix XI 7.
Augustus, Sestini, Lettére di continuazione VIII 71.
Domitianus, Akerman, Chronicle VIII 47.
Hadrianus, Sestini, Lettere di continuazione VIII 71.
L. Verus, Sestini, Lettere di continuazione VIII 71.
Commodus, Sestini, Lettere di continuazione VIII 71.
Philippus I, Revue numismatique 1853 30.
Gallienus, Revue numismatique 1853 30.
Numismatic Chronicle 2. series I 221.

Palaeopolis.
[Die Zutheilung für Pamphylien nach Hierocles 680 11, in den späteren Bischofsverzeichnissen ὁ Παλαιοπόλεως ἤτοι ’Αλιερού. Die Aufschrift der Münzen stets: ΠΑΛΕΟΠΟΛΙΤΩΝ].
Septimius Severus, Numismatic Chronicle IX 158.
Caracalla, Fox II 108 [ist Elagabalus].
Elagabalus, Numismatic Chronicle 2. Serie I 219.

Perge.
Numismatic Chronicle X 90.
Archäologische Zeitung 1844 342, 1847 86, 1847 Beilage 51*.
Sestini, Lettere di continuazione VII 81 giebt Mionnet III 460 77, S. VI 534 473, S. VII 44 76 nach Prenassus. Dasselbe schreibt Pinder, Numi inediti ab. Dagegen theilt Borrell, Numismatic Chronicle VI 128, IX 159 diese Münzen Perge zu und in der Revue numismatique 1853 33 wird dies bestätigt.
Pinder und Friedlaender, Beiträge zur älteren Münzkunde I 80.
Sestini, Lettere di continuazione VIII 72.
Revue numismatique 1853 31 (Æ und Æ).
Mionnet III 461 81 hat nicht ΠΕΡΓΑΙΕΩΝ, sondern ΠΕΡΡΑΙΒΩΝ.
[v. Sallet's Zeitschrift für Numismatik IV 300].
Ueber die „caulae cum magmento" auf späteren Kaisermünzen von Perge: Marquardt, Programm des Friedrich-Wilhelms-Gymnasiums zu Posen zum 15. October 1857.
Tiberius, Revue numismatique 1853 32.
Claudius, Revue numismatique 1853 32.
Nero, Sestini, Lettere di continuazione IV 84.
Vespasianus, Sestini, Lettere di continuazione IV 85.
Titus, Sestini, Lettere di continuazione IV 85.
Revue numismatique 1853 32.
Revue belge 4. Serie I 153.

Traianus, Pinder und Friedlaender, Beiträge I 80.
Revue numismatique 1853 32.
Sestini, Lettere di continuazione VIII 74.
Berliner Blätter für Münzkunde II 192.
Hadrianus, Sestini, Lettere di continuazione IV 85.
Antoninus P., Diamilla, Memorie 107.
M. Aurelius, Welzl 6134.
Sestini, Lettere di continuazione VIII 74.
Commodus, Revue numismatique 1853 32.
Septimius Severus, Sestini, Lettere di continuazione VIII 74.
Severus Alexander, Sestini, Lettere di continuazione VIII 75 und Mionnet
S. VIII 53 126 gehören nach Andeda, Numismatic Chronicle II 3.
Heideken 2171.
Diadumenianus, Sestini, Lettere di continuazione VIII 75.
Elagabalus, Sestini, Lettere di continuazione VIII 75.
Severus Alexander, Sestini, Lettere di continuazione VIII 75.
Mamaea, Welzl 6138.
Maximinus, Sestini, Lettere di continuazione VIII 76.
Maximus, Sestini, Lettere di continuazione VIII 76.
Tranquillina, Revue numismatique 1853 32.
Sestini, Lettere di continuazione VIII 77.
Berliner Blätter für Münzkunde I 145.
Philippus sen., Sestini, Lettere di continuazione VIII 77.
Philippus jun., Köhne, Zeitschrift VI 122.
Welzl 6139.
Revue numismatique 1853 32.
Sestini, Lettere di continuazione VIII 77.
Volusianus, Sestini, Lettere di continuazione VIII 78.
Valerianus, Revue numismatique 1853 32.
Sestini, Lettere di continuazione VIII 78.
Gallienus, Welzl 6144.
Sestini, Lettere di continuazione VIII 78.
Gallienus und *Salonina*, Welzl 6145.
Sestini, Lettere di continuazione IV 85.
Salonina, Beiträge zur älteren Münzkunde I 80.
Numismatic Chronicle XIV 120, XV 218.
Welzl 6146.
Sestini, Lettere di continuazione VIII 79.
Saloninus, Sestini, Lettere di continuazione VIII 79.
Aurelianus, Sestini, Lettere di continuazione III 92.
Tacitus, Pons Opuscules num. posth. Paris 1836.
Sestini, Lettere di continuazione III 92.

Pogla.
Hadrianus, Numismatic Chronicle X 91.
Domna, Numismatic Chronicle X 91.
Revue numismatique 1853 35.

Caracalla, Annali 1833 160.
Thorwaldsen IV 171.
Geta, Sestini, Chaudoir 100.
Sestini, Lettere di continuazione V 108.

Ptolemais.
Revue numismatique 1848 256.
[Numismatische Zeitschrift (Wien) II 346; dazu: Zeitschrift für Numismatik VI 239; VII 31].

Side.
Sestini, Lettere di continuazione VI 73, VIII 80.
Archäologische Zeitung 1849 29.
Luynes, Choix XI 3.
Chaudoir, Corrections 88.
Pinder und Friedlaender, Beiträge I 184.
Mionnet V 334 2 Berytus, abgebildet bei Pellerin Supplément IV Tafel III 10 gehört wohl hierher.
Revue numismatique 1860 11: Die früher Side gegebene phön. Münze nach Tarsus.
Numismatic Chronicle VIII 83: Gewicht der ältesten Münzen.
Tiberius, Sestini, Lettere di continuazione VIII 81.
Claudius, Sestini, Lettere di continuazione VIII 81.
Nero, Sestini, Lettere di continuazione VIII 81.
Plotina, Revue belge 4 Serie I 154.
Hadrianus, Numismatic Journal I 44.
Antoninus Pius, Sestini, Lettere di continuazione VIII 82.
M. Aurelius, Sestini, Lettere di continuazione VIII 82.
L. Verus, Sestini, Lettere di continuazione VIII 82.
Commodus, Sestini, Lettere di continuazione VIII 83.
Caracalla, Welzl 6153.
Geta, Sestini, Lettere di continuazione VIII 83.
Aquilia Severa, Revue numismatique 1853 36.
[Berliner Blätter V 15].
Soaemias, Sestini, Lettere di continuazione VIII 83.
Severus Alexander, Sestini, Lettere di continuazione VIII 83.
[*Sallustia Barbia Orbiana*, Sitzungsberichte der Preussischen Akademie 1879 335].
Maximinus, Sestini, Lettere di continuazione VIII 84.
Revue belge 4. Serie I 154.
Tranquillina, Revue numismatique 1853 36.
Philippus I, Sestini, Lettere di continuazione VIII 84.
Philippus II, Revue numismatique 1853 36.
Trebonianus Gallus, Sestini, Lettere di continuazione VIII 85.
Gallienus, Millingen, Sylloge 76.
Revue numismatique 1853 36.
Sestini, Lettere di continuazione VIII 85.
Greppo 1078.

Salonina, Sestini, Lettere di continuazione VIII 86.
[*Cornelius Valerianus*, v. Sallet's Zeitschrift für Numismatik X 3 mit ΑΠΟΛΛΩΝΟ ΣΙΔΗΤΟΥ ΝΕΩΟΚΡΟΥ].
Saloninus, Sestini, Chaudoir 100.
Sestini, Lettere di continuazione VIII 87.
Welzl 6154.
Aurelianus, Berliner Blätter für Münzkunde II 182.

Sillyum.

Sestini, Lettere di continuazione VIII 87.
[Friedlaender, v. Sallet's Zeitschrift für Numismatik IV 298].
[Friedlaender, Sitzungsberichte der Preuss. Akademie 1879 335].
[*Antoninus Pius*, Sitzungsberichte ib.].
Faustina jun., Sestini, Lettere di continuazione VIII 88.
Commodus, Sestini, Lettere di continuazione VIII 88.
Septimius Severus, Revue numismatique 1853 36.
Sestini, Lettere di continuazione VIII 88.
Geta, Welzl 6155.
Cornelia Paula, Revue numismatique 1853 36.
Gordianus, Revue numismatique 1853 37.
Gallienus, Revue numismatique 1853 37.
Gallienus und *Salonina*, Sestini, Lettere di continuazione VIII 89.
Salonina, Sestini, Lettere di continuazione VIII 89.

Verbia.

Faustina inn., Bullettino 1863 215.
Commodus, Bullettino 1863 215.
Mamaea, Annali 1861 353.

PISIDIA.

Adada.

Numismatic Chronicle X 92.
Millingen, ancient coins 75.
Welzl 6156.
Pembroke, Auctions-Katalog No. 1000.
Sestini, Lettere di continuazione VI 73 behauptet mit Unrecht die Münzen mit der Nike hätten statt ΑΔΑΔΕ: ΤΑΡΑΝ.
[*Septimius Severus*, Friedlaender, Sitzungsberichte der Preuss. Akademie 1879 334].
Caracalla, Berliner Blätter für Münzkunde II 183.
[*Tranquillina*, Friedlaender, Sitzungsberichte der Preuss. Akademie 1879 334].
Valerianus, Belley in Histoire de l'Académie des incriptions Th. XLII S. 55.

Andeda.

Revue belge 4. Serie I 158 unter Addus Judaeae.
M. Aurelius, Numismatic Chronicle II 1.

Severus Alexander, Numismatic Chronicle II 3.
Mamaea, Numismatic Chronicle II 1.
Tranquillina, Numismatic Chronicle II 1.

Amblada.
Revue numismatique 1858 171.
Commodus, Ramus M. R. D. Th. I Seite 250, 3 unter Alabanda. Siehe Sestini, Lettere di continuazione VI 107.
Caracalla, Revue numismatique 1858 171.

Antiochia.
Numismatic Journal I 44 (Æ 4 Lunus *Rf.* Stier ANTIO · · · ΓΑΘ).
Numismatic Chronicle X 92 (Colonialmünzen).
Fox II 119 120 (Æ Hirsch, Æ Altar).
Numismatic Chronicle 2. Serie I 221 (mit Hahn).
Domna, Annali 1840 221
Caracalla, Welzl 6160.
Berliner Blätter für Münzkunde II 183 (der Kaiser zu Pferde).
Geta, Revue belge 4. Serie I 156 (Victoria).
Gordianus III, Revue belge 3. Serie IV 16 (mehrere).
Gallienus, Numismatic Chronicle XIV 120.

Apollonia.
Numismatic Chronicle II 182 Restitution von autonomen und Kaisermünzen anderer Städte dieses Namens nach A. Pisidiae.
Revue numismatique 1853 180.
Numismatic Chronicle 2. Serie I 221.
Antoninus P., Revue numismatique 1853 180.
M. Aurelius, Revue numismatique 1853 180.
Septimius Severus, Revue numismatique 1853 183.
Geta, Revue numismatique 1853 181.
Gallienus, Revue numismatique 1853 183.

Baris.
Numismatic Chronicle X 93.
Fox II 121 (Æ Krieger).
[*Septimius Severus*, v. Sallet's Zeitschrift für Numismatik VI 17].
Severus Alexander, Sestini, Lettere di continuazione VIII 90.
Herennius Etruscus, Numismatic Chronicle X 93.
Annali 1861 148.
Hostilianus, Berliner Blätter für Münzkunde II 183.
Trebonianus Gallus, Numismatic Chronicle X 93.

Codrula.
Revue numismatique 1858 172.

Colbasa.
Severus Alexander, Berliner Blätter für Münzkunde II 184.

Conana.
Hadrianus, Numismatic Chronicle X 94.
M. Aurelius, Welzl 6165.
Severus Alexander, Grote, Münzstudien III 133.
Mamaea, Numismatic Chronicle 2. Serie I 221.
Gallienus, Berliner Blätter für Münzkunde II 184 (der Kaiser).
Salonina, Berliner Blätter für Münzkunde II 184 (Fortuna).

Cremna (vergleiche auch unten: Cretopolis).
Revue numismatique 1853 37.
Numismatic Chronicle 2. Serie I 221 (halber Löwe KPH).
[Sitzungsberichte der Preuss. Akademie 1879 337: Æ Hermeskopf *Rf.* Caduceus KPH, Fundort: Kremna].
Caracalla, Mionnet III 496 26, cf. VII 137.
  Sestini, Lettere di continuazione VIII 90.
  Berliner Blätter für Münzkunde II 185.
Geta, Revue numismatique 1853 38.
  Berliner Blätter für Münzkunde II 185.
Elagabalus, Sestini, Lettere di continuazione VI 74.
Tranquillina, Sestini, Lettere di continuazione VI 74.
Traianus Decius, Grote, Münzstudien III 134.
Herennius Etruscus, Numismatic Chronicle X 95.
  Annali 1861 148.
Aurelianus, Berliner Blätter für Münzkunde II 185.
  Revue numismatique 1853 38.
  Numismatic Chronicle 2. Serie I 221.

Cretopolis.
Fox II 122 Æ Zeusk. r. *Rf.* Blitz KPH.
Numismatic Chronicle X 94.
Revue numismatique 1853 37. [Als Provenienz gibt Borrell Adalia an, Waddington hat die Münze in Ghirme dem alten Kremna gefunden; die alte Zutheilung Mionnet S. V 32 173 174 Cratea Flaviopolis Bithyniae ist falsch, die Münze sicher pisidisch, Cretopolis nur wenig südlich von Cremna gelegen].

Hadrianopolis.
Millingen, Sylloge additional observations zu S. 78 weist die Münze bei Hunter 2 XVIII hierher.
Septimius Severus, Sestini, Lettere di continuazione IX 22.
Maximus, Millingen, Sylloge 77 und additional observations dazu.

Lyrbe.
Tranquillina, Revue numismatique 1853 40.

Lysinia.
Caracalla, Annali 1833 114, 128.
  Grote Blätter für Münzkunde I 6.

Milyas?
Sestini, Lettere di continuazione IX 23 (Mionnet hat die Münze nicht aufgenommen, sie hat nur MI.)

Olbasa.

Antoninus P., Revue numismatique 1849 97.
Maesa, Welzl 6167.
Volusianus, Revue numismatique 1853 41.

Pappa.

Antoninus P., Revue numismatique 1853 43.

Pednelissus.

Traianus, Pinder und Friedlaender, Beiträge I 81.
Antoninus P., Numismatic Chronicle 2. Serie I 221.
M. Aurelius, Numismatic Chronicle X 95.
Commodus, Millingen, Sylloge 78.
Septimius Severus, Berliner Blätter für Münzkunde II 186.
Severus Alexander, Numismatic Chronicle X 95.

Pogla.

Numismatic Chronicle 2. Serie I 221 (mit ⌐ und Triquetra, vergl. Selge Pinder und Friedlaender, Beiträge I 82.

Prostanna.

Fox II 123.
Septimius Severus, Numismatic Chronicle X 96.
Gallienus, Moustier 3248 (die Heilgötter).
Claudius Gothicus, Numismatic Chronicle X 96.

Sagalassus.

Numismatic Chronicle X 97.
Pinder und Friedlaender, Beiträge I 81.
Fox II 124 (Æ Pallaskopf).
Augustus, Sestini, Lettere di continuazione VIII 91.
Nero, Sestini, Lettere di continuazione VIII 91.
  Berliner Blätter für Münzkunde II 186.
Nerva, Welzl 6170.
Hadrianus, Numismatic Chronicle X 97.
  Sestini, Lettere di continuazione VIII 92.
  Fox II 125 (Fortuna).
M. Aurelius, Numismatic Chronicle X 97.
  Sestini, Lettere di continuazione VIII 92.
  Revue numismatique 1853 44.
  Numismatic Chronicle 2. Serie I 221.
Septimius Severus, Sestini, Lettere di continuazione VIII 92.
  Revue numismatique 1853 44.
Caracalla, Numismatic Chronicle X 98.
Diadumenianus, Numismatic Chronicle X 98.
  Sabatier 142.
Paula, Numismatic Chronicle X 98.
Mamaea, Berliner Blätter für Münzkunde II 186.

Herennius Etr., Numismatic Chronicle X 98.
  Pons Opuscules num. Paris 1836.
Volusianus, Sestini, Lettere di continuazione VIII 92.
Valerianus, Revue numismatique 1853 44.
Gallienus, Berliner Blätter für Münzkunde II 186.
Salonina, Numismatic Chronicle X 98.
Claudius Goth., Sestini, Lettere di continuazione VI 75 und VIII 93.
  Berliner Blätter für Münzkunde II 187.
  Numismatic Chronicle 2. Serie I 222.

Seleucia.
Numismatic Chronicle X 99.
Domna, Numismatic Chronicle X 99.
Caracalla, Numismatic Chronicle X 99, 2. Serie I 221.
Severus Alexander, Numismatic Chronicle X 99.
Maximus, Sestini, Chaudoir 101.
Gordianus P., Revue numismatique 1853 46.
  Berliner Blätter für Münzkunde II 187.
Claudius Goth., Numismatic Chronicle X 99, 2. Serie I 221.

Selge.
Numismatic Chronicle X 100.
Archäologische Zeitung 1844 342.
Pinder und Friedlaender, Beiträge I 82 vergl. Pogla.
Lavy I 225.
Welzl 6179 (Æ Typus der kleinen Æ nicht ganz richtig beschrieben).
Revue numismatique 1853 46.
[v. Sallet's Zeitschrift für Numismatik II 297].
Antoninus P., Revue numismatique 1853 47.
M. Aurelius, Pinder und Friedlaender, Beiträge I 83.
  Revue numismatique 1853 47.
Elagabalus? Fox II 126 (Pallas).
Tranquillina, Fox II 127.

Termessus.
Schlichtegroll Annalen II Heft 1 Tafel 7 No. 12.
Archäologische Zeitung 1845 113, 1847 90.
[Sestini Hedervar. II 2 272 und Addenda Tafel V 13, danach Mionnet S.
  VII 139 232 wird berichtigt durch Friedlaender, v. Sallet's Zeitschrift
  für Numismatik XII 5, Aera mit 683 u. c. beginnend].
Sestini, Chaudoir 101.
Sestini, Lettere di continuazione VI 75.
Numismatic Chronicle XIV 120, XIX 3 (ΕΛΕΥΘΕΡΑ ΤΕΡΜΗCCΕ Η ΤΟ
  ΚΑΠΟΥC (?) ΕΧΟΥCΑ).
Welzl 6185.
Revue numismatique 1853 48, 1860 276.
Mionnet S. VII 138 226 nicht Bacchuskopf und Thyrsus, sondern Zeuskopf
  mit Scepter.

[Berliner Blätter für Münzkunde V 15].
[v. Sallet's Zeitschrift für Numismatik VII 229 T ЕРМНС СЕΩΝ mit dem Hermeskopf].
Domitian, Sestini, Lettere di continuazione VIII 93 und danach Mionnet S. VII 140, 239 ist Nomus Sebennytes: Friedlaender in Wiener Num. Zeitschrift I S. 395.
Domitia, Mionnet III 529 222, gehört nach Alexandria, Mionnet S. IX 40; [nicht ΤΕΡΜΗΣΣΕΩΝ ΛΙΑ, sondern ΕΙΡΕΝΗΣΕΒ ΛΙΑ: v. Sallet's Zeitschrift für Numismatik XII 8].

Tityassus.
Hadrianus, Sestini, Lettere di contionuazione III 97.
Antoninus P., Sestini, Lettere di continuazione III 97.
Geta, Sestini, Lettere di continuazione III 97.
Numismatic Chronicle X 88 (Berichtigung von Mionnet S. VII 22 89).

ISAURIA.

Carallia.
Crispina, Berliner Blätter für Münzkunde II 187 (Venus).
Philippus sen., Berliner Blätter für Münzkunde II 187 (Pallas).

Isaurus.
Geta, Grote, Münzstudien III 134 Heracles.
Elagabalus, Moustier 2521.
Revue numismatique 1853 214. Eine byzantinische Münze mit dem Namen dieser Stadt (?).

Titiopolis.
Hadrianus, Revue numismatique 1838 422.
Numismatic Chronicle I 213.

LYCAONIA.

Baratea.
Otacilia, Numismatic Chronicle XI 58.

Dalisandus.
Philippus sen., Numismatic Chronicle VIII 2.

Jconium.
Sestini, Chaudoir 101.
Badeigts, N. 444 (Æ Kopf des Perseus von vorn).

[Ilistra.
Philippus sen., v. Sallet's Zeitschrift für Numismatik XII 4 ΙΛΙϹΤΡΕωΝ ΚΟΙΝ ΛΥΚΑΟΝΙΑϹ].

Laranda.
Philippus sen., Revue numismatique 1858 174.

Savatra.
Antoninus Pius, Grote Münzstudien III 135 (Pallas).

CILICIA.

Cilicien.

(Zeitschrift der deutsch-morgenländischen Gesellschaft VI 466 (O. Blau, phönicische Münzen der Satrapie Cilicien).
Pinder und Friedlaender, Beiträge I 234 (Curtius, die Copie des Arethusakopf auf cil. Münzen).
Luynes, Numismatique des Satrapies 51, 55, 53. Supplément 108.
Bullettino dell' Instituto 1854 (folio) S. XXV.

Adana s. Antiochia Cilic.

Aegae.

Revue numismatique 1854 8 und 137.
(Zeitschrift für Münzkunde III 43, das von Köhne als unedirt publicirte von Rauch'sche Ex. liegt mir vor und ist ganz ähnlich der bei Mionnet III 3 11 richtig Aegae Aeol. zugetheilten Münze).
Sestini, Lettere IX 5 Tafel III 6, danach Mionnet S. VII 152 6 ist Aegiale; s. Lambros M. v. Amorgos 1870.
Augustus, Welzl 6197.
Hadrianus und *Aelius*, Berliner Blätter für Münzkunde II 363.
Commodus, Welzl 6198.
Septimius Severus, Welzl 6199.
Caracalla, Revue numismatique 1854 8.
Diadumenian, Badeigts N. 446.
Aemilianus, Mittheilungen der Berliner Num. Ges. I 24, ist falsch).

Alexandria ad Issum.

Antiochus IV, K. v. Syrien, Mionnet III 548 59, s. Tafelband S. 138.

Anazarbus.

Sestini, Lettere di continuazione IV 86.
Hadrianus, Revue numismatique 1854 9 und 137 vergl.
Bullettino 1854 XXV.
Antoninus Pius, Revue numismatique 1854 10 und 137.
L. Verus, Sestini, Chaudoir 102.
Sestini, Lettere di continuazione IV 87.
Commodus, Moustier 1962 Kopf des Zeus.
Crispina, Sestini, Lettere di continuazione IV 87.
Caracalla, Sestini, Lettere di continuazione IV 88.
Plautilla, Numismatic Chronicle XVII 101.
Elagabal, Revue belge 3. Serie IV 18.
Severus Alexander, Sestini, Lettere di continuazione IV 89.
Revue numismatique 1854 10 und 138.
Revue belge 3. Serie IV 18 (Biga).
Maximinus, Revue numismatique 1854 11 und 138.
Gordianus, Sestini, Chaudoir 102.
Sestini, Lettere di continuazione IV 89.

Philippus sen., Sestini, Chaudoir 102.
Sestini, Lettere di continuazione V 46.
Otacilia, Sestini, Lettere di continuazione IV 89.
Philippus jun., Sestini, Lettere di continuazione IV 90.
Volusianus, Sestini, Chaudoir 102.
    Welzl 6203.
    Sestini, Lettere di continuazione IV 91.
Valerianus, Sestini, Lettere di continuazione IV 91.
    Revue belge 3. Serie IV 18.
    Sestini, Hedervar. II S. 279 9, Addenda Tafel VI 2, danach Mionnet S. VII 180 125, ist derselbe Typus wie S. VII 176 109, vergl. das Exemplar der letzteren in der Königlichen Sammlung.
Salonina, Mionnet III 557 103 ist Otacilia, siehe Sestini, Lettere di continuazione IV 90.

Anemurium.

Valerianus, Sestini, Lettere di continuazione I 35 (zu Mionnet S. VII 234 312 Mopsus).

Antiochia ad Sarum, Adana.

Sestini, Lettere di continuazione IX 24.
Sestini, Chaudoir 102.
Revue numismatique 1854 11 und 138.
Antoninus P., Welzl 6204.
Commodus, Sestini, Lettere di continuazione IX 25.
Severus Alexander, Revue belge 3. Serie IV 17.
Traianus Decius, Revue numismatique 1854 12 und 138.
Valerianus, Sestini, Lettere di continuazione IX 25.
    Revue numismatique 1854 12 und 139.

Antiochia ad Cydnum, siehe Tarsus.

Argos.

Gallienus, Numismatic Journal I 44.

Augusta?

Revue numismatique 1854 13 und 139.
Traianus, Greppo 1093.
Gallienus, Grote, Münzstudien III 135.

Celenderis.

Luynes, Choix XI 2.
Numismatic Chronicle II 59 (?).
Mionnet VI 632 136 (vergl. Tafelband S. 110).
Demetrius I, Pinder und Friedlaender, Beiträge I 185.

Colybrassus.

Gallienus, Berliner Blätter für Münzkunde II 188.

Coracesium.

Revue numismatique 1844 226.

Antoninus P., Nouvelles Annales II 352.
Maximus, Numismatic Chronicle VIII 3.

Corycus (siehe auch Corycus Lyciae).

Mionnet S. VII 202 209 ist sicherlich Erythrae Joniae.
Sestini, Lettere di continuazione V 47.
Revue numismatique 1854 13 und 139.
Septimius Severus, Sestini, Lettere di continuazione V 48.
Gordianus III, Sestini, Lettere di continuazione V 48.
Valerianus sen., Sestini, Lettere di continuazione V 49.
Valerianus und *Gallienus*, Sestini, Lettere di continuazione V 51.

Diocaesarea.

Revue numismatique 1854 15 und 139.
Pinder, Numi inediti 32.
Hadrianus, Millingen, ancient coins 75.
Faustina iun., Revue numismatique 1854 15.
Caracalla, Revue numismatique 1854 15 und 139.
Nouvelles Annales II 355.
Philippus sen. Zu Mionnet S. VII 209 237 nach Sestini: Heracles liegt nicht auf einem Hippopotamus, sondern auf einem Löwenfell, wie ein vorliegendes Exemplar zeigt. Der Styl ist ungewöhnlich roh, so dass sich Sestini's irrige Beschreibung erklärt.

Epiphania.

Eckhel, Numi vet. Tafel 13 No. 12 wird widerlegt von Sestini, Lettere di continuazione VIII 95.
Hadrianus, Sestini, Lettere di continuazione VIII 95.
Caracalla, Pellerin, Supplément I No. 1 widerlegt von Sestini, Lettere di continuazione VIII 95.

Flaviopolis.

Faustina iun., Revue numismatique 1859 292.

(Germanicopolis.)

Mionnet III 519 202 gehört nach Traianopolis Phryg.: Sestini, Lettere di continuazione VIII 94, so dass die Stadt ausfällt.

(Hamaxia.)

Eckhel, N. vet. anecd. S. 229 Tafel XIII 13 berichtigt durch Archäologische Zeitung 1861 S. 165. Es steht ΠΕΥΜΑΤΙΩΝ.
Mionnet III 582 216; S. VII 214 „Hamaxitus Troadis" auch irrig.
[Thessalisch, s. oben S. 161].

Hieropolis.

Revue numismatique 1844 223, 1854 16.
Mionnet III 5-5 Castabala, cf. Castabala Cappadociae S. VII 709 Anm. a.
Nouvelles Annales de l'inst. archéologique II 351.
Faustina iun., Revue numismatique 1854 16.

Jotape.

Valerianus, Sestini, Hedervar. Add. Tafel VI 8.
Bullettino 1835 188.

Lamus.
Revue numismatique 1844 222.
Annali 1843 267, 287 diese M. gehört wohl Lamia Thessal.
Septimius Severus, Nouvelles Annales II 349.
Caracalla, Nouvelles Annales II 349.

Magarsa?
Annali 1841 161.

Mallus.
Revue numismatique 1846 61 u. f.
Annali 1841, 160, Mon. III 35 31.
Luynes Choix XI 8.
Numismatic Chronicle 2. Serie I 37 (Æ).
[Imhoof-Blumer, monnaies grecques 356.
Annuaire de la société franç. de numismatique 1883 120].
Demetrius II., r. Syr., Nouvelles Annales de l'institut I pl. D.
Tiberius, Welzl 6213.
Revue 1854 18.
Septimius Severus, Welzl 6214 zweifelhaft, wir haben dies Ex.
Hostilianus, Numismatic Chronicle VIII 4.
Valerianus, Annali 1861 353.
Bullettino 1862 236.

Mopsus.
Sestini, Lettere di continuazione V 51.
Antiochus IV, Sestini, Lettere di continuazione V 52.
Mionnet III 593 257 cf. VII 96.
Titus, Sestini, Lettere di continuazione V 52.
Domitianus und *Domitia*, Sestini, Lettere di continuazione V 53.
Antoninus P., Sestini, Lettere di continuazione V 53.
Revue numismatique 1854 17.
Lucilla, Sestini, Lettere di continuazione V 53.
Septimius Severus, Sestini, Lettere di continuazione V 54.
Caracalla, Revue numismatique 1854 17 und 139, dazu
Bullettino 1854 XXV.
Valerianus sen., Sestini, Chaudoir 103.
Sestini, Lettere di continuazione V 54 und IX 116, Tafel IV 7.
Mionnet S. VII 234 312 ist Anemurium, Sestini, Lettere di continuazione I 35.
Revue numismatique 1854 18 und 140.
· Caronni Tafel XII 73.

Nagidus.
Pinder und Friedlaender, Beiträge I 185 u. f.
Archäologische Zeitung 1852 52 (Typus).
Revue numismatique 1853 245.
Fox II 128 (Æ Kopf des Bacchus und der Aphrodite).
Numismatic Chronicle XVII 101 (Æ ΝΑΓΙΔΙΚΟΝ).

(Nephelis.)
Die dieser Stadt zugetheilten Münzen sind lycisch. Ein unvollständiges Ex. ist bei Luynes Satrapies S. 52 als lycische Satrapenmünze.
Die Münze bei Mionnet S. VII 237 318 mit NEΦ (rückl.) nach Sestini bedarf der Bestätigung. Nephelis wird von Ptolemaeus III 8 als Stadt, bei Livius XXXIII 20 als Vorgebirg genannt.

Olba.
Revue numismatique 1854 19, dazu Bullettino 1854 XXV.
Antoninus P., Revue numismatique 1854 20.
Revue numismatique 1859 287.
L. Verus, Numismatic Chronicle VIII 4.
Moustier No. 1832 (zwei stehende Kaiser).
Caracalla, Numismatic Chronicle VIII 4.

Priester von Olba.
Polemo, Pembroke 1004 (cf. Mionnet V 597 275).
Memoiren der Petersburger Archäologischen Gesellschaft 1853 245.
Revue numismatique 1854 20 und 140.
Berliner Blätter für Münzkunde II 265.
[v. Sallet, Beiträge zur Geschichte der Könige des Cimmerischen Bosporus 49.]
Ajax, Revue numismatique 1854 20.

Philadelphia.
Revue numismatique 1844 227. 1858 173.
Maximinus, Nouvelles Annales II 353.

Pompeiopolis, siehe Soli.

Seleucia ad Calycadnum.
Chaudoir, Corrections 88.
Mionnet III 598 280 bis 599 284 giebt Sestini, Lettere di continuazione VIII 97 mit Recht nach Tralles.
Hadrianus, Revue numismatique 1859 286.
Hadrianus und *Sabina*, Sabatier 144 (Pallas und Triton).
Antoninus P., Revue numismatique 1859 286.
Berliner Blätter für Münzkunde II 188.
Domna, Revue numismatique 1859 287.
Caracalla, Revue numismatique 1859 287.
Gordianus III, Revue numismatique 1854 21 und 141.
Revue belge 3. Serie IV 19.
Gordianus III und *Tranquillina*, Revue numismatique 1854 21.
Philippus sen., Revue numismatique 1854 21.

Seleucia ad Pyramum.
Revue numismatique 1854 23 und 141, dazu Bullettino 1854 XXVI.

Soli, Pompeiopolis.

Welzl 6218 (Æ Soli).
Memoiren der Petersburger archäologischen Gesellschaft 1852 379 (Æ).
Revue numismatique 1854 23 und 142, dazu
Bullettino 1854 XXVII.
Revue archéologique X 358 (hist. Notizen).

Pompeiopolis.

Avellino Bullettino IV 101.

Syedra.

Unbestimmter Kaiser, Revue numismatique 1854 90.

Tarsus.

Movers, Phön. II 2 71 (Typen).
Revue numismatique 1855 386.
Avellino Bullettino III 20, 23. IV 44. VI 50.
Luynes, Choix XI 10—13, 23. XII 12, 17—23
Greppo 1100 (Æ Löwe).
Memorie dell' Accademia di Torino Band XXV classe di scienze morali 1 (Peyron, über die M. mit dem Löwen, der den Stier niederwirft).
Revue numismatique 1860 452 (Æ).
Revue 1860 11 (Æ welche früher Side zugetheilt waren).
Blau in der Zeitschrift der deutsch-morgenländischen Gesellschaft Band VI 465 Band IX 69.
Æ Pellerin Lettres II 210 Tafel IV 9, danach Eckhel D. III 71. Er zweifelte nicht, weil er sich auf Pellerin's Lesung verliess und das Original nicht gesehen hat. Mionnet III 619 389 Anm. giebt sie Chersonesus Cretae. [Die Münze des Pariser Cabinets ist verprägt; für das vermeintliche ΤΑΡΣΕΩΝ ergiebt die richtige Lesung: ΣΙΝΩΠΕΩΝ das von Six, Numismatic Chronicle III ser. V pl. II 18 abgebildete Exemplar der Sl. Luynes].

Tarsus als Antiochia ad Cydnum.

Revue numismatique 1854 92, 93, 96 u. f. 142.
Bullettino dell' Instituto 1854 XXVII.
Antiochus IV, Revue 1854 94.

Tarsus (Kaisermünzen).

Domitianus, Mionnet III 624 420 ist ohne Zweifel Antiochia, das Monogramm aus ΤΑΡ beweist nichts, da auf ganz ähnlichen Münzen von Antiochia andere Monogramme (z. B. aus ΑΧΤ) vorkommen.
Traianus, Mionnet, Supplément VII 259 408 ist gewiss von Antiochia.
Hadrianus, Pinder und Friedlaender, Beiträge I 187.
Revue numismatique 1854 98.
Antinous, Revue 1854 98.
Antoninus P., Revue 1859 290.

M. Aurelius, Numismatic Chronicle VIII 44.
  Revue numismatique 1854 99.
M. Aurelius und *Verus*, Revue numismatique 1854 99.
Faustina iun., Welzl 6221.
Commodus, Revue belge 3 Serie IV 19.
Domna, Revue numismatique 1854 99.
Caracalla, Numismatic Chronicle IX 40.
  Welzl 6223.
  Revue numismatique 1854 99.
  Revue numismatique 1859 290.
Geta, Grote Münzstudien III 136.
[*Macrinus*, v. Sallets Zeitschrift für Numismatik VIII 10 Tafel II 6].
Diadumenianus, Revue numismatique 1854 100.
Severus Alexander, Welzl 6224.
  Revue numismatique 1859 291.
Maximinus, Revue numismatique 1854 100.
  Revue numismatique 1859 291.
Maximus, Revue numismatique 1859 291.
Balbinus, Revue numismatique 1854 100.
Pupienus, Berliner Blätter für Münzkunde II 188.
Gordianus III, Revue numismatique 1854 101.
Tranquillina, Revue numismatique 1854 101.
  Revue numismatique 1859 291.
Philippus sen., Lavy I 226.
Traianus Decius, Revue numismatique 1854 101.
  Revue belge 3. Serie IV 20.
Etruscilla, Lavy I 226.
  Revue numismatique 1854 102.
Hostilianus, Revue numismatique 1854 103.
Valerianus, Revue numismatique 1854 103.
Gallienus, Lavy I 226.
  Sabatier 146 (Victoria).
  Revue numismatique 1854 103.
  Revue numismatique 1859 291.

Zephyrium.

Revue numismatique 1854 103. 1860 276.

Cilicien, unbestimmte.

Avellino, Bullettino III 106.
Luynes Choix XI 5, 6, 9, XII 2.
  Numismatique des Satrapies. 50 ff.
Lavy I 227.
Monumenti dell' instituto IV Taf. XIII (Ⱥ Stier und steh. Adler, und Ⱥ Stier mit flieg. Adler).
CE BAPENΔEΩN MHTPO ΠO, Revue numismatique 1854 104.

Satrapen in Cilicien: Fox II 131 (mit (κ)ιλικιον).
Luynes, Essai sur la numismatique des satrapies. Paris 1846.
Blau in der Zeitschrift der deutsch-morgenl. Gesellschaft Band VI u. IX.
Revue numismatique 1863 105 und 108.

INSELN bei CILICIEN.

Eleusa, Sebaste.
Sestini, Chaudoir 103.
Traianus, Sestini, Lettere di continuazione VIII 96.
Commodus, Fox II 130.
Septimius Severus, Sestini, Chaudoir 103.
Valerianus, Sestini, Lettere di continuazione VIII 96.

CYPRUS.

[Reihenfolge der Könige nach Brandis: Euagoras I 410(?) — 374. Nikokles seit 374. Euagoras II. Pnytagoras. Nikokreon. Menelaos, Bruder des Ptolemaeos Soter]

Cyprus.
Luynes, Choix XII 25—27.
Archäologische Zeitung 1844 342, 1847 86 (gehört Tarsus).
Luynes, Numismatique et inscriptions Cypriotes Paris 1852 fol.

Typen und Symbole:
Bullettino Napolitano nuova serie III 54 und 59.
Numismatic Journal II 216.

Abdemon Satrap von Cypern.
Revue numismatique 1850 309.

Könige.
Borrell, Notice sur quelques méd. des rois de Chypre, Paris 1836, darüber Wiener Zeitschrift für Kunst und Litteratur 1836 114. Grote, Blätter für Münzkunde II 349. Numismatic Chronicle II 57.
Revue numismatique 1839 7.
Bullettino 1844 47, 124.
Avellino Bullettino VI 77.
Fox II 132 (Euagoras A.).
Annali 1861 353; dazu Bullettino 1862 236 (Pnytagoras).
[Brandis, Münz-, Mass- und Gewichtswesen Vorderasiens 355, 501.
v. Sallet, Zeitschrift für Numismatik II 130.
Six, Revue numismatique III série 1883 249].
Augustus, Borghesi, Osservazioni XI 4 zu Mionnet III 671 2, und Osservazioni XI 5 zu Mionnet VI 568 134.

Sestini, Fontana I 124.
Claudius, Numismatic Chronicle IX 25.
Borghesi, Osservazioni XIV 5 zu Mionnet III 671 7.
Vespasianus, Welzl 6237.

Marium.

Pinder und Friedlaender, Beiträge I 188 (wo Mionnet S. VII 309 Note berichtigt wird).
Siehe Mionnet S. IV 447 Mariandyni Pont., welches sicher die Münze von Marium ist.
Revue numismatique 1860 4. Die bekannten Æ mit ΜΑΡΑΟ.
[Annuaire de la société française de numismatique 1883 120 und Imhoof-Blumer, monnaies grecques 356 werden diese Münzen nach Mallus Ciliciae verwiesen.
Revue numismatique III série 1883 342].

(Clides, Inseln bei Cypern) [ältere Zutheilungen].
Numismatic Chronicle VI 140, VIII 6: Die Münzen dieser Inseln (Mionnet S. III 677 45 aigle volant *Rf.* ✗ Æ 3) gehören Chersonesus Cretae.
Revue num. 1851 397 (von Duchalais wieder Chersonesus Taurica zugetheilt, aber Borrell's Bestimmung ist die richtige). Siehe oben Seite 212.
Mionnet S. VII 310 19 (espèce de clef *Rf.* vase rond à deux anses Æ 2). Diese Münze ist im Königlichen Münzkabinet mehrfach vorhanden — [ein Exemplar von Friedlaender in Neapel gekauft] — und liegt unter den Unbestimmten, man giebt sie jetzt nach Pästum, man könnte der Amphora wegen an Athen denken.

LYDIA.

Lydia.

Numismatic Chronicle II 216 (ursprünglich lydisches Geld).
Sestini, Lettere di continuazione II 82. (Zusammenstellung lydischer und benachbarter Städte, welche M. mit dem Löwen auf der Ks. haben).
   Ein anderer in Lydien öfters vorkommender Typus ist erwähnt bei Tomareni unten S. 312.
Revue belge I 201 (Lydische Goldmünzen?).
[Head, Metrological notes on the ancient electrum coins, Num. Chronicle 2. Serie 245.
Head, the coinage of Lydia and Persia, from the earliest times to the fall of the Achaemenidae, London 1877 in: The international numismata orientalia ed. by E. Thomas.
F. Lenormant, Monnaies royales de la Lydie, Paris 1876].

Acrasus.

Commodus, Revue numismatique 1852 25 (zu Mionnet S. VII 313 7).
Septimius Severus, Sestini, Chaudoir 104.
   Welzl 6247.
   Mus. Theupoli p. 933, Eckhel D. III 91, mit dem Farnesischen Stier, fehlt bei Mionnet.
Plautilla, Chaudoir, Corrections 88.
Mamaea, Revue numismatique 1852 25.

(Apollonia).
Germanicus, Mionnet S. VII 316 23 ist identisch mit S. VI 469 172 und S. VII 5 15. (Der Paste nach ist es eher Caracalla).

Apollonis.
Faustina iun., Welzl 6249.
Commodus, Sestini, Lettere di continuazione III 120.
Septimius Severus, Revue numismatique 1852 25.

Asia.
Die einzige autonome Münze gehört wohl nach Apamea, dort kommt der Typus vor und ΑΣΙΕΩΝ wird irrig statt (ΑΠ)ΑΜΕΩΝ gelesen worden sein. Auf der einzigen Kaisermünze bedeutet ACIA die Provinz.

Attalia.
Sestini, Lettere di continuazione III 99.
Sestini, Chaudoir 104.
Traianus, Welzl 6251.
Hadrianus und *Sabina*, Mionnet IV 13 65, siehe S. VIII 521 204 Anm.
Septimius Severus, Welzl 6252.

Bagae, Bagis
Septimius Severus, Numismatic Chronicle VII 10.
Domna, Revue numismatique 1852 26.
Caracalla, Revue numismatique 1852 26.
Severus Alexander, Mionnet S. VII 326 62 gehört nach Baris, vergl. ebenda 112 132.
Salonina Fox II 133 (mit Temenothyrae).

Blaundos.
Numismatic Chronicle VII 11.
Archäologische Zeitung 1844 342. 1846 376. 1847 88.
Pinder und Friedlaender, Beiträge I 189.
Sestini, Lettere di continuazione VI 77.
Revue numismatique 1852 27.
Mionnet S. VI 514 384 unter Myndus steht eine M. mit ΜΑΥΝΔΕΩΝ wie es scheint.
Vespasianus, Numismatic Chronicle VIII 7.
   Welzl 6257.
   Sestini, Lettere di continuazione VI 78.
Titus, Numismatic Chronicle VII 11.
Sabina, Revue numismatique 1852 27.
Antoninus P., Sestini, Lettere di continuazione VI 78.
Faustina iun., Sestini, Lettere di continuazione VI 79.
Septimius Severus, Revue numismatique 1852 27.
Domna, Revue numismatique 1852 27.
Caracalla, Numismatic Chronicle VII 12.
   Sestini, Lettere di continuazione VI 79.
   Revue numismatique 1852 27.
Gordianus P., Sestini, Lettere di continuazione VI 79.

Otacilia, Numismatic Chronicle 2. Serie I 222.
Philippus jun., Sestini, Lettere di continuazione VI 79.
Revue numismatique 1852 27.
Trebonianus, Numismatic Chronicle VII 12.
Revue numismatique 1852 28.
Volusianus, Numismatic Chronicle 2. Serie I 222.

Caystriani.
Sestini, Chaudoir 104.
Antoninus P., Diamilla Memorie I 16.

(Characa.)
Drusus, Millingen, Sylloge 79 wird Cyme zugetheilt: Numismatic Chronicle XVII 200.

Cilbiani.
Zusammenstellung vieler autonomen und Kaisermünzen der Cilbiani: Sestini, Lettere di continuazione VII 84 u. f..
Revue numismatique 1860 276.
C. et L. Caesares, Sestini, Chaudoir 104.
Tiberius, Mionnet IV 28 134 gehöre nach Cydonia: Sestini, Lettere di continuazione VII 86.
Caracalla, Mionnet S. VII 335 88 gehört wahrscheinlich Aegae Ciliciae. Ein Ex. der Königl. Sammlung hat statt ΚΙΛΒΙΑΝΩΝ deutlich ΗΡΙΑΝΩΝ was zu ϹΕΟΥΗΡΙΑΝΩΝ zu ergänzen sein wird, und dieser Beiname findet soch wohl nur bei Aegae ausgeschrieben.

Corydallus.
Gordianus, Annali 1833 161.

Daldis.
Sestini, Lettere di continuazione V 55.
Luynes, Choix X 20 XI 1 [beide cilicisch].
Nero, Fox II 134.
Traianus, Sestini, Lettere di continuazione V 56.
Septimius Severus, Annali, 1838 54, Mon. II 56 14.

Dioshieron.
Faustina iun., Sestini, Chaudoir 104.

Gordus Julia.
Commodus, Numismatic Chronicle XIV 120, dazu XV 218.
Caracalla, Sestini, Lettere di continuazione IX 54 (mit Cadi).
Mamaea, Numismatic Chronicle XIV 120.

Hierocaesarea.
Welzl 6264.

Hypaepa.
Fox II 135 (Æ Aufschrift im Kranze).
Thorwaldsen 1653 (Æ Keule auf dem Löwenfell).
Nero und *Messalina,* Numismatic Chronicle VIII 6 (vergl. VIII 15 Apamea Phr.).
Annali 1861 148.

Antoninus P., Welzl 6265.
Plantilla, Numismatic Chronicle IX 35.
Elagabalus, Numismatic Chronicle XIV 120.

Hyrcani.
Numismatic Chronicle VIII 8.
Hadrianus, Borghesi, Osservazioni X 8 (ΑΝΘΥ ΚΥΙΗΤΩ ΥΡΚΑΝΩΝ, nicht bei Mionnet).

Maeonia.
Sestini, Chaudoir 105.
Archäologische Zeitung 1844 342, 1846 370, 1847 88.
Numismatic Chronicle VIII 8.
Die Münze Mionnet S. VI 64 329 angeblich von Maeonia, und S. VI 475 Bargasa note *a*, gehört nach Aezanis Phryg., siehe Numismatic Chronicle IX 147.
Nero, Numismatic Chronicle VII 13.
Faustina iun., Sestini, Lettere di continuazione VII 96.
L. Verus, Numismatic Chronicle VIII 8.
Septimius Severus, Numismatic Chronicle VIII 8.
Revue numismatique 1852 30.
Caracalla, Annali 1833 114, 125.

Magnesia ad Sipylum.
Numismatic Journal I 43.
Sestini, Chaudoir 105.
Sestini, Lettere di continuazione VIII 98.
Mionnet IV 70 379 Magnesia Joniae s. S. VI 236 1032 Anm.; aber Mionnet III 143 624 gehört hierher, s. Tafelband S. 92 und S. VI 231 Anm.
Mionnet S. VII 372 254 nach Sestini; das ΣΙΠΥΛΟΥ fehlt auf anderen Ex. (in der Königlichen Sammlung und Pariser Schwefelpasten) und wird also von Sestini erfunden sein. Mionnet IV 70 378 hat die Münze unter Magnesia Joniae, was mir richtig scheint.
Cicero, Numismatic Chronicle II 107; Cousinéry lettre à Sanclementi au sujet d'une méd. sur laquelle on a cru voir la tête de C., Paris 1808. Borghesi, Osservazioni II 6.
Livia, Berliner Blätter für Münzkunde I 262.
Commodus, Sestini, Chaudoir 105.
Caracalla, Annali 1833 114, 117.
Severus Alexander, Sestini, Lettere di continuazione V 57.
Otacilia, Sestini, Chaudoir 105.
Philippus iun., Mionnet IV 81 440, dazu Sestini, Lettere di continuazione V 58.

Mastaura.
Die Münze Sestini, Descriptio S. 430 und danach Mionnet S. IV 83 455 wird im Numismatic Chronicle VII 50 nach Temnus gegeben.
Revue numismatique 1852 30.
[*Tiberius* und *Livia*, v. Sallet's Zeitschrift für Numismatik XI 51 ΕΠΙΜΕΛΗΤΗΣ ΠΑΝΑΘΗΝΑ(ΙΩΝ ···) berichtigt Mionnet S. VII 390 339, 340].
Nero, Revue numismatique 1852 30.

Nacrasa.
Archäologische Zeitung 1844 343.
Numismatic Chronicle I 44.
Sestini, Chaudoir 105.
Welzl 6277.

Philadelphia.
Archäologische Zeitung 1849 101.
Sestini, Chaudoir 105.
Caligula, Numismatic Chronicle VIII 9.
[*Vespasianus,* Hermes VIII 229 (Zeus mit ΕΠΙΜΕΛΗΘέντων ΗΡΩΔΟΥ ΚΑΙ ΠΟΛΕΜΑΙ)].
Commodus, Welzl 6284.
Caracalla, Greppo 1125 (Victoria).
Gordianus, Sestini, Chaudoir 105.

Saetteni, richtiger Saettae (Σαίτται).
Numismatic Chronicle IV 138, VIII 10.
Sestini, Chaudoir 106.
Mionnet IV 110 608, dazu Sestini, Lettere di continuazione IX 116 Tafel IV 8.
Faustina iun., Numismatic Chronicle VIII 11.
L. Verus, Welzl 6286.
Domna, Numismatic Chronicle XIV 121.
Caracalla, Revue numismatique 1852 31.
Paula, Revue numismatique 1852 31.
Gordianus, Sestini, Chaudoir 106.

Sardes.
Streber, Num. nonn. gr. 244.
Annali 1830 157 (zu Mionnet IV 138 789).
Chaudoir Corrections 88.
Pembroke 1032. (Die dem Crösus zugetheilte in Gold.)
Sestini, Lettere di continuazione VII 96.
Fiorelli, Osservazioni 80 (Irrige Zutheilung, die M. ist unfraglich italisch, siehe J. Friedlaender Oskische Münzen S. 8).
Steinbüchel, Médaillons en or Tafel II 4 hat eine *N* (wohl ein Abguss von Mionnet IV 118 657 Æ)?
Archäologische Zeitung 1840 101.
Numismatic Chronicle VIII 11 (Mionnet S. VII 411 421 gehört Maronea)
Lavy I 229.
Cistophori, Numismatic Chronicle IX 67.
Sestini, Chaudoir, 106.

Tiberius, Drusus und *Germanicus,* Sabatier 148 (Köpfe).
Drusus iun. und *Germanicus,* Lavy I 229.
Traianus, Borghesi, Osservazioni IX 10 (zu Mionnet IV 125 709.
Antoninus, Mionnet IV 126 715 Satyr mit kleinem Bacchus ist es, siehe das Ex. des Kabinets.

Commodus, Greppo, 1131 (der Kaiser zu Pferd).
Caracalla, Lavy I 229.
Elagabalus, Sestini, Chandoir 106.
Tranquillina, Lavy I 229.
Welzl 6312.
Otacilia, Revue numismatique 1852 32.
Salonina, Sestini, Chaudoir 106.

Sardes und Pergamus.
Numismatic Chronicle VII 7.

Silandus.
Numismatic Chronicle VII 14.
Domitianus, Numismatic Chronicle VIII 11.
Lucilla, Numismatic Chronicle VII 14.
Commodus, Numismatic Chronicle VII 14.
Caracalla, Numismatic Chronicle VIII 11.
Mionnet S. VII 435 543 dazu
Sestini, Lettere di continuazione II 84 und die autonome ib. 83.

Tabala.
Faustina iun., Numismatic Chronicle IV 140.

Temenothyrae, Flaviopolis.
Streber, Num. nonn. gr. 246.
Numismatic Chronicle VIII 12.
Revue numismatique 1852 32.
Faustina iun., Revue numismatique 1852 32.
Elagabalus, Mionnet S. VII 440 560 nach Sestini, Fontana falsch beschrieben.
   Das identische Fontana'sche Exemplar besass v. Rauch 1871, es steht
   · TEMH · · · · Folglich kann die Münze nicht nach Temenothyrae ge-
   hören. Wohin sie gehört, ist noch nicht ermittelt.
Welzl 6314.
Revue numismatique 1852 32.
Philippus sen. oder *iun.*, Fox II 136.
Philippus iun., Revue numismatique 1840 374.
Valerianus und *Gallienus*, Fox II 137.
Salonina, Fox II 133 (mit Bagae).
Saloninus, Revue numismatique 1852 32.
[Berliner Blätter für Münzkunde V 15].

Thyatira.
Welzl 6320.
Numismatic Chronicle VIII 13.
Pinder und Friedlaender, Beiträge I 83.
Cistophorus, Revue numismatique 1846 266.
Traianus, Numismatic Journal I 44.
   Borghesi Osservazioni XV 6 zu Mionnet IV 157 898.

Commodus, Mittheilungen der Berliner numismatischen Gesellschaft II 89.
Welzl 6324, 6325.
Septimius Severus, Welzl 6326.
Caracalla, Eckhel D. III 122 siehe Sev. Alex.
Fulvia Plautiana, [identisch mit *Fulvia Plautilla*], Memoiren der Petersburger archäologischen Gesellschaft 1850 2 und dasselbe Ex. Sabatier Katalog 151.
    Greppo 1134.
    [Badeigts 807.
    Numismatische Zeitschrift (Wien) III 97].
Macrinus, Welzl 6328.
Severus Alexander, Sestini, Chaudoir 107.
    Eckhel nummi vet. anecd. 269 Tafel XV 1. Dasselbe Ex. führt er D. N. III. 122 irrig als Caracalla an, denn in seinem Catal. Mus. Caes. ist es als Sev. Alexander beschrieben.

Tomareni.

Sestini, Lettere di continuazione II 81 und 85.
Berliner Blätter für Münzkunde I 145 (ΙΕΡΑ CΥΝΚΛΗΤΟC *Rf.* · ΟΜΑΡΗΝΩΝ).

Tralles.

Mionnet III 598 280 bis 599 284 giebt Sestini, Lettere di continuazione 97 nach Tralles, da dies auch Seleucia hiess.
Berliner Blätter für Münzkunde I 148 Av.
Numismatic Chronicle VIII 13.
Archäologische Zeitung 1845 114, 1847 125.
Sestini, Chaudoir 81 irrig als Caesarea Bith.
Lavy I 230.
Heideken No. 2181 (Æ Stier ΔΗΜΗΤΡ).
Bullettino 1856 S. 95 weist nach, dass die von Riccio publ. Münze mit dem Namen des „Ovidius" eine bekannte von Caesarea ist.
Cistophoren, Numismatic Chronicle IX 68.
    Borghesi, Osservazioni VI 9 zu Sanclementi III 155 und Millingen Recueil S. 74.
    Borghesi, Osservazioni V 10 (Fannius).
    Caronni II 191.
Fox II 138 und 139 (Traube usw.).
Berliner Blätter für Münzkunde I 148 (Traube usw.).
Nero, Mionnet IV 183 1063 nach Sestini. Das Exemplar liegt mir vor, es ist bestimmt nicht Tralles und muss gestrichen werden. Ob die Münze aber existiert, wie Sestini sagt, weiss ich nicht.
M. Aurelius, Sestini, Lettere di continuazione VIII 100.
Commodus, Mousticr 1964 (Apoll und Artemis).
Caracalla, Chaudoir, Corrections 89.
Gallienus, Sestini, Lettere di continuazione V 59.

Lydien, unbestimmte.

Luynes, Choix XII 1.

KÖNIGE von LYDIEN.

Crösus.
Numismatic Chronicle II 216.
Pembroke 1032 (die dem Crösus zugetheilte Münze in Gold).
Revue numismatique 1860 274.
[Numismatic Chronicle 2. Serie XV 253.
Head, coinage of Lydia and Persia 1. 19.
Lenormant, monnayes royales de la Lydie 8].

Achaeus, siehe unter den Seleuciden unten S. 331.

PHRYGIA.

Accilaea.
Gordianus, Numismatic Chronicle VIII 14.
Annali 1833 114, 129.

Acmonia.
Köhne, Zeitschrift III 44.
Revue numismatique 1851 153.
Augustus, Annali 1833 266, 286.
Nero, Annali 1833 266, 286.
    Revue numismatique 1851 153.
    Welzl 6342.
Poppaea, Revue numismatique 1851 154.
    Numismatic Chronicle 2. Serie I 222.
Traianus, Annali 1840 221 Tafel Q 2.
Hadrianus, Revue numismatique 1851 154.
Caracalla, Revue numismatique 1851 154.
Elagabalus, Revue numismatique 1851 154.
Severus Alexander, Greppo 1138 (Bacchus).
Maximinus, Revue numismatique 1851 154.
Maximus, Revue numismatique 1851 155.
Gordianus, Revue numismatique 1851 155.
Gallienus, Archäologische Zeitung 1844 343. 1846 376. 1847 89.

Aezanis, besser Aczani.
Sestini, Lettere di continuazione IX 31.
Archäologische Zeitung 1844 343.
Numismatic Chronicle IX 147 (eine früher Bargasa und Maeonia zugetheilte Münze).
Revue numismatique 1851 156.
Welzl 6344.
Fox II 141 (Æ Adler).
Caesar, Sestini, Lettere di continuazione IX 36.

Augustus, Sestini, Lettere di continuazione IX 36.
Revue numismatique 1851 156.
Livia, Sestini, Lettere di continuazione IX 36.
Germanicus und *Agrippina*, Sestini, Lettere di continuazione IX 37.
Caligula, Revue numismatique 1851 156.
Welzl 6348 u. f.
Sestini, Lettere di continuazione IX 37.
Claudius, Sestini, Lettere di continuazione IX 39.
Numismatic Chronicle XIV 121.
Agrippina, Sestini, Lettere di continuazione IX 42.
Domitianus, (Aezani und Cadi) Numismatic Chronicle VII 9, VIII 20.
Sestini, Lettere di continuazione IX 42.
Hadrianus, Sestini, Lettere di continuazione IX 42.
Sabina, Sestini, Lettere di continuazione IX 43.
Antoninus P.,
M. Aurelius,   } Sestini, Lettere di continuazione IX 44.

Faustina iun.,
Commodus,   } Sestini, Lettere di continuazione IX 45.

Crispina, Welzl 6355.

Domna,
Caracalla,
Macrinus,   } Sestini, Lettere di continuazione IX 47.
Gordianus Pius,
Trebonianus Gallus,

Gallienus, Revue numismatique 1851 156.
Sestini, Lettere di continuazione IX 47.

Alia.
Numismatic Chronicle III 98. VIII 15.
[Hermes IX 493 Kopf des Lunus ΑΙΤΗϹΑΜΕΝΟΥ ΦΡΟΥΓΙ *Rf.* mäunl. Figur ΔΗΜΟϹ ΑΛΙΗΝΩΝ].
Gordianus, Numismatic Chronicle VIII 15.

Amorium.
Gerhard, archäologische Zeitung 1844 343. 1846 376. 1847 89.
Caligula, Revue numismatique 1851 157.
Geta, Sabatier 152 (Jupiter).

Ancyra.
Sestini, Chaudoir 107.
[*Nero* und *Poppaea*, Hermes IX 493 ΑΙΤΗϹΑΜΕΝΟΥ ΤΙ ΒΑΣΣΙΛΑΟΥ Ἐφόρου vergl. 494].
Antoninus P., Revue numismatique 1851 158.
Faustina sen., Grote, Münzstudien III 137.
Domna, Mionnet IV 224 173 gehört nach Ancyra Galatiae: Sestini, Lettere di continuazione III 102.
Tranquillina, Welzl 6360.

Apamea Kibotos und Kelainae.

siehe meinen Katalog des Königlichen Kabinets.

Akerman, Chronicle II 58.
Chaudoir, Corrections 89.
Droysen, Hellenismus III 2, 271, zu Mionnet IV 234 251.
Revue numismatique 1851 159.
Cistophori, Numismatic Chronicle IX 70.
Borghesi, Osservazioni V 10 zu Sestini, Lettere di continuazione VII 66 und Mionnet IV 227.
Nero und *Agrippina*, Mionnet S. VII 511 155 wird Hypaepa zugetheilt: Numismatic Chronicle VIII 15.
Septimius Severus, Buttmann, Mythus der Sündfluth, Berlin 1812 8º S. 24 und Mythologus I 192 (siehe auch hier Philippus senior).
Diadumenianus, Berliner Blätter für Münzkunde II 188.
Philippus sen., Caronni a Tunis Tafel VI 54 (Arche).

Appia.

Numismatic Chronicle VIII 16.
Fox II 142.
Annali 1861 149.
Philippus jun., Revue numismatique 1851 161.

Attaea.

Sestini, Lettere di continuazione IX 26.
Augustus, Sestini, Lettere di continuazione IX 27.
Vespasianus, Sestini, Lettere di continuazione IX 27.
Traianus, Sestini, Lettere di continuazione IX 28.
Borghesi, Osservazioni XI 3.
Hadrianus, Welzl 6273.
Commodus, Numism. Chronicle XIV 121 gehört Synaos, siehe ebenda XV 218.
Sestini, Lettere di continuazione IX 28.
Septimius Severus, Sestini, Lettere di continuazione IX 29.
Caracalla, Sestini, Lettere di continuazione IX 29.
Mionnet S. VII 518 187 ist wohl Attalia, ΑΤΤΕΑΤΩΝ ist unmöglich, es wird ΑΤΤ(ΑΛ)ΕΑΤΩΝ stehen.

Attuda.

Numismatic Chronicle VIII 17.
Gerhard, archäologische Zeitung 1844 343.
Sestini, Chaudoir 107.
Sestini, Lettere di continuazione VI 80.
Memorie numismatiche I 31.
Berliner Blätter für Münzkunde I 146 (Arolsen), vergl. Mionnet IV 242 283; aber ΑΤΟΥΔΕΩΝ.
Domitianus, Fellows 1840 Tafel 35 11.
Traianus, Revue numismatique 1851 162.
Septimius Severus, Numismatic Chronicle VIII 17.
Gallienus, Numismatic Chronicle VIII 17.

(Atusia).
Sestini, Lettere di continuazione VI 80.
Sestini, Cl. Gener. ed. 2 119, Atusia Phrygiae, und
Mionnet, Atusia Mesopotamiae; siehe Atusia Assyriae unten S. 349.

Beudos.
Hadrianus, Numismatic Chronicle VIII 18.
   Revue numismatique 1853 247.

Briana.
Numismatic Chronicle VIII 18.
Annali 1861 149.

Bruzus.
Numismatic Chronicle VIII 19.
Annali 1861 149.
Severus Alexander, Revue numismatique 1851 163.

Cadi.
Sestini, Lettere di continuazione IX 49.
Welzl 6374.
Numismatic Chronicle VIII 19.
Revue numismatique 1851 163.
Sestini, Lettere di continuazione IX 51 (König Midas).
Claudius, Sestini, Lettere di continuazione IX 51.
Agrippina Claudii, Sestini, Lettere di continuazione IX 52.
Domitianus, Numismatic Chronicle VIII 20 (Cadi und Aezani).
   Sestini, Lettere di continuazione IX 52.
Domitia, Sestini, Lettere di continuazione IX 53.
Hadrianus, Revue numismatique 1851 163.
Sabina, Sestini, Lettere di continuazione IX 53.
M. Aurelius, Revue 1851 163.
   Sestini, Lettere di continuazione IX 53.
Commodus, Sestini, Lettere di continuazione IX 53.
Crispina, Sestini, Lettere di continuazione IX 54.
Domna, Sestini, Lettere di continuazione IX 54
Caracalla, Sestini, Lettere di continuazione IX 54 (Cadi und Julia Gordus).
Elagabalus, Sestini, Lettere di continuazione IX 55.
Mamaea, Sestini, Lettere di continuazione IX 55.
Gordianus, Sestini, Lettere di continuazione IX 55.
Tranquillina, Sestini, Lettere di continuazione IX 56.
Philippus iun., Sestini, Lettere di continuazione IX 57.
Trebonianus Gallus, Numismatic Chronicle VIII 19.
   Sestini, Lettere di continuazione IX 57.
Valerianus, Sestini, Lettere di continuazione IX 57.
Gallienus, Sestini, Lettere di continuazione IX 57.

Ceretapa.
Sestini, Lettere di continuazione III 103.
Revue numismatique 1851 164.
Welzl 6375.
Berliner Blätter für Münzkunde II 189 (Fortuna).
Plotina, Sestini, Lettere di continuazione III 104.
M. Aurelius, Sestini, Lettere di continuazione III 104.
Commodus, Sestini, Lettere di continuazione III 104.

Cibyra.
Archäologische Zeitung 1844 344, 1846 376
Droysen, Hellenismus III 2 180.
Annali 1840 221 Tafel Q 7.
Chaudoir, Corrections 89.
Revue numismatique 1851 164.
Fox II 143 (Æ Bison).
Numismatic Chronicle VIII 20. (König Chotis).

Domitianus, Revue numismatique 1851 165.
    Berliner Blätter für Münzkunde I 263.
[*Domitianus* und *Domitia*, Domitian radirt: v. Sallet's Zeitschrift für Numismatik VIII 10].
Antoninus Pius, Berliner Blätter für Münzkunde II 189.
[*M. Aurelius*, Cibyra und Hierapolis ΟΜΟΝΟΙΑ, Berliner Blätter für Münzkunde V 17].
Septimius Severus, Sestini, Lettere di continuazione III 107.
Caracalla, Sestini, Lettere di continuazione III 106 und 108.
Macrinus, Spratt and Forbes, Travels in Lycia II Seite 1.
Diadumenianus, Revue numismatique 1851 165.
    Sestini, Lettere di continuazione III 108.
Elagabalus, Revue numismatique 1851 165.
    Sestini, Lettere di continuazione III 109, IX 116 Tafel IV 9.
Severus Alexander, Revue numismatique 1851 165.
Maximinus und *Maximus*, Sestini, Lettere di continuazione III 109.
Gordianus, Sestini, Lettere di continuazione III 110.
Tranquillina, Sestini, Lettere di continuazione III 110.
Decius Traianus, Revue numismatique 1851 166.
    Sestini, Lettere di continuazione III 110.
Etruscilla, Sestini, Lettere di continuazione III 110.
Gallienus, Sestini, Chaudoir 108.
    Fox II 144.

Cidramus.
Revue numismatique 1851 167.
Caracalla, Sestini, Chaudoir 107.

Cidyessus.
Domitianus, Grote, Münzstudien III 137.
Domna, Numismatic Chronicle VIII 20.
Otacilia, Numismatic Chronicle VIII 21.

Clanuda.
Revue numismatique 1843 253. 1851 167.
Numismatic Chronicle VIII 21.

Colossae.
Numismatic Chronicle VIII 22.
Gerhard, archäologische Zeitung 1849 29.
Revue numismatique 1851 168.
M. Aurelius, Numismatic Chronicle VIII 22.

Cotiaeum.
Revue numismatique 1851 169.
Welzl 6381.
Sestini, Lettere di continuazione III 113 zu Mionnet IV 271 440. IX 58.
Tiberius, Sestini, Lettere di continuazione IX 61.
Claudius, Sestini, Chaudoir 108.
   Sestini, Lettere di continuazione IX 61.
Agrippina Claudii, Sestini, Lettere di continuazione V 59, IX 61.
Nero, Sestini, Lettere di continuazione IX 62.
Vespasianus, Numismatic Chronicle VIII 23.
Domitianus, Sestini, Lettere di continuazione V 59, IX 62.
Domitia, Sestini, Lettere di continuazione V 60, IX 62.
   Numismatic Chronicle 2. Serie I 222.
Traianus, Sestini, Lettere di continuazione IX 63.
Plotina, Sestini, Lettere di continuazione IX 63.
Matidia, Sestini, Lettere di continuazione IX 64.
M. Aurelius, Welzl 6382.
   Sestini, Lettere di continuazione IX 64.
Commodus, Sestini, Lettere di continuazione IX 64.
Septimius Severus, Sestini, Lettere di continuazione III 114, IX 64.
Domna, Sestini, Lettere di continuazione IX 64.
Caracalla, Welzl 6383.
   Sestini, Lettere di continuazione III 114.
   Sestini, Lettere di continuazione IX 64 (Concordia mit Ephesus).
Plautilla, Sestini, Lettere di continuazione IX 66.
Macrinus, Sestini, Lettere di continuazione IX 66.
Diadumenianus, Sestini, Lettere di continuazione IX 67.
Elagabalus, Sestini, Lettere di continuazione IX 67.
Severus Alexander, Sestini, Lettere di continuazione IX 67.
Maximinus, Sestini, Lettere di continuazione IX 68.
Maximus, Sestini, Lettere di continuazione IX 69.
Philippus I, Sestini, Lettere di continuazione IX 69.

Otacilia, Sestini, Lettere di continuazione IX 70.
Berliner Blätter für Münzkunde I 263.
Numismatic Chronicle 2. Serie I 222.
Philippus II, Sestini, Lettere di continuazione IX 70.
Valerianus, Sestini, Chaudoir 108.
Sestini, Lettere di continuazione IX 71.
Gallienus, Sestini, Lettere di continuazione IX 72.
Salonina, Sestini, Lettere di continuazione IX 73.

Diococlea?
Vergl. Akerman, Chronicle III 55.

Dionysopolis.
Revue numismatique 1860 276.
Berliner Blätter für Münzkunde II 189 (Flussgott ΜΑΙΑΝΔΡΟC).
Numismatic Chronicle VIII 23.
Archäologische Zeitung 1849 29.
Welzl 6387 (Cistophori, irrige Zutheilung).
Fox II 145 (Hermes).
Augustus, Numismatic Chronicle VIII 24.
Welzl 6388 (Victoria).
Domna, Numismatic Chronicle VII 9, VIII 24.
Caracalla, Numismatic Chronicle VIII 24.
Maesa, Revue numismatique 1851 169.

Docimaeum.
Sestini, Lettere di continuazione V 60.
Nero, Sestini, Lettere di continuazione V 61.
M. Aurelius, Sestini, Lettere di continuazione V 61.
Faustina jun., Revue nnmismatique 1851 170.
Sestini, Lettere di continuazione V 61.
Berliner Blätter für Münzkunde I 264.
L. Verus, Sestini, Lettere di continuazione V 62.
[*Macrinus*, v. Sallet's Zeitschrift für Numismatik VI 18].
Diadumenianus, Numismatic Chronicle VIII 25.
Gordianus, Sestini, Lettere di continuazione V 62.
Tranquillina, Numismatic Chronicle VIII 25.

Dorylaeum.
Augustus, Sestini, Lettere di continuazione VIII 106, IX 74.
Titus, Sestini, Lettere di continuazione IX 74.
Domitianus, Sestini, Lettere di continuazione IX 74.
Traianus, Sestini, Lettere di continuazione VIII 106, IX 74.
Hadrianus, Sestini, Lettere di continuazione IX 75.
Sabina, Archäologische Zeitung 1844 344.
M. Aurelius, Sestini, Lettere di continuazione IX 75.
Commodus, Sestini, Lettere di continuazione IX 75.

Domna, Sestini, Lettere di continuazione VIII 106, IX 75.
Maximinus, Sestini, Lettere di continuazione IX 76.
Severus Alexander, Sestini, Lettere di continuazione IX 76.
Gordianus, Sestini, Lettere di continuazione IX 76.
Philippus I, Sestini, Lettere di continuazione VIII 106, IX 77.
Otacilia, Sestini, Lettere di continuazione IX 77.
Philippus II, Sestini, Lettere di continuazione IX 77.

Epictetus.
Sestini, Lettere di continuazione IX 29.

Eucarpia.
Millingen, Sylloge 79.
Sestini, Chaudoir 108.
Revue numismatique 1851 170.
[v. Sallet's Zeitschrift für Numismatik VII 228].
[Hermes IX 492 Gruppe der Artemis (siehe auch Archäol. Zeitung 38 184) mit ΕΠΙΜΕΛΗΘΕΝΤΟC Γ ΚΛ ΦΛΑΚΚΟΥ Αν. Frauenkopf ΒΟΥΛΗ ΕΥΚΑΡΠΕΩΝ.
Hermes a. O. gleiche Gruppe mit ΑΙΤΗCΑΜΕΝΟΥ Π ΚΛ ΜΑΞΙΜΟΥ ΜΑΡΚΕΛΛΙΑΝΟΥ Αν. männlicher Kopf ΔΗΜΟC ΕΥΚΑΡΠΕΩΝ].
Faustina iun., Numismatic Chronicle 2. Serie I 222.
Geta, Fox II 146.
Volusianus, Annali 1833 268.

Eumenia (siehe auch Fulvia).
Numismatic Chronicle VIII 25.
Revue numismatique 1851 171.
Ramus Mus. Reg. Daniae Th. I 286 nr. 3 gehört nach Priene: Sestini, Lettere di continuazione VI 106.
Sestini, Lettere di continuazione V 62.
Mionnet S. VII 563 349 nach Sestini gehört nach Dionysopolis, Numismatic Chronicle VIII 24.
Augustus, Numismatic Chronicle VII 8, VIII 25.
Revue numismatique 1851 171.
Sestini, Lettere di continuazione V 63.
Agrippina iun., Moustier N. 436.
Nero, Sestini, Lettere di continuazione V 63.
Domitianus, Numismatic Chronicle VIII 25.
Domitia, Numismatic Chronicle VIII 25.
Hadrianus, Numismatic Chronicle VIII 25.
Hadrianus, Fellows 1840 Tafel 35 12.
Antoninus P., Numismatic Chronicle VIII 25.
Millingen, Sylloge 80.

Fulvia (wahrscheinlich: Eumenia mit neuem Namen).
Revue numismatique 1853 248.

Gordium.
Numismatic Chronicle VIII 27 (Köpfe des Apollon und der Artemis r. *Rf.* Köcher und Bogen ΓΟΡΔΙ ΑΝΩΝ ℞ 1).

Grimenothyrae.
Archäologische Zeitung 1849 98 und 1852 407.
Revue numismatique 1852 93.
Hunter 60 VI und danach
Mionnet S. III 474 142 (irrig als Thyrreum Acarn.) gehört hierher. Vergl. dazu Mionnet IV 146·828 bis 830.
Bullettino 1863 63 (Grimenothyrae, ΓΡΙΜΕΝΟΘΥΡΕΩΝ stets, nicht ΤΡΙΜΕΝΟΘΥΡΕΩΝ, wie man früher lesen wollte).

Hierapolis.
Numismatic Journal I 44.
Numismatic Chronicle VII 9.
Archäologische Zeitung 1844 344, abgebildet 1845 Tafel XXXII 49, es ist Hierocaesarea.
Archäologische Zeitung 1849 29.
Revue 1851 172.
Badeigts N. 481 (Kopf des Apoll *Rf.* zwei Figuren).
[v. Sallet's Zeitschrift für Numismatik III 223 mit ΕΥΒΟCΙΑ].
Augustus, Archäologische Zeitung 1844 344, 1847 125.
    Numismatic Chronicle VIII 28.
    Revue numismatique 1851 172.
    Borghesi, Osservazioni II 6 und V 1 dazu Mionnet S. VII 571 385.
    Annali 1861 150.
Nero, Pinder und Friedlaender, Beiträge I 83.
Vespasianus, Numismatic Chronicle I 44.
Antoninus Pius, Numismatic Journal I 45.
Maesa, Revue numismatique 1851 172.
Valerianus, Revue numismatique 1851 173.

Hyrgalea.
Severus Alexander, Numismatic Chronicle VIII 29.

Julia.
Aemilianus, Numismatic Chronicle VIII 29.
Cornelia Supera, Welzl No. 6399 ist falsch (jetzt in der Kgl. Sammlung).

Laodicea.
Sestini, Lettere di continuazione V 64.
Akerman, Chronicle II 168. VIII 30.
Streber, Numismata nonnulla graeca 248.
Diamilla, Memorie I 10.
Revue numismatique 1851 173. 1856 374.
Fox II 147 (Æ Hund).
Berliner Blätter für Münzkunde I 264.
Cistophori, Akerman, Chronicle IX 72.
    Borghesi, Osservazioni XIV (Appius Pulcher).
    Revue numismatique 1859 120 (Theilstück des Cistophorus).

Laodicea und Smyrna.
Numismatic Chronicle VIII 30.

M. Antonius und *Polemo*, Memoiren der Petersburger archäologischen Gesellschaft 1852 245.
Augustus, Akerman, Journal I 45.
Gaius, Welzl 6407.
Caligula, Mionnet IV 319 717 nach Sestini, der das Ex. der Friedlaenderschen Sammlung irrig publicirt hat. Es ist eine Münze von Laodicea Seleucidis, ähnlich der bei Mionnet V 248 718, richtig beschriebenen. [Berliner Blätter III 18, IV 25].
Claudius, Pinder und Friedlaender, Beiträge I 83.
Nero, Zeitschrift für Münzkunde III 45.
    Numismatic Chronicle VIII 30.
    Mionnet III 319 721 es heisst wohl ΕΠΙ ΙΕϱέως ΖΗΝΩΝΟΣ.
Titus und *Domitianus*, Berliner Blätter für Münzkunde I 264 (Concordia mit Smyrna).
    Revue belge 3. Serie IV 21.
Domitianus, Numismatic Chronicle VIII 30.
    Revue numismatique 1851 173.
    Sestini, Lettere di continuazione V 64.
Aelius, Revue 1851 174.
    Berliner Blätter für Münzkunde II 189.
M. Aurelius, Akerman, Chronicle VIII 30.
    Berliner Blätter für Münzkunde I 146 (Concordia mit Smyrna).
Crispina, Revue numismatique 1851 174.
Domna, Mionnet IV 327 762 Furien ist gewiss Hecate wie ebenda 332 791.
Caracalla, Sestini, Lettere di continuazione IX 84.
    Revue numismatique 1859 292.
    Fox II 148.
Annia Faustina Elagabali, Akerman, Chronicle VIII 20.
Otacilia, Revue numismatique 1851 174.

Lysias.
Fox II 149.

Metropolis.
Antoninus Pius, Revue numismatique 1851 176.

Midaeum.
Sestini, Lettere di continuazione IX 77.
Traianus, Revue numismatique 1851 176.
    Sestini, Lettere di continuazione IX 78.
Antoninus P., Sestini, Lettere di continuazione IX 78.
Domna, Sestini, Lettere di continuazione IX 78.
Caracalla, Sestini, Lettere di continuazione IX 79.
Severus Alexander, Sestini, Lettere di continuazione IX 80.
Maximus, Sestini, Lettere di continuazione IX 80.
Gordianus, Sestini, Lettere di continuazione IX 80.

Philippus sen., Sestini, Lettere di continuazione IX 81.
Otacilia, Sestini, Lettere di continuazione IX 81.
Philippus iun., Sestini, Lettere di continuazione IX 81.

Mococlia?
Akerman, Chronicle III 35 (von Borrell als irrige Lesung nachgewiesen) siehe unten Ococlia.

Nacolea.
Sestini, Chaudoir 109.
Sestini, Lettere di continuazione IX 81.
Titus, Sestini, Lettere di continuazione IX 82.
Domitianus, Sestini, Lettere di continuazione IX 82.
Traianus, Sestini, Lettere di continuazione IX 82.
Berliner Blätter für Münzkunde I 264.
Commodus, Sestini, Lettere di continuazione IX 83.
Caracalla, Sestini, Lettere di continuazione IX 83.
Geta, Sestini, Lettere di continuazione IX 83.
Gordianus, Sestini, Lettere di continuazione IX 83.

Ococlia?
Akerman, Chronicle III 35.

Otrus.
Domna, Akerman, Chronicle VIII 32.

Peltae.
Volusianus, Revue numismatique 1851 179.

Philomelium.
Hiess nicht Hadriana, wie Eckhel III 1 70 sagt, siehe meinen Katalog Philomelium unter: Severus Alexander.
Akerman, Chronicle VIII 32 (Cistoph.) ich finde ihn nicht bei Pinder, Cistophoren.
Augustus, Mionnet VI 669 392 cf. VII 117.
Severus Alexander, Revue numismatique 1851 179.
Gordianus, Mionnet IV 352 901 ist zu lesen ΕΠΙ ΚΟΡ ΑΛΕΞΑΝΔΡΟΥ.
Traianus Decius, Gerhard, archäologische Zeitung 1844 344. 1846 376.

Prymnessus.
Gerhard, archäologische Zeitung 1844 385 (Midas).
Revue numismatique 1851 179.
Greppo 1163 (?).
Numismatic Chronicle 2. Serie I 223.
Augustus, Revue numismatique 1851 179.
[*Tiberius*, v. Sallet's Zeitschrift für Numismatik IX 4].

Pylaceum.
Numismatic Chronicle XI 59.
Annali 1861 150.

Sala.

Revue numismatique 1851 180.
Mionnet IV 358 928 ist Poroselene; Sestini, Lettere di continuazione III 69 und Mionnet S. V 491 Anm. a, wo es aber 928 heissen soll.
Archaeologia XVI 1812 9.
Berliner Blätter für Münzkunde II 190 (Zeus).
Domitia, Sestini, Chaudoir 109.
Sabina, Revue numismatique 1851 180.
Antinous, Revue 1851 180.
Antoninus P., Revue 1851 180.
Lucilla, Revue 1851 180.
Elagabalus, Revue 1851 180.
Severus Alexander, Welzl 6425.

Sebaste.

Numismatic Chronicle VIII 32.
Archäologische Zeitung 1844 244.
Revue numismatique 1851 181.
Fox II 150 (Æ Cybele), 151 (Æ Flussgott CENAPOC), 152 (Æ Dionysoskopf *Rf.* Adler).
Augustus, Revue numismatique 1851 181.
Domna, Numismatic Chronicle VIII 32.
Geta, Revue numismatique 1851 181.

Sibidunda.

Domna, Numismatic Chronicle VIII 33.
Caracalla, Sestini, Lettere di continuazione VIII 102.

Siblia, Siblium.

Gaius Caesar, Numismatic Chronicle 2. Serie I 223.
Geta, Numismatic Chronicle VIII 33.

Stectorium.

Revue numismatique 1851 182.
Numismatic Chronicle VIII 34.
Fox II 153 (Æ Bogen und Köcher) 154 (Æ Pallas).
Annali 1861 150.
Severus Alexander, Revue numismatique 1851 181.

Synaos.

Akerman, Chronicle VIII 34.
L. Verus, Streber, Numismata nonnulla graeca 250.
  Sestini, Lettere di continuazione V 65.
Faustina iun., Akerman, Chronicle VIII 34.

Synnada.

Welzl 6431.
Archäologische Zeitung 1844 345.
Revue numismatique 1841 183.

Augustus, Sestini, Lettere di continuazione V 65.
Claudius, Revue numismatique 1851 183.
    Sestini, Lettere di continuazione V 66.
Antoninus P., Sestini, Chaudoir 109.
Elagabalus, Mionnet S. VII 623 597 ist Castabala Cappad. Sestini, Lettere di continuazione III 121.
Gordianus P., Sestini, Lettere di continuazione V 66.
Traianus Decius, Berliner Blätter für Münzkunde II 190.
Gallienus, Sestini, Lettere di continuazione V 66.

Themisonium.
Numismatic Chronicle VIII 35.

Tiberiopolis.
Sestini, Chaudoir 109.
Revue numismatique 1851 183.
Berliner Blätter für Münzkunde I 265.
Traianus, Revue belge 3 Serie IV 21 (Artemis).
Antoninus P., Numismatic Chronicle VII 10, VIII 46.
Gordianus P., Numismatic Chronicle VII 10.

Timbrias.
Domna, Moustier No. 2222.
Geta, Berliner Blätter für Münzkunde II 190.

Traianopolis.
Sestini, Chaudoir 109.
Hadrianus, Revue numismatique 1851 184.

    Trimenothyrae, siehe Grimenothyrae oben S. 321.

GALATIA.

Galatia.
Numismatic Chronicle II 169 und 223.
Aera von Galatia: Bullettino 1845 94.

Ancyra.
Mittheilungen der Num. Gesellschaft I 25.
Domna, Mionnet IV 173 Ancyra Phryg. gehört hierher: Sestini, Lettere di continuazione III 102.
Caracalla, Chaudoir, Corrections 89.
    Zeitschrift für Münzkunde III 46.
Geta, Berliner Blätter für Münzkunde I 266.
Valerianus, Greppo 1169 (Amazone).

Eubrogis.
Revue numismatique 1843 253, 414.
[Berliner Blätter IV 25].

Germe.
Domitianus, Sestini, Chaudoir 109.
Sestini, Lettere di continuazione IV 93.
Commodus Sestini, Chaudoir 109.

Pessinus.
Sestini, Lettere di continuazione V 67 und 104.
Bianconi, sopra alcune med. urbiche, lettera al S. Dom. Sestini, Bologna 1818 S. 4.
Mionnet VI 643 208 vergl. VII 113.
Numismatic Chronicle 2. Serie II 136.
Augustus, Revue belge 3. Serie IV 21.
Claudius, Annali 1847 281.
Bullettino 1848 175.
Poppaea, Lavy I 232.
Mionnet S. VII 643 59 nach Vaillant irrig beschrieben. Die Paste zeigt ΠΟΠΠΑΙΑ ΣΕΒΑΣΤΗ Kopf der Poppaea r. *Rf.* Lotusblume und zwei Aehren, zu Seiten ΠΕ, das Ganze im Kranz. Diese Münze hat grosse Aehnlichkeit mit der der Cleopatra von Patrae, Mionnet S. IV 134 907.
Mionnet S. VII 643 60 ist wohl auch unrichtig. Bei uns ohne ΠΕΣ unter den Unbestimmten.
Antoninus Pius, Numismatic Chronicle II 229.
Sestini, Lettere di continuazione V 67.
M. Aurelius, Sestini, Lettere di continuazione V 68.
Faustina iun., Sestini, Lettere di continuazione V 68.
L. Verus, Sestini, Lettere di continuazione V 68.
Septimius Severus, Sestini, Lettere di continuazione V 69.
Caracalla, Sestini, Lettere di continuazione V 69.
Berliner Blätter für Münzkunde I 266.
Geta, Welzl 6442.
Sestini, Lettere di continuazione V 70.

Sebaste.
Numismatic Chronicle II 169 und 224.
Mionnet IV 397 143 ist Nicopolis Epici, siehe Sestini, Lettere di continuazione VII 97.
Nero, Numismatic Chronicle II 227.

Tavium.
Domitianus, Welzl 6443; das Ex. liegt mir vor, es ist eine falsche Lesung, statt ·· ΟΛΕΩΝ · ΤΑΟΥΙΑΝ ·· lese ich ἐπι·ΛΕΩΝΙΔΟΥ ······ Es ist vielleicht Thalassa in Creta, sie liegt noch bei den Unbestimmten des Kgl. Münzkabinets.

Trocmi.
Numismatic Chronicle II 169 und 224.
Badeigts N. 485 (Tempel).

KÖNIGE von GALATIEN.

Mehrere dieser Königsmünzen werden nach Gallia Narbonnensis gegeben: Revue numismatique 1856 1.

Caeantolus.
Mionnet IV 405 15 gehört wohl nicht hierher?
Lavy I 233.
Revue numismatique 1856 1.

Riganticus, Briganticus.
Revue numismatique 1839 17.

Amyntas.
Revue numismatique 1845 253.
Numismatic Chronicle VIII 69.
Archäologische Zeitung 1846 266, 1847 126; 1849 102.
Lavy I 233.
Denkschriften der Wiener Akademie I 331 (*N*).
Revue belge 2. Serie V 321.

CAPPADOCIA.

Caesarea, Eusebia.
Sestini, Chaudoir 110.
Annali 1840 222 Tafel Q 4 (gehört nach Caesarea Samaritidis).
Millingen, ancient coins 76 (Eusebia).
Lavy I 233 (Eusebia).

Caesarea.
Die Kaisermünzen von Traian an, welche ΔΗΜΑΡΧ ΕΞΟΥΣ im Felde, oder den Ammonskopf mit gleicher Unterschrift haben, werden nach Cyrenaica gegeben: Revue numismatique 1851 100, wohl mit Unrecht, sie haben keinerlei Aehnlichkeit mit afrikanischen Münzen; [vergl. auch Ludwig Müller, Numismatique de l'ancienne Afrique I 173].

Claudius, Sestini, Lettere di continuazione IV 94.
Vespasianus, Sestini, Lettere di continuazione IV 94.
Vespasianus und *Domitianus*, Sabatier 162.
Sestini, Lettere di continuazione IV 94.
Titus, Sestini, Lettere di continuazione IV 95.
Domitianus, Lavy I 233.
Sestini, Lettere di continuazione IV 95.
Nerva, Mionnet S. VII 666 42 (hat nicht ΠΡΟΝ ϹΤΡΑΤ, sondern ΟΜΟΝ ϹΤΡΑΤ nach vorlieg. Exemplar).
Sestini, Lettere di continuazione IV 95.
Traianus, Sestini, Lettere di continuazione IV 95.
Hadrianus, Lavy I 234.
Antoninus P., Lavy I 234.
M. Aurelius, Lavy I 235.

L. Verus, Chaudoir, Corrections 90.
Commodus, Chaudoir, Corrections 90.
    Lavy I 235.
Septimius Severus, Grote, Blätter für Münzkunde IV 13.
    Lavy I 235.
    Sestini, Lettere di continuazione IV 96.
Domna, Sestini, Chaudoir 110.
    Welzl 6484.
    Sestini, Lettere di continuazione IV 96.
Caracalla, Pinder, Num. ined. 33.
    Lavy I 235.
    Welzl 6486.
    Sestini, Lettere di continuazione IV 97.
    [v. Sallet's Zeitschrift für Numismatik XI 52 ΕΙC ΘΑΝΑΤΟΥC ΚΥΡΙΟΥ auf Severus' Tod bezüglich].
Geta, Annali 1840 222.
    Grote, Blätter für Münzkunde II 86.
    Lavy I 236.
Diadumenianus, Sestini, Lettere di continuazione IV 97.
Elagabalus, Lavy I 236.
Maesa, Chaudoir, Corrections 90.
Severus Alexander, Sestini, Lettere di continuazione IV 97. V 70.
    Sestini, Chaudoir 110.
    Lavy I 236.
    Welzl 6488.
    Sabatier 222 (M. Argaeus).
Mamaea, Welzl 6495.
Gordianus, Sestini, Chaudoir 110.
    Chaudoir, Corrections 90.
    Lavy I 235.
Gordianus (und *Tranquillina*), Sabatier 224, 225.

Castabala.

Caracalla, Sestini, Chaudoir 110.

Comana.

Antoninus P., Allier de Hauteroche VIII 4 (S. 62 als Comana Ponti).
Septimius Severus, Berliner Blätter für Münzkunde II 191.
Gordianus III, Berliner Blätter für Münzkunde II 191.

Cybistra.

Traianus, Fox II 155.

Saricha.

Sestini, Lettere di continuazione I 92.

Tyana.

Traianus, Annali 1847 281.

CAPPADOCISCHE KÖNIGE.

Numismatic Chronicle 2. Serie II 1.
Archelaus, Chaudoir, Corrections 91.
Ariarathes I, Revue numismatique 1861 2.
Ariarathes IV, Lavy I 237.
Ariarathes V, Chaudoir Corrections 91.
    Lavy I 237.
[*Ariarathes VIII*, Friedlaender, v. Sallet's Zeitschrift für IV 10].
Ariobarzanes I, Lavy I 238.

ARMENIA.

Armenia.
Langlois, Numismatique de l'Arménie Paris 1859 4°.
Traianus, Mionnet S. IV 349 330.

(Sames.)
Sestini, Chaudoir 37 widerruft: Sestini, Lettere di continuazione IV 100.

Tigranes.
Lavy I 251.
Revue numismatique 1860 279 „Tigranes incert."

Artavasdus.
Memoiren der archäologischen Gesellschaft zu Petersburg 1849 179.

Tigranes, Sohn des Artavasdus (unter Augustus).
Memoiren der archäologischen Gesellschaft zu Petersburg 1852 175 (Æ).

Artaxias.
Numismatic Chronicle II 4 (Silbermünze des Germanicus mit dem Namen des Artaxias).

Zadriades.
Sandberger, de Zadriade Armeniae minoris rege primo ad nummi inediti fidem   Frankfurt a. M. 1840.
    Dies Exemplar ist von Sandberger des Kgl. Sammlung geschenkt worden, es ist wie schon seine Abbildung zeigt eine grobe Fälschung; (cf. Eckhel Doctr. III 203 nnd 208).

ASIEN.

SYRIA.

Syria.
Territorial-Geschichte: Grote Blätter für Münzkunde IV 247.
Hadrianus, Pinder, Num. ined. S. 34 gehört jedoch nach Syros, s. Mionnet S. IV 406 u. f. unter Syros.

KÖNIGE VON SYRIEN.

Tôchon d'Annecy Diss. sur l'époque de la mort d'Ant. VII. Paris 1815 4.
Gough, coins of the Seleucidae. London 1803 4.
Numismatic Chronicle XV 40 (in Tarsus gefunden).
[Gardner, Catalogue of the greek coins in the British Museum. The Seleucid kings of Syria. Introduction S. XIII].

Seleucus I Nicator.
Revue numismatique 1846 66 u. f.
Luynes Choix XV 2, XVII 5, 6.
Annali 1841 165, Monum. III 35, 34.
Chaudoir, Corrections 91.
Numismatic Chronicle XIII 75, 76. XVIII 138 (2 *N*).
Memoiren der Petersburger archäologischen Gesellschaft 1850, 358.
Lavy I 239.
Sestini, Lettere di continuazione II 90 (vergl. Seleucus ad Tigrim?).
Fox II 156 (Æ Pferdekopf *Rf.* Anker).
Gréau N. 2221 (Æ Pferdekopf *Rf.* Köcher).
[v. Sallet's Zeitschrift für Numismatik XII 3 Doppelstater].

Antiochus I.
Luynes Choix XV 3, 4.
Chaudoir, Corrections 91.
Lavy I 240.
Fox II 157 (Æ Elephant).
Gréau N. 2247 (Æ Pferdekopf).

Unbestimmter Antiochus.
Lavy I 240.
Welzl 6556 (Æ Kopf des Herakles *Rf.* Dreifuss).

Seleucus II.
Luynes, Choix XV 5.
Lavy I 241.

Antiochus Hierax.
Chaudoir, Corrections 92.
Lavy I 242.

Antiochus III.
Mittheilungen der Berliner Num. Gesellschaft II 90.
Chaudoir Corrections 92.
Numismatic Journal I 45.
Luynes Choix XVII 7.
Lavy I 242.
Heideken 2216 (A. 7 Zeus mit Adler).
Gréau N. 2274 u. 2275 (Æ mit Pferd).

Achaeus.
Denkschriften der Münchener Akademie 1816—1817 Klasse der Geschichte Seite 1. (Streber, Achaeus von Lydien auf einer Goldmünze.)

Seleucus IV.
Lavy I 242.

Antiochus IV.
Luynes, Choix XV 6, 7.
Chaudoir, Corrections 92.
Lavy I 243.
Alexandria Ciliciae, Mionnet III 548 59, cf. VII 138.
Gabala, Millingen, Sylloge 80.
Nisibis, Millingen, Sylloge 80.

Antiochus V.
Numismatic Chronicle II 168.
Luynes, Choix XV 8.
Fox II 158 (*N*).

Demetrius I.
Luynes, Choix XV 9.
Mittheilungen der Berliner numismatischen Gesellschaft II 91.
Chaudoir, Corrections 92.
Pinder und Friedlaender, Beiträge I 185 (Celenderis).
Numismatic Chronicle XIII 78.
Lavy I 244.
Magnoncour 426 (A. 8 Apoll auf dem Omphalus).

Revue numismatique 1855 89 (*N* Med.).
Revue numismatique 1862 169 (Drachmen mit Städtenamen ΚΑ u. ΦΙΛΙΠ).

Demetrius incertus.
Lavy I 245.

Demetrius I und Laodice.
Allier de Hauteroche, Essai sur une tessère antique, Paris 1820, 4.
Millingen, ancient coins 76.
Numismatic Chronicle XIII 11 und 79 n. 8 (geprägt auf Timarchus).
[v. Sallet's Zeitschrift für Numismatik VI 2 *N* mit Werthbezeichnung].

Alexander I Bala.
Allier de Hauteroche, Essai sur une tessère antique, Paris 1840, 4°.
Luynes, Choix XV 15.
Revue numismatique 1850 316 (Aradus) dazu
Numismatic Chronicle XIV 15.
Lavy I 245.
Welzl 6599, 6600.

Demetrius II.
Numismatic Chronicle II 169. IV 11. VIII 119. XV 44 und 47.
Luynes, Choix XV 11, 12.
Pons, Opuscules num. posthumes, Paris 1836, 32.
Nouvelles Annales de l'institut I pl. *D* (Mallus).
Lavy I 246.
Magnoncour 436 (Æ Jugendlicher Kopf des Königs mit Elephantenhaut *Rj*. ΒΑΣΙΛΕΩΣ ΔΗΜΗΤΡΙΟΥ ΝΙΚΑΤΟΡΟΣ Pallas stehend, in der R. Lanze, die L. auf dem Schilde).
Fox II 159, 160 (2 Ꝛ.).

Tryphon.
Luynes, Choix XV 14.
Chaudoir, Corrections 93.
Pembroke 1149 (grosse Ꝛ.).

Antiochus VI.
Luynes, Choix XV 13.
Pons, Opuscules num. posthumes, Paris 1836, 34.

Antiochus VII.
Tôchon d'Annecy, Diss. sur l'époque d'Ant. VII, Paris 1815 4.
Chaudoir, Corrections 93.
Lavy I 247.
Numismatic Chronicle XV 45.

Alexander II.
Luynes, Choix XV 10.
Lavy I 248.

Numismatic Chronicle XV 49.
Fox II 161 (Æ).

Cleopatra und Antiochus VIII.
Chaudoir, Corrections 93.
Numismatic Chronicle XV 49.
[v. Sallet's Zeitschrift für Numismatik VI 7].

Antiochus VIII.
Chaudoir, Corrections 93.
Luynes, Choix XV 16, XVII 8.
Pinder und Friedlaender, Beiträge I 189.
Lavy I 249.
Numismatic Chronicle XV 50.
[v. Sallet's Zeitschrift für Numismatik VII 225].

Heracleon, welcher den Antiochus VIII ermordet hat (in Judaea).
Revue numismatique 1865 227.

Antiochus IX.
Chaudoir, Corrections 94.

Antiochus X.
Lavy I 250.

Antiochus XI.
Lavy I 251.
Revil 405 (Æ 7 Jup. Nicephorus das von Mionnet citirte Exemplar).
Pons Opuscules num. posthumes, Paris 1836, S. 37.

Antiochus XI und Philippus.
Revil 406 (Æ 7 Jup. Nicephor.).
[v. Sallet's Zeitschrift für Numismatik VII 224].

Philippus.
Chaudoir, Corrections 94.
Lavy I 251.
Welzl 6656 (Æ ΑΣΚ, eher Askalon als Zahl 221, die Reihenfolge der Buchstaben widerspricht).

COMMAGENE.

Commagene in genere.
Lavy I 252.

Caesarea Germanicia.
Annali 1847 34 Tafel C.
Pescennius Niger, Diamilla Memorie 108 (Schlange).

Giornale Arcad. LXXXXII 1842 326.
Revue numismatique 1868 436.
Septimius Severus, Numismatic Journal I 45.
Domna, Welzl 6661.

Samosata.
Elagabalus, Heideken 2247 (Caput turr.)
Severus Alexander, Numismatic Journal I 45.
Philippus II, Beger Thes. Brandenb. III 152 danach Mionnet, ist Philipp I.

Zeugma.
Antoninus Pius, Numismatic Chronicle XIV 121.

Antiochus IV.
Mionnet III 593 257 cf. S. VII 230 298 (Mopsus Ciliciae).

CYRRHESTICA.

Cyrrhestica in genere.
Hadrianus, Lavy I 255.

Beroea.
Traianus, Mionnet VI 699 584 cf. VII 119.

Hieropolis.
Antoninus P., Lavy I 257.
L. Verus, Lavy I 257.
Commodus, Lavy I 257.

CHALCIDENE. PALMYRENE.

Chalcidene.
Mionnet V 143 1 bis 5, irrige Zutheilung.

Ptolemaeus des Mennaeus Sohn.
Verhandel. van het Genootschap te Vlissingen V S. 609.
Bulletin archéologique du musée Parent, Paris 1867 Heft I 6.

Lysanias.
Sestini, Lettere di continuazione VI 101.

Palmyra.
Tesserae von Thon, Revue belge 3. Serie II 433 und III 284.

SELEUCIS, PIERIA.

Antiochia ad Orontem.
Numismatic Journal I 45.
Revue numismatique 1851 100. Die Kaisermünzen von Traian an, mit ΔHMAPX · EΞOYΣ im Felde, oder mit dem Ammonkopf; siehe dagegen Caesarea Cappadociae oben S. 327.

Tiberius, Chaudoir, Corrections 95 und Supplément aux corr. Tafel III 28.
Germanicus und *Caligula*, Moustier 365.
Agrippina und *Caligula*, Moustier 372.
Caligula, Sabatier 901. (Æ. Med. Kaiser in Elefantenquadriga, unsichere Zutheilung.)
Otho, Lavy I 266.
Vespasianus, Chaudoir, Corrections 96.
    Sabatier 239 (sitz. Frau).
Traianus, Numismatic Chronicle IV 145.
Antoninus P., Lavy I 268.
M. Aurelius, Lavy I 269.
Commodus, Sestini, Lettere di continuazione III 128.
Pescennius Niger, Revue numismatique 1868 436.
    [v. Sallets Zeitschrift für Numismatik V 8 Æ.].
Septimius Severus, Lavy I 269.
Caracalla, Sabatier 261 (Adler). 262 (sitzende Frau).
    Lavy 1 262, 269.
Geta, Pembroke 1262 (Æ, Adler ΔΗΜΑΡΧ ΕΞ ΥΠΑΤΟC Γ).
Macrinus, Sabatier 264 (Potin, Adler).
    Lavy I 270.
Macrinus und *Diadumenianus*, Lavy I 270.
Diadumenianus, Chaudoir, Corrections 96.
Severus Alexander, Sabatier 271 (Frau mit Mauerkrone).
Philippus sen., Lavy I 269.
Philippus jun., Sabatier 277 (Potin, Adler).
Traianus Decius, Lavy I 264.
Etruscilla, Lavy I 264.
Trebonianus Gallus, Sabatier 294 (Adler).
    Lavy I 265.
Sulpicius Uranius Antoninus, Revue numismatique 1861 92.

Antiochia, numi inferioris aevi: Lavy I 274.

Der Typen von Antiochia: auch in Philippopolis Thr. Caracalla, (Kgl. Münzk.)
    Die Tyche mit dem Orontes kommt noch bei Justinus II vor. So lange hat sich wohl kein anderer antiker Typus erhalten.

Apamea.

Lavy I 274.

Arethusa.

Mionnet V 225 584, VII 107; Sestini, Lettere di continuazione II 88 sagt es sei Mopsus.

Balanea.

Fox II 162.

Emisa.

Sulp. Antoninus, Pembroke 1196.
Revue numismatique 1843 255.
(vergl. Antiochia, wo auch eine Münze dieses Kaisers).

Gabala.

Sestini, Lettere di continuazione VI 82.
Revue numismatique 1860 276.
Antiochus IV, Millingen, Sylloge 80.
Nero, Sestini, Lettere di continuazione VI 82.
Traianus, Sestini, Lettere di continuazione VI 82.
M. Aurelius, Sestini, Lettere di continuazione VI 83.
L. Verus, Sestini, Lettere di continuazione VI 83.
Commodus, Sestini, Lettere di continuazione VI 83.
Caracalla, Greppo 1353 (Der Kaiser zu Pferde).
Caracalla und *Plautilla,* Sestini, Lettere di continuazione VI 85.
Plautilla, Sestini, Lettere di continuazione VI 85.
Macrinus, Sestini, Lettere di continuazione VI 85.
Zeitschrift für Münzkunde III 46.
Berliner Blätter für Münzkunde I 147.

Laodicea.

Mionnet V 244 689 und 245 700 sind vorn unter Antiochus VIII Laodicea besser beschrieben.
Lavy I 274.
Augustus, Greppo 1359.
[*Caligula,* Berliner Blätter für Münzkunde V 18].
Traianus, Bullettino Napolitano nuova serie I 52 (Bemerkung zu den bekannten Münzen).
Septimius Severus und *Domna,* Mionnet S. VIII 176 248.
  Greppo 1368.
  Moustier 2160.
Philippus jun., Sabatier 292 (femme debout).

Nicopolis.

Severus Alexander, Sestini, Chaudoir 111.
Philippus sen., Mionnet S. VIII 512.
Philippus jun., Gréau N. 2536.

Seleucia.

Sestini, Lettere di continuazione II 90.
Seleucus I, Sestini, Lettere di continuazione II 91.
Septimius Severus, Sickler in der Zeitschr. Curiositäten (Weimar 1815) IV 51.

COELESYRIA.

Capitolias.

Domna, Numismatic Chronicle 2. Serie II 104.

Damascus.

Revue numismatique 1844 1 (Riese Ascus).
Grote, Blätter für Münzkunde II 205.
Numismatic Chronicle XIV 121.
Pembroke 1252 (Mionnet S. VIII 194 5 berichtigt).
Sestini, Lettere di continuazione VI 86.
Kaisermünzen: Revue numismatique 1844 1 u. f.
   Sestini, Lettere di continuazione VI 87.
Sabina, Numismatic Chronicle 2. Serie II 104.
L. Verus, Greppo 1387.
Domna, Lavy I 429.
Caracalla und *Geta*, Mittheilungen der Berliner numismatischen Gesellschaft I 25.
Otacilia, Sabatier 298.
Volusianus, Greppo 1394.
Valerianus, Lavy I 430.

Heliopolis.

Septimius Severus, Lavy I 279.
Caracalla, Chaudoir, Corrections 97.
Macrinus, Welzl No. 6857, das Exemplar liegt mir vor, es ist Septimius Severus.

Laodicea.

Antoninus P., Sestini, Lettere di continuazione VI 94.
Commodus, Sestini, Lettere di continuazione VI 95.
Septimius Severus, Sestini, Lettere di continuazione VI 95.
Caracalla, Sestini, Lettere di continuazione VI 96.

Leucas.

Sestini, Lettere di continuazione VI 96.
Claudius, Sestini, Lettere di continuazione VI 97.
Domitianus, Sestini, Lettere di continuazione VI 98.
Traianus, Sestini, Lettere di continuazione VI 98.
Caracalla, Sestini, Lettere di continuazione VI 99.
Gordianus, Sestini, Lettere di continuazione VI 100.
Macrinus, Sestini, Lettere di continuazione VI 100.

TRACHONITIS, ITURAEA.

Münter, de rebus Ituraeorum Hafn. 1824 4.

Gaba.

Hadrianus und *Sabina*, Moustier 1311.

Neronias.

Die Münzen Mionnet V 315 24 und 25 und wiederholt 570 98 und 99, gehören nach Caesarea Paneas s. Madden S. 116.

DECAPOLIS.

Antiochia ad Hippum.
Antoninus P., Pinder und Friedlaender, Beiträge I 190.
Commodus, Numismatic Chronicle 2. Serie II 104.

Canatha.
Commodus, Welzl 6864.

Dium.
Geta, Chaudoir, Supplément aux corrections 18.

Gadara.
Numismatic Chronicle VIII 148.
Augustus, Sestini, Lettere di continuazione IX 86.
Tiberius, Sestini, Lettere di continuazione IX 87.
Nero, Sestini, Lettere di continuazione IX 87.
Titus, Sestini, Lettere di continuazione IX 87.
Domitianus, Sestini, Lettere di continuazione IX 88.
Antoninus P., Sestini, Lettere di continuazione IX 88.
M. Aurelius, Sestini, Lettere di continuazione IX 88.
Faustina iun., Sestini, Lettere di continuazione IX 89.
L. Verus, Sestini, Lettere di continuazione IX 89.
Commodus und *Annius Verus*, Chaudoir, Supplément aux corrections 19.
Elagabalus, Sestini, Lettere di continuazione IX 89.

Gerasa.
Hadrianus, Sestini, Lettere di continuazione V 108 und VI 102.
M. Aurelius, Sestini, Lettere di continuazione V 108.
L. Verus, Sestini, Lettere di continuazione V 108.
Commodus, Sestini, Lettere di continuazione V 109.
Crispina, Sestini, Lettere di continuazione V 109.
    Welzl 6865 liegt mir vor, ist falsch bestimmt, liegt unter den Incerten der Königlichen Sammlung.
Domna, Akerman, Chronicle XIV 122.
Severus Alexander, Sestini, Lettere di continuazione V 109.

Pella.
Commodus, Sestini, Lettere di continuazione IX 90.
Elagabalus, Numismatic Chronicle 2. Serie II 105.

Philadelphia.
Sestini, Lettere di continuazione IX 90.
Claudius, Welzl 6866.
Agrippina, Sestini, Lettere di continuazione IX 91.
Titus, Sestini, Lettere di continuazione IX 91.
Domitia, Sestini, Lettere di continuazione IX 91 (eine 2. wird nach Phil. Lydiae gegeben).
Hadrianus, Sestini, Lettere di continuazione IX 92.

Antoninus P., Numismatic Journal I 45.
Sestini, Lettere di continuazione IX 92, doch hat diese nicht das KOIA · CYP.
M. Aurelius, Sestini, Lettere di continuazione IX 93.
L. Verus, Sestini, Lettere di continuazione IX 93.
Severus Alexander, Sestini, Lettere di continuazione IX 94.

PHOENICE.

Phoenice.

Grote, Blätter für Münzkunde II 177, 278. III 169
Judas Etude démonstrative de la langue Phénicienne et Lybique Paris 1847.
Blau, Beiträge zur phönicischen Münzkunde, Zeitschrift der deutsch-morgenländischen Gesellschaft VI 1852 465, IX 1855 69.

Unbestimmt mit COL NV PHOENICES Gordianus III, Revue belge 3. Serie IV 22.

Aradus.

Lavy I 289 (Ʀ.).
Welzl 6922.
Luynes, Choix. XII 4 bis 8, 10, 11 (?).
Ptolemaeus I, Mionnet S. VIII 321.
Alexander Bala, Revue numismatique 1850 309.
M. Antonius, Welzl 6929 (Contremarque mit ΘΕΣΣΑΛΩΝ).
M. Antonius und Cleopatra, Sestini, Lettere di continuazione V 73, IX 116 Tafel IV 10.
Mionnet S. VIII 321.

Berytus.

Allier Essai sur l'explication d'une tessère antique, Paris 1820, 4°.
Lavy I 280.
Mionnet V 334 2, diese Ʀ ist abgebildet bei Pellerin, Supplément IV Tafel III 10, und gehört wohl Side.
Numismatic Chronicle 2. Serie II 105.
Augustus, Zeitschrift für Münzkunde I 260.
Marcus Aurelius und L. Verus, Revue numismatique 1861 94.
Pertinax, Diamilla, Memorie 111.
Septimius Severus und Caracalla, Welzl 6876.
Domna, Revue numismatique 1861 91.
Numismatic Chronicle II 105.
Caracalla, Revue numismatique 1861 95.
Lavy I 281.
Philippus sen., Numismatic Chronicle 2. Serie II 106.

Botrys.

Caracalla, Sestini, Lettere di continuazione IV 101.

Byblus, Gebal ist der ursprüngliche Name.
Numismatic Chronicle XX 98: als Gebal.
Könige: Luynes, Numismatique des Satrapies S. 88. Supplément S. 122.
Azbaal, König, Revue numismatique 1856 217.
Numismatic Chronicle XX 98.
Caracalla, **Lavy** I 283.
Revue numismatique 1861 96.
Macrinus, Pons opuscules num. posthumes, Paris 1836, S. 10.
Diadumenianus, **Sabatier** 313 (Astarte im Tempel).
Revue numismatique 1861, 97.
Elagabalus, **Revue** numismatique 1861 97.
Soaemias, **Revue** numismatique 1861 98.

Caesarea ad Libanum.
Caracalla, **Sestini**, Lettere di continuazione IX 94.
Macrinus, **Sestini**, Lettere di continuazione IX 94.
Numismatic Chronicle 2. Serie II 106.
Severus Alexander, **Sestini**, Lettere di continuazione IX 94.

Demetrias.
Numismatic Chronicle 2. Serie II 106 (Æ ΔH Victoria und LB).
M. Aurelius, **Revue** belge 3. Serie IV, 22

Dora.
Traianus, **Sestini**, Lettere di continuazione IX 96.

Enydra.
Numismatic Chronicle XX 87 (Æ mit EN).

Gebal, siehe Byblus.

Marathus.
R. **Rochette**, Croix ansée 67 giebt hierher die irrig Camarina zugetheilten Münzen mit ΜΑΡΑΟ ΜΑΡΑ, ΜΑΡ (siehe auch Camarina und jetzt Mallus Cilic.)
Numismatic Chronicle XX 84 (Æ).

Sidon.
Chaudoir, Corrections 97.
Movers Phoen. II 2 134 (Münzaufschr.)
Lavy I 284.
Augustus, **Annali** 1847 281.
Bullettino 1848 175.
Traianus, **Lavy** I 285.
Pescennius Niger, in **Casali** de numulis PEIOESA inscripti, Romae 1796, 4⁰. Wohl falsch.
Revue numismatique 1868 435.
Caracalla, **Revue** numismatique 1861 99.

Macrinus, Lavy I 285.
Elagabalus, Sestini, Lettere di continuazione V 71.
   Greppo 1437.
   Revue numismatique 1861 99.
Paula, Revue numismatique 1861 101.
Maesa, Moustier 2607.
Severus Alexander, Revue numismatique 1861 102.
   Lavy I 286.

Tripolis.
Domitianus, Welzl 6903, dies Ex. liegt vor und gehört nicht hieher. Die Münze Mionnet V 398 412 gehört wohl auch Syros.
Septimius Severus, Sestini, Lettere di continuazione VI 102.
Domna, Revue numismatique 1861, 103.
Domna und *Caracalla*, Lavy I 429.
Caracalla, Sestini, Lettere di continuazione V 72 und 103.
   Revue numismatique 1861 103.
Macrinus, Revue 1861 105.
   Numismatic Chronicle 2. Serie II 107.
Diadumenianus, Lavy I 429.
Elagabalus, Sabatier 319 (Astarte im Tempel).
Severus Alexander, Lavy I 430.

Tyrus.
Pinder und Friedlaender, Beiträge I 191.
Mionnet VI 642 199, cf. VII 113.
Lavy I 287 (AR).
Numismatic Chronicle 2. Serie II 107 (AR und mehrere Æ).
Berliner Blätter für Münzkunde II 268 (Gross N).
[v. Sallet's Zeitschrift für Numismatik VI 4 N mit Werthbezeichnung].
Könige: Luynes, Numismatique des Satrapies S. 69.
Domna, Numismatic Journal II 108.
Caracalla, Welzl 6918.
Macrinus, Greppo 1459.
Diadumenianus, Lavy I 288.
   Revue numismatique 1861, 105.
Valerianus, Sabatier 321 (Murex und Palmbaum).
   Heideken 2347 (Weibliche Figur und liegender Stier Europa).
Gallienus, Moustier 3218.

Incerti Phoenices.
Leitzmann, Numismatische Zeitung 1836 156. 1837 17.

Könige und Satrapen.
Luynes, Numismatique des Satrapies 67.
Abdemon, Revue numismatique 1850 309, und
   Numismatic Chronicle XIV 8.

Pharnabazus, Revue numismatique 1850 309, und
Numismatic Chronicle XIV 10.

GALILAEA.

Ptolemais (Ace).
Revue numismatique 1848 256, 265.
Sestini, Lettere di continuazione IX 97 und 116, gehört Ptolemais Cyren.
Numismatic Chronicle 2. Serie II 108.
Mionnet V 474 4 Pembroke Th. II Tafel 26.
Hadrianus, Sestini, Lettere di continuazione IX 97.
Septimius Severus, Caracalla, Geta, Sestini, Lettere di continuazione IX 98.
Domna, Sestini, Lettere di continuazione IX 98.
Numismatic Chronicle 2. Serie II 108.
Caracalla, Sestini, Lettere di continuazione IX 99.
Macrinus, Sestini, Lettere di continuazione IX 99.
Diadumenianus, Sestini, Lettere di continuazione IX 99.
Elagabalus, Sestini, Lettere di continuazione IX 100.
Severus Alexander, Sestini, Lettere di continuazione IX 100.
Philippus sen., Numismatic Chronicle 2. Serie II 108.
Philippus jun., Numismatic Chronicle 2. Serie II 108.
Trebonianus Gallus, Numismatic Chronicle 2. Serie II 108.
Salonina, Sestini, Lettere di continuazione IX 101.
Numismatic Chronicle 2. Serie II 109.

SAMARITIS.

Caesarea.
Annali 1840 222 (irrig als Caesarea Cappadociae).
Numismatic Chronicle IX 23 (Agrippa I).
Caracalla, Numismatic Chronicle 2. Serie II 109.
Macrinus, Annali 1840 223.
Severus Alexander, Lavy I 292.
Etruscilla, Annali 1840 223.
Numismatic Chronicle 2. Serie II 110.
Herennius Etruscus, Numismatic Chronicle 2. Serie II 109.
Hostilianus, Numismatic Chronicle 2. Serie II 110.
Valerianus, Numismatic Chronicle 2. Serie II 110.

Joppe.
Elagabalus, Numismatic Chronicle 2. Serie II 111.

Neapolis.
Titus, Sestini, Lettere di continuazione IX 102.
Domitianus, Sestini, Lettere di continuazione IX 102.
Traianus, Sestini, Lettere di continuazione IX 103.

Hadrianus, Sestini, Lettere di continuazione IX 103.
M. Aurelius, Sestini, Lettere di continuazione IX 103.
Faustina iun., Sestini, Lettere di continuazione IX 103.
L. Verus, Sestini, Lettere di continuazione IX 104.
Caracalla, Sestini, Lettere di continuazione IX 104.
   Numismatic Chronicle 2. Serie II 111.
Macrinus, Sestini, Lettere di continuazione IX 105.
Diadumenianus, Sestini, Lettere di continuazione IX 105.
Elagabalus, Sestini, Lettere di continuazione IX 105.
Aquillia Severa, Sestini, Lettere di continuazione IX 105.
Julia Maesa, Sestini, Lettere di continuazione IX 106.
Philippus sen., Lavy I 293.
   Sestini, Lettere di continuazione IX 106.
   Numismatic Chronicle 2. Serie II 112.
Otacilia, Numismatic Chronicle 2. Serie II 112.
Philippus iun., Numismatic Chronicle 2. Serie II 112.
Traianus Decius, Sestini, Lettere di continuazione IX 107.
Trebonianus Gallus, Sestini, Lettere di continuazione IX 108.
Volusianus, Sestini, Lettere di continuazione IX 108.
Gallienus, Numismatic Chronicle 2. Serie II 112.

Nysa, Scythopolis.

Julia Domna, Numismatic Chronicle 2. Serie II 113.
Gordianus Pius, Numismatic Chronicle 2. Serie II 113.

Sebaste.

Traianus, Numismatic Chronicle 2. Serie II 113.
Faustina iun., Welzl 6964.
Julia Domna, Numismatic Chronicle 2. Serie II 113.

JUDAEA.

Judaea.

Tychsen de nummis hebr. samarit. paralipomena. Comment. Soc. Gotting. rec. Vol. XI.
Numismatic Journal I 53.
Numismatic Chronicle XIV 89 Samar. Sprache bis zu Hadrians Zeiten.
Numismatic Chronicle XVI 89, Jewish Shekels.
Stark, Gaza und die philistäische Küste, Jena 1852.
de Saulcy Numismatique judaique Paris 1855 4°. Darüber
   M. Levy, Allg. Zeitung des Judenthums 1855 Seite 349, 361.
   Revue numismatique 1855 287.
   Bullettino Nap. nuova serie III 113, 137, 177. — Dazu auch Werlhofs Uebersetzung des Cavedoni Num. Biblica Theil II Vorrede.
   Exerpt aus de Saulcy; Numismatic Chronicle XX 8.
[de Saulcy, Numismatique de la Terre Sainte, Paris 1874].
M. Levy, Geschichte der jüdischen Münzen, Leipzig 1862.

Zuckermann, über talmudische Münzen und Geschichte, Jahresbericht des jüdisch theologischen Seminars in Breslau 1862 4°.
Revue numismatique 1857 280.
Numismatic Chronicle VIII 135, 149.
Zu Madden's Schriften: Revue numismatique 1864 370 und 1865 29.
[Madden, Coins of the Jews, London 1881, a. u. d. T.: The international numismata orientalia vol. II].

Gewicht.

Ueber Gewichte, Münzen und Maasse der Hebräer in Bertheau, zur Geschichte der Israeliten, Göttingen 1842.
Akerman, Journal I 259.
Revue belge II 28.

(Addus? Adida?)

Revue belge 4. Serie I 158 (ΑΝΔΗΔΕΩΝ es ist aber Andeda Pis.)

Aelia Capitolina.

Revue numismatique 1849 97.
De Saulcy, Numismatique judaique Tafel XV und folgende: Zusammenstellung aller Münzen.
[de Saulcy, Numismatique de la Terre Sainte 69].
Hadrianus, Welzl 6965.
Numismatic Chronicle 2. Serie II 114.
Antoninus P., Bullettino 1838 137.
Numismatic Chronicle 2. Serie II 114.
M. Aurelius, Numismatic Journal I 46 ist aber Cyrenaica, Numismatic Chronicle XVIII 119.
Numismatic Chronicle 2. Serie II 114.
L. Verus, Numismatic Chronicle 2. Serie II 114.
Pescennius Niger, Badeigts N. 806.
Im Jahre 1869 habe ich dasselbe Ex. in Händen gehabt, es ist eine geschickte Grabstichel-Fälschung. Dasselbe Ex. Revue numismatique 1868 437 wiederholt.
Septimius Severus, Annali 1847, 281.
Archäologische Zeitung 1848 318. (Die Münze Mionnet V 520 24 gehört nach Carrhae).
Julia Domna, Numismatic Chronicle 2. Serie II 115.
Geta, Numismatic Chronicle 2. Serie II 115.
Elagabalus, Numismatic Chronicle 2. Serie II 115.
[v. Sallet's Zeitschrift für Numismatik VII 219. XII 5].
Traianus Decius, Numismatic Chronicle 2. Serie II 116.
[*Herennius Etruscus*, v. Sallet's Zeitschrift für Numismatik XII 5].

Anthedon, Agrippias.

Die Münzen mit ΑΓΡΙΠΠΕΩΝ gehören nach Phanagoria.
Stark, Gaza und die Philistäische Küste, Jena 1852.
Agrippa I und *II*, Sestini di contionuazione VI 103 u. IX 116 Tafel IV 11.

Ascalon.

Chaudoir, Corrections 98.
Stark, Gaza und die philistäische Küste, Jena 1852.

Judaea. 345.

Numismatic Chronicle 2. Serie II 117.
Antiochus VIII, K. v. Syrien, Mionnet V 525 52. In der 2. Ausgabe des Tafelbandes (1837) sagt Mionnet, die Münze gehöre nicht dieser Stadt.
Philippus, K. v. Syrien, Welzl 6658 (Æ Prora AΣK, wohl nicht die Jahrzahl 221, die Stellung der Zahlzeichen spricht dagegen).

Augustus, Numismatic Chronicle 2. Serie II 119.
  Mionnt V 525 53 ist Aspendus, s. Millingen Recueil Tafel IV I.
Tiberius, Numismatic Chronicle 2. Serie II 119.
Titus, Numismatic Chronicle 2. Serie II 119.
Domitianus, Numismatic Chronicle 2. Serie II 119.
Traianus, Numismatic Chronicle 2. Serie II 119.
Hadrianus, Numismatic Chronicle 2. Serie II 119.
Antoninus Pius, Numismatic Chronicle 2. Serie II 119.
L. Verus, Numismatic Chronicle 2. Serie II 119.
Elagabalus, Numismatic Chronicle 2. Serie II 119.

Azotus.
Archaeologia XIV 1812 276 (Samaritan coin struck in Azoth Segol.)
Septimius Severus und *Domna*, Moustier 2160 nach Laodicea gegeben.

Gaza.
Mionnet S. VIII 372 48, EΠI heisst nicht 85, sondern es stand EΠI und dann eine Jahrzahl wie ebenda 50 und die folgenden beweisen.
Stark, Gaza und die philistäische Küste, Jena 1852.
Numismatic Chronicle 2. Serie II 120.
Antoninus P., Chaudoir, Corrections 98.
  Numismatic Chronicle 2. Serie II 120.
  Berliner Blätter IV 22.
M. Aurelius, Welzl 6969.
Commodus, Numismatic Chronicle 2. Serie II 120.
Septimius Severus, Numismatic Chronicle 2. Serie II 120.
Caracalla, Welzl 6971, 6972.
  Numismatic Chronicle 2. Serie II 120.
Geta, Numismatic Chronicle 2. Serie II 120.
Julia Maesa, Numismatic Chronicle 2. Serie II 120.
Gordianus Pius, Numismatic Chronicle 2. Serie II 120.

Nicopolis.
Traianus, Pembroke 1256 (Mionnet V 550 185 berichtigt).

Raphia.
M. Aurelius und *Commodus*, Mittheilungen der Berliner Numismatischen Gesellschaft I 26.
[*Commodus*, Sestini, Lettere di continuazione VI 83 ist irrige Zutheilung: Berliner Blätter IV 22].
Severus Alexander, Numismatic Chronicle 2. Serie II 122.

KÖNIGE von JUDAEA.

Simon Maccabaeus. 143—135 v. C.
Revue numismatique 1845 173.
Numismatic Chronicle 2. Serie II 268.

Johannes Hyrcanus. 135—104 v. C.
Numismatic Chronicle 2. Serie II 269.

Judas Aristobulus. 107—105 v. C.
Numismatic Chronicle 2. Serie II 270.

Alexander Jannaeus. 105—79 v. C.
Numismatic Chronicle 2. Serie II 270.

Antigonus. 40—38 v. C.
Numismatic Chronicle 2. Serie II 64 und 270.

Herodes der Grosse. 40—4 v. C.
Fox II 163, siehe auch
Numismatic Chronicle 2. Serie II 65 und 271.

Herodes Archelaus, Ethnarch. 4 v. C. — 4 n. C.
Numismatic Chronicle 2. Serie II 66 und 271.

Herodes Antipas, Tetrarch. 4 v. C. — 39 n. C.
Numismatic Chronicle 2. Serie II 272.
Bulletin archéologique du Musée Parent, Paris 1867, Heft I 5.

Philippus, Tetrarch.
Chaudoir, Corrections 98.
Vergl. Ptolemaeus, Sohn des Mennaeus, Tetrarch von Chalcidene, Bulletin archéologique du Musée Parent, Paris 1867, Heft I 6.

Agrippa I. 37—44 n. C.
Numismatic Chronicle IX 23. 2. Serie II 272.

Agrippa II. 48—99 n. Chr.
Numismatic Chronicle 2. Serie II 274.
Chaudoir, Corrections 98 (mit Domitian).
Numismatic Journal I 46 (mit Domitian).
Numismatic Chronicle 2. Serie II 275 (mit Domitian).

Eleazar, Führer des Aufstands unter Hadrian.
Revue numismatique 1860 282 (AR, Æ).

Simon Barcocebas.
Numismatic Chronicle 2. Serie II 276.
Revue numismatique 1849 304.
[v. Sallet, Zeitschrift für Numismatik V 110].

Kaisermünzen.
Augustus bis Nero, Revue numismatique 1853 187.
Tiberius, Numismatic Chronicle 2. Serie II 67 und 274.

Vespasianus, Numismatic Chronicle 2. Serie III 114.
Titus, Sestini, Lettere di continuazione III 57.

ARABIA.

Arabia.
Nabathaei, Revue numismatique 1858 292 und 362.
Revue numismatique 1868 153.

Adraa.
Lucilla, Mionnet S. V. 40 215?
Caracalla, Welzl 7001.
  Sestini, Lettere di continuazione IX 109.
  [Friedlaender, Berliner Blätter IV 24].

Bostra.
Caracalla, Mionnet S. VIII 38 9 und folgende gehören zusammen mit den Carrhae zugetheilten V. 597. 24. Vielleicht ARB nur verlesen für AVRE, und AVB für AVR. Die letzte S. 384 20 bei Mionnet, die Bostra haben soll, hat er nach Sanclementi, dieser nach einen handschriftl. Katalog von Cousinéry, es ist wohl kein Gewicht darauf zu legen. Diese Münze haben mit denen von Bostra keine Aehnlichkeit, wohl mit denen von Edessa.
Elagabalus, Zeitschrift für Münzkunde III 47.
  Chaudoir, Supplément aux correct. 19.
Maximinus, Sestini, Lettere di continuazione VI 104 giebt die von Eckhel und Mionnet publ. Münze nach Thessalonich.
Herennius und *Hostilianus*, Moustier 3100.

Mocca.
Bulletin archéolog. du Musée Parent, Paris 1867, Heft I 7.

Philippopolis.
Marinus und *Jotapianus*, Tôchon mémoire sur les méd. M. et J. frappées à Ph., Paris 1817, 4°.
Revue numismatique 1865, 56.

Unbestimmt.
Welzl 7005, (Æ weibl. Kopf mit Schleier R*f*. Kameel).

MESOPOTAMIA.

Anthemusium.
Domitianus, Sestini, Lettere di continuazione I 63.
Caracalla, Sestini, Lettere di continuazione I 63.

Atusia, siehe Assyria.

Carrhae.
Millingen, Sylloge 82, aber besser Numismatic Chronicle XIV 143.
Bullettino 1838 57.

Septimius Severus, Annali 1847 281.
  Archäologische Zeitung 1848 319 (früher irrig Aelia Capitolina zugetheilt).
  Sestini, Lettere di continuazione I 55.
Septimius Severus und *Caracalla*, Sestini, Lettere di continuazione I 55.
Septimius Severus, Domna und *Caracalla*, Sestini, Lettere di continuazione I 55.
Caracalla, Chaudoir, Corrections 99.
Caracalla und *Plautilla*, Sestini, Lettere di continuazione I 55.
Caracalla und *Geta*, Sestini, Lettere di continuazione I 55.
Elagabalus, Köhne, Zeitschrift III 48.
Severus Alexander, Sestini, Lettere di continuazione I 55.

Demetrias, siehe Assyria unten S. 349.

Edessa.
Mannus (und *Lucilla?*), Sabatier 327 (Æ).
L. Verus, Lavy I 428.
Commodus, Akerman, Journal I 46.
  Sabatier 328.
Caracalla, Lavy I 297.
Diadumenianus, Welzl 7019.
Elagabalus, Lavy I 298.
Severus Alexander, Sabatier 332 (Frau mit Mauerkrone und 2 Altäre).

Maiozamalcha.
Sestini, Lettere di continuazione IX 110.

Nisibis, Antiochia Mygdoniae.
Hierher giebt Blau die früher Side zugetheilten phönicischen Æ. Zeitschrift der deutschen morgenländischen Gesellschaft Band IX 69. S. Revue numismatique 1860 11.

Antiochus IV Epiphanes, Millingen, Sylloge 81.
Domna, Welzl 7032.
Elagabalus, Sabatier 333 (Frauenkopf).
Severus Alexander und *Mamaea*, Welzl 7037.
Mamaea, Sabatier 336 (Frauenkopf).
Philippus jun., Chaudoir, Corrections 99.

Rhesaena.
Traianus Decius und *Etruscilla*, Chaudoir, Corrections 99.
  Lavy I 302.
Traianus Decius und *Herennius Etruscus*, Greppo 1513.
Herennius Etruscus, Sabatier 340 (Pflüger).

Singara.
Gordianus, Lavy I 302.
Gordianus und *Tranquillina*, Sabatier 343 (Frauenkopf).

Incerti Mesopot.
M. Aurelius, Greppo 1516.

Königsmünzen.
Numismatic Chronicle XVIII 1.

BABYLONIA.

Timarchus.
Archäologische Zeitung 1849 31.
Zeitschrift für Münzkunde VI 257.
Numismatic Chronicle XIII 79 n. 8 (überprägt von Demetr. und Laodice).
Revue numismatique 1860 277 (*N*).
Berliner Blätter für Münzkunde II 275 (*N*).

Molon.
Archäologische Zeitung 1853 383 und 1859 74.
Revue numismatique 1860 277.
Numismatic Chronicle XVIII 149.

ASSYRIA.

Assyria.
Die phönicischen Münzen der Satrapie Assyrien: Blau, Zeitschrift der deutsch-morgenländischen Gesellschaft VI 1852 484.

Atusia.
Millingen, Sylloge 82.
Vergl. Sestini, Lettere di continuazione VI 80.
    Sestini, Cl. Gener. ed. 2 119 unter Atusia Phrygiae, und Mionnet unter Atusia Mesopotamiae.

Demetrias.
Millingen, Sylloge 84.
cf. Mionnet D. Mesopotamiae.

Ninive, Claudiopolis.
Traianus, Numismatic Chronicle XIX 1.
[*M. Aurelius*, v. Sallet's Zeitschrift für Numismatik XI 52].
[*Elagabalus*, v. Sallet's Zeitschrift für Numismatik VI 12].
Severus Alexander und *Mamaea*, Moustier, 2703.
Maximinus, Pinder und Friedlaender, Beiträge I 192 irrig als Severus Alexander.
[*Maximinus* und *Maximus*, v. Sallet's Zeitschrift für Numismatik XI 52].

CHARACENE.

Apodacus, Archäologische Zeitung 1853 383.
  Revue belge 3. Serie VI 179.
  Numismatic Chronicle XVIII 138. XX 36.
Tiraeus, Revue belge 3. Serie VI 179.
  Numismatic Chronicle XX 36.
Theonneses, Revue belge 3. Serie VI 179.
Arsames, Revue belge 3. Serie VI 179.
Adinnigaus, Numismatic Chronicle XX 36.
Monneses, Numismatic Chronicle XX 36.

Barb. Nachbildungen.
Numismatic Chronicle XX 36.

Attambilus, Grivaud de la Vincelle sur une méd. d'Arsaces XV et sur 4 méd. d'Attambilus. Paris 1817, 4°.
  Sestini, Chaudoir 113.
  Annali 1861 355.
  Numismatic Chronicle XX 37.
  Revue numismatique 1864 191.

Meredates und Uiphoba.
Revue numismatique 1863 333.
Millingen, Sylloge 85 und Additional observations zu 85.
Chaudoir, Corrections 100 und Supplément aux corrections 22 Tafel IV 39 (unter Arsaces XXVII).
Numismatic Chronicle XIX 226. XX 36.

PARTHIA.

Parthia.
Traianus, Mionnet S. IV 350 333 (ΠΑΡΘΙΑ).

ARSACIDEN.

Arsaciden.
Lindsay, history and coinage of the Parthians, Cork 1852, 4°.
Transactions of the R. Asiatic Society 1827 I 313 (Tod greek-parthians and hindu medals found in India).
Sestini, Cl. gener., ed. 2, S. 160.
Memoiren der Petersburger archäologischen Gesellschaft 1847 Bull. 43. 1848 S. 1.
Revue numismatique 1841 245. 1855 326.
Trésor de Num. et de Glypt. Rois grecs.
Numismatic Chronicle XVII 131 u. f.
Numismatic Chronicle XVIII 85 (Typus der Ziege).

[v. Sallet, Zeitschrift für Numismatik I 305. VI 171.
P. Gardner, The Parthian coinage, London 1877 in der von Edward Thomas unternommenen Neubearbeitung von Marden's International numismata orientalia vol. I].

Die ersten 13 Könige: Nouvelles Annales de l'institut archéologique Theil II 191. vergl. Revue numismatique 1844 64.

Mit oriental. Legenden:
Numismatic Chronicle XII 68, 91.
Millingen, Sylloge 84.
Zeitschrift für Münzkunde 1859—1862 S. 222 (Arsaces XXIV—XXVIII).

Arsaces I.
Numismatic Chronicle XIII 80.

Arsaces II Tiridates.
Numismatische Zeitung 1842 11.

Arsaces III, Artabanus I.
Chaudoir, Supplément aux corrections 19.

Arsaces V Phraates I.
Chaudoir, Corrections 100.
Chaudoir, Supplément aux corrections 20.
[Friedlaender, v. Sallet's Zeitschrift für Numismatik IV 3 mit ΕΚΡ der Seleukiden-Aera = 189/88 v. Chr.].

Arsaces VII Phraates II.
Numismatic Chronicle VIII 80.
[v. Sallet, Zeitschrift für Numismatik III 246 mit ΜΑΡΓΙΑΝΗ.
Gardner, Parthian coinage 33 mit ΤΡΑΞΙΑΝΗ.
Zeitschrift für Numismatik a. O. mit · · · ΓΟΡΟΥ ΚΑΤΑΣΤΡΑΤΕΙΑ].

Arsaces VIII Artabanus II.
Chaudoir, Supplément aux corrections 21.

Arsaces IX Mithridates II.
Lavy I 305.

[Arsaces X Sinatroces.
Gardner, The Parthian coinage 35 giebt ihm die bisher Artabanos II zugewiesenen Münze mit ΑΥΤΟΚΡΑΤΩΡ.
Mionnet V 653, 20; siehe oben unter Arsaces VII].

Arsaces XII Phraates III.
Chaudoir, Supplément aux corrections 21.

Arsaces XV Phraates IV.
Grivaud de la Vincelle, Diss. sur une méd. d'Arsace XV; Paris 1817 4°.
Chaudoir, Corrections 100.

Arsaces XV und Musa (früher irrig Thermusa genannt).
Journal des savants 1817 735 (Visconti méd. de Thermouse).
Chaudoir, Supplément aux corrections 21.
Journal des savants 1836 263 und wiederholt:
Blätter für Münzkunde II 300.
Numismatic Chronicle XIII 80.

Arsaces XVI Phraates und Musa.
Berliner Blätter für Münzkunde II 282 (Tetradr.) mit ΤΙϿ.
Revue numismatique 1868 21.

Arsaces XVIII Vonones I.
Lavy I 307.

Arsaces XXI Gotarzes.
Chaudoir, Supplément aux corrections 22.
[Gardner, Parthian coinage 49].

Meherdates.
Akerman, Chronicle V 202.

Arsaces XXII Vonones II.
Revue numismatique 1853 203.

Arsaces XXIII Vologases I.
Berliner Blätter für Münzkunde II 274 (Tetradr. mit ΘΠΤ).

Arsaces XXIV Artabanus IV.
Magnoncour No. 665—669.
Revue numismatique 1841 245.

Arsaces XXV Pacorus.
Mittheilungen der Berliner Numismatischen Gesellschaft I 27.

Arsaces XXXII Vologases II.
Chaudoir, Corrections 100.
Chaudoir, Supplément aux corrections 22. (Es ist Meredates und Uiphoba vergl. Characene).

Arsaces XXVIII Vologases III.
Chaudoir, Corrections 101.

Arsaces XXIX Vologases IV.
Chaudoir, Corrections 101.

Arsaces XXXIV.
Greppo 1527.

Arsaces incertus.
Welzl 7092 (Æ 2 Rj: tête crenelée de femme).

(**Mnaskyres**).
Mionnet V 663 54. Widerlegt von Köhler, Mém. de l'acad. des sciences d. S. Pétersbourg Sc. politiques Theil III Livr. 6. Besonderer Abdruck: S. Pétersbourg 1835. Köhler weist nach, dass die M. der Musa angehört.

Kamnaskires und Anzaze.
Archäologische Zeitung 1859 71.
Numismatic Chronicle XVIII 139.
Memoiren der Petersburger archäologischen Gesellschaft 1852 173.
[Gardner, Parthian coinage 60.
Zeitschrift für Numismatik VII 42.
v. Sallet, Zeitschrift für Numismatik VIII 205].

PERSIA.

Darici.
Revue numismatique 1846 66.
Luynes, Choix XII 13—16.
Annali 1841 164, Mon. III 35, 33.
Spratt and Forbes, Travels II 293 21 (Daricus mit der lycischen Triquetra gestempelt).
[Head, the coinage of Lydia and Persia, from the earliest time to the fall of the dynasty of the Achaemenidae, London 1877 in The international numismata orientalia].

Andere persische Königsmünzen.
Archäologische Zeitung 1846 268 ℞.
Chaudoir, Corrections 101 ℞.
Tychsen, Comment. soc. Gotting. recent. Th. I, II, III (4 Aufsätze).
Millingen, Sylloge 81 ℞.
Pinder und Friedlaender, Beiträge I 193 ℞.
Fox II 164 (℞ ΒΑΣΙΛΕΩΣ).
Revue numismatique 1861 15 (℞ und N, R/. Leier V/. bärtiger Kopf mit Mitra: Artaxerxes Mnemon).
Rüppel, Reise in Abyssinien Theil II Seite 428 Tafel VIII 4. ℞ bärtiger Kopf r. R/. Schiff darüber ♀?Ą.

Satrapen.
Luynes, Essai sur la num. des Satrapies usf.
Blau, Beiträge zur phönicischen Münzkunde, Zeitschrift der deutsch-morgenländischen Gesellschaft VI 465 und IX 69.
Pinder und Friedlaender, Beiträge I 234 (Replik des Arethusakopfs).
Aryandes, Revue numismatique 1855 181.
Orontes in Mys., Revue numismatique 1863 235.
Pythagoras, Numismatic Chronicle XVIII 147, XX 25.
Abdemon, Pharnabazos, Syphax, Revue numismatique 1850 309 und Numismatic Chronicle XIV 8.

Teribazes, Revue numismatique 1860 433.
Pharnabazos, Revue numismatique 1860 435, 1863 105.
Abdsohar, Revue numismatique 1860 432. [*Mazaīos*, Six, Numismatic Chronicle 3. Serie IV 97].
Datames in Cilicien, Revue numismatique 1860 438, 1863 105. [Nach Six, Numismatic Chronicle 3. Serie IV 114 zu transscribiren: *Tarcamo(s)* oder *Tarcommo(s)*.
Ariaramnes, ΜΟΡΙ ΣΑΡΙ, ΑΝΙΣΑΔΩ ΔΣΑΡΙ, Zeitschr. für Numism. IV 266.

SASSANIDEN.

Zeitschrift der deutsch-morgenländischen Gesellschaft II 108, IV 83, VIII 1 bis 194 (Aufsätze von Mordtmann).
Olshausen, Die Pehlewî-Legenden auf den Münzen der letzten Sâsâniden. Leipzig 1843.
Nachträge: Köhne, Zeitschrift IV 367.
Zeitschrift der deutsch-morgenländischen Gesellschaft I 334.
Dazu:
Numismatic Chronicle XI 60, 121.
Jahrbücher für wissenschaftliche Kritik 1844 No. 88 (Spiegel).
A. Krafft über Olshausen's Entzifferung der Pehlewî-Legenden. Wiener Jahrbücher, Anzeige-Blatt, CVI 1844.

Soret, Lettre à M. Olshausen sur quelques méd. au type sassanide Genève et Paris, Cherboulier 1847 (aus Soc. d'hist. de Genève, V, 1847 97).

de Longpérier, Essai sur les méd. des rois Perses de la dynastie Sassanide. Paris 1840 4. Darüber Revue numismatique 1841 58.
Akerman, Chronicle III 48.

Numismatic Chronicle XIX 223 (Gewicht).
Bulletin de l'acad. de St. Pétersbourg Cl. des sciences historiques I No. 3, IV No. 6, V No. 15. (Aufsätze von Dorn).
Memoiren der archäologischen Gesellschaft zu St. Petersburg 1849 271 No. 189 (ein russischer Aufsatz von Saweljeff angezeigt).
Revue belge I 333 (4 Goldmünzen).
Numismatic Chronicle XV 180.

Journal of the Asiat. Society XIII 1852 373 (Thomas, notes to Sassanian mint monograms).

Nachahmungen Sassanidischer Münzen.
Langlois, Numismatique de la Géorgie: Revue archéologique VIII 525.

Artaxerxes I.
Numismatic Chronicle VIII 119, XII 110, XV 181.
Berliner Blätter für Münzkunde II 354.

Sapor I.
Numismatic Chronicle XV 181.

Hormisdas I.
B. Dorn über einige M. des dritten Sassaniden-Königs Hormisdas I. Bulletin de la classe des sciences historiques de l'acad. de St. Pétersbourg I N. 18, 19.

Varananes II.
Revue belge I 333.
Numismatic Chronicle XV 182.

Varananes III.
Revue belge I 333.
Numismatic Chronicle XV 182.

Narses.
Revue belge I 333.

Hormisdas II.
Magnoncour 695 (N).
Numismatic Chronicle XV 182.

Unbestimmte Sassaniden.
Revue belge I 333.

BACTRIA.

Wilson, Ariana antiqua, London 1841 4°.
Lassen, Indische Alterthumskunde Bonn 1847. Die Münzen in Theil II 282 ff.
Lassen, Zur Geschichte der griechischen und indo-scythischen Könige in Baktrien, Bonn 1838. — In englischer Uebersetzung in: Journal of the Asiatic Society of Bengal IX 1840 251.
Zeitschrift für Kunde des Morgenlandes, Bonn 1842, IV 202.
Köhler, Méd. gr. des rois de la Bactriane etc., St. Pétersbourg 1822. Supplément 1823. Gesammelte Schriften I p. 1 und II p. 1.

Zusammenstellung der bisherigen Systeme in der Anordnung.
Numismatic Chronicle XIX 13.

Archaeologia XXI 1827 S. 1, 5 (Coins found in India).
Asiatic Journal N. Ser. XVII 1835 S. 95; XVIII S. 9, 193; XIX 1836 S. 115 (Coins found at Manikyála).
Asiatic Journal N. Ser. 1836 I 27 (Greek coins found at Beghrám in Kabul).
Asiatic Journal N. Ser. XIX, 1836 S. 115 (Bactrian and Indo-Scythic coins).
Asiatic Journal N. Ser. XXI 1836 S. 27 (Coins found in Kabul).
Transactions of the R. Asiatic Society 1827 Vol. I p. II S. 313. (Tod Account of Greek Parthian and Hindu medals found in India).
Journal of the Asiatic Society of Bengal III 1834 S. 635 (Roman coins found at Manikyála).
Asiatic Society of Bengal III 1834 S. 227 (Prinsep coins found at Bchat) dazu ebenda III 431.

Asiatic Society of Bengal III 1834 152, V 1836 1, 266, 537 (coins found at Beghrám).
Asiatic Society of Bengal IV 1835 S. 327; V 1836 S. 639, 720; VII 1838 S. 636 (Prinsep bactrian and Indo-scythian coins).
Journal Asiat. Nouv. Série II 1828 S. 321 (Schlegel, Observations sur quelques méd. Bactrianes).
Journal Asiat. III Série 1840 IX S. 54, X S. 202 (Jacquet, méd. indiennes).
Journal Asiat. III Série I 1836 S. 122 (Jacquet, collection de Mr. le Gén. Allard).
Journal of the R. Asiat. Soc. III 1836 381 (Wilson, some ancient Indian coins).
Journal of the R. Asiat. Soc. IV 1837 273 (Steuart, two plates of coins).
Asiatic Society of Bengal IX 1840 S. 68, 70 (Coins found at Bameean) siehe Asiatic Journal XXIV S. 157.
Asiatic Society of Bengal IX 1840 S. 867, 1068, 1217; XI 1842 S. 130 (Cunningham, Description of some new Bactrian coins).
Blätter für Münzkunde II 95, Sammlung des General Ventura.
Blätter für Münzkunde II 124. IV 17 (einzeln).
Blätter für Münzkunde II 159, 309, 377 (Aufsätze von Grotefend).
Prinsep, Note of the hist. results deducible from recent discoveries in Afghanistan. London 1844.
Grotefend, Die Münzen der griechischen, parthischen und indoscythischen Könige von Baktrien, Hannover 1839. Rec. Th. B(ergk) Literatur-Zeitung (Halle-Leipzig) 1841 113.
Raoul-Rochette, Notice sur quelques méd. inéd. de la Bactriane, Paris 1834; Supplément 1: Paris 1835; Supplément 2: Paris 1836; Supplément 3: Journal des Savants 1838 S. 736; 1839 S. 89; 1844 S. 108.
Numismatische Zeitung 1843 145, 161 u. f. (Bactrische Königsmünzen).

Asiatic Society of Bengal IV 1835 S. 621 668 (Prinsep, connection of ancient Hindu coins with the Grecian or Indo-Scythic Series).
Asiatic Society of Bengal VI 1836 98 (Swiney, explanation of Indo-Scythic legends through the medium of the Celtic).

Revue numismatique 1839 81 (Sammlung des General Court).
Numismatic Journal II 144 (Wilson, Graeco-bactrian coins).
Numismatic Chronicle VI 103 (Wiederholung aus Asiatic Society of Bengal 1842 130: Cunningham, some new Bactrian coins).
Numismatic Chronicle XV 22 (Torrens, coins of the Indo-Scythian princes of Kabul).
Numismatic Chronicle XV 65 (Indo-Sassanian Coins).
Numismatic Chronicle XVI 108 (Vaux, some bactrian coins).
Arneth, Sammlung der bactrischen Münzen im K. K. Münzkabinet. In v. Hügel's Kaschmir Band IV 319.
[Prinsep, Essays on indian antiquities ed. Edw. Thomas vol. II (London 1858) 171 ff., unvollständig abgedruckt in: Num. Chron. XIX 13.
Numismatic Chronicle 2. Serie VIII IX X XII XIII: Cunningham, Coins of Alexander's successors in the East, the Greeks and Indo-Scythians.
v. Sallet, Zeitschrift für Numismatik VI 165, 271, Die Nachfolger Alexanders des Grossen in Baktrien und Indien, auch separat: Berlin 1879; Nachträge: Zeitschrift für Numismatik VII 296. VIII 109, 279. IX 158. X 156.

Zeitschrift für Numismatik VIII 289 (Oldenberg, über die Datirung der älteren indischen Münz- und Inschriftenzeichen, Nachträge ib. IX 90].

Monogramme.
Numismatic Chronicle VIII 175, 2. Series VIII 180 pl. 7.
[Jahresbericht für Alterthumswissenschaft XXXII (1882 II) 436].

Falsche bactrische Münzen.
Asiatic Society of Bengal IX 1840 393, 1217.

*Die Reihenfolge der bactrischen Könige ist die: Zeitschrift für Numismatik VI 191 von v. Sallet gebrauchte.

Diodotus.
Numismatic Chronicle II 202.
Droysen, Hellenismus III 1 357.
Köhne, Zeitschrift III 65. VI 129.
Numismatic Chronicle XIII 77.
Journal des Savants 1844 110.
Numismatic Chronicle 2. Serie II 182 und 184. VIII 276. IX 29.
Numismatic Chronicle XIX 21.
[v. Sallet, Zeitschrift für Numismatik VI 166, 181, 286].

Euthydemus.
Sestini, Chaudoir 112.
Chaudoir, Supplément aux corrections 23.
Luynes, Choix XV 17.
Akerman, Chronicle XIII 77.
Köhler, Méd. grecques des rois de Bactriane S. 5.
Journal des Savants 1838 S. 741.
Numismatic Chronicle N. S. II 185 und 262.
Numismatic Chronicle XIX 23.
[Numismatic Chronicle 2. Serie VIIII 123.
v. Sallet, Zeitschrift für Numismatik VI 176, 286].

Demetrius Euth. f.
Sestini, Chaudoir 112, cf. Chaudoir, Supplément aux corrections p. 3 n. 29.
Numismatic Chronicle XIII 10.
Comment. Gotting. VI 1823—7 S. 3 (Tychsen de n. in Bochara repertis imprimis de n. Demetrii Indiae regis).
Mem. Rom. di antich. IV 1827 82 (Köhler, medaglione dei rè de' Battriani).
Journal des Savants 1838 744.
Asiatic Society of Bengal IX 1840 68, 70.
Numismatic Chronicle XIX 24.
[Numismatic Chronicle 2. Serie IX 125, 141.
v. Sallet, Zeitschrift für Numismatik VI 182, 288. VIIII 159].

Eucratides.
Chaudoir, Supplément aux corrections 23.
Köhler, Méd. gr. des rois de Bactriane S. 2.

Asiatic Society of Bengal III 1834 164.
Numismatic Chronicle XIII 7. XIX 28.
[Numismatic Chronicle 2. Serie IX 216.
v. Sallet, Zeitschrift für Numismatik VI 184, 294. IX 159].

[Plato.
Numismatic Chronicle 2. Serie XV 1 mit PMΞ 147 a. Sel. = 165 v. Chr.
v. Sallet, Zeitschrift für Numismatik VI 300].

Heliocles.
Gerhard, archäologische Zeitung 1849 102.
Journal des Savants 1838 745.
Numismatic Chronicle XIX 25.
[Numismatic Chronicle 2. Serie IX 227, 239.
v. Sallet, Zeitschrift für Numismatik VI 185, 301. IX 160].

Pantaleon.
Asiatic Society of Bengal III 1834 S. 166.
Numismatic Chronicle 2. Serie II 261.
Numismatic Chronicle XIX 23.
[Numismatic Chronicle 2. Serie VIII 279.
v. Sallet, Zeitschrift für Numismatik VI 192, 290].

Agathocles.
Asiatic Society of Bengal III 1834 S. 166.
Numismatic Chronicle XIX 21.
[Numismatic Chronicle 2. Serie VIII 280.
v. Sallet, Zeitschrift für Numismatik VI 176, 291: Die Tetradrachmen mit
ΒΑΣΙΛΕΥΟΝΤΟΣ ΑΓΑΘΟΚΛΕΟΥΣ ΔΙΚΑΙΟΥ.
Numismatic Chronicle 2. Serie XX (1880) 181.
Jahresbericht für Alterthumswissenschaft XXXII (1882 III) 433].

Antimachus Deus.
Numismatic Chronicle XIII 74. XIX 27.
[Numismatic Chronicle 2. Serie VIII 278. IX 38.
v. Sallet, Zeitschrift für Numismatik VI 177, 293].

Antialcides.
Revil 422 (bei Mionnet S. VIII 483 gestochen).
Journal des Savants 1844, 120.
Asiatic Society of Bengal III 1834 165.
Numismatic Chronicle XIX 37.
[Numismatic Chronicle 2. Serie IX 300, 313.
v. Sallet, Zeitschrift für Numismatik VI 188, 305].

Lysias.
Zeitschrift für die Kunde des Morgenlandes IV 2 p. 384.
Numismatic Chronicle XVI 108. XIX 36.

Agathoclea.
Numismatic Chronicle XIX 42.

Amyntas.
Numismatic Chronicle XVI 108.
Journal des Savants 1839 90.
Numismatic Chronicle XIX 38.

Antimachus Nicephorus.
Numismatic Chronicle XIX 30.
[Numismatic Chronicle 2. Serie IX 296, 304.
v. Sallet, Zeitschrift für Numismatik VI 307].

Apollodotus.
Chaudoir, Supplément aux corrections 23.
Numismatic Chronicle XVI 108.
Journal des Savants 1833 752.
Asiatic Society of Bengal III 1834 164.
Numismatic Chronicle XIX 33.
[Numismatic Chronicle 2. Serie X 67, 76.
v. Sallet, Zeitschrift für Numismatik VI 183, 195, 308].

[Apollophanes.
Numismatic Chronicle 2. Series XII 167.
v. Sallet, Zeitschrift für Numismatik VI 310].

Archebius (nicht Archerius).
Revue numismatique 1839 213.
Wilson, Ariana 279.
Numismatic Chronicle XVI 108. XIX 38.
Numismatic Chronicle 2. Serie II 267.
[Numismatic Chronicle 2. Serie X 74, 89.
v. Sallet, Zeitschrift für Numismatik VI 311].

Artemidorus.
Numismatic Chronicle XIX 32.
[Numismatic Chronicle 2. Serie XII 166, 176.
v. Sallet, Zeitschrift für Numismatic VI 312].

Diomedes.
Numismatic Chronicle XIX 35.
[Numismatic Chronicle 2. Serie X 73, 88.
v. Sallet, Zeitschrift für Numismatik VI 312].

Dionysius.
Numismatic Chronicle XVI 108. XIX 35.
[Numismatic Chronicle 2. Serie X 70, 86.
v. Sallet, Zeitschrift für Numismatik VI 313].

[Epander.
Numismatic Chronicle 2. Serie IX 303, 317.
v. Sallet, Zeitschrift für Numismatik VI 313].

Hermaeus.
Journal des Savants 1839 95.
Asiatic Society of Bengal III 1834 167, 168.
Numismatic Chronicle XIX 43.
[Numismatic Chronicle 2. Serie XII 167, 179.
v. Sallet, Zeitschrift für Numismatik VI 314.
ΣΤΗΡ□Σ ΣΥ ΕΡΜΑΙ□Υ hier angeschlossen].

Hippostratus.
Numismatic Chronicle XVI 108, XIX 42.
Zeitschrift für Kunde des Morgenlandes IV 1842 203.
[Numismatic Chronicle 2. Serie XII 163, 175.
v. Sallet, Zeitschrift für Numismatik VI 317].

Menander.
Journal des Savants 1838 750.
Asiatic Society of Bengal III 1834 168.
Numismatic Chronicle XIX 39.
[Numismatic Chronicle 2. Serie X 208, 220.
v. Sallet, Zeitschrift für Numismatik VI 195, 320. IX 161].

Nicias.
Numismatic Chronicle XIX 32.
[Numismatic Chronicle 2. Serie IX 298, 310.
v. Sallet, Zeitschrift für Numismatik VI 323. IX 161].

Philoxenus.
Journal des Savants 1839 89.
Numismatic Chronicle XIX 31.
[Numismatic Chronicle 2. Serie IX 297, 308.
v. Sallet, Zeitschrift für Numismatik VI 324].

Straton I.
Numismatic Chronicle XIII 8.
Numismatic Chronicle XIX 41.
[Numismatic Chronicle 2. Serie X 205.
v. Sallet, Zeitschrift für Numismatik VI 190, 193, 325].

[Strato II.
Numismatic Chronicle 2. Serie X 207, 219.
v. Sallet, Zeitschrift für Numismatik VI 328].

Telephus.
Numismatic Chronicle XIX 43.
[Numismatic Chronicle 2. Serie XII 167, 178.
v. Sallet, Zeitschrift für Numismatik VI 329].

[Theophilus.
Numismatic Chronicle 2. Serie IX 303, 316.
v. Sallet, Zeitschrift fur Numismatik VI 329].

Zoilus.
Zeitschrift für Kunde des Morgenlandes IV 1842 203.
Numismatic Chronicle XIX 34.
[Numismatic Chronicle 2. Serie X 71, 87.
v. Sallet, Zeitschrift für Numismatik VI 330].

Maues.
Journal des Savants 1839 97.
Numismatic Chronicle XIX 44.
[v. Sallet, Zeitschrift für Numismatik VI 334. IX 161].

Azes.
Chaudoir, Supplément aux corrections 24.
Journal des Savants 1844 121.
Numismatic Chronicle 2. Serie I 72.
Numismatic Chronicle XIX 52.
[v. Sallet, Zeitschrift für Numismatik VI 338. IX 162].

[Aspabatis oder Aspavarma.
v. Sallet, Zeitschrift für Numismatik VI 345].

Azilises.
Numismatic Chronicle XIX 57.
[v. Sallet, Zeitschrift für Numismatik VI 348].

Vonones.
Chaudoir, Supplément aux corrections 25.

Vonones und Azes.
Numismatic Chronicle XIX 51.

Vonones und Spalahares.
Numismatic Chronicle XIX 51.

Vonones und Spalagadames.
Numismatic Chronicle XIX 51.

Spalirises und Azes.
Zeitschrift für Kunde des Morgenlandes IV 1842 204.
Numismatic Chronicle XIX 52.

Spalagadames oder Spalyrias.
Numismatic Chronicle XIX 52.
v. Sallet, Zeitschrift für Numismatik VI [354].

Arsaces.
Numismatic Chronicle XIX 62.
[v. Sallet, Zeitschrift für Numismatik VI 354. VIII 111.

Hyndopherres oder Gondophares.
Asiatic Society of Bengal III 1834 170.
Zeitschrift für Kunde des Morgenlandes IV 1842 205.
[v. Sallet, Zeitschrift für Numismatik VI 213. VII 296].

Subdagases Sasan.
Numismatic Chronicle XIX 62.
v. Sallet, Zeitschrift für Numismatik VI 263. VII 304.

Sanabarus.
Prinsep, Essays II 215.
[v. Sallet, Zeitschrift für Numismatik VI 364].

Abdagases.
Numismatic Chronicle XIX 61.
[v. Sallet, Zeitschrift für Numismatik VI 365. VII 303. IX 165].

Zeionises.
Prinsep, Essays II 210.
[v. Sallet, Zeitschrift für Numismatik VI 368. IX 165].

Pacores.
Numismatic Chronicle XIX 63.
[v. Sallet, Zeitschrift für Numismatik VI 372].

Orthagnes.
Numismatic Chronicle XIX 73.
[v. Sallet, Zeitschrift für Numismatik VI 372. VII 305. VIII 113].

[Heraus.
Numismatic Chronicle 2. Series XIV 161.
v. Sallet, Zeitschrift für Numismatik VI 373].

Soter Megas.
Numismatic Chronicle XIX 58.
[v. Sallet, Zeitschrift für Numismatik VI 374. VIII 114].

Hyrcodes.
Numismatic Chronicle XIX 50.
[v. Sallet, Zeitschrift für Numismatik VI 376].

Kadphises.
Numismatic Chronicle XIII 10.
Numismatic Chronicle XIX 50, 59.

Bullettino 1834 240.
Revue belge III 174.
Hannover. Blätter für Münzkunde II 161.
[v. Sallet, Zeitschrift für Münzkunde VI 377].

Kanerku (Kanischka).
Blätter für Münzkunde II 163.
[v. Sallet, Zeitschrift für Numismatik VI 383. VIII 114. IX 166].

Ooerki.
Revue belge III 174.
[Journal of Asiatic soc. IX p. II (1877): Fund von Peshawer.
v. Sallet, Zeitschrift für Numismatik VI 396].

AFRICA.

AEGYPTUS.

Ptolemaeer.

Système monétaire des Lagides, Magasin encyclopédique, Février 1810 283.
Letronne Explication d'une inscription grecque trouvée à Philes II article § III. Méd. de Ptol. XI, XII, Cléopatre, M. Antoine. Journal des Savants 1842 p. 711.
Revue num. 1840 415 (Système monétaire sous les Lagides von Letronne).
Pinder und Friedlaender, Beiträge I 194 (Aelteste Ptolemaeer Münzen).
Die Münzen der Lagiden, Revue numismatique 1853 325; 1854 25, 149, 229; 1855 179.
Revue belge I 280 (Monnaie chez les Egyptiens).
Numismatische Zeitung 1851 6 (Aegyptische Denkmünze, ist falsch).
Grote, Münzstudien I 462 (die ersten Königsmünzen Aegyptens).
Grote, Münzstudien III 139 (ptolemaeische Bronzemünzen, chronologische Bestimmungen).
Grote, Münzstudien II 860 und 899 (Die Münzen der Lagiden, Aufschriften, Monogramme, Jahrzahlen, Bildnisse).

Blei-Tesserae mit ΟΒΟΛΟΙ Β und ΜΕΜΦΙC, Revue numism. 1861 407.

Aelteste kleine Æ Ptolemaeer Münzen. Numismatic Chronicle 2. Serie II 165. Vergl. dazu Grote, Münzstudien II 484 Tfl. 31.

Darstellung des Regens auf Ptolemaeer Münzen. Berliner Blätter für Münzkunde II 282.
Numismatic Chronicle 1862 160. (ancient coins found in Egypt.)
[Huber, Zur alten Numismatik Aegyptens, Wien 1869 (aus Numismatische Zeitschrift I.
Numismatic Chronicle N. S. IV—VII 1864—67 (Poole).
Feuardent, Collections Giovanni di Demetrio, Paris (1870, 1873); jetzt in Athen, der Griechischen Archäologischen Gesellschaft geschenkt.
R. S. Poole, Catalogue of greek coins. The Ptolemies, London 1883].

Ptolemaeus I.
Revue numismatique 1844 325 (N).
Luynes, Choix XVI 1, XVII 10.

Annali 1841 202 (K. O. Müller über Ptol. I und Ptol. II).
Chaudoir, Corrections 102.
Lavy I 313.
[v. Sallet, Zeitschrift für Numismatik VII 223. VIII 6].

Berenice I.
Grote, Münzstudien I 331 und 341. (Die Münzen werden der Zeit der ersten Kleopatra zugetheilt).

Magas.
Avellino Bullettino III 36.
Lavy I 313.

Ptolem. I, Berenice — Ptolem. II, Arsinoe.
Luynes, Choix XVI 2, 3.
Lavy I 314.

Ptolemaeus II.
Chaudoir, Corrections 102.
Revue numismatique 1862 331.

Arsinoe Philadelphi.
Luynes, Choix XVI 4.
Annali 1841 296.
Revue belge 2. Série I 1.
Sestini, Lettere di continuazione IX 112 (die beiden Æ, welche Sestini nach Arsinoe Cyr. giebt, werden der Königin zurückgegeben: Revue numismatique 1848 245; wie mir scheint nicht mit genügendem Grund, denn der Kopf hat in der Ennery'schen Beschreibung nicht das Diadem, welches auf allen Münzen der Königin sehr breit ist, und ihrem Kopf auf den Münzen von Ephesus-Arsinoe fehlt. Es scheint also doch, dass diese Münzen nicht in Aegypten geprägt sind).
Numismatic Chronicle V Proceedings 81 (Fund von 24 Münzen der Arsinoe mit verschiedenen Buchstaben im Felde).

Ptolemaeus III.
Chaudoir, Corrections 102.
Lavy I 314.

Berenice Ptol. III uxor.
Avellino Bullettino IV 110.
Monumenti dell' instituto V Tafel LI 9 und Annali 1853 128, Münzstempel.
Fox II 165 (*N*).

Ptolemaeus V.
Luynes, Choix XVI 6.
Lavy I 315.

Cleopatra, Gem. d. Ptol. V Epiphanes.
Barucchi: in Memorie dell' accademia di Torino Band 39. Cl. di scienze morali, storiche etc. S. 15. 1) Æ ΒΑΣΙΛΙΣΣΗΣ ΚΛΕΟΠΑΤΡΑΣ Aehren-

bekränzter Kopf *Rf.* ΠΤΟΛΕΜΑΙΟΥ ΒΑΣΙΛΕΩΣ Adler auf Blitz. 2) Æ Derselbe Kopf ohne Schrift auf den grossen, deren Ks. den Adler mit der gewohnten Umschrift ΠΤ. ΒΑΣ. hat. 3) Æ Königskopf; Ks. gewohnte Umschrift um denselben Frauenkopf, Lotus.

Ptolemaeus VI.
Numismatic Chronicle 2. Serie I 224.

Ptolemaeus VIII Soter II.
Archäologische Zeitung 1846 268. 1847 126 aber vergl. Alex. v. Epirus.
Luynes, Choix XVI 5.
Numismatic Chronicle 2. Serie II 165.

Cleopatra Selene, Ptol. VIII uxor.
Lavy I 316, ohne Schrift.
[Numismatische Zeitung (Wien) III 1871: die ihr zugeschriebenen Münzen gehören Berenike II].

Ptolemaeus IX.
Akerman, Chronicle VII 133. Die Münzen des Alex. v. Epirus.
Lavy I 317.

Ptolemaeus XI Auletes.
Revue numismatique 1843 163.

Ptolemaeus XII.
Revue numismatique 1843 163.
Lavy I 317.

Cleopatra M. Antonii.
Numismatic Chronicle I 198, 209.
Revue numismatique 1843 163.
Sestini, Lettere di continuazione IV 67 (Patrae). Diese Münze hat viel Aehnlichkeit mit der der Poppaea von Pessinus, siehe Patrae.
Sestini, Lettere di continuazione V 73, IX 116, Tfl. IV 10 (Aradus).
Letronne: Journal des Savants 1842 Seite 711.
Atti della Soc. Albriziana Parte antiq. IV S. 55.
Caronni a Tunis Tfl. IV 18.

Ptolemaeus incertus.
Akerman, Journal I 46.
Lavy I 321.
Numismatic Chronicle 2. Serie II 177 (Æ Pegasus *Rf.* Isis stehend).

ALEXANDRIA.

Alexandria.
S. Quintino, Descr. d. med. imp. Alessandrine del R. museo di Torino. Torino 1824. (Auch in den Memorie dell' accademia di Torino XXIX S. 1).

Data auf den Münzen.

Akerman, Chronicle V 141.
[Berliner Blätter IV 145].
[v. Sallet, Die Daten des alexandrinischen Kaisermünzen, Berlin 1870].
Alexandrinische Glasmünze mit dem Kopf des Nil und der Isis: Rüppell, Reise in Abyssinien Theil II Seite 428 Tafel 8 No. 5.

Augustus.

Ueber die Regierungsjahrzahl auf seinen Alexandrinern.
Berliner Blätter für Münzkunde II 277.
Lavy I 321 (ΑΚΛΑ? Sperber).
Lavy I 321 (ΘΕΟΥ ΥΙΟΥ Μ Adler).
Welzl 7321 (LB? Halbmond).

Livia.

Lavy I 322 (LΔ Aehren und Mohn).
Lavy I 322 (LE Halbmond).
Lavy I 322 (L ΛΘ Aehrenkorb Fackeln usw.) ob richtig attribuirt?

Gaius Caesar.

Lavy I 323.
Welzl 7332 (ΓΑΙΟΥ Halbmond).
Numismatic Chronicle 2. Serie I 224 (wie Welzl).

[*Tiberius.*
Catalogue of the collection C. G. Huber 100 n. 1031 (LB)].

Claudius.

Lavy I 324 (LB Victoria).
Heydecken 2607 (LIϚ Hand m. Caduceus) [wo die Zahl verlesen sein wird].

[*Messalina.*
Beger Thes. Brand. II 619 hat LΔ: v. Sallet, Daten 19].

Nero.

Lavy I 328 (L ΕΝΑ Hippopotamus).

Nero und *Octavia.*

Lavy I 330 (LE und LϚ).
[Mus. Sanclementi II 117 LϚ; auch Kgl. Münzk.].

[*Poppaea.*
v. Sallet's Zeitschrift für Numismatik XIII 245 (L · ΕΝΑ̅).
Catalogue Huber 101 1039 (LIB).
Catalogue Rollin III 583 8585 (LIB)].

Galba.

Lavy I 331 (ΕΛΕΥΘΕΡΙΑ).

Otho.

Lavy I 332 (LA Kopf d. Isis).

Vespasianus.

Akerman, Journal I 46.
Lavy I 334 (LH Justitia).
Welzl 7389 (LH Füllhorn).
Heydecken 2660 (ΖΕΥΣ ΣΑΡΑΠΙΣ LH).
[Berliner Blätter für Münzkunde IV 145; statt Belley's ΛΥΚΑΒΑΝΤΟΣ ΔΕΚΑΤΟΥ ist zu lesen ΔΙΚΑΙΟΣΥΝΗΛΕΝΑΤΟΥ].

Vespasianus und Titus.

Lavy I 334 (LA Beider Köpfe).

Titus.

Lavy I 335 (Victoria).
[v. Sallet, Die Daten der alexandrinischen Kaisermünzen 24, über das angebliche LϚ einer Münze der Pfau'schen Sammlung].

Domitianus.

Akerman, Journal II 108.
Annali 1840 224, Tafel Q. 10 irrig ΕΤΟΥ·ϹΕΒΑϹΜΟΥ statt ΕΤΟΥϹ ΕΒΔΟΜΟΥ.
Lavy I 335 (LA Canopus). (LA Greif). 334 (LIA Leuchtthurm). 337 (LIE Schlange).
Heydecken 2671 (LΓ Greif). 2673 (ΕΤΟΥΣ ΕΝΑΤΟΥ Kopf des Genius). 2674 (ebenso Kopf des Serapis).
[Numismatische Zeitschrift (Wien) I 1870 395].

Domitia.

Lavy I 337. (LE).

[Nerva.

v. Sallet, Daten 99 (LB)].

Traianus.

Akerman, Journal I 46.
Lavy I 338 (LZ Trophäe). (LH Trophäe). I 339 (LIΔ Pallas). (LIE Adler). I 340 (LIϚ 2 Frauen). (LIϚ Nil u. s. w.)   I 341 (LIΘ Serapiskopf). I 342 (Jahr undeutlich, Diana und Diosc.)
Welzl 7405 (LZ Trophäe auf Prora).
Heydecken 2689 (LB Apis). 2708 (LIE Cap. Nili).
Mionnet VI 131 744. In der 2. Ausg. des Tafelbandes (1837) sagt er die Figur vor dem Tiber sei ein ziegenfüssiger Satyr.

Hadrianus.

Akerman, Journal I 46.
Pinder, Num. ined. 35
Numismatic Chronicle XIV 122.
Lavy I 343 (LϚ Serapis).   344 (LIA Faun).   345 (LIA Sistrum).   347 (LIϚ Jupiter sitzend u. s. w.). (LIϚ Nil).   348 (LIH Jupiter sitzend).   349 (LIH Sphinx).   350 L ΕΝΝΕΑΚ · Δ Serapiskopf). (L ΕΝΝΕΑΚ · Δ Ceres).   351 (LKA Serapis) (LKA Ceres).   352 (ΠΡΟΝΟΙΑ LKB Providentia).
Memoiren der Petersburger numismatischen Gesellschaft 1851 158. (LΔΕ *δεκάτου?*)

Sabatier 670 (LΔE Lotus, angebl. Nomenmünze).
Heydecken 2728 (LZ Fortuna liegend). 2731 (LEN Löwe). 2734 (LΔE Lotus).
2757 (LϚ Isis). 2771 (L ENNEAKΔ Frau mit Zweig und Lyra, Apoll?)
[v. Sallet, Daten 28 LB neben Traiansk. *Rf.* Hadriansk., Kgl. Münzk.]

Sabina.
Lavy I 353 (L ENNEAKΔ Victoria).

Antinous.
Mionnet VI 205 1362; die Jahrzahl sei LIΘ, sagt Mionnet in der 2. Ausg. des Tafelbandes von 1837. Ebenso ist in der Anmerkung *b* daselbst das Datum 8 falsch.

Antoninus Pius.
Avellino Bullettino III 36, 57.
Chaudoir, Corrections 102.
Numismatic Chronicle XIV 122.
Lavy I 354 (ΕΤΟΥC B Nil). (ΕΥΘΗΝΙΑ LB Abundantia). 355 (LE Abundantia).
[v. Sallet's Zeitschrift für Numismatik (LE Hercules und die Amazone)].
Welzl 7474 (LE Amor auf Delphin).
Lavy I 355 (LZ Jupiter in Quadriga). (LZ Hercules Bäume ausreissend).
356 (LH Apoll und 2 Nemeses). 357 (LH Apis). (LENATOY Nil). 358 (LΔEKATOY Harpocrates). (LΔEKATOY Hercules und 2 Stiere).
[v. Sallet's Zeitschrift für Numismatik IX 4 (LΔEKATOY Hercules reinigt den Augiasstall)].
Lavy I 360 (ΕΥΤΗΝΙΑ (sic) LIB Abundantia). (LIΓ Jupiter). (LIΔ Jupiter).
362 (LK Kaiser in Quadriga). (LK Sphinx). (LKA Roma). 361 (LKΔ Isiskopf).
Heydecken 2791 (ΕΥΘΗΝΙΑ LΤΡΙΤΟΥ Lieg. Frau). 2792 (LΔ Ceres stehend).
2808 (LΘ Protome Solis). 2820 (LIE Isis in Tempel). 2828 (LKΔ Drei Canopi auf Altar).

Antoninus P. und *M. Aurelius.*
Lavy I 363.

Faustina senior.
Numismatic Chronicle 2. Serie I 225 (mit dem Kopf des Antoninus P., LKB).
[Mionnet VI 287 note *a*: die von Zoega num. Aeg. 211 1 beschriebene Münze ΦΑΥCΤΕΙΝΑ CΕΒΑCΤΗ LE beruht auf irriger Lesung].

M. Aurelius.
Akerman, Journal I 46.
Mittheilungen der Berliner Numismatischen Gesellschaft I 27.
Annali 1840 224 Tav. Q 9.
Lavy I 364 (PωMH LA Roma). 365 (LIA Justitia). (LIE Lupa und Zwillinge). (LIZ Victoria).
{Sabatier 462 (LIZ (?) femme couchée).
{Heydecken 2837 (LIZ (?) Fortuna liegend).

M. Aurelius und *L. Verus.*
Lavy I 365 (LB beide Kaiser).

Faustina iunior.

Lavy I 365 LE Canopus). (LIΔ Abundantia). 366 (LIE Aesculap). (LK M. Aurel.).
Heydecken 2843 (LIZ Caduceus).

L. Verus.

Lavy I 366 u. f. (viele).

Lucilla.

Lavy I 367 (LH Fortuna auf dem Lectisternium).

Commodus.

Lavy I 367 (LK Serapiskopf). 368 (LKB Victoria). 369 (LΛ Spes).
[v. Sallet, Daten 41].

Crispina.

Numismatic Chronicle 2. Serie I 225 (Victoria zu Wagen).

Pertinax.

(Lipsius.) Diss. sur une méd. de l'empereur Pertinax. Dresde 1793 4.
Numismatic Chronicle 2. Serie I 225 (LA).

[Pertinax Caesar.

v. Sallet, Zeitschrift für Numismatik I 314].

Pescennius Niger.

Welzl 7508 (LA Spes).
Numismatic Chronicle 2. Serie (LB Figur mit Füllhorn.)
Revue numismatique 1868 455.

Septimius Severus.

Chaudoir, Corrections 102.
Heydecken 2850 (LE Schlange).
Numismatic Chronicle 2. Serie I 224 (LB, LΔ, LE mehrere).
[v. Sallet's Zeitschrift für Numismatik IX 5 (LZ)].

Domna.

Lavy I 370 (LΔ Fortuna).

Domna mit Caracalla und Geta.

Numismatic Chronicle 2. Serie I 226.

Caracalla.

Zeitschrift für Münzkunde III 49. Das Exemplar ist jetzt in der Königl. Sammlung, es ist ganz bestimmt eine Münze Traians, dessen Kopf hier einige Aehnlichkeit mit dem Caracalla's hat. Der Irrthum Köhne's ist verzeihlich, aber die Münzen Caracalla's sehen freilich ganz anders aus.
Lavy I 370 (LB Jupiterkopf)
Numismatic Chronicle 2. Serie I 226 (LΓ, LIΘ, LKΓ).
[v. Sallet, Daten 46].

Plautilla.
Werlhof, Handbuch d. griech. Num. p. 254 Anm. [und v. Sallet, Daten 50].

Geta, Caesar.
v. Sallet, Daten 50 LϚ, LΘ (in Osnabrück).
Catalog, Huber 110 N. 1111].

Diadumenianus.
Numismatic Chronicle 2. Serie I 227 (LB Krieger).
[v. Sallet, Daten 99].

Elagabalus.
Akerman, Chronicle XIV 122.
Lavy I 370 (LB Frau mit Mauerkrone).
Heydecken 2852 (LΓ Adler).

Maesa.
Lavy I 371 (LΔ Adler).

Severus Alexander.
Akerman, Chronicle XIV 122.
Lavy, I 372 (L ΤΕΤΑΡΤΟΥ Serapis). (L ΠΕΜΠΤΟΥ Serapis). 373 (L ΕΒΔΟΜΟΥ Ammonkopf). 374 (LIΓ Adler). (LIΔ Spes).
Heydecken 2861 (LIA Pallaskopf).

Orbiana.
Numismatic Chronicle 2. Serie I 227 (mit dem Kopf des Severus Alexander).

Mamaea.
Lavy I 374 (LI Roma).

Maximinus.
Numismatic Chronicle XIV 123.

Pupienus.
Lavy I 377 (LA Providentia).

Gordianus III.
Numismatic Chronicle XIV 123.
Lavy I 377 (LA Mercurius).

Philippus senior.
Lavy I 380 (LE Genius v. Alexandria).

Otacilia.
Numismatic Chronicle VIII 127.
[v. Sallet, Daten 63 (LZ)].

Philippus junior.
Lavy I 380 (LB Kopf mit Modius usw.). (LΓ Köpfe d. Serapis und Isis).

Etruscilla.
Sabatier 478 (Potin, Kaiser zu Pferd).
[v. Sallet, Daten 67; ΕΡ ΚΟΥΠ ΑΙΤΡΟΥϹΚΙΛΛΑ ϹΑ im Kgl. Münzk.].

Hostilianus.
Lavy I 381 (LB Jupiterkopf).

Gallienus.
Lavy I 383 (LB Providentia). (LΔ Kopf der Diana). 384 (LIA Fortuna). 385 (LIΔ Kopf der Diana).
[Catalog Gréau 281 N. 3353 (LIϚ).
v. Sallet, Daten 74].

Salonina.
Lavy I 386 (LZ Jupiterkopf). (LZ Victoria). (LIA Fortuna).

Saloninus.
Lavy I 387 (LE Kopf des Serapis).

[Claudius Gothicus.
Catalog Huber 119 N. 1199 (Mars und LE).
v. Sallet, Daten 80].

Aurelianus.
Akerman, Journal I 46.
Lavy I 389 (LB Victoria), 390 (ETOYC E Serapis).

Severina.
Akerman, Journal I 46.
[v. Sallet, Daten 82. Ders., Fürsten von Palmyra 15].

Vaballathus.
Akerman, Chronicle IX 128.
Marchant, Lettres sur la numismatique 2. Ausg. 425.
[v. Sallet, Daten 84].

Odaenathus und seine Familie.
Revue numismatique 1846 268. [Eine barbarisirte Æ Kaisermünze: v. Sallet, Fürsten von Palmyra 8].

Carus.
Lavy I 394 (ΑΦΙΕΡѠϹΙϹ Adler).
[Beger Thes. Brandenb. III 166 ohne Jahreszahl].

Numerianus.
Lavy I 394 (LA Justitia). (LB Roma). (LB Adler und 2 Stand.). (ETOYC Γ Adler).
Heydecken 3252 (LB Roma sitzend, Stern). 3254 (LB Adler und 2 Stand.) 3259 (ETOYC Γ Adler).

Carinus.
Lavy I 394 (LA Adler).
Heydecken 3270 (LA Fortuna, Stern).

Diocletianus.
Akerman, Chronicle XIV 123.
Lavy I 396 mehrere.

Heydecken 3414 (LH Jupiter unten ∆).
[Numismatische Zeitschrift (Wien) I 127].

Val. Maximianus.
Lavy I 398.
Heydecken 3535 (LH Adler mit Palme).
[Catalogue Rollin III 638 9406 LIB].

Constantius Chlorus.
Numismatic Chronicle XIV 123.
Lavy I 399 (L∆ Adler).
Heydecken 3548 (LB Adler). 3552 (L∆ Spes, Stern).

Gal. Maximianus.
Heydecken 3554 (LΓ Adler mit Palme). 3556 (L∆ Fortuna). 3557 (L∆ Victoria).

[Domitius Domitianus.
v. Sallet, Daten 91].

NOMI.

Tôchon d'Annecy, Recherches sur les méd. des Nomes, Paris 1822.
Accademia di Torino, Memorie Th. 37 1834, Scienze morali S. 1 (S. Quintino, die Nomenmünzen der Turiner Sammlung).
Pinder und Friedlaender, Beiträge I 137 (Parthey, die Gaumünzen Aegyptens).
Langlois, Numismatique des nomes, Paris 1852, 4⁰.
Numismatic Chronicle II 86 (Gottheiten auf den Nomenmünzen).
Grote, Münzstudien II 469.
[Friedlaender, Berliner Blätter IV 29.
Feuardent, Collections Demetrio II 293.
Rougé, Revue numismatique N. S. XV 1].

Alexandria.
Welzl 7732.
Sabatier 649 (Hadr., Hippopotamus).

Antaeopolites.
Welzl 7733 (NB dies Ex. ist in der Königlichen Sammlung und bedarf der Berichtigung (Berliner Blätter IV 35; verm.: Athribites).
[Collections Demetrio n. 3514.
Rougé, Revue numismatique N. S. XV 19].

Aphroditopolites.
Grote, Münzstudien II 473.
[Collections Demetrio n. 3537.
Rougé, Revue numismatique N. S. XV 24].

[Apollonopolites.
Rougé, Revue numismatique N. S. XV 6].

Arabia.
Grote, Münzstudien II 473.
[Collections Demetrio n. 3543, 4].

[Arsinoites.
Rougé, Revue numismatique N. S. XV 30].

Athribites.
Lavy I 400.
[Rougé, Revue numismatique N. S. XV 49].

Bubastites.
Akerman, Chronicle VII 17.

Busirites.
Lavy I 400.

Cabasites.
Grote, Münzstudien II 476.

[Coptites.
Rougé, Revue numismatique N. S. XV 13].

[Cynopolites.
Rougé, Revue numismatique N. S. XV 25].

[Diopolites. (Ober-Aegypten.)
Rougé, Revue numismatique N. S. XV 11].

Diospolites. (Unter-Aegypten.)
Chaudoir, Corrections 103.
Grote, Münzstudien II 473.

[Gynaecopolites
Rougé, Revue numismatique N. S. XV 67].

[Heliopolites
Rougé, Revue numismatique N. S. XV 37].

Heptacometis.
Revue numismatique 1859 408.

Heracleopolites.
Akerman, Journal I 47.
Chaudoir, Corrections 104.
Grote, Münzstudien II 476.
[Magnoncour, Auktionscatalog No. 837.
Berliner Blätter IV 32.
Collections Demetrio No. 3526, 7.]

[Hermonthites.
Feuardent, Collections Demetrio II 298].

[Hermopolites.
Berliner Blätter IV 32.
Collections Demetrio 3518.
Rougé, Revue numismatique N. S. XV 26].

Hypselites.
Grote, Münzstudien II 481.
[Collections Demetrio No. 3516.]

Latopolites.
Chaudoir, Corrections 104.
[Rougé, Revue numismatique N. S. XV 8].

[Leontopolites.
Rougé, Revue numismatique XV 47].

[Letopolites.
Rougé, Revue numismatique N. S. XV 66].

Libya.
Sabatier 654, Widder: Mionnet nennt die Münze verdächtig.
[Berliner Blätter IV 34.
Collections Demetrio n. 3592].

[Lycopolites.
Rougé, Revue numismatique N. S. XV 21].

[Mareotes.
Rougé, Revue numismatique N. S. XV 70].

Memphites.
Lavy I 402.
Grote, Münzstudien II 480, Traian 1B.
[Berliner Blätter IV 20.
Collections Demetrio n. 3539. 3541.
Rougé, Revue numismatique N. S. XV 35].

Mendesius.
Chaudoir, Corrections 104.
Sabatier 656 (Hadr., Hirsch).

[Menelaites.
Rougé, Revue numismatique N. S. XV 67].

[Metelites.
Rougé, Revue numismatique N. S. XV 65].

Naucratites.
Grote, Münzstudien II 476.
[Rougé, Revue numismatique N. S. XV 64].

[Nesytes.
Collections Demetrio n. 3551.
Rougé, Revue numismatique N. S. XV 44 (Neout)].

Ombites.
Rathgeber in Ersch u. Gruber Allg. Encycl. Sect. III Th. III 358.
Sabatier 661 (Hadr., Crocodil).

Onuphites.
Rathgeber in Ersch u. Gruber Allg. Encycl. S. III Th. IV 26.
Chaudoir, Corrections 104.
[Collections Demetrio No. 3572].

[Oxyrynchites.
Friedlaender, Berliner Blätter IV 29.
Collections Demetrio No. 3523.
Rougé, Revue numismatique N. S. XV 28.]

Panopolites.
Lavy I 403.
[Rougé, Revue numismatique N. S. XV 18].

[Pelusium.
Rougé, Revue numismatique N. S. XV 41].

[Pharboetites.
Rougé, Revue numismatique N. S. XV 39].

Phthemphites.
Lavy I 404.
[Collections Demetrio No. 3564,5].

[Phtheneotes.
Rougé, Revue numismatique N. S. XV 61].

Prosopites.
Grote, Münzstudien II 478.
[Berliner Blätter IV 33].

Saites.
Grote, Münzstudien II 478.
[Collections Demetrio No. 3576, 7.]

Sebennytes.
Welzl 7745.
Lavy I 405. [siehe Berliner Blätter IV 35].
Grote, Münzstudien II 479.
[Berliner Blätter IV 31].
[Rougé, Revue numismatique N. S. XV 56].

Sethroites.
Grote, Münzstudien II 480.

[Tanites.
Rougé, Revue numismatique N. S. XV 43].

Tentyrites.
Langlois, Numismatique des nomes d'Égypte S. 12 Tafel I 11, es steht ·· ΝΤΑΙ ·· und auf der von Langlois citierten Abbildung ·· ΝΤΑΙΟ · Wie kann Langlois dies ΤΕΝΤΥΡ lesen! Mionnet VI 515 3 und Tôchon haben das nämliche Exemplar dem Antaeopolites zugetheilt.
[Rougé, Revue numismatique N. S. XV 15].
Grote, Münzstudien II 480.

[Thinites.
Rougé, Revue numismatique N. S. XV 15.

[Xoites.
Berliner Blätter IV 34].

Incerti Aegypti.
Avellino Bullettino I 133. II 55.
Caronni a Tunis Tafel IV 19.

AXUM in Abyssinien.
Revue numismatique 1868 28.
König Aphidas (536—542) Goldmünze mit ΒΑCΙΛΕΥC ΑΦΙΔΑC Rſ. ΑΖΩΜΙΤΩΝ.
König Gersemur (603—614) Goldmünze mit ΓΕΡCΕΜ ΒΑCΙΛΙ ΑΖΩΜΙ.
König Armah (644—658) Kupfermünze. Rüppell, Reise in Abyssinien Th· II 428 Tafel 8 No. 3, 6 und 7. Andere dazu gehörige Münzen: Halls, life of Nathaniel Pearce I S. 163, Poncet Voyage en Ethiopie S. 106.
(— Gordianus). Jahrbücher des Vereins von Alterthumsfreunden im Rheinlande Heft II 81 Tafel V 4. Berichtigt von J. Friedlaender ebenda Heft XIX 162, dass nicht ΑΓCΟΥ, sondern ΤΑΡCΟΥ zu lesen. Die Münze ist an richtiger Stelle bei Mionnet III 646 548 beschrieben, bei Lavy I 2433 abgebildet.
Kenner, die Goldmünzen von Axum, Sitzungsberichte der Wiener Akademie 1862 Band 39 S. 554.
[v. Sallet's Zeitschrift für Numismatik VII 229].

CYRENAICA.

Cyrenaica.
[L. Müller, Numismatique de l'ancienne Afrique, vol. 1, 2 Copenhague 1860. Supplément, Copenhague 1874; darin vol. 1: les monnaies de la Cyrénaique].
Cavedoni Osservazioni sopra le monete antiche della Cirenaica. Estratto dal t. XVI della cont. delle memorie di religione etc. Modena 1843 8.
Revue numismatique 1850 250 und 381 (früher Cardia). 1851 81.
Fox II 166 (Ꝛ).
Numismatic Chronicle 2. Serie I 201 (Ꝛ mit Gazelle).
[Numismatische Zeitschrift (Wien) III 430 (Silphium)].
Revue numismatique 1851 100, über die Kaisermünzen mit ΔΗΜΑΡΧ ΕΞΟΥΣ, vgl. oben Seite 327.
Augustus, Mionnet VI 669, 393 cf. VII 117.

Titus, Mionnet VI 571 161 cf. Wiczay I 7091 und Sestini Hedervar III cont. S. 76.

Aphrodisias.
Revue numismatique 1843 435.

(Arsinoe.)
Siehe Ephesus unter dem Namen Arsinoe.

Barce.
Millingen Sylloge 86.
Luynes, Choix X 24.
Bullettino 1843 113, 199.
Revue numismatique 1850 394.
Numismatic Chronicle XIV 144 (Æ Adler).
Revil 426 (Didr. ΛΙΒΥΣΤΡΑΤΟ).
Fox II 167 (Didr.).
[Zeitschrift für Numismatik VII 30 Didr.].
Ein Didrachmon im Königl. Münzk. Acc. 998/1872 Ammonskopf von vorn AKE ΣIO Σ, das ı eingeschoben (Schreibfehler verbessert).

Cyrene.
Lavy I 411 (Ν).
Sestini, Lettere di continuazione I 73, II Tafel No. 16 (Ν).
Akerman, Journal I 47.
Avellino Bullettino III 36. IV 110. V 127. VI 77.
Luynes Choix X 25—27.
Annali 1843 46.
Bullettino 1843 46, 55, 113, 199. 1844 153.
Revue numismatique 1850 389. 1851 81 dazu Arch. Zeitung 1853 117.
Revue numismatique 1852 334 (Bienentypus).
[Zeitschrift für Numismatik VII 29 Ѫ Didr.].
Welzl 7771 (Æ Pallaskopf, Silphium).
Kaisermünzen siehe Revue numismatique 1851 97.

Euesperis.
Revue archéologique V 1 230.
Revue numismatique 1850 404.
[Zeitschrift für Numismatik VII 30 Ѫ Didr.]

(Laea ins.)
Sestini Chaudoir 113.
Siehe Revue numismatique 1850 404.
Sestini, Lettere di continuazione IV 102.

Libya.
Sestini, Chaudoir 113.
Sestini, Lettere di continuazione V 76.
Archaeologia XVI S. 14 und S. 272, Tafel I 4 (Ѫ und Æ mit ΛΙΒΥΩΝ).
Revue numismatique 1856 168.

Ptolemais.
Revue numismatique 1848 256.
Sestini, Lettere di continuazione IX 111, siehe auch IX 97 und dazu 116 Ephesus.

Könige.
(Ophilon; Millingen Sylloge 87 widerruft diese Zutheilung.)

SYRTICA.

Leptis.
Blätter für Münzkunde IV 1 und 6 (die Münzen mit COL · VIC · IVL · LEP werden Celsa zugetheilt).
Caesar, Revue numismatique 1841 347.
Augustus, Blätter für Münzkunde IV 1.

Macomada.
Numismatic Chronicle XIV 142.

(Ocea).
Revue numismatique 1849 97 werden die Münzen anders attribuirt, nach Olbasa usw.

BYZACENE.

Achulla.
Revue numismatique 1856 164.
Agrippa und andere aus der Familie des Augustus, Borghesi, Osservazioni VI 5 und 6.

Hadrumetum.
Annali 1840 224.
Falbe, Carthage 119, 120.
Revue numismatique 1856 165.
Augustus, Borghesi, Osservazioni IV 10 zu Mionnet VI 580.
Falbe, Carthage 119.

Thapsus.
Tiberius, Sestini, Lettere di continuazione III 130.
Falbe, Carthage 121.

ZEUGITANA.

Carthago.
Falbe, Rech. sur l'emplacement de Carthage, Paris 1834.
Revue numismatique 1856 169 (Panormus?)
[v. Sallet's Zeitschrift für Numismatik VI 11].
J. Friedlaender, die Münzen der Vandalen S. 35: die autonomen Münzen von Carthago unter den Vandalenkönigen.

Clodius Macer, Memoiren der Petersburger numismatischen Gesellschaft 1851 156.
Sabatier 1003 (Sicilia *Rf.* Triquetra).
Annali 1851 225.
Falbe, Rech. sur. l'emplacement de Carthage, Tafel VI 23 S. 122.

Utica.

Revue numismatique 1856 224.
Tiberius, Borghesi, Osservazioni X 4 und 5 zu Mionnet VI 589.

NUMIDIA.

Numidia.

Duchalais, Mém. sur les monnaies antiques frappées dans la Numidie et dans la Maurétanie. Paris 1849 8. (Société des Antiq. de France XIX 404).
Revue numismatique 1849 392.
Numismatic Chronicle XV 82 und 218 (die bekannten Sacili oder Panormus zugetheilten Münzen werden den Königen Gala, Hiempsal, Syphax gegeben).

MAURETANIA.

Mauretania.

Siehe Numidia, Duchalais Mémoire.

Cissa.

Falbe, Carthage S. 118.

Lixus.

Falbe und Lindberg, annonce d'un ouvrage sur les méd. de l'anc. Afrique. Kop. 1843.

Unbestimmte.

Falbe, Carthage S. 117.

KÖNIGE.

Juba I.

Mittheilungen der Berliner Numismatischen Gesellschaft II 91.
Pinder, Numismata inedita 36.
Mionnet VI 610 1 cf. VII 110.
Sabatier 682 (Cheval).
Falbe, Carthage S. 110.
Revue numismatique 1842 330.

Juba II.

Akerman, Chronicle VI 183.
Sabatier 682 (Standarte).

Falbe, Carthage S. 115.
Caronni a Tunis Tafel V 25.

Juba II und Cleopatra.
Falbe, Carthage S. 115.

Cleopatra.
Chaudoir, Corrections 105.

Ptolemaeus I.
Akerman, Journal I 47.
Annali 1840 204.
Sabatier 684 (Weiblicher Kopf mit Mauerkrone).

Syphax.
Revue numismatique 1850 309.
Numismatic Chronicle XIV 12.

Gala, König der Massyli.
Numismatic Chronicle XV 84.

Hiempsal.
Numismatic Chronicle XV 85.

Unbestimmte Könige.
Falbe, Carthage S. 111 u. f.

Incerti Africae.
Punische: Numismatic Chronicle XIV 142.
    Caronni a Tunis Tafel V 21, 22, 26, 27. Tafel XII 79.
    Revue numismatique 1856 99 und 164, 220 und 387.

Kaisermünzen: Revue numismatique 1851 103.

Augustus, Numismatic Chronicle XIV 123 (L. Statius Flaccus, P. Cotta Bal. II vir.).
Augustus und *Livia*, Falbe, Carthage 113, 114.
Tiberius und *Livia*, Falbe, Carthage 113, 114.

RÖMISCHE MÜNZEN.

ALLGEMEINES.

Darstellung der Roma-Typen.

Sitzungsberichte der Wiener Akademie 1857 Band I 24, S. 253.

Vespasian und Titus Münzen in Beziehung auf die Erweiterung der Stadtmauer. Bullettino 1862, 30.

Darstellung der Kaiser.

Der Kaiser zu Pferd, die Lanze auf den Boden setzend (zur Andeutung, dass er still hält) Traian a. u. c. 865, 866, SPQR OPTIMO usw.

Die Kleidung der Kaiser als Consuln.

Numismatic Chronicle 2. Serie I 231, vergl. schon Eckhel darüber.

Kopfschmuck.

Severus Alexander trägt eine Kopfbinde (wie Hercules dargestellt wird) auf einer Münze von Tarsus der Königlichen Sammlung.

Kaiser mit den Attributen des Hercules: Revue numismatique 1845 266.

Besondere Typen.

Aeternitas: Zeitschrift für Münzkunde IV 161.

Providentia: Zeitschrift für Münzkunde IV 161.

Genien mit Schlangen in den Händen: Mittelfränkische Jahresberichte XIV 46.

Adler und Blitz: Numismatic Chronicle I 187.

Auf Germania und Sarmatia bezügliche Münzen: Zeitschrift für Münzkunde III 257 325, IV 1.

Britannien: Akerman, Coins of the Romans relating to Britain, London 1836, 8.

Aufschriften.

S. C. Atti della Società Pontaniana Vol. III, 183.

RCC auf Münzen des Caligula, Blätter für Münzkunde I No. 15.

Eichstad, De votis X, XX, XXX. Jenae 1825, Folio.

Allgemeines.

OBDV FILII SVI siehe Licinius I bei Eckhel, wo schon alles darüber steht, Numismatic Chronicle 2. Serie II 44 wird es nur wiederholt ohne Eckhel zu nennen.

Lapouyade, Abbréviations latines d'après les méd. imp.: Actes de l'acad. de Bordeaux IX 1847 229.

Die Stadtsigeln der Kaisermünzen.
Numismatic Chronicle 2. Serie II 60.

Geographisches.
Arles: Estrangin études arch. et hist. sur Arles, Aix 1838 (Cap. VIII Münzen). Bullettino 1839 143.

Münzgeschichte des Rheinlandes, Jahrbücher des Vereins von Alterthumsfreunden im Rheinlande XV 143.

London, Prägstätte, Numismatic Chronicle XV 60.

Heraclea auf Münzen des Julianus. Apost. Eckhel VIII 520 (man weiss nicht, ob Perinth oder Heraclea Ponti).

Münzbeamte.
Triumviri monetales: Atti d. Società Pontaniana III 171.

Magistrate und Corporationen des Münzwesens: Revue numismatique 1847 350, 1848 165.

„Münzaufscher": Numismatische Zeitung 1841 81.

Officinatores, Nummularii usw.: Bullettino 1835 1.

Möhsen, Geschichte einer Berliner Münzsammlung I 63, 70, 78.

Gratidian, Gesetz über Falschmünzer: Möhsen, Geschichte einer Berliner Münzsammlung I 53.

Römische Prägstätte in Damery aufgefunden: Revue num. 1837 171.

Münzgussformen: Revue numismatique 1837 161. 1854 107.

Numismatic Journal II 58, 67.

Numismatic Chronicle I 147.

Archaeologia XIV 99.

[v. Sallet's Zeitschrift für Numismatik V 18].

Stempelvertauschung: Annali 1838 61.

Werthbezeichnungen.
CONOB Pinder und Friedlaender, Die Münzen Justinian's, Berlin 1843, 9.

Annali di numismatica I 78, 145.

Revue numismatique 1847 401.

Pinder und Friedlaender, Beiträge I S. 1. — Pinder et Friedlaender, De la signification des lettres OB sur les monnaies byzantines, Berlin 1851. — 2. édition augmentée ib. 1873.

Bullettino Napolitano nuova serie I 68 (Eine Entstellung der Wahrheit).

Numismatic Chronicle 2. Serie II 240.

Berliner Blätter für Münzkunde I 209.

Numismatische Zeitschrift (Wien) III 479.

Ξ und O = $1/_{60}$ und $1/_{70}$. v. Sallet's Zeitschrift für Numismatik VII 240.

YXC und CMH in Diocletians Zeit, v. Sallet's Zeitschrift für Num. II 13.

xcvi Bullettino 1845 187.
Numismatic Chronicle XI 119.
Pinder und Friedlaender, Beiträge I 20.
v. Sallet's Zeitschrift für Numismatik IX 8.

Gewicht. Kaiserdenare.
Akerman, Chronicle VIII 93.

Exagia.
Fiorelli, Annalen I 200.
Revue numismatique 1863 15 und 213.
[v. Sallet's Zeitschrift für Numismatik IX 1 (Ricimer).
v. Sallet's Zeitschrift für Numismatik XI 56, Verzeichniss der Gewichte der Exagia im Königlichen Münzkabinet].

Schätzung von Kaisermünzen.
Revue numismatique 1849 50.

Stempelfehler.
Froelich, Dissertatio de numis monetariorum veterum culpa vitiosis. Viennae 1736.
Annali 1838 61.
Vertauschte Stempel: Ramus M. R. D. II 142; *Vf.* Turpilianus III vir, Kopf der Feronia, *Kf.* Caesar, die Augur-Instrumente.
Allier, Katalog, Tafel III 6, v statt A gesetzt, dann verbessert, so dass ⩍ steht.
Ein Æ Furia, welche irrig zweimal die *Vf.* erhaben hat, siehe unter Furia.
Marcianus *N* hat vn am Ende der Aufschrift der *Kf.*
Aurelian. Æ RESTITVT · ORIENTIS. Ein Exemplar mit E und Delphin im Abschnitt hat statt obiger Aufschrift: RESTITVTORI GENTIS, das G scheint also Stempelfehler? denn restitutori gentis ohne Zusatz ist wohl unmöglich.

Christliche römische Münzen.
Revue numismatique 1856 247.

Der Heiland.
Sanclementi III 182 Med. des Crispus. Der angebliche Heiland ist offenbar Constantin der Grosse. Alle Bücher Banduri bis Cohen nennen ihn den Heiland. Nur Eckhel übergeht die Münze bei Crispus und VIII 506, er kannte sie wohl nur aus Beschreibungen und traute nicht.
Solidus des Marcianus mit FELICITER NVBTIIS. Eckhel VIII 191 nennt die Mittelfigur Heiland in der Doctrina, allein in seinem Katalog des Mus. de France (1781) nennt er sie einen Priester und sagt alle 3 hätten den Nimbus. Tanini bildet den Solidus ab Tafel IX. Khell, Supplementum ad Vaillant S. 291.

Eine betende Kaiserin.
Aelia Eudoxia Æ GLORIA ROMANORVM, Schwefelpaste.

Monogramm Christi.
Eckhel, Doctrina VIII 89.

Typen römischer Münzen zur Zeit der Einführung des Christenthums: Jahrbücher des Vereins von Alterthumsfreunden im Rheinlande XVII 75.
IN PACE bei Salonina: Revue belge 2. Serie II 321.
Christliche Abzeichen: Revue belge 2. Serie III 165, vergl. Revue numismatique 1853 67.
[Garrucci, Vetri ornati, 1858 86.
Cavedoni, Opuscoli I part. 3 37, part. 5 86.
Madden, Numismatic Chronicle 2. Serie XVII 11, 242. XVIII 1, 169].

FUNDE VON RÖMISCHEN MÜNZEN.
Nur was ich zufällig bemerkt habe, gesammelt habe ich solche Notizen nicht.

In den Ostseeprovinzen und Siebenbürgen.
Preller, Numorum qui in museo academico Dorpatensi asservantur recensio 1842 Seite 19 u. f.
Jahresverhandlungen der Kurländischen Gesellschaft für Litteratur und Kunst, Mitau 1822 II p. 28: Fund von Riga.
In Siebenbürgen (Goldmünzen), Zeitschrift von und für Ungarn IV 1803 118.

In Deutschland.
In Ostpreussen: Levezow, Fund von Szubin Seite 4.
Münzfunde in Preussen: Vossberg, Münzen des deutschen Ordens S. 6.
[Münzfunde in Cujavien: Berliner Blätter IV 147].
Bei Klein Tromp bei Braunsberg (Goldmünzen der Kaiser des 4. und 5. Jahrhunderts): Beiträge zur Kunde Preussens VI 412.
Bei Klein Tromp, zweiter Fund (Goldmünzen derselben Zeit): J. Friedlaender, Die Münzen der Ostgothen S. 22.
In Mecklenburg (Antoninus P. und M. Aurelius): Mecklenburgische Jahrbücher X 1845 298.
Bei Platkow im Oderbruch (N Numerian, Æ Victorin): v. Sallet's Zeitschrift für Numismatik I 87.
Bei Gödnitz an der Elbe: Kruse, Deutsche Alterthümer III Heft 3 und 4, 1829, S. 26.
v. Ledebur, Ueber die heidnischen Alterthümer des Regierungsbezirkes Potsdam, Berlin 1852 (Enthält auch Münzfunde).
Nitzow bei Havelberg, Antoninus Pius Æ (war angeboten).
Bei Neuhaus an der Oste im Bremischen (Nero bis M. Aurelius): Numismatische Zeitung 1851 No. 20.
Bei Freren im Königreich Hannover (Traianus bis Magnentius): Numismatische Zeitung 1849 21.
Bei Weissensee in Thüringen (Vespasian bis Crispina): Numismatische Zeitung 1854 No. 25.
Bei Arnstadt, Tetricus N VICTORIA AVGG: Zeitschrift für Num. XI 55.
[Erfurt, Goldschatz des 14. Jahrh. mit einem N des Numerian: v. Sallet's Zeitschrift für Numismatik VII 232].
Fund von Niemegk von J. Friedlaender beschrieben in den Märkischen Forschungen Band VII 102.

[Spenge, Kr. Hervord, Decentius *N*: Zeitschrift für Numismatik VII 232].

Auf dem Born'schen Felde bei Calcar: Neue Mittheilungen des Thüringisch-Sächsischen Vereins II 1, 1835, 143.

Bei Coblenz (Honorius und Valentinian): Jahrbücher des Vereins von Alterthumsfreunden im Rheinlande VII 1845 165.

Bei Perscheid: ebenda 166.

[Bei Reil bei Zell a. Mosel, Constans *N* Med.: Zeitschrift für Num. XII 8].

Bei Dalheim (Diocletian bis Constantin): Société pour la recherche des monuments dans le Grand-Duché de Luxembourg III 58.

Zu Aalen: Württembergische Jahrbücher 1831 102.

Im Oberamt Wangen: Ebenda 1836 200.

Bei Nordendorf: Jahresberichte des historischen Vereins für Schwaben und Neuburg VIII—IX 7.

Bei Augsburg, Oberdonaukr.: Jahresberichte VII 42.

Fundorte in Oberbayern: Oberbayrisches Archiv für vaterländische Geschichte I 1839 119.

Fundorte im Landgericht Laufen: Ebenda II 1840 295.

In der Schweiz.

Römische Münzen, die in der Schweiz gefunden werden: Zeitschrift für Alterthumswissenschaft 1840 No. 76.

Münzfunde von Genf und seiner Umgegend: Société d'histoire de Genève I 1841 230.

In Belgien.

Bei Chimay im Hennegau (Valerian bis Aurelian): Revue numismatique 1837 141.

Bei Casteau im Hennegau: Acad. de Bruxelles V 32.

In der Gegend von Lüttich: Academie de Bruxelles V 58.

Bei Heerlen (Valentinian II, Constantin III): Revue belge II 194.

Bei Montroeul-sur-Haine im Hennegau (Traian bis Gordian): Revue belge III 421.

Bei Deerlyk: Revue belge V 209.

In Frankreich.

450 Denare von Traian und Hadrian: Bulletin monumental, Paris, II° Série IV 1848 437.

Sottevât arrond. von Valognes: Societé des antiquaires de Normandie 1829—1830 326.

Doullens: Société des antiquaires de Picardie I 1838 251.

Crissol (canton de Noyon): Ebenda IV 1841 401.

Maintenon (Septimius Severus bis Gordian III): Bulletin de la société de l'histoire de France II 1 1836 228.

Bei Barfleur, Manche (Vespasian bis Philippus): Revue numismatique 1842 309.

In Bourges (Pertinax bis Valerian): Revue numismatique 1843 81.

In Nazelle bei Amboise, Indre-et-Loire, (Nerva bis Severus): Revue numismatique 1844 322.

Funde in der Gegend von Rheims: Acad. de Rheims I 1842—1843.

Bei **Jublains** (Kaisermünzen): Revue numismatique 1837 301.
Bei **Macaire** (Domitian bis Gordian III) Revue numismatique 1837 301.
Bei **Sceaux**, Dep. du Loiret, (Nero bis Plautilla) Revue 1852, 313.
Bei **Dijon**: Revue belge 1846 184.
Bei **Huisseau-sur-Cosson** (Vespasian bis Valerian). Revue num. 1838 15.
Bei **Famars**: Société d'émulation de Cambrai 1825 283.
Bei **Arbanats** in Frankreich: Bullettino 1863 14.

In England.

Bei **Exeter**: Num. Journ. I 181.
Bei **Little-Malvern** (Domitian bis Maximinus Daza): Num. Chron. XI 19.
Bei **Strood** (Antonia bis Gratian): Numismatic Chronicle II 112.
In **London**, in der Themse (M. Aurel bis Honorius): Numismatic Chronicle IV 147, 187.
Bei **Deal** (Mamaea bis Tetricus): Numismatic Chronicle I 259.
Bei **Brampton** in Cumberland: Archaeologia Aeliana II 209.
Bei **Albury** in Surrey (Domitian bis Magnentius): Num. Chron. III 83.
Bei **Ayott St. Lawrence** (Familienmünzen, August, Tiber): Numismatic Chronicle XIV 83.
Verulam, (Familienmünzen, Kaiserm.): Numismatic Chronicle XX 108, 109.
Northamptonshire (Diocletian u. f.): Numismatic Chronicle XVII 38.
Wroxeter (Tetricus): Numismatic Chronicle XX 79.
Frome, (Familienmünzen und Kaisermünzen): Numismatic Chronicle 2. Serie I 8, 133.
Halifax (Familienmünzen und Kaisermünzen): Numismatic Chronicle 2. Serie I 79.

In Irland.

Coleraine, Kaisermünzen: Numismatic Chronicle XVII 101 und 111.

In Italien.

Zannoni, Denari cons. e di famiglie disotterrati in Fiesole, Firenze 1830 8 und Bullettino 1830 205.
Vernazza, Recensio nummorum qui Secusii reperti sunt, Turin 1812. (Lucius Verus bei Gallienus.) Auch in der Memorie dell' accad. di Torino 1811—1812 299.
Cavedoni, Saggio di osservazioni sulle medaglie di famiglie ritrovate nell' agro Modenese: Memorie di religione morale e letteratura, Modena, XV 35, 337, XVIII 163, Contin. II 101, IV 241 477.
Bei **Lodi** (Kaisermünzen): Annali di Statistica, Mailand 1846, LXXXVII 245.
Bei **Cingoli** (Familienmünzen): Bullettino 1838 163.
In **Piemont**: Bullettino 1852 163.
Bei **Vercelli**: Bullettino 1853 131.
Bei **Peccioli**: Annali 1854 61.
Bei **Carrara**: Bullettino 1860 139 und 200; 1861 78, 124, 126.
Fund von **Susa** (L. Verus—Gallienus): Turiner Akad. 1811—1812, Litterature et beaux arts S. 299.
In **Pompeji** (Goldmünzen): Annali di numismatica I 229.
[Bei **Cajazzo**: von Sallet's Zeitschrift für Numismatik VI 19].

In *Spanien*, Annali 1863 5.
Auf *Cypern*, Byzantiner, Constans II etc.: Numismatic Chronicle 2. Serie I 42.

In Ostindien.
Archaeologia IX 81.
In Südindien (Augustus, Claudius): Numismatic Chronicle VI 160.
Zu Nelore: Asiatic Researches II 1802 331.

FAMILIEN-MÜNZEN.

Allgemeines.
Ueber Mionnet Médailles romaines, siehe das Ende von Sestini, Serie consolare del Museo Fontana.
Borghesi, Osservazioni numismatiche, Rom 1821; Abdruck aus dem Giornale Arcadico Band XII und folgende.
Riccio, le monete della antiche famiglie di Roma. Ed. seconda. Napoli 1843.
Riccio, Catalogo di medaglie consolari, Napoli 1855 4°. Vergl. Bullettino 1856 76.
Cohen, Description générale des méd. consulaires. Paris 1857 4° 2 Bände, dazu Revue numismatique 1857 184 und 346 und Publications de la société d'histoire dans le Grand-Duché de Luxembourg 1862, XVIII S. 107.
Nachträge zu Cohen's Werk: Revue numismatique 1861 479, 1862 70 und 306, 1863 204 (Cavedoni).
F. A. Mayer, Einleitung in die römische Numismatik, Zürich 1842 8.
Classification der Familien- und Kaiser-Münzen, Revue num. 1849 431.
Akerman, descriptive catalogue of rare and unedited Roman coins, London 1834, 8°.
Sabatier, les phases de l'art monétaire à Rome et à Byzanze Petersburg 1848. Auch in den Memoiren der Petersburger archäologischen Gesellschaft 1848 81.
Münzveränderungen bei den Römern, Numismatische Zeitung 1844 57.
Stieglitz, collectio num. familiarum ad typos accomodata. Lips. 1830.
Zusammenstellung aller Goldmünzen: Memoiren der archäologischen Gesellschaft in Petersburg 1850 194.
Borghesi, Sestula d'oro: Memorie numismatiche 1847 33.
Victoriatus und Quinarius: Borghesi, Osservazioni XVII 1—5.
  Bullettino 1839 185.
  Bullettino 1850 144 (Zeit der ersten Victoriati).
Serrati: Zeitschrift für Münzkunde II 136.
Lucullea: Numismatic Journal I 169.
Erklärung einiger Familienmünzen: Numismat. Zeitung 1834 No. 8, 10, 11.
Comitien nach Familienmünzen: Numismatische Zeitung 1840 No. 3.
Revue numismatique 1840 194.
Brocchieri, osservazioni sopra alcune mon. consolari. Bologna 1762 4.
Restituirte Familien-Münzen: Sestini, Serie consolare del Museo Fontana Seite 74.
  Borghesi, Osservazioni III 9.

Numismatic Journal I 243.
Revue numismatique 1860 362.
Restitnirte Autonom-Münzen: Revue numismatique 1862 197, 387.
Revue numismatique 1865 167 (mit dem Jupiter Capitolinus).
Familienmünzen mit dem Stempel IMP VES: Borghesi, Osservazioni III 8.
Beizeichen: Borghesi, Osservazioni XVII 6.
Tribusbezeichnung: Borghesi, Osservazioni I 8.

Aussprache des Lateinischen nach den Münzen: Revue num. 1854 296.
Accente: Borghesi, Osservazioni VI 3 (Fúrius und Músa).
Unbeständigkeit des Alphabets: Bullettino 1853 175.
[Alphabete und Syllabarien: Hermes IX 251].

Der Nummus des Servius Tullius! Revue numismatique 1859 322.
Daselbst auch die Münzen von Valetia Valentia.
Dazu: Bullettino 1860 62.
Flade, Römisches Bergrecht und Bergwerksmünzen, Freiberg 1805 8⁰.
Landolina-Paternò monografia delle monete consolari sicule Napoli 1852, 4⁰ (ist excerpirt und bei den betreffenden Familien citirt).

Die Æ. Münzen mit KOP im Monogramm, Bullettino 1856 77. Dazu die Æ der Proculeia mit KO oder KOP.
Schätzung der Familienmünzen: Annali di numism. I 73 159 233, vergl. Bullettino 1848 14.
Seltenheit von Familienmünzen: Numismatische Zeitung 1834 9.

TYPEN.

Einzelne Typen auf Familienmünzen: Borghesi, Osservazioni XVII 6.
Annali 1849 186 (über viele Typen).
Bullettino 1845 177.
Bullettino 1839 185, Typen des Victoriatus.
Kopf der Pallas und der Roma: Borghesi, Osservazioni I 4.
Darstellung der Roma: Jahrbücher des Vereins von Alterthumsfreunden im Rheinlande XIV 74.
Ruminalischer Feigenbaum und die Ogulnische Wölfin: Zeitschrift für Münzkunde V 65.
Dioscuren: Revue numismatique 1839 89.
Numismatische Zeitung 1840 No. 6.
Feldzeichen: Revue numismatique 1850 235.
Form der Weltkugel: Bullettino 1839 156.
Darstellung von Gestirnen: Bullettino 1857 87.
Darstellungen von Ländern, Flüssen und Städten auf Familienmünzen: Numismatische Zeitung 1840 No. 8.
Symbolische Darstellungen auf Familienmünzen: Borghesi, Osservazioni IV 1, 2.

FAMILIEN-MÜNZEN.

Alle unter Caesar, Pompeius, Brutus, Cassius, M. Antonius, Lepidus, Augustus geprägten Münzen sind bei ihnen zu suchen, nicht bei den Familien der Beamten, welche sie geprägt haben.

Citate, wie: Borghesi, Osservazioni III 7 zu Riccio XL 9 bedeuten, dass Borghesi's Bemerkungen sich auf die bei Riccio Tafel XL 9 abgebildete Münze beziehen.

Sogenannte Consularmünzen (ohne Familiennamen).

Serratus mit den Dioscuren und einem Rad als Beizeichen: Zeitschrift für Münzkunde II 136.

Quinar: Kopf der Roma R/. Diana in der Biga: Bullettino 1856 78.

Accoleia.
Borghesi, Osservazioni VII 10.

Acilia.
Avellino Bullettino VI 75.
Landolina, monete consolari sicule p. 8.
Bullettino dell' Instituto 1834 74.
Revue belge 3. Serie IV 128 (Deutung der Eidechse auf dem Denar mit der Salus).

(Acilius Aviola, siehe Ephesus und Smyrna).

Aelia, Allia.
Landolina, monete consolari sicule p. 10.
Revue numismatique 1860 359.

Aemilia.
Bullettino 1845 177.
Avellino Bullettino V 60.
Borghesi, Osservazioni IX 3 zu Riccio Tafel II 15. XV 1 zu Riccio Tafel I, Aemilia 1.

Afrania.
Avellino Bullettino III 13.

Allienus.
Avellino Bullettino III 13.

Anicia.
Landolina, monete consolari sicule p. 11.

Antestia.
Avellino Bullettino III 30. IV 112.
Köhne, Zeitschrift II 141.
Borghesi, Osservazioni VIII 4 (GRAG).

Antia.
Avellino Bullettino III 13.

Antistia.
Borghesi, Osservazioni VII 7 (Antistius IIIvir des Augustus).
Numismatische Zeitung 1840 No. 5.

Antonia.
Avellino Bullettino IV 112.
Bullettino 1845 178.

Appuleia.
Annali 1839 280.
Borghesi, Osservazioni XVI 10 (Saturninus).
Landolina, monete consolari sicule p. 12.

Aquilia.
Diamilla, Memorie I 27.
Lavy II 14 (Ʀ).
Landolina, mon. consolare sicule p. 16.

Arria.
Borghesi, Gente Arria, Milano 1817, (aus Biblioteca Italiana 1817 V 57.)
Borghesi, Osservazioni XVII 10.

Atilia.
Annali 1839 280.
Lavy II 15 (Ʀ).
Borghesi, Osservazioni XVI 8 zu Riccio LII 1.
Landolina, monete consolari sicule p. 19.

Aurelia.
Avellino Bullettino III 57.
Köhne, Zeitschrift II 141.
Lavy II 15 (Ʀ).
Landolina, monete consolari sicule p. 19.

Autronia.
Borghesi, Osservazioni I 10.

Axia.
Borghesi, Osservazioni I 4 zu Riccio Tafel VIII 1.
Landolina, monete consolari sicule p. 20.
Bullettino 1845 178.

Baebia.
Schlichtegroll, Annalen I 56.
Lavy II 17.
Landolina, monete consolari sicule p. 22.

Caecilia.
Avellino Bullettino IV 83.
Lavy II 18 (Æ Quadr.)

Borghesi, Osservazioni VIII 6 zu Riccio Tafel IX 5. XIV 6 zu Riccio Tafel X 21.
Landolina, monete consolari sicule p. 24.

Caesia.
Avellino Bullettino V 6.
Bullettino 1845 178.

Calpurnia.
Köhne, Zeitschrift II 142, 143.
Annali 1839 281.
Lavy II 19 (Beizeichen auf Ʀ).
Borghesi, Osservazioni I 1 zu Riccio Tafel XI 11.
Landolina, monete consolari sicule p. 24.

Carisia.
Avellino Bullettino III 14, 65. IV 122.
Annali 1853 128, dazu Annali 1846 244, Monumenti IV Tafel XXXVI. (Die Instrumente zum Münzprägen).
[Annali 1859 407 und ✢
Archäologische Zeitung 29 161 (Werkzeuge des Vulcan)].
Bullettino Napolitano nuova Serie III 81, 89.
(Vergleiche Emerita oben Seite 41.)

Cassia.
Borghesi, Osservazioni IV 7 zu Riccio XII 17.
Bullettino 1845 178.

Cestia.
Avellino Bullettino III 62. VI 73, 74.

Cipia.
Annali 1839 281.

Claudia.
Köhne, Zeitschrift II 194.
Borghesi, Osservazioni II 9 zu Riccio XIII 7. XII 9 zu Riccio XIII 14. XII 10 zu Riccio XIII 9. XIV 9 zu Riccio XIII 3. XIV 10 zu Riccio XIII 8. XV 7 zu Riccio XIII 15 (Claudia Manlia Urbinia). XVII 5 Unimanus.
Landolina, monete consolari sicule p. 24.
Bullettino 1862 183 (Unimanus, Uni sei Name einer etruskischen Göttin!).

Clovia.
Lavy II 25 (Quadr.).
Borghesi, Osservazioni I 5 zu Riccio XIII 1.

Cloulia.
Lavy II 25 (Buchstaben auf Ʀ).

Coelia.
Borghesi, Osservazioni V 9 und VI 10 zu Riccio No. 2—4.
Bullettino 1845 178.

Considia.
Revue numismatique 1839 464.
Borghesi, Osservazioni XIV 4 zu Riccio Tafel XIV 2, 3.

Cordia.
Avellino Bullettino III 14.
Borghesi, Osservazioni V 7.

Cornelia.
Bullettino 1845 179.
Revue numismatique 1842 245.
Avellino Bullettino III 14, 61, 127, 136.
Annali 1842 131. 1839 281.
Lavy II 28 (L · SCIP · ASIAG · Buchstaben).
Borghesi, Osservazioni VIII 1 zu Riccio LV 10 dazu auch J. Friedlaender Oskische Münzen S. 84. II 2 zu Riccio XVII 42. II 8 zu Riccio XV 1. IX 8 zu Riccio XVII 51 und 52. IX 9 zu Riccio XVI 25. XVII 7 zu Riccio LV 6 (vergl. Panormus).
Milano, proseguimento alle novità num. Napoli 1846, Sextans mit C · SVLA und ebenda: Denar des Sulla.
Landolina, monete consolari sicule p. 24.
Bullettino 1852 188 (die angebl. Münze des Sulla mit Typen der Bundesgenossen).
Bullettino Napolitano nuova serie II 42 die Corinth zugetheilten Æ mit Füllhorn und Q werden von Cavedoni dem Sulla gegeben.
Eckhel sagt (Doctr. V. 190), die Münzen des Sulla mit IMPER ITERVM guttus et lituus inter duo tropaea, schienen alle gegossen zu sein. Dies ist ein Irrthum.

Cornuficia.
Nota d. alc. mon. della coll. Mainoni n. 3.
Bullettino 1845 180.

Cosconia.
Numismatic Chronicle XVI 175 (Æ 3) dazu XVIII 120.

Cossutia.
Lavy II 30 (Æ Zahlen).

Crepereia.
Avellino Bullettino V 58. VI 73.
Lavy II 30 (Æ Buchstaben).

Crepusia.
Avellino Bullettino VI 76.

Cupiennia.
Borghesi, Osservazioni X 2.

Curiatia.
Lavy II 31 (Semis).
Landolina, monete consolari sicule p. 26.

Decimia.
Avellino Bullettino V 60.
Borghesi, Osservazioni II 3.

Durmia.
Landolina, monete consolari sicule p. 27.

Egnatuleia.
Avellino Bullettino IV 111.
Bullettino 1849 184.

Eppia.
Zeitschrift für Münzkunde II 193 (restituirt von Traian).
Société des Antiquaires de France XII 1836 174.
Bullettino 1858 174 (Schlange auf dem Altar).

Fabia.
Lavy II 34 (R. Buchstaben).
Borghesi, Osservazioni IV 2 zu Riccio XIX 9.
Landolina, monete consolari sicule p. 27.
Revue numismatique 1858 52 Quinar mit ΛΛ.

Fabricia.
Pembroke 782 (Æ L. FABRIC. — P. ATE·· zu Eckhel V p. 210, in Spanien oder Africa geprägt).
Borghesi, Annalen 1848 Seite 235 giebt sie nach Cyrenaica. Er liest P. ATELIN. Die Fabrik ist aber nicht die der Cyrenaica?

Flavia.
Avellino Bullettino IV 54.
Borghesi, Osservazioni II 5.
Bullettino 1845 181.

Fonteia.
Pons Opuscules numismatiques posthumes Paris 1836.
Avellino Bullettino III 75, VI 76.
Borghesi, Osservazioni IV 2 zu Riccio LVII 1, 3.
Bullettino 1845 181.

Fundania.
Bullettino 1849 184 (Victoriatus).

Furia.
Milano, Descrizione di 3 medaglie ant. (4º). (Die Münze Riccio Tafel XXI 5 aber zweimal die Kopfseite.)
Lavy II 38 (As).
Milano, proseguimento alle novità numismatiche Napoli 1846 (Æ).
Landolina, monete consolari sicule p. 27.
Bullettino 1852 59.
Borghesi, Osservazioni VI 3 (die Accente).

Herennia.
Borghesi, Osservazioni XV 4 zu Riccio Tafel LVII 1 u. f.

Hosidia.
Société des Antiqu. de France XXI (III Serie 1) S. 354. (Ueber den Typus).

Hostilia.
Bullettino 1845 182.

Julia.
Avellino Bullettino IV 112. VI 75.
Lavy II 40 (Æ Buchstaben).
Borghesi Osservazioni I 6 zu Riccio XXII 1. V 8 ^{bis} zu Riccio XXII 4.

Junia.
Bullettino Napolitano IV 49.
Zeitschrift für Münzkunde II 194.
Lavy II 42 (Æ Buchstaben).
Borghesi, Osservazioni V 2 zu Riccio XXVI 9. V 3 zu Riccio XXV 5—7.
Bullettino 1845 182.

Juventia.
Avellino Bullettino VI 111.
Borghesi, Osservazioni V 5.

Licinia.
Avellino Bullettino IV 83.
Annali 1842 131.
Milano, nuove scoverte, gente Licinia etc. (Æ Quadr. mit PCRAS).
Borghesi, Osservazioni IX 1 zu Riccio XXVII 14.
Landolina, monete consolari sicule p. 28.

Livineia.
Lavy II 44 (Æ).
Borghesi, Osservazioni III 2 zu Riccio XXVIII 2 und 3. VII 1 Goldmünzen der III viri r. p. c.

Lucretia.
Avellino Bullettino III 14.
Bullettino 1845 183.

Lutatia.
Diamilla, Memorie II 56.

Maenia.
Diamilla, Memorie II 57.
Avellino Bullettino IV 82.
Annali 1842 131.
Borghesi, Osservazioni I 3 zu Riccio XXIX 6.

Maiania.
Köhne, Zeitschrift II 195.

Mamilia.

Bullettino 1845 183.
Lavy II 46 (Æ).
Borghesi, Osservazioni IV 2 zu Riccio XXIX 1.

Manlia.

Avellino Bullettino IV 72.
Lavy II 46.
Borghesi, Osservazioni VII 9 zu Riccio XXX 5, und zu 3, 4.

Marcia.

Bullettino 1841 23.
Revue numismatique 1844 305.
Avellino Bullettino III 14. VI 75.
Köhne, Zeitschrift II 195.
Annali 1842 132.
Borghesi, Osservazioni III 1 zu Riccio XXX 1. III 7 zu Riccio XXX 11.

Maria.

Annali 1839 281.
Borghesi, Osservazioni III 5 zu Riccio XXXI 5 u. f.

Matia.

Avellino Bullettino IV 111.
Köhne, Zeitschrift II 196.
Borghesi, Osservazioni IV 9 zu Riccio LXI 2.
Revue numismatique 1858 317.

Memmia.

Avellino Bullettino III 21.
Borghesi, Osservazioni I 8 zu Riccio XXXII 8 und 9. I 7 zu Riccio XXXII 1 bis 3 und 8, 9.

Metilia.

Borghesi, Osservazioni VI 4.

Minucia.

Bullettino 1845 184.
Annali 1839 282.
Lavy II 51 (Quadr.).
Borghesi, Osservazioni IV 2 zu Riccio XXXIII 4 u. f.

Mussidia.

Annali 1839 282.
Borghesi, Osservazioni VIII 2 zu Riccio XXXIII 9.
Revue numismatique 1853 50 (Bildniss der Octavia Gem. des M. Anton.).

Nasidia.

Avellino Bullettino V 51.

Neria.

Avellino Bullettino V 7.

Numonia.
Avellino Bullettino VI 77.
Revue numismatique 1853 50 (Bildniss der Octavia Gem. des M. Anton.)

Ogulnia.
Borghesi, Osservazioni III 6.

Opeimia.
Rathgeber, Ersch und Gruber, Allg. Encycl. S. III Th. 3, 40.
Bullettino 1835 43.
Borghesi, Osservazioni VII 8 zu Riccio XXXIV, 2.

Papia.
Borghesi, Osservazioni IV 1. (Zusammenstellung der Beizeichen).

Petillia.
Revue numismatique 1838 12.

Plaetoria.
Borghesi, Osservazioni II 7 zu Riccio XXXVII 8.

Plautia.
Avellino Bullettino II 24. III 14. V 78. VI 77.
Borghesi, Osservazioni III 4 zu Riccio XXXVII 12. V 6 zu Riccio XXXVII 1—3. VIII 3 zu Riccio XXXVII 5. XI 9 zu Riccio XXXVII 9. XV 2 zu Riccio XXXVII 9.
Programm zum Berliner Winckelmannsfest 1853 pag. 15. Erklärung des Typus des Denar mit der Aurora von Panofka.

Poblicia.
Borghesi, Osservazioni XVI 9 zu Riccio XXXVIII 2 und 3.
Bullettino Napolitano I 72, II 124.

Pompeia.
Société des Antiquaires de France XII 1836 174.

Pomponia.
Borghesi, Osservazioni VI 1, die Musen. 2, der Name Musa. 3, die Accente auf MVSA FVRI. XIV 3, die *Vf.* der Münze mit den Musen.
Landolina, monete consolari sicule p. 29.

Porcia.
Avellino Bullettino VI 75.
Borghesi, Osservazioni IV 4 (ST.)
Bullettino 1860 221, 1861 80 (Quinar mit dem zweimal (auf *Vf.* und *Kf.*) stehenden Namen M. CATO).

Postumia.
Avellino Bullettino IV 72.
Borghesi, Osservazioni VIII 2 zu Riccio Tafel XL 8.
Bullettino 1838 161, 1845 185.

Proculeia.

Vergl. die Æ mit ΚΟΡ im Monogramm, auch die Proculeia haben ein solches Monogramm oder doch ein ähnliches.

Quinctia.

Lavy II 63 (Æ).
Borghesi, Osservazioni IV 6 zu Riccio XL 3.

Renia.

Borghesi, Osservazioni VII 3.

Romilia, Romania?

Revue numismatique 1858, 53.

Roscia.

Lavy II 63 (Æ).

Rubria.

Avellino Bullettino I 11.
Borghesi, Osservazioni XVI 6 zu Riccio XLI 1—3.
Numismatic Chronicle XV 59 (restituirt).
Bullettino 1858 174 (Schlange auf dem Altar).

Rustia.

Avellino Bullettino IV 45.

Saufeia.

Memoiren der Petersburger archäologischen Gesellschaft 1850 193 (*N*).

Scribonia.

Lavy II 66 (Æ und Triens).
Landolina, monete consolari sicule pag. 29.
Numismatische Zeitung 1834 No. 8, 10.

Sempronia.

Avellino Bullettino III 75. VI 75.
Borghesi, Osservazioni VIII 5 zu Riccio XLII 6.

Sepullia.

Borghesi, Osservazioni V 4.

(Sertorius.)

Die bekannte Falschmünze (vergl. Catal. Bentinck (1778) I S. 78 und Suppl.-Band S. 52) wird als ächt publicirt: Jahrbücher des Vereins von Alterthumsfreunden im Rheinlande Heft 37 S. 166 Tafel V 2 und berichtigt ebenda Heft 41 S. 165.

Servilia.

Bullettino 1845 185.
Revue numismatique 1839 89.
Avellino Bullettino IV 72, 83.
Borghesi, Osservazioni IX 7 zu Riccio XLIII 2, 3.

Sicinia.
Avellino Bullettino V 60.

Silia.
Borghesi, Osservazioni IV 3 zu Riccio XLII 1—3.

Spurilia.
Borghesi, Osservazioni II 4.

Sulpicia.
Borghesi, Osservazioni V 7 bis zu Riccio XLV 1. XI 8 zu Riccio XLV 2, 3.

Statia.
Avellino Bullettino IV 83.

Tarquitia.
Lavy II 70 (Æ).

Terentia.
Borghesi, Osservazioni III 3 zu Riccio XLV 1—3.
Landolina, monete consolari sicule p. 30.

Titia.
Bullettino 1845 187.
Revue numismatique 1838 11, 243. 1839 21, 178.
Avellino Bullettino III 14.
Betti intorno un denaro d. g. T. Diss. dell' accad. Pontificia IX 181 (Erklärung des Typus der *Vf.*).
Milano, Ricerche num. per l'anno 1848 n. 3 (Semis).
Borghesi, Osservazioni VII 5 zu Riccio LXV.
Borghesi, Osservazioni XI 2 (der Flügelkopf).

Titinia.
Avellino Bullettino III 14.

Tituria.
Avellino Bullettino III 60.
Numismatische Zeitung 1834 No. 11.

Todillus.
Nicht Podillia wie Riccio falsch hat, vergl. Borghesi Osservazioni VII 2.
 Dies ist eine Probe von Riccio's Sorgfalt im Ausschreiben des Borghesi.
Annali 1842 143 cf. Revue numismatique 1846 307.

Trebania.
Bullettino 1835 44.

Turillia.
Annali 1842 134.

Valeria.
Revue numismatique 1840 299, 1849 325, 1850 158.
Numismatic Chronicle III 125.

Bullettino Napolitano III 14, V 7. Nuova serie III 81 und 89.
Annali 1839 282.
Bullettino 1845 188.
Nouvelles Annales II 142.
Borghesi, Osservazioni X 6 zu Riccio XLVII 9. VIII 10 zu Riccio XLVII 5.

Vergilia.
Borghesi, Osservazioni III 6.

Vettia.
Borghesi, Osservazioni XI 7 zu Riccio XLVIII 2.

Veturia.
Revue numismatique 1844 305.
Avellino Bullettino VI 75.
Annali 1839 232.
Bullettino 1840 167, 1841 29.

Vibia.
Avellino Bullettino IV 112. VI 76.
Lavy II 74 (Æ Zahlen).
Borghesi, Osservazioni X 10 Norbanus. VII 4 zu Riccio XLIX 15—16.
Landolina, monete consolari sicule p. 28 (Norbanus).
Grote, Münzstudien Heft I Seite 1.

KAISER-MÜNZEN.

Caesar.

Memorie di numismatica I 74.
Zeitschrift für Münzkunde II 198.
Revue belge V 1.
Bullettino 1840 39 (⇟ɪɪ, Zahl seiner Schlachten!).
Grote, Blätter für Münzkunde I No. 20.
Borghesi, Osservazioni IV 5 zu Riccio Julia Tafel XXIII 25. V 4, Sepullius III vir. IX 2 zu Riccio Tafel LVIII 8. X 7 zu Riccio XXII 9 und LVIII 4 und 5. XIV 7 (Flaminius) zu Riccio XX 3. XVI 5 (Vipsanius) zu Riccio Vipsan. 3. XII 9 zu Riccio Tafel XIII Claudius 11.
Milano proseguimento alle novità num. Napoli 1846, Gr. Æ mit L. BVCA.
Annali 1850 150.
Grote, Münzstudien Heft I Seite 4 (Falscher Æ Medaillon).
Revue numismatique 1858 386 (N Mussidius Longus).
Zeitschrift für Münzkunde, Berlin 1859 bis 1862 Seite 197 (N des Hirtius).
Revue numismatique 1860 360 (N mit ⇟ɪɪ), vergl.:
Revue belge 3. Serie IV 123.

Brutus.

Akerman, Journal I 69 (M. Junius Br. und D. Brutus Albinus).
Borghesi, Osservazioni II 10 zu Riccio XVI 27, 28. VIII 8 zu Riccio Servilia XLIV 12. VIII 9 zu Riccio XXVI 17.
Annali 1850 154.
Bullettino 1870 193.

Cassius.

Borghesi, Osservazioni II 10 zu Riccio XVI 26. VII 6 zu Riccio XII 12. VIII 7 zu Riccio XII 11.
Annali 1850 150.

Pompeius.

Grote, Blätter für Münzkunde I No. 20.
Borghesi, Osservazioni I 2 zu Riccio Tafel 39 21. II 1 zu Riccio 32 1 und 2. III 10 der As des Pompeius.
Annali 1850 158.
Revue numismatique 1842 171.

Sext. Pompeius.
Bullettino 1843 6 (Monete dei Pompejani per la guerra d'Africa) Rec. Revue numismatique 1849 157.
Revue numismatique 1842 171.
Bullettino 1836 15.
Annali 1850 158.
Revue numismatique 1858 56.
Moustier 8 (Æ. Pietas).

Lepidus.
Annali 1850 161.

Antonius.
Avellino Bullettino II 55. V 7 (Legionen).
Annali 1847 280 (Antonius und Cleopatra oder Octavia). 1850 161.
Bullettino 1848 176 (Antonius und Cleopatra oder Octavia).
[Friedlaender, v. Sallet's Zeitschrift für Numismatik II 288].
Blätter für Münzkunde I No. 20.
Borghesi, Osservazioni IX 4 zu Riccio Tafel IV 9, 10 (Barbatius).
Borghesi, Osservazioni IX 5 zu Riccio Tafel IV 2. XII 1 zu Riccio Tafel V 29. XII 2 zu Riccio Tafel L 4. XII 3 zu Riccio Tafel XVIII 11. XII 5 zu Riccio Tafel XLVIII Ventid. XII 6 zu Riccio Tafel IV 25, 26. XII 7 zu Riccio Tafel LV Claudia 3. XII 8 zu Riccio Tafel LV Claudia 2. XII 9 zu Riccio Tafel XIII Claudia 14. XIII 1 zu Riccio Tafel V 36. XIII 2 zu Riccio Tafel XXXV Oppia 3—5. XIII 3 zu Riccio Tafel L Calpurn. 1, 2.
Atti della pontificia Accad. Roman. IV 1831 267. Erklärung der Aufschrift einer Goldmünze.
Bullettino 1856 78 (Æ P. Clodius).

Legionen.
Legio prima, Campana 1196 (LEG PRI, auch wird eine mit LEG PMA erwähnt).
Annali 1850 167.
Revue numismatique 1860 359, LEGIO PRIMA.
Sestini, Lettere di continuazione VIII 146 LEG XVI gehört dem Augustus: Zeitschrift für Numismatik II 117.

Praef.
Annali 1850 168.

Antonius und Octavia.
Sabatier 774 (Æ. Praef. Class., Galeere).
Annali 1847 240, Bullettino 1848 176.

Octavia.
Revue numismatique 1853 50, ihr Bildniss auf den Münzen der Mussidia und Numonia.
Revue numismatique 1868 63: auch ihre griechischen Münzen aus Pella, Thessalonice, Corcyra, Tripolis Phoen., Ephesus.

Cistophori.
Numismatic Chronicle IX 73.
Borghesi, Osservazioni XII 4 zu Riccio Tafel L 2.
Annali 1850 199.

M. Antonius.
Borghesi, Osservazioni X 3 (der auf der Münze Mionnet S. I 72 412 genannte C. Julius Antonius sei der Sohn des M. Anton.).
[Friedlaender, v. Sallet's Zeitschrift für Numismatik II 289, wo sich die Umschrift nur auf den Triumvirn, nicht auch auf den mit dargestellten Antyllus bezieht.]

Augustus.
Doria Prossalendi sopra una med. di Aug., Firenze 1809 4 (Durmius).
Numismatic Chronicle VIII 119.
Annali 1839 284 Tav. T 1.
Annali 1842 134 (Divus, von Nerva restituirt).
Annali 1847 282 (und Livia, vielleicht gallisch).
Annali 1851 225. 1850 171.
Bullettino 1836.15 (QVM GABINIS FOEDVS).
Blätter für Münzkunde I No. 20.
Lavy II 92 (Ǝ. L. Mescinius Rufus).
Campana 334 (Æ Med. Ob civis servatos).
Revue numismatique 1857 205 (Æ ob civis servatos).
Revue numismatique 1857 210 (Æ Divus, restituirt von Nerva).
Revue numismatique 1859 411 (Æ Gallius Lupercus III vir a. a. a. f. f.)
Numismatic Chronicle 2. Serie I 91 (N MAP. VLT.).
Borghesi, Osservazioni I 9 zu Riccio Tafel XXXI 9 (Maria). IV 8 zu Riccio Tafel XLI 1 Sanquin. XI 10 zu Riccio Tafel XXXVI 8 Turpil. XII 9 zu Riccio Tafel XIII Claud. 12. XIII 4 Aquil., Durmius, Petron. Turpil. mit Elephantenbiga. XIII 5 und 6 Turpil. Riccio Tafel XXXVI 13, LXII 1 und 2, XXXVI 12. XIII 7 Durmius und Aquil. mit den Köpfen von Honor und Valor. XIII 8 zu Riccio LII Aquil. 1. XIII 9 zu Riccio XI Caninia 1. XIII 10 zu Riccio XI Caninia 2. XVI 5 zu Vipsan. 2. XVI 7 zu Riccio VII Aquil. 5. XVII 7 Riccio Tafel LV 6 Cornelia gehört nach Panormus.
Revue belge 3 Serie IV 117 (die auf Parthien bezüglichen).
Bullettino 1856 78 (Ǝ. Petronius Turpilianus, Pan).
[v. Sallet's Zeitschrift für Numismatik V 10 (Ǝ. Armenia capta imp. VIII).
Legionsmünze, von Sallet's Zeitschrift für Numismatik II 117 LEG XVI].

Livia.
Annali 1850 201.

Marcellus.
Memoiren der archäologischen Gesellschaft zu Petersburg 1847 145 und 359 und Bullettin pag. 36 (irrig). Vergl. darüber
Revue numismatique 1848 72.

Agrippa.
Revue archéologique IX 170 (R. Rochette).
Annali 1850 203.

Revue belge 3. Serie VI 432 (Æ hybrid).
Revue numismatique 1862 32 (zu Welzl 9568).
Jahrbücher des Vereins von Alterthumsfreunden im Rheinlande Heft 35 S. 99 (Agrippa mit dem Bart).

Caius und Lucius.
Annali 1850 204.

Drusus senior.
Campana 337 (Æ Med. Kopf des Claudius, NERO CLAVDIVS DRVSVS usw. Drusus zu Pferd auf einem Triumpfbogen).

Antonia Drusi senior.
Eine Bleimünze, welche auf sie bezogen wird: Visconti Lettere su due monumenti ne quali è memoria d'Antonia Augusta Roma Anno VII republicano. Vergl. Schlichtegroll, Annalen I 119.
Cohen I 136 7 vergl. Revue numismatique 1860 361 — nicht römisch.

Tiberius.
Annali 1839 285 Tav. T 2. 1851 229.
Campana 335 (Æ Med. CLEMENTIAE).

Drusus iunior.
Annali 1851 231 (auch zu den griechischen Münzen Eckhel D. VI 206).

Germanicus.
Revue numismatique 1838 338 (Artaxias).
Numismatic Chronicle II 4 (Æ mit dem Namen des Artaxias).
Annali 1851 233.

Agrippina Germanici.
Revue belge 3. Serie VI 342.

Nero und Drusus Germanici filii.
Annali 1851 235.

Caligula.
Grote, Blätter für Münzkunde I No. 15 (R. C. C.).
Annali 1851 236.
Numismatic Journal I 134 (Æ I Adlocutio coh.).
Revue numismatique 1857 207 und 209 (Æ Pont. Max. usw).

Claudius.
Campana 337 (Æ Med. Nero Claudius Drusus usw., Drusus zu Pferd auf einem Triumpfbogen).
Annali 1851 238.
Revue numismatique 1859 414 (Æ ob cives servatos).
Numismatic Chronicle 2. Serie I 92 (N de Britann., und N de Germanis).

Claudius und Nero.
Sabatier 1002 (Æ Med.).

Agrippina junior (Claudii).

Lavy II 107 (Ʀ. Aufschrift etwas abweichend).
Battini, Illustr. di una med. di Agrippina. Collezione d'opuscoli scientif. XVIII, 1813, 82.
Revue numismatique 1859 418, siehe aber 428.

Agrippina und Nero.

Sabatier 932 (Ʀ. Med.).

Nero.

Akerman, Chronicle VII 172.
Akerman, Chronicle VIII 120.
Avellino Bullettino V 29.
Annali 1851 241.
Numismatic Chronicle 2. Serie I 92 (N Juppiter custos).

Nero und Claudius, siehe Claudius.

Nero und Agrippina, siehe Agrippina.

Die Bulla am Halse des Nero, Kunstblatt zum Morgenblatt 1830, 4. Febr. No. 10.

Clodius Macer.

Sabatier 1003 (Sicilia, Triquetra).
Annali 1851 247.
Memoiren der Petersburger numismatischen Gesellschaft 1851 156.
Falbe, Recherches sur Carthage Tafel VI 23 (Roma Rf. Trophäe).

Galba.

Annali 1851 248.
Revue belge 3. Serie VI 432 (Ʀ. Victoria P. R.)

Otho.

Akerman, Chronicle IV 239 und V 49. (Röm. Æ mit S. C.)
Annali 1851 251.
Numismatische Zeitung 1834 No. 5, 6.

Vitellius.

Avellino Bullettino V 8.
Köhne, Zeitschrift II 199.
Annali 1851 252.
Moustier 635 (Æ II Libertas).

Vespasianus.

Akerman, Chronicle VIII 155 (Judaea).
Annali 1842 135 (N Quinar).
Campana 205 (Æ CONCORDIA SENATVI sic).
Annali 1853 5 (Bemerkungen zu bekannten Münzen).
Giornale di Lettere d'Italia XXVIII 310 (medaglia di Vespasiano).
Dissertazioni dell' Accad. Romana III 1829 59.

Revue numismatique 1860 362 (Divus, restituirt von Traianus).
Revue belge 3. Serie VI 433 (Æ. Libertas publica).
Numismatic Chronicle 2. Serie I 92 (N Stier und N Roma).
Numismatic Chronicle XVIII 118 (Æ. Strahlenbekränzter Kopf des Sol auf der Vf.).
Revue belge 31, 1875 275 (N Justitia).

Domitilla Vespasiani.
Revue numismatique 1842 83 (Æ I).

Titus.
Revue numismatique 1837 317, 1838 472, 1839 214, (Judaea navalis); vergl. dazu:
Akerman, Journal I 88, II 106 und 246.
Akerman, Chronicle VIII 155, 162.

Jahrbücher des Vereins von Alterthumsfreunden im Rheinlande II 78.
Campana 317 (Æ DIVO. AVG. T. DIVI. VESP. F. VESPASIAN. S. C. usw. Kaiser sitzend).
Annali 1853 16 (Bemerkungen zu bekannten Münzen).
Steiermärkische Zeitschrift VIII 1827 146 (Domitian's Münze auf Titus Vergötterung).
Numismatic Chronicle 2. Serie I 93 (mehrere N, auch mit EPE).

Julia Titi.
Revue numismatique 1852 233 (N).

Domitian.
Numismatic Chronicle X 103.
Campana 1358 (Æ. Med. COS. XVII. CENS. P. P. P. 3 Standarten).
Pembroke 614 (N Ann. DCCCLXXIIII). 615 (N P. M. TR. P. COS. III. SAEC. AVR.)
Annali 1853 20 (Bemerkungen zu bekannten Münzen).
Steiermärkische Zeitschrift VIII 1827 146 (Domitians Münze auf Titus Vergötterung.
Hormayr's Archiv 1826 No. 150 (Münze Domitians in Nagy Födemes).
Accad. Romana III 1829 201 (Silbermedaillon).
Revue numismatique 1857 209 (Æ Adler).
Revue belge 3. Serie VI 433 (Æ, S. C.).
Numismatic Chronicle 2. Serie I 95 (N, PRINCIPS [sic] IVVENTVT).

Domitiani filius.
Numismatic Chronicle VIII 120.

Domitia.
Campana 324 (Æ DIVI. CAESARIS. MATRI. u. s. w., Kaiserin sitzend). 567 (Æ DIVI. CAESAR. MATRI. weibl. Figur am Altar).

Nerva.
Jahrbücher des Vereins von Alterthumsfreunden im Rheinlande XI 55 (N).
Revue belge 3. Serie VI 433 (Æ zwei Kehrseiten).
Numismatic Chronicle 2. Serie I 95 (N Quinar).

Traianus.

Revue numismatique 1839 295, 1842 253.
Campana 574 (Æ DACIA. AVGVST. PROVINCIA. der Kaiser sitzend). 575 (Æ IVSTITIA. AVG. weibliche Figur sitzend).
Bullettino Napolitano nuova serie I 52. (Die Æ SPQR OPTIMO u. s. w. Flussgott eine weibliche Figur niederdrückend, Eckhel Doctr. VI 418, anders erklärt).
Revue numismatique 1859 125 und 137 (Traians Vater).
Revue belge 3. Serie VI 434 (Æ I mit Triumpfbogen).
Numismatic Chronicle 2. Serie I 95 (mehrere N).
Moustier 939 (Æ Med. Fides exercit.).

Traians Vater.
Numismatic Chronicle 2. Serie I 96 (N).

Plotina.
Jahrbücher des Vereins von Alterthumsfreunden im Rheinl. XI 56 (R. Med.).
Campana 524 (N Plotina August. Imp. Traiani Rf. Divo Traiano Parth· Aug. patri).

Hadrianus.
Archaeologia Aeliana I 1822 (Æ).
Accad. Romana III 1829 61.
Numismatic Chronicle 2. Serie I 96 (mehrere N und 1 Æ Med. mit Salus und einem Jüngling).
Revue belge 3. Serie V 15 (R. Quinar).
Revue belge 3. Serie VI 434 (mehrere R. und Æ).
[v. Sallet's Zeitschrift für Numismatik VI 20 N).
Schlichtegroll, Annalen I 65 (R. Medaillon).
Diamilla, Memorie II 57 (Æ Medaillon, Concordia).
Annali 1842 135 (N Quinar). 1831 379 Tav. F (N Hercules zwischen Tugend und Wollust).
Campana 346 (Æ Med. COS. III. P. P. Hercules mit Widder). 347 (Æ Med. VIRTVTI AVGVSTI Kaiser Löwen jagend). 348 (Æ Med. P. M. TR. P. COS. III. Sau mit Jungen). 350 (Æ Med. COS. III. Africa sitzend).
Sabatier 1525 (Æ COS. III. S. C. Lyra).
Abhandlungen der Königl. Akademie der Wissenschaften, Philosophisch-historische Classe 1873 77 (Æ Med.).

Reise-Münzen.
Greppo, sur les voyages de l'empereur Hadrian et sur les monnaies qui s'y rapportent. Paris 1842 8. Vergl. Revue numismatique 1843 150.
Revue numismatique 1843 304.
[v. Sallet's Zeitschrift für Numismatik II 113. IX 4].

Sabina.
Revue numismatique 1847 313.
Annali 1839 285 Tav. T 3.
Revue belge 2. Serie IV Seite 3 (R. Quinar).

Antinous.

Europa.

Nicopolis Moes., Mionnet S. II 117 Anm.
Hadrianopolis Thr., Mionnet S. II 303.
Nicopolis Epiri, Mionnet II 57, S. III 380 Kgl. Münzk. Abgeb. Wiczay Th. I Tafel XIV 308 309, Sestini, Hedervar. IV 2 28.
Delphi, Mionnet II 97 und Kgl. Münzk., von mir publicirt Archäologische Zeitung 27 102.
Achaei, Mionnet II 160, Memoiren der Petersburger archäologischen Gesellschaft 1847 145 und 359, Bullettin derselben S. 36. Vergl. Revue numismatique 1848 72.
Corinth, Mionnet II 180.
Argos, Mionnet S. IV 242 Schwefel? Sestini, Descr. S. 213, Annali 1833 321.
Arcadia, Mionnet II 245, Schwefel, Eckhel D. VI (ΠΑΝΙ). Kgl. Münzk.

Asien.

Amisus, Eckhel VI 531, Mionnet II 345 87.
Bithynia, Mionnet S. V 4.
Bithynium Claudiopolis, Mionnet II 417, S. V 19 Tfl. I 1 Schwefel, Kgl. Münzk.
Chalcedon, Mionnet II 422 Schwefel.
Hadrianopolis, Mionnet II 434 Schwefel.
Hadrianotherae, Mionnet II 436, S. V 50.
Juliopolis, Mionnet S. V 71 ist retouchiert, kann Hadrianopolis sein.
Nicomedia, Mionnet II 468, S. V 176, Dumersan XI 8 Schwefel.
Prusias ad mare, Cius, Mionnet II 493 Schwefel.
Tium, Mionnet II 499, S. V 295 Typus auch bei Verus, Schwefel.
Adramyttium Mys., Mionnet S. V 278.
Cyzicus, Mionnet II 539, S. V 318.
Cyme, Mionnet III 11.
Smyrna, Mionnet III 229. Die erste Schwefelpaste scheint aus einem M. Aurelius retouchiert. Kgl. Münzk.
Stratonicea, Arneth Synopsis unter Perga Pamph., Sestini, Lettere di continuazione VIII 85, das Exemplar des Königl. Münzkabinets. Die Vorderseite ist verfälscht.
Tarsus, Mionnet III 625, S. VII 260 Schwefel, Revue num. 1854 98.
Philadelphia Lydiae, Mionnet IV 103, S. VII 402.
Sardes, Mionnet IV 126 (hat nicht Saturn mit dem kleinen Zeus, sondern Satyr und kleinen Bacchus. Siehe Königliche Sammlung).
Thyatira, Mionnet IV 158, bei Eckhel nicht.
Ancyra Phrygiae, Mionnet IV 221 Schwefel.
Eucarpia, Mionnet IV 290 Schwefel, Kgl. Münzk.
Hierapolis, Mionnet IV 302, dazu S. VII 571 Anm.
Sala, Mionnet IV 359, S. VII 614. Revue numismatique 1851 180.
Seleucia Syriae, Pellerin Mél. II 72 aber nicht bei Mionnet, also gewiss falsch. Mionnet hat sie auch nicht bei den andern Städten Seleucia in Pisidien, Cilicien, Mesopotamien.

Africa.

Alexandria, Mionnet VI 205 Schwefel, Kgl. Münzk.

Heptanomis „Antinopolis". Siehe darüber die Citate und Bemerkungen Mionnet S. IX 178.

Unbestimmte.
Eckhel D. VI 536.

Contorniat.
Eckhel D. VIII 305.

Es sind hier vertreten alle 3 Städte, welche nach Hadrian benannt sind. Und von denen, welche seinen Namen als Beinamen führen — es sind 17 — folgende 5: Bythinium, Cius, Smyrna, Stratonicea, Tarsus.

Mantinea, Septimius Severus, Berlin, Köhne's Zeitschrift für Münzkunde III 31 Tafel I 12. Siehe meinen Katalog, wo über dies Exemplar gesprochen ist.

Levezow, Antinous, Berlin 1808, 4°.
Snell, Antinous, Giessener Diss., 1707, 4°.

Aelius.
Sabatier 1545 (N Pietas).
Regierungsdauer des Aelius: Sestini, Lettere di continuazione II 105.

Antoninus Pius.
Moustier 1391 (Æ Med. stehender Zeus).
Moustier 1396 (Æ II An. f. f. optimo principi).
Numismatic Journal I 178.
Numismatic Chronicle XI 98 (Æ Med. TRP. XVII. COS. IIII). XVI 191 (Æ Med. TR POT XXI. COS. III Neptun).
Revue numismatique 1847 313.
Annali 1839 285 Tafel T 4, 5. 1844 Tafel D.
Campana, 590 (Æ Rf. Schriftlos, 2 Kaiser auf einer Estrade sitzend). 471 (Æ Med. Rf. Schriftlos, Hercules und 3 Hesperiden). 472 (Æ Med. TR POT XXI COS III, Männliche und weibliche Figur und Schiff).
Bullettin de l'acad. de Bruxelles XIV 2 1847, 407.
Revue numismatique 1860 362 (Æ Salus).
Revue numismatique 1861 91 (Æ Med. mit Diana).
Revue belge 3. Serie VI 435 (Æ I Lupa, Æ I Adler).
Numismatic Chronicle 2. Serie I 99 (N Lib. V).

Faustina senior.
A. Visconti, Lettera al Cav. Alethy sopra un medaglione inedito di Faustina sen. Roma 1817.
Paufler, de pueris et puellis alimentariis, Dresdae 1809. (Zu den M. mit Puellae Faustinianae).
Revue belge 3. Serie VI 435 (Æ Venus).
Bullettino 1862 234 (Æ Med. mit Minerva und Vulcan).
Numismatic Chronicle 2. Serie I 99 (N mit Carpentum).

M. Aurelius.
Revue numismatique 1847 313.
Diamilla, Memorie II 59.

Memoiren der Petersburger archäologischen Gesellschaft 1848 93.
Campana 477 (Æ Med. *Rf.* Imp. VII cos. III, Victoria sitzend und schreibend).
479 (Æ Med. *Rf.* Germ. subacta, Victoria und Kaiser). 481 (Æ Med.
Rf. Tr. P. XXII Imp. IIII Cos. III Quadriga).
Revue belge 2. Serie IV 4 (Ar. Quinar).
Revue belge 3. Serie VI 436 (mehrere Æ Med. und andere).

Domitia Lucilla, Mutter des M. Aurelius, siehe Nicaea.
Revue numismatique 1863 242 und 465.

M. Aurelius und L. Verus.
Annali 1838 54, Monum. II Tafel 56.
[v. Sallet's Zeitschrift für Numismatik IV 19, Æ Med.]

Faustina iunior.
Revue numismatique 1847 314.
Pinder, Numismata inedita 42.
Campana 603 (Æ Med. FECVND. AVGVSTAE. S. C. Frau mit 4 Kindern).
Revue belge 3. Serie VI 437 und 443 (Æ Med. und andre Æ).

Annius Verus und Commodus.
Campana 605 (Æ Med. Temporum Felicitas).

L. Verus.
Köhne, Zeitschrift II 200.
Jahrbücher des Vereins von Alterthumsfreunden im Rheinlande XI 56 (Ar.).
Campana 609 (Æ Med. *Rf.* Victoriae Augustorum; Victoria).
Revue numismatique 1859 420 (Vict. Aug. Tr. P. IIII usf.).
Numismatic Chronicle 2. Serie I 99 (N Quinar mit Providentia und andere N).

Lucilla.
Revue numismatique 1847 314.
Avellino Bullettino VI 42.
Bonicelli de n. aereo m. m. dissertatio. Venetiis 1828 4.

Commodus.
Revue numismatique 1841 349. 1847 315.
Akerman, Journal I 190.
Campana 615 (Æ Med. P. M. TR. P. XVII Krieger und weibliche Figur mit 2 Standarten). Ebenda (Æ Med. TR. P. III usf. Victoria). 735 (Æ SECVRIT. ORB. P. M. TR. P. XIIII).
Revue belge 2. Serie IV 4 (Ar. Quin.).
Revue numismatique 1857 212 und 372 (über Marcia).
Archäologische Zeitung 1861 137 (novus annus).
Revue belge 3. Serie VI 438 (kl. Æ Medaillon mit Hercules).
Revue numismatique 1863 7 (Æ Med.).

Pertinax.
Diamilla, Memorie II 61.
Lavy II 228 (Ar. Securitas).
Accad. di Torino XXXI 1827 (N Quinar).

Manlia Scantilla.
Lavy II 229 (Æ Pietas publica).

Didia Clara.
Lavy II 229 (Fortunae felici Æ).

Pescennius Niger.
Greppo, Descr. d'une méd. inéd. de P. N.
Avellino Bullettino V 8.
Lavy II 230 (Æ Spei firm.)
Numismatic Chronicle XVI 41 (Æ Victoriae Aug.)
Revue numismatique 1868 432.
Moustier 2029 u. f. (Æ Boni eventus, Saluti Augusti, Marti victori, Invicto imp.)

Plautiana Gem. d. Pescennius Niger? siehe Thyatira oben Seite 312.

Albinus.
Revue numismatique 1842 90 (N).

Septimius Severus.
Avellino Bullettino V 8.
Grote, Blätter für Münzkunde I No. 27 und 36. (Dii patrii).
Campana 909 (Æ Rf. P. M. TR. P. XV. COS III u. s. w. Jupiter in Quadriga). 768 (Æ Rf. Munificentia Aug. Elefant).
Pembroke 831 (Æ Rf. Severi Aug. Pii fil. Kopf des Caracalla).
Revue belge 2. Serie IV 4 (Æ Quinar).
Numismatische Zeitung 1835 No. 27 unedirte Silbermünze).
Revue numismatique 1861 92 (N Concordiae).
Numismatic Chronicle 2. Serie II 40 (mehrere N und N Quinare).
Moustier 2067 (Æ Med. Victoria).

Domna.
Campana 768 (Æ VENER. VICTOR. sic).
Numismatic Chronicle 2. Serie I 100.

Caracalla.
Akerman, Journal II 65.
Grote, Blätter für Numismatik III 1.
Revue belge 2. Serie IV 4 (Æ Quinar).
Numismatic Chronicle 2. Serie I 100 u. f. (2 N).
Numismatic Chronicle 2. Serie II 40 (N Spei perpetuae).

Plautilla.
Numismatische Zeitung 1852 105.

Geta.
Annali 1839 286 Tav. T 6.
Numismatic Chronicle I 194 (Kopf und Name radirt auf Münzen, siehe oben Seite 38).

Numismatic Chronicle XIV 125 (Vict. Brit. Æ).
Campana 1125 (Æ Victoriae Brittannicae, Victoria sitzend). 760 (Æ Med. Concordia militum, Kaiser mit 5 Standarten).
Revue belge 2. Serie IV 5 (AR Quinar).
Revue belge 3. Serie VI 438 (Æ Minerva und Æ Victoria).
Numismatic Chronicle 2. Serie I 100 (N Tr. P. III usf., Geta stehend).
Geta heisst FORTISSIMUS auf einer Münze von Cremna Pisidiae, Millingen, Recueil S. 69.

Macrinus.
Numismatic Chronicle 2. Serie I 101 (N der Kaiser im Viergespann).

Bestimmung der Regierungsdauer des Macrinus und Diadumenianus.
Sestini, Lettere di continuazione II 95 u. f.

Diadumenianus.
Accad. Romana III 1829 63.

Elagabalus.
Campana 935 (AR Providentia Geflügelter Kopf von vorn).
Revue belge 2. Serie IV 5 (AR Quinar).

Bestimmung der Regierungsdauer des Elagabalus.
Sestini, Lettere di continuazione II 95 u. f.

Cornelia Paula.
Millin, Gallerie mythologique Tafel XLIV 186, Veneri felici ist falsch. Siehe Archäologische Zeitung 1862 280.
[v. Sallet's Zeitschrift für Numismatik XI 54 AR Med.]

Aquillia Severa.
Grote, Blätter für Münzkunde III 1 (AR Concordia).

Soaemias.
Revue belge 2. Serie IV 5 (AR Quinar).

Maesa.
Revue belge 2. Serie IV 5 (AR Quinar).

Severus Alexander.
Revue numismatique 1842 332.
Denkschriften der Münchener Akademie. Hist. Cl. 1808 424.
Revue archéologique IX 141 (AR Jovi ultori, Tempel).
Revue belge 2. Serie IV 6 (AR Quinar).
Revue belge 3. Serie VI 438 (Æ Quadriga).
[v. Sallet's Zeitschrift für Numismatik XI 54 (Æ Med.) XI 55 (N LIBE-RALITAS AVG V)].

Severus Alexander und Mamaea.
Pembroke 1324 (Æ Med., Lib. Aug., beide auf einer Estrade sitzend).

Mamaea.
Memoiren der Petersburger archäologischen Gesellschaft 1848 94.
Revue belge 2. Serie IV 6 (R. Quinar).
Mémoires de la société des Antiquaires de Picardie VIII 1845 245 (Æ IVNO AVGVSTAE als revers phallophore!)
Revue belge 3. Serie III 180. (Æ Juno mit Phallus!?)
Revue numismatique 1859 420 (Æ mit Orbiana?) Dasselbe Exemplar mit Welzl 7870.

Uranius Antonius.
Revue numismatique 1843 255 (N).

Gordianus I und II.
(Zu unterscheiden: der Vater hat volles Haar auf der Stirn und magere Wange, der Sohn hat kahle Stirn und volleres Gesicht.)

Gordianus II und III.
Revue numismatique 1859 421.

Gordianus III.
Revue numismatique 1840 26.
Jahrbücher des Vereins von Alterthumsfreunden im Rheinlande XI 56, 57 (N Quinar und R. Med.).
Campana 1268 (Æ PONTIFEX MAX. TR. P. III COS. P. P. Roma sitzend). 1270 (Æ dieselbe Aufschrift Kaiser und Victoria in Quadriga).
Revue numismatique 1863 7 (N Virtus).
Revue belge 3. Serie V 14 (Æ Med. Adlocutio).
[v. Sallet's Zeitschrift für Numismatik XI 54 Æ Med. TRAIECTVS AVG].

Gordianus III und II.
Revue numismatique 1859 421.

Gordianus und Tranquillina.
Sabatier 2418 (Æ Med. Profectio).

Tranquillina.
Pembroke 1209 (Æ Concordia Aug. Weibl. Figur sitzend).

Philippus I.
Köhne, Zeitschrift II 200.

Otacilia.
Revue belge 3. Serie V 16 und 17 (Æ Med.).

Philippus I, Otacilia, Philippus II.
Campana 888 (Æ Med. Vf. Concordia Augustorum, Rf. Victoria Augustorum).
Abhandlungen der Königlichen Akademie der Wissenschaften zu Berlin. Phil.-hist. Klasse 1873 67 (Æ Med. Rf. Saeculares Augg. mit dem Circus maximus).

Jotapianus.
Sabatier 2701 (R. Victoria, IMP CM F RV IOTAPIANVS abweichende Umschrift).
Acad. des Inscript. VI 1822 552.

Pacatianus.

Revue numismatique 1839 27 (A Felicitas).
Millin, Mon. inéd. I. 49.
Sabatier 2702 (A Felicitas).
Zeitschrift von und für Ungarn VI 1804 162.

Sponsianus.

Akerman, Roman Coins bildet eine N ab, welche die Kehrseite der rep. Denare, des Minucius Augurinus hat. Siehe Neumann num. pop. et regum Theil II Seite 199, Eckhel Mus. Caes. Vindobonense Theil I Seite 291 und Theil II Seite 556.

Traianus Decius.

Sabatier 2704 (N Abundantia).
Revue belge 3. Serie VI 439 (Æ Dacia und Æ Concordia).

Etruscilla.

Revue belge 3. Serie VI 439 (Æ Med. Pudicitia).
Bullettino 1858 54 (N Fecunditas).

Herennius Etruscus.

Revue belge 2. Serie IV 6 (A Quinar).

Hostilian.

Annali 1842 136 Tav. O 19.
Campana 1061 (A Rf. Kopf des Traianus Decius).
Jahrbücher des Vereins von Alterthumsfreunden im Rheinlande, Heft 35 39 (A Pietas, Mercur stehend).

Trebonianus Gallus.

Revue belge V 216 (P. M. Tr. P. IIII Cos. II).
Pembroke 857 (N Providentia Aug.)

Volusianus.

Akerman, Chronicle VIII 37.
Revue belge 2. Serie IV 7 (A Quinar).

Aemilianus.

Köhne, Zeitschrift VI 194.
Campana 1446 (Æ P. M. TR. P. I P. P. Kaiser opfernd).
Sabatier 2825 (N Apoll. Conservat.) 2830 (Æ Providentia).

Cornelia Supera.

Schweitzer, notizie peregrine di numismatica, Triest 1844, Decade II S. 99, Tafel II 17. (A IVNONI AVG Juno sitzend.)
Numismatic Chronicle 2. Serie II 40 (A Junoni Aug.)

Valerianus.

Diamilla, Memorie II 62.
Annali 1839 286 Tav. T 7.
Revue archéologique II 664 (Consecr.).

Revue belge 2. Serie IV 7 (AR Quinar).
Revue belge 3. Serie VI 439 (Æ Annona).

Valerianus und Gallienus.
Revue numismatique 1855 392 (AR mit QVATERNIO).

Familie des Valerianus und Gallienus.
Revue numismatique 1861 257.

Gallienus.
Jahrbücher des Vereins von Alterthumsfreunden im Rheinlande XII 61 (die ihm zugetheilten Æ mit genius p. r. u. s. w.)
Campana 1070 (AR Trib. Pot. Cos. IIII Mars und Venus, oder Rhea Silvia). 1430 (AR Med. Grösse 7, *Vf.* Gallienum Aug. Senatus *Rf.* ob libertatem receptam, Libertas stehend. Eckhel VII 408 als Æ; ob ächt?)
Sabatiier 2867 (AR Med. Moneta Augg.).
Numismatic Chronicle XV 74 (Æ Herculi cons. Aug.)
Revue belge 2. Serie IV 7 (AR Quinare).
Bullettino 1858 54 (*N* Libertas III).
Revue belge 3. Serie VI 3 (viele Æ). 3. Serie VI 440 (Æ Med. Pax.)
[v. Sallet's Zeitschrift für Numismatik XI 53 grosses *N* Med.
v. Sallet's Zeitschrift für Numismatik X 58 (Æ Med. Marinianus)].

Gallienus und Salonina.
Sabatier 2905 (Æ Aeternitas).

Salonina.
Campana 1432 (AR Med. Moneta Augg. Drei Monetae).
Revue belge 2. Serie II 321 (Æ Augusta in pace).
Revue numismatique 1853 64.
Revue belge 2. Serie IV 7 (AR Quinar).
Revue belge 3. Serie VI 6 (Æ Fecunditas und Venus victrix). Serie 3 VI 440 (Fortuna redux).

Saloninus.
Annali 1839 57 (seine Titel).
Köhne, Zeitschrift II 201 (*N*).
Diamilla, Memorie 112 (AR Quinar Jovi crescenti).
Revue belge 2. Serie II 350 (*N*).
Revue belge 2. Serie IV 8 (AR Quinar).
Revue belge 3. Serie VI 6 (Æ Princ. iuvent.)

Postumus.
Revue numismatique 1844 330.
Denkschriften der Münchener Akademie Hist. Cl. 1808 426.
Dupré, Dissert. sur les méd. attribuées au fils de l'empereur Postume. Paris 1825.
Pembroke 972 (*N* Fides exercitus 4 Standarten).
Revue belge 2. Serie IV 8 (AR Quinar).
Revue numismatique 1859 423 und 429 (Æ Saeculum).

Revue numismatique 1862 45, 48 (Colonia Agrippina).
Jahrbücher des Vereins von Alterthumsfreunden im Rheinlande Heft 35 Seite 39 (Æ. Herculi Arcadio, Hercules den Hirsch niederwerfend).

Junia Donata, des Postumus Gemahlin.

Accad. Lucchese IV, 1828, 117. (Es ist eine ganz unvollkommen erhaltene Münze, auf welcher nur IMP ····· neben einem männlichen und ··· IA DO ···· neben einem weiblichen Kopf steht, diese Aufschrift könnte auch IVLIA DOMNA geheissen haben.

Postumus filius.

Revue numismatique 1846 20.
Dupré, les méd. attribuées au fils de l'empereur Postume. Paris 1825.

Laelianus.

Revue belge 3. Serie VI 441 (Æ Pax). 4. Serie III 210 (N Virtus militum).
[v. Sallet's Zeitschrift für Numismatik VII 346, danach die hier gegebene Reihenfolge dieser Kaiser].

Marius.

Quatuor nummi Romani rarissimi (im Museum zu Bern, N Victoria Aug.).

Victorinus.

Revue numismatique 1840 27.
Köhne, Zeitschrift II 202.
Jahrbücher des Vereins von Alterthumsfreunden im Rheinlande IV 111.
Ebenda XI 57 (Billon).
Revue belge 3. Serie VI 6 (Æ Pax und Virtus).

(Victorinus iunior).

Revue belge 2. Serie V 158 (Unsinn).

Tetricus I.

Numismatic Chronicle VIII 36. XV 74 (Æ Pax; P. M. Tr. P. usw.; ··XCS weibliche Figur; HIARITAS (sic).
Revue belge 2. Serie VI 178 (Æ. von Becker).
Revue numismatique 1857 7.
Revue belge 3. Serie VI 9 (Æ Consecratio und Æ Pax).

Tetricus II.

Numismatic Chronicle XV 74 (Æ Laetitia; Anubis im sechssäuligen Tempel; Virtus Aug.).
Revue numismatique 1857 7.
Revue belge 3. Serie VI 10 (Æ Pax und Æ Pietas).

[Tetricus I und II.

Friedlaender, v. Sallet's Zeitschrift für Num. VI 20; vgl. Pellerin-Pfau].

Regalianus.

Caronni a Tunis Tafel V 31.
Jahrbücher des Vereins von Alterthumsfreunden im Rheinlande XI 59 und wiederholt:
Revue numismatique 1840 28.

Macrianus.
Revue belge 3. Serie VI 440 (Billon Marti Propugnatori).

Claudius Gothicus.
Numismatic Chronicle XV 75 (Æ Pax aeterna).
Grote, Münzstudien II Seite 491 (N Quinar, CONCORDI barb.?).
Revue belge 3. Serie VI 7 und 441 (viele Billonmünzen).

Quintillus.
Revue belge 3. Serie VI 9 (Æ Felicitas).

Aurelianus.
Campana 904 (Æ Med. Soli Invicto, Sol in Quadriga).
Diamilla, Memorie 113 (Æ Med. Adventus Aug.; geprägt auf eine Münze des Severus Alexander).
Numismatic Chronicle XV 75 (Æ Aeternitas, Wölfin mit den Zwillingen).
Revue numismatique 1863 7 (N Apollini).
Revue belge 3. Serie VI 441 (N Apollini).

Odenathus und seine Familie.
Revue numismatique 1846 268.

Zenobia.
Acad. de St. Petersbourg IX 1824 (Münter, de nummo plumbeo Zenobiae et aeneo Palmyrae).

Vaballathus Athenodorus.
Numismatic Chronicle IX 128 (Aufschrift). — YACP, YAYTCPω: ὑπατικὸς AYToχράτωρ Cτρατηγὸς Pωμαίων: v. Sallet, Fürsten von Palmyra 42.
VCRIMPDR vir consularis rex imperator dux romanorum: Numismatische Zeitschrift (Wien) 1870 31. Zeitschrift für Numismatik V 229.

Florianus.
Campana 950 (N Marti Victori).
Numismatic Chronicle XIV 125 (PROVITENTIA sic AVG).
Quatuor nummi rarissimi (im Museum zu Bern: R. VIRTVS FLORIANI AVG und auf der Rf. VIRTVS AVG, ob ächt?)

Probus.
Campana 952 (N Fides militum weibl. Figur mit 2 Standarten).
Revue numismatique 1852 233 (N Med. Temp. felicitas).
Numismatic Chronicle XV 75 (Æ Med. PROBVS CONS II).
Revue numismatique 1858 435 (Æ FOR · HIL · SAL · Traube und Æ ʜVMANITAS).
Annali 1858 88 (über viele Münzen dieses Kaisers).
Revue numismatique 1860 363 (N Hercules und Cerberus).
Revue belge 3. Serie VI 442 (Æ Fides militum).

Bonosus.
Revue numismatique 1859 148. 1865 129.

Carus.
Thorwaldsen IV 586 (N Quinar).
Denkschriften der Wiener Akademie I 207 mit Beziehung auf das Gedicht Delos des T. Calpurnius Siculus.

Carus und Carinus.
Jahrbücher des Vereins von Altersthumsfreunden im Rheinlande IV 113.
Steinbüchel, Médaillons en or S. 26 No. 8.

Numerianus.
Zeitschrift für Münzkunde II 202.
Revue numismatique 1864 108 (Æ mit Oriens).
[Friedlaender, v. Sallet's Zeitschrift für Numismatik I 87 N].

Carinus.
Numismatic Chronicle XIII 140.
Numismatic Chronicle 2. Serie II 41.

Magnia Urbica.
Campana 18 (Æ Venus Genetrix, Venus und Cupido).
Numismatische Zeitung 1835 No. 27, 28.

Magnia Urbica und Carinus.
Schlichtegroll, Annalen I 68.

Nigrinianus.
Zeitschrift für Münzkunde II 202.

Diocletian.
N Med. Jovi Conservatori ALE. Das Exemplar Meynaertz: Revue belge III S. 3 Tafel I, angezweifelt in der Revue archéologique IV 715. Wahrscheinlich mit Unrecht, das Exemplar gehörte 1874 Missong, war hier, und schien mir ächt. Allein es giebt falsche Stempel, siehe Cohen, description des médailles frappées sous l'empire romain V 373 und VII 341. Ein älteres Exemplar: Revue numismatique 1859 294.
Pinder und Friedlaender, Beiträge I 20 über XCVI auf Æ. Siehe Bullettino 1845 und Numismatic Chronicle XI 119.
[Friedlaender, v. Sallet's Zeitschrift für Numismatik II 13, IX 8].
Denkschrift der Wiener Akademie I 273 (N Medaillon Jovi conservatori SMN Jupiter stehend).
Numismatic Chronicle XV 76 (Æ Genio populi rom.).
Revue numismatique 1857 210 (Æ Jovi Augg.).
Revue numismatique 1859 294 (N Med. Jovi conservatori, stehender Jupiter).
Revue numismatique 1863 8 (N Soli invicto).

Diocletianus und Maximianus Herc.
Revue numismatique 1840 28.
Jahrbücher des Vereins von Alterthumsfreunden im Rheinlande XI 60.
Campana 1433 Æ. Med. cf. Mionnet II 149 und 152.
Revue belge 3. Serie VI 442 (Æ 2 Bildnisse).

Maximianus Herc.

Jahrbücher des Vereins von Alterthumsfreunden im Rheinlande XI 60 (Billon).
Campana 955 (N Herculi Con. Augg., Hercules mit den Hesperidenäpfeln).
Sabatier 3397 (N Herculi victori).
Steinbüchel, Médaillons en or S. 20 Nr. 1 und 2.
Revue numismatique 1863 8 (N mit NK Y XC) gehört unzweifelhaft dem Galerius Max.
Berliner Blätter für Münzkunde I 148 (Hercules am Hesperiden-Baum).

Maximianus Herc. und Gal. Maximianus.

Sabatier 3562 ($Æ$ beide Köpfe).
Numismatic Chronicle XV 77.

Constantius Chlorus.

Revue belge 3. Serie VI 442 ($Æ$ Virtus).
Numismatic Chronicle 2. Serie II 43 (N Comites, die Dioskuren).

Helena Constantii Chlori.

Numismatic Chronicle XV 188.
Revue numismatique 1843 88.
Numismatic Chronicle XX 43 (barbar. N, die ihr wohl nicht gehört).

Galerius Maximianus.

Köhne, Zeitschrift II 202.
Revue numismatique 1863 8 (N) siehe oben Maximianus Herc.
Abhandlungen der Königlichen Akademie der Wissenschaften zu Berlin phil.-hist. Classe 1873 71 ($Æ$ Med. Victoria persica).
v. Sallet's Zeitschrift für Numismatik II 13.

Flavius Severus.

Quinar in N und $Æ$, Virtus militum, castrum mit vier Figuren. Gennarelli intorno un aureo di Fl. Val. Severo, Rom 1841. Ich habe bei Sibilio das Gold- und das Silber-Exemplar verglichen, sie sind aus denselben modernen Stempeln.

Carausius.

Oderico, Lettere sopra una med. di Carausio Genova s. a. 8⁰.
Bullettino 1843 167.
Revue numismatique 1850 238.
Revue belge 2. Serie Th. II 314 ($Æ$ Salus Aug.).
Thomas, Katalog 647 ($Æ$).
Numismatic Journal I 203, 264.
Numismatic Chronicle I 127. VII 20. XIII 140, 142 (LEG XX. V. V.). XIV 150 ($Æ$, Kopf von vorn). XV 93 ($Æ$, LEG. IIXX PRIMIG). XV 97 ($Æ$, Pax). XVI 170 ($Æ$ EXPECTATE und $Æ$ Salus usw.).
Revue belge 2. Serie VI 257 ($Æ$ temporum fel.).
Numismatic Chronicle XX 127. 2. Serie I 36. 2. Serie I 161, 164. 2. Serie II 41.
Watts de Peyster, The history of Carausius, Pouhkeepsie 1858 8⁰.

Carausius et fratres.
Caronni a Tunis, Tafel VI 55.

Allectus.
Akerman, Journal I 79, 264. Chronicle I 127.
Jahrbücher des Vereins von Alterthumsfreunden im Rheinl. XI 61 (Billon).

Maximinus Daza.
Campana 1081 (N Jovi Conservatori Jupiter stehend).

Maxentius.
Pembroke 1105 (N Victoria aeterna Aug. N. cf. Tanini).
Numismatic Chronicle 2. Serie II 46 (zwei N).

Romulus Maxentii f.
Chassot v. Florencourt. Erklärung der Consecrations-Münzen des Romulus Trier 1843. Rec. Gött. gel. Anz. 1843 N. 156.
Akerman, Journal I 25.
Antologia di Firenze, Band 18 Heft LII S. 93 (Borghesi über NVBISCONS).
Revue numismatique 1860 31 und 36 (Divus).

Alexander tyr.
Numismatic Chronicle XVI 174.

Licinius senior.
Campana 20 (Æ Saeculi Felicitas, Cippus und Schild).
Numismatic Chronicle 2. Serie II 44 (mit OBDV FILII SVI)

Constantia, seine Gemahlin.
Annuaire de l'association de numismatique et d'archéologie III 383 (Æ CONSTANTIA NF Rf. SOROR CONSTANTINI AVG; PIETAS PVBLICA).

Licinius iun.
Publ. de la société des monum. hist. de Luxembourg IV (1849) 90. (Æ, und über seine Vota).
Berliner Blätter für Münzkunde I 148 (N).

Martinianus.
Carronni a Tunis Tafel V 32.

Constantin d. Gr.
Völkel, Beschreibung einer seltnen Silbermünze Constantin des Gr. im Kabinet zu Kassel. Göttingen 1801.
Revue numismatique 1843 339. Unterscheidung der Münzen Constantin des Gr. und seiner Söhne.
Revue belge I 356.
Jahrbücher des Vereins von Alterthumsfreunden im Rheinland IV 108 u. 113.
Campana 1175 (Æ Virtus Aug. et Caess., Trophäe). 1178 (Æ VICTORIAE LAETAE PRINC PERP).
Pembroke 1398 (Grosser (Contorniat?) Med.)
Sabatier 3667 (N Med. GLORIA ROMANORVM Roma sitzend).
Caronni a Tunis Tafel V 33 (Æ IVST VENER MEMOR).

Zeitschrift für Münzkunde II 255.
Numismatic Chronicle XII 64 (London Prägstätte). XIV 125 (Æ VRBS ROMA TRS mit Komet).
Numismatic Journal I 260 (B · A · P · NAT statt B · R · P · NAT).
Revue numismatique 1864 112 (N Med. mit Castrum).
Steinbüchel, Médaillons en or S. 20 Nr. 3.
Christliche Symbole auf den Münzen Constantin's und seiner Söhne, Revue numismatique 1856 247.
Annali 1857 75 u. f. über Typen seiner Münzen.
Revue numismatique 1863 10 (N mehrere).
Berliner Blätter für Münzkunde I 149 (Æ Labarum auf Schlange, vergl. auch oben Seite 384).
Numismatic Chronicle 2. Serie II 48 (N Rector totius orbis).
Revue numismatique 1868 337 (Æ, B. R. P. NAT).
[Friedlaender, v. Sallet's Zeitschrift für Numismatik III 125 und VI 20].

Constantin der Grosse, Crispus, Constantin II.
Revue belge I 334.

Fausta.
Revue numismatique 1843 88.
Abhandlungen der Königlichen Akademie der Wissenschaften zu Berlin, phil.-hist. Cl. 1873 (N Pietas Augustae).

Crispus.
Revue belge III 195.
Jahrbücher des Vereins von Alterthumsfreunden im Rheinlande XI 61 (N Quinar).
Accad. Ercolan. I 1822 71.
Mus. Nat. Hungar. I 1847 279.
Revue numismatique 1863 13 (N mit leerer Kf.).
Sanclementi III 182 (Æ Medaillon mit dem angeblichen Heiland, welcher Constantin der Grosse ist).

Constantin II.
Description de la collection de feu Mr. Meynaertz, Bruxelles 1856. (Æ Quinar mit Christogramm zwischen A und ω).
Revue numismatique 1860 293 (N Medaillon). Revue numismatique 1863 13 (N mit leerer Kf.).

Constantius II.
Numismatic Chronicle I 217.
Jahrbücher des Vereins von Alterthumsfreunden im Rheinlande IV 107.
Steinbüchel, Médaillons en or S. 21 No. 4 und 5.
Revue numismatique 1859 295 (N Med.).
Revue numismatique 1863 14 (N mit leerer Kf.).
Numismatic Chronicle 2. Serie II 61.
Abhandlungen der Königlichen Akademie der Wissenschaften zu Berlin. Phil.-hist. Classe 1873 75 (N Med.).

Unterschied zwischen Constantius II und Constantius Gallus.
Augustus ist nur C. II.
C. Gallus hat IVN., FL. CL., er hat nie ein Stirnband. Die Typen, welche nicht bei Constantin dem Grossen und seinen Söhnen vorkommen, sind des C. Gallus.

Silvanus, Gegenkaiser des Constantius.
Jahrbücher des Vereins von Alterthumsfreunden im Rheinlande XV 160 (Senckler) und XVII 224 (Osann). Es ist nichts als eine barbarisirte Münze des Gratian; berichtigt (von J. Friedlaender) ebenda XXI 86.

Constans.
Revue numismatique 1849 10.
Akerman, Journal I 79.
Revue belge I 356.
Campana 1086. (N Victoriae DD. NN. Augg. 2 Victorien). 1037 ($Æ$ Med. Victoria Aug. Victoria schreibt XX auf einen Schild). 1179 (R kl. Med. Triumfator gentium barbararum).
Pembroke 1101 (N Med. SALVS ET SPES REIPVBLICAE, 3 Kaiser). 1113 (N Victoriae DD. NN. Augg., zwei Victorien, VOT XV usw.).
Berliner Blätter für Münzkunde I 149 (N Med.).
Revue numismatique 1863 14 (N mit leerer Kf.).
[v. Sallet, Zeitschrift für Numismatik XII 8, N Med.]

Nepotianus.
Diamilla, Memorie I 28 (N).
Jahrbücher des Vereins von Alterthumsfreunden im Rheinlande XI 61 (Billon).

Vetranio.
Numismatic Chronicle XVI 174 ($Æ$ virtus exerc.).

Magnentius.
Revue numismatique 1850 109.
Jahrbücher des Vereins von Alterthumsfreunden im Rheinlande XI 62 (R Medaillon).
Campana 1435 (R Med. Virtus Aug. nostri. Kaiser stehend mit knieender Figur).

Constantinus Gallus.
Revue numismatique 1857 407 (R Med.)
Numismatic Chronicle 2. Serie II 61.
Unterschied zwischen seinen Münzen und denen des Constantius II: siehe letzteren.

Julianus Apostata.
Berliner Blätter für Münzkunde I 149 (R Anubis; $Æ$ Isis auf einem Wagen mit Flügelsphinxen).
Die aegypt. Typen: Gréau 4587.

Helena Juliani.
Sabatier 4074 (℞ Securitas).
Numismatic Chronicle XV 188.

Jovianus.
Numismatic Chronicle VIII 38.

Valentinian I.
Jahrbücher des Vereins von Alterthumsfreunden im Rheinlande IV 114.
Numismatic Chronicle XV 78 (N Victores Augusti).
Steinbüchel Médaillons en or S. 26, No. 14.
Berliner Blätter für Münzkunde I 209 (mit OB im Felde).
Numismatic Chronicle 2. Serie II 62 (kleiner N Med. Felix adventus).

Ueber die drei Valentiniane:
Numismatic Chronicle 2. Serie I 112.

Valens.
Jahrbücher des Vereins von Alterthumsfreunden im Rheinlande IV 114.
Pinder, Numism. ined. 43.
Pembroke 1227 (N Trem. Victoria D. N. Aug., Victoria).
Mionnet, Méd. Rom. II 319 Goldmünze mit SECVRITAS und R TERTIA ist gewiss irrig, Ramus Mus. Reg. Dan. II 303 32 hat sie richtig in Kupfer.
Steinbüchel, Médaillons en or S. 21, No. 6—12.
Numismatic Chronicle 2. Serie II 63 (Rf. N Med. Gloria Romanorum).

Gratianus.
Leibniz, de nummis Gratiani cum Gloria novi saeculi. Opera Genevae 1768 Th. IV S. 252.
Steinbüchel, Médaillons en or S. 26 No. 13.

Valentinian II.
Numismatic Chronicle XI 176. (Phönix.)
Revue numismatique 1858 389 (Bleibulle).

Theodosius I.
Revue belge I 356.
Revue belge 3. Serie V 18.
Archäologische Zeitung 1860 33 (N Med. der Friedlaenderschen Samml.).

Theodosius I und II, die Unterschiede.
Numismatic Chronicle 2. Serie I 175.

Eugenius.
Köhne, Zeitschrift II 203.
Numismatic Chronicle XIII 140.
Jahrbücher des Vereins von Alterthumsfreunden im Rheinlande XI 62 (Billon).
Sabatier 4242 (℞ Victoria Augg.)

Honorius.

Revue belge I 120. III 209.
Numismatic Chronicle XIV 125 (Æ Gloria Romanorum).
Pembroke 1238 (N VOT XXX MVLT XXXX Kaiser sitzend von vorn).
Jahrbücher des Vereins von Alterthumsfreunden im Rheinlande Heft 35 S. 38 (N Gloria Romanorum, Honorius sitzend als Consul).

Galla Placidia.

Bullettino dell' instituto 1860 174.
Revue belge 3. Serie IV 237.
   (An beiden Orten wird nachgewiesen aus einem N, dass ihr Vorname Aelia war.)
Numismatic Chronicle 2. Serie I 175.

Constantinus III.

Revue belge 3. Serie V 118 (N Triens).

Priscus Attalus.

Revue belge 3. Serie I 8.
[v. Sallet, Zeitschrift für Numismatik XI 53. Æ Med. Gew. 75,6 im Berliner Kb.].

Placidius Valentinianus III.

Revue belge I 120, 356.
Pembroke 1352 (N Semissis, Salus Reipublicae).

Maiorianus.

Berliner Blätter für Münzkunde I 150.

Lib. Severus.

Revue belge I 356.

Ricimer.

J. Friedlaender, Ostgothen p. 5. Vandalen p. 54.
[Ders., v. Sallet's Zeitschrift IX 1 Exagium].

Anthemius.

Revue belge I 120.
Köhne, Zeitschrift II 203.
J. Friedlaender, Vandalen 55, 57.
Berliner Blätter für Münzkunde I 151 (Æ).

Euphemia, Gattin des Anthemius.

Revue numismatique 1865 231.

Glycerius.

Numismatic Chronicle XIV 125 (?).

Julius Nepos.

Campana 1181 (Æ, R V Krieger).

Odoaker.
Accad. de Torino XXX 213 (irrig, siehe J. Friedlaender, Ostgothen p. 7, Vandalen p. 58.
Annali 1838 63.
Numismatic Chronicle XVII 223 (nichts als eine barbarisierte Æ eines Kaisers!)

OSTGOTHEN. VANDALEN.

Ostgothen.
J. Friedlaender, Die Münzen der Ostgothen, Berlin 1844. Nachtrag in dessen Münzen der Vandalen, Leipzig 1849. Dazu Berliner Blätter für Münzkunde I 152.
Memoiren der archäologischen Gesellschaft zu St. Petersburg 1851 160 (Theodahat mit VICT AVGVST (?) und eine zweite Münze, welche Theodosius II gehört.
Revue archéol. VI 389 (Erarich!)
Lagoy, Explication de quelques méd. des rois Goths. Aix 1843 4.

Vandalen.
J. Friedlaender, Die Münzen der Vandalen, Leipzig 1849. — Soviel ich weiss, ist seitdem nichts Neues hinzugekommen. Langlois hat in der zweiten Ausgabe der Lettres du baron Marchant sur la numismatique et l'histoire, Paris 1851 194 ff. meine Arbeit herübergenommen, auch die Tafeln sind copiert — ganz treu. Ebenso hat Maximilian Borrell in dem Numismatic Chronicle XVII 3 ein Excerpt meiner Schrift gegeben, ohne zu sagen, dass es ein Excerpt ist. Vielleicht schreibt er nur Langlois aus.
Schlichtegroll, Annalen II 1 S. 1.
Numismatische Zeitung 1835 Nr. 3.
Blätter für Münzkunde II 175.
[Berliner Blätter für Münzkunde V 283.
v. Sallet's Zeitschrift für Numismatik VI 21.]

OSTREICH UND BYZANTINER.

Arcadius.
Revue belge 4. Serie I 95 (N Semissis).

Theodosius II.
J. Friedlaender, Vandalen 48.
Revue belge 3. Serie I 8. (Billon).

Marcianus.
J. Friedlaender, Vandalen 49.
Moustier 3924 (Æ Sal. reipubl.)

Leo I.
Revue belge I 120, 3. Serie I 9.

J. Friedlaender, Vandalen p. 49.
Berliner Blätter für Münzkunde II 178. (Æ. Sal. Reipub.)

Verina.
Zeitschrift für Münzkunde VI 194.
Revue numismatique 1859 44.

Basilisius und Marcus.
Revue numismatique 1859 306.

Zeno.
Revue belge I 120.
J. Friedlaender, Ostgothen 9 uud 18 (XL).
Marchant, Lettres 13.

Ariadne.
Avellino Opusc. I 1, II 274, III 308.
Bullettino 1840 76 (? Quinar).

Anastasius.
Revue belge I 121.
J. Friedlaender, Vandalen 49.
Memoiren der Petersburger archäologischen Gesellschaft 1850 291.
Revue belge 2. Serie V 332.

Vitalian.
Revue archéol. V 602 (ist ein barbarisirter Alexandriner).
Archaeologia XVIII 1817 267.

Justinus I.
Revue belge I 121 356.
Memoiren der Petersb. archäologischen Gesellschaft 1850 291. 1851 299.
Revue belge 2. Serie V 332.
Revue numismatique 1842 18.
Revue belge 3. Serie VI 183 (Æ.).
Justinus I, Münzen unter Hilderich in Karthago geprägt: J. Friedlaender, Münzen der Vandalen S. 29.

Justinus I und Euphemia.
Memoiren der Petersburger archäologischen Gesellschaft 1850 293.

Justinus I und Justinianus.
Revue belge 2. Serie V 333.
Revue numismatique 1839 242.
Revue belge 3. Serie III 308.

Justinianus.
Pinder und Friedlaender, die Münzen Justinians, Berlin 1843.
J. Friedlaender, Vandalen 50.
Chaudoir, Corrections 105.

Revue belge I 357. 2. Serie V 333. 3. Serie VI 183.
Revue numismatique 1839 244. 1842 19.
Köhler, Gesammelte Schriften I 17 (Cherson).
Memoiren der Petersb. archäologischen Gesellschaft 1850 294, 1851 300.
Berliner Blätter für Münzkunde I 151 (Æ ABP).
Numismatic Chronicle XVII 126.
v. Sallet, Zeitschrift für Numismatik I 303 (N ROMOB).

Justinus II.
Memoiren der Petersburger archäologischen Gesellschaft 1850 298.
Revue belge 2. Serie V 336.
Revue numismatique 1839 245.

Justinus II und Sophia.
Memoiren der Petersburger archäologischen Gesellschaft 1850 300.
Revue belge 2. Serie V 338.
Revue numismatique 1839 246. 1842 406.

Tiberius Constantinus.
Grote, Blätter für Münzkunde III 23.
Memoiren der Petersb. archäologischen Gesellschaft 1850 303. 1851 300.
Revue belge 2. Serie V 339.
Revue numismatique 1839 247. 1842 19.
Revue belge 3. Serie VI 184 und 186.

Tiberius Constantinus und Anastasia.
Memoiren der Petersburger archäologischen Gesellschaft 1850 303.

Mauricius.
Chaudoir, Corrections 103.
Revue belge I 122. 2. Serie V 402.
Numismatic Chronicle IX 131.
Köhne, Zeitschrift VI 195.
Grote, Blätter für Münzkunde II 14, 176.
Memoiren der Petersb. archäologischen Gesellschaft 1850 306. 1851 300.
Revue numismatique 1853 207.
Falbe, Carthage S. 124.
Revue numismatique 1839 249. 1842 20, 407.

Mauricius, Constantina und Theodosius.
Revue numismatique 1839 249.
Revue belge 2. Serie V 404.
Revue belge 3. Serie VI 186.

Theodosius, Sohn des Mauricius.
(Früher Theodosius Adramytenus zugetheilt).
Blätter für Münzkunde II 177.
Annali di Numismatica I 31.
Revue numismatique 1853 211.

Revue belge 3. Serie I 14.
Köhler, Gesammelte Schriften I 17.

Derselbe mit Gemahlin und Sohn.
Revue belge 3. Serie I 18.

Phocas.
Revue belge I 121.
Memoiren der Petersb. archäologischen Gesellschaft 1850 314. 1851 301.
Revue numismatique 1839 250. 1842 407.
Revue belge 2. Serie V 404.
Revue belge 3. Serie VI 187.

Phocas und Leontia.
Memoiren der Petersb. archäologischen Gesellschaft 1850 315. 1851 301.
Revue belge 2. Serie V 405.
Revue belge 3. Serie VI 188.

Heraclius Consul.
Memoiren der Petersburger archäologischen Gesellschaft 1851 301.
Revue numismatique 1839 251.
Revue belge 2. Serie V 407.
Revue numismatique 1857 247. 1860 129.

Die Familie des Heraclius.
Numismatic Chronicle 2. Serie I 228.

Heraclius I.
Chaudoir, Corrections 103.
Revue belge I 121.
Memoiren der Petersburger archäologischen Gesellschaft 1851 302.
Revue numismatique 1842 20, 408.
Revue belge 2. Serie V 406. 3. Serie VI 188 (N).
Berliner Blätter für Münzkunde II 178.

Heraclius I und Martina?
Revue belge 3. Serie VI 189 (Æ).

Heraclius I mit seinen Söhnen.
De Saulcy, Observations numismatiques, Metz 1835, angezeigt:
Grote, Blätter für Münzkunde II 247.
Cattaneo, Lettere a Dom. Sestini sopra due monete greche, Milano 1811.
   (Æ M und umher TIBEPIAΔOC)

Heraclius I, Eudocia, Heraclius II, Constantin.
Revue belge 2. Serie V 408.

Heraclius I und Heraclius II Constantin.
Köhne, Zeitschrift VI 197.
Memoiren der Petersburger archäologischen Gesellschaft 1851 303.

Revue belge I 240.
Revue numismatique 1842 408.
Revue belge 3. Serie III 309. VI 191 u. f.

Heraclius I, Martina, Heraclius II, Constantin.
Memoiren der Petersburger archäologischen Gesellschaft 1851 307.
Revue numismatique 1842 410.

Heraclius I, Heraclius II, Constantin und Heracleonas.
Memoiren der Petersburger archäologischen Gesellschaft 1851 308.
Revue numismatique 1842 411.

Heraclius II, Constantin.
Chaudoir, Correct. 97 (Heliopolis).
Köhne, Zeitschrift VI 196.
Revue belge 3. Serie VI 193 (N).

Heraclius II, Constantin und Tiberius.
Chaudoir, Correct. 97 (Heliopolis).

Heraclius II, Constantin und Heracleonas.
Revue numismatique 1853 214 (ISAVRA als Prägstätte, es ist doch nicht eine überprägte Münze?)

Heracleonas.
Revue belge, 2. Serie V 409.

Heracleonas, David Tiberius, Constans II.
Revue belge 2. Serie V 410.

Constans II.
Revue numismatique 1842 21, 412.
Revue belge IV 130.
Revue belge 3. Serie VI 193 und 195.

Constans II und seine drei Söhne.
Revue numismatique 1859 306.

Gregorius Exarch von Africa, Usurpator.
Revue belge 2. Serie VI 187; bezweifelt von Thomsen ebenda 490; bewiesen von J. Friedlaender ebenda 3. Serie I 22.

Constans II und Constantinus Pogonatus.
Chaudoir, Correct. 103.
Revue belge IV 129. 2. Serie VI 193.

Constantinus IV Pogonatus.
Revue archéol. VI 549.
Revue belge IV 130.
Grote, Blätter für Münzkunde II 176.
Falbe, Carthage S. 125.
Revue belge 2. Serie VI 194. 3. Serie I 176. 3. Serie VI 195, 199.

Constantinus IV Pogonatus, Heraclius und Tiberius.
Revue numismatique 1842 412.
Revue belge 2. Serie VI 193.

Constantinus IV Pogonatus mit Just. II und Anastasia?
Sestini, Lettere di continuazione V 79.

Justinianus Rhinotmetus.
San Quintino in den Abhandlungen der Turiner Akademie 1846 S. 11 (Serie 2 Band VIII).
Revue numismatique 1842 412.
Zeitschrift für Münzkunde VI 198.
Revue belge 2. Serie VI 194. 3. Serie I 176. 3. Serie VI 200.

Leontius II?
Revue belge 2. Serie VI 195.

Tiberius Absimarus.
Revue numismatique 1842 413.
Revue belge 3. Serie I 177. VI 200.
Revue numismatique 1865 286.

Philepicus Bardanes.
Köhne, Zeitschrift VI 199.
Revue numismatique 1842 413.

Artemius Anastasius II.
Revue belge 3 Serie III 311.

Theodosius III Adramytenus.
Die früher ihm zugetheilten Münzen gehören dem Theodosius, Sohn des Mauricius.
Revue belge 3. Serie I 177 (zweifelhafte Zutheilung). VI 203 (3).

Leo III Isaurus.
Revue numismatique 1842 21.
Revue belge 3. Serie I 178. VI 200.

Leo III und Constantinus V.
Revue belge 3. Serie I 179.
Revue numismatique 1865 287.

Constantinus V Copronymus.
Grote, Blätter für Münzkunde II 14.
Revue belge 3. Serie VI 201.

Constantin V und Leo IV.
Revue belge 3. Serie I 180.

Leo IV und Constantin VI (mit Leo III und Constantinus V).
Lavy II 457 (VOS SESSON sic).
Revue belge 3. Serie I 181.

Leo IV Chazarus.
Chaudoir Corrections 96 (arabisch).
[v. Sallet's Zeitschrift für Numismatik IV 145 YSSESSON].

Constantin VI.
Revue belge 3. Serie I 182.
Revue belge 3. Serie VI 201.

Irene.
Νέα Πανδώρα 1857 Febr. (Kupfermünze).
Revue numismatique 1865 288.

Nicephorus I Logotheta.
Revue numismatique 1842 23.
Revue belge 3. Serie I 184.

Nicephorus I Logotheta und Stauracius.
Sestini, Lettere di continuazione V 80.

Michael I Rhangabe.
Revue belge 3. Serie I 185.

Leo V und Constantinus VII.
Revue belge 3. Serie I 186. III 312.

Theophilus.
Zeitschrift für Münzkunde III 128, No. 226.
Revue belge 3. Serie I 186.

Theophilus und Constantinus VIII.
Berliner Blätter für Münzkunde II 179 (*N*).

Theophilus und Michael III.
Revue belge 3. Serie VI 203 (*N*).

Michael III und Theodora.
Revue numismatique 1842 413.

Basilius I Macedo.
Revue numismatique 1849 245.

Basilius I und Constantinus VIII.
Revue numismatique 1842 414.

Leo VI und Constantinus X.
Revue belge IV 131.
Revue belge 3. Serie I 385.

Alexander.
Revue numismatique 1848 401.

Constantinus X und Zoe.
Revue belge 3. Serie I 387.
Numismatic Chronicle XVII 128.

Constantinus X und Romanus I.
Revue belge 3. Serie I 389.

Romanus I.
Akerman, Chronicle IV 54.
Grote, Blätter Münzkunde I 11.
Numismatische Zeitung 1835 5.
Revue belge 3. Serie I 397.
Berliner Blätter für Münzkunde II 177.

Ueberprägung von Münzen Romanus I auf Leo VI.
Numismatic Chronicle XVII 127.

Romanus I, Constantin X, Stephanus und Constantinus.
Revue belge 3. Serie I 393.

Romanus I Christoph. und Constantinus.
Revue belge 3. Serie I 390.

Constantinus X.
Revue belge 3. Serie I 392 und 395.
Numismatic Chronicle XVII 127 (auf Romanus I geprägt).

Constantinus X und Romanus II.
Revue belge 3. Serie I 395.
Numismatic Chronicle XVII 127 (auf Romanus I geprägt).

Romanus II.
Akerman, Chronicle IV 54.

Theophanon.
Revue numismatique 1842 414.

Nicephorus II Phocas und Basilius II Porphyrogenitus.
Revue belge 3. Serie II 141. III 312.

Johannes Zimisces.
Revue numismatique 1863 18 (N).

Basilius II und Constantinus XI.
Revue belge 3. Serie II 142.

Constantin XI.
Revue belge I 334. 3. Serie II 146.

Michael IV.
Memoiren der Petersburger archäologischen Gesellschaft 1847 150.

Constantinus XII Monomachus.
Köhne, Zeitschrift VI 199.
Revue belge IV 132.
Revue belge 3. Serie II 147.

(DIE COMNENEN UND DIE DUCAS).

Constantinus XIII.
Köhne, Zeitschrift VI 200.
Revue belge 3. Serie II 148.

Romanus IV und Eudocia.
Revue archéol. I pl. 4 (ein Relief).

Romanus IV.
Revue belge 3. Serie II 150.

Michael VII Ducas.
Revue belge 3. Serie II 267.

Nicephorus III Botaniates.
Revue belge 3. Serie II 268.

[Nicephorus III und Maria.
v. Sallet's Zeitschrift für Numismatik VI 21].

Nicephorus Melissenus Prätendent (1080—1081).
Revue numismatique 1863 393.

Alexius I Comnenus.
Zeitschrift für Münzkunde VI 201.
Memoiren der Petersburger archäologischen Gesellschaft 1850 11.
Revue numismatique 1842 415 (mit seinem Vater Johannes).
Revue numismatique 1859 307 (mit Constantinus Porphyrogen.)
Revue belge 3. Serie II 268 und III 314.
Revue belge 3. Serie II 270 (mit Johannes II Comnenus).

Die verschiedenen Kaiser dieses Namens:
Revue numismatique 1836 194.

Johannes II Comnenus.
Köhne, Zeitschrift II 203.
[v. Sallet's Zeitschrift für Numismatik VII 232].

Manuel I Comnenus.
Grote, Blätter für Münzkunde II 88.
Köhne, Zeitschrift VI 201.
Revue belge 3. Serie II 271.

Alexius II Comnenus.
Revue numismatique 1836 203.

Andronicus I Comnenus.
Bullettino 1830 212.
Grote, Blätter für Münzkunde I 9.

Revue belge 3. Serie III 314, 315.
Revue numismatique 1865 289.

(DIE ANGELOS UND DIE LATEINISCHEN KAISER).

Isaak II Angelus.
Revue belge 3. Serie II 272.

Alexius III Angelus.
Revue numismatique 1836 203.

Alexius IV Angelus.
Revue numismatique 1836 206.

Alexius V Murtzuphlus.
Revue numismatique 1836 209.

Balduin I.
J. Friedlaender, Numismata inedita 46.
Revue numismatique 1839 415.

Balduin II.
J. Friedlaender, Numismata inedita 46.

NICAEA.

Theodorus I Lascaris.
Revue numismatique 1841 172.

Theodorus II Lascaris.
Revue belge 3. Serie III 319.

Johannes III Ducas Vatatzes.
Revue numismatique 1841 173. 1842 416. 1848 445 (nach Grépinet:
  Johannes II Comnenus).
Zeitschrift für Münzkunde VI 202.

Theodorus III Vatatzes Ducas Lascaris.
Akerman, Chronicle IV 15.
Revue belge 3. Serie II 274.

EPIRUS und THESSALIA und THESSALONICH.

Michael I, Despot von Epirus und Thessalien 1204—1214.
(vor die Kaiser von Thessalonich zu stellen).
Lambros, *Νέα Πανδώρα* V (1854) S. 137.

Thessalonich.
Theodorus II Angelus.
Sestini, Hedervar. IV 1 118.
Revue belge 3. Serie III 320.
Revue numismatique 1865 291.

Manuel Angelus.
Revue numismatique 1842 416.

TRAPEZUNT.

Kaiser von Trapezunt.
F. de Pfaffenhoffen, Essai sur les aspres comnénats ou blancs d'argent de Trébisonde. Paris 1847. 4°.
Memoiren der Petersburger Archäologischen Gesellschaft 1849 103.

Manuel I.
Köhler, Gesammelte Schriften I 25.

Johannes II Comnenus.
Köhler, Gesammelte Schriften I 25.

Alexius II Comnenus.
Köhler, Gesammelte Schriften I 27.

Alexius III Comnenus.
Revue belge 3. Serie II 275.

David Comnenus.
Revue archéologique VI 115.

CONSTANTINOPEL.

Michael VIII.
Akerman, Chronicle IV 19.
Revue numismatique 1841 175.

Theodora, Gem. Michaels VIII.
Akerman, Chronicle IV 21.
Fr. Carrara Teodora Ducaina Paleologhina, piombo ined. Vienna 1840 8.
Secchi Diss. sopra un piombo rappr. Teodora Augusta. Vienna 1840 8.

Andronicus II und Michael IX.
Revue archéol. VI 201.
Berliner Blätter für Münzkunde I 154.
Revue belge 3. Serie III 317 u. f.

Andronicus II.
Revue belge 3. Serie III 315.

Andronicus II und III.
Revue numismatique 1842 416.
Berliner Blätter für Münzkunde I 154.

Andronicus III.
Revue numismatique 1842 417.
Revue belge 3. Serie III 319.

Johannes V Palaeologus.
Revue numismatique 1842 417 PL.
Revue numismatique 1865 291 (ΤΟΠΟΛΙΤΙΚΟΝ) Æ.

Andronicus IV.
Revue numismatique 1842 418.

Manuel II Palaeologus.
Köhne, Zeitschrift VI 205.
Grote, Münzstudien II 925.

Johannes VIII.
Pinder, Num. ined. 47.

Constantinus XIV?
Diamilla, Memorie I 26.

ALLGEMEINES.

Soret 3 lettres sur d. monn. byz. Genève et Paris 1837 Cherbouliez.
Lavy, Mus. num. Band II enthält eine Reihe byzantinischer Münzen.
Catalogue des monn. byz. de la collection Solcirol, Metz 1854, darüber:
Revue numismatique 1854 347.
Revue numismatique 1858 177.
Die Münzen mit s und Γ (Revue numismatique 1859 233).
Die Münze mit ΠΑΡΘΕΝΕ ϹΟΙ ΠΟΛΥΑΙΝΕ usf. Revue num. 1859 448.
   auch: Berliner Blätter für Münzkunde II 179.

Unbestimmte Byzantiner.
Revue archéol. V 784.
Zeitschrift für Münzkunde VI 203.

Unbestimmte Palaeologen.
Köhne, Zeitschrift VI 202.

Follarmünzen.
Pinder und Friedlaender, Beiträge I 123.

Byzantinische Kupferwerthe.
Numismatic Chronicle XVI 114.

Byzantinische Nachahmungen.
Berliner Blätter für Münzkunde II 8.

Byzantinische Bleimünzen.
Grote, Blätter für Münzkunde II 125.

Charakter der byzantinischen Prägkunst.
Numismatic Chronicle 2. Serie I 211.

Siegel der byzantinischen Kaiser.
Revue belge 3. Serie V 384.

Arabisch-byzantinische Münzen.
C. Bose über arabisch-byzantinische Münzen, Grimma 1840.
Journal Asiatique III série T. 8 p. 472.
Chaudoir, Corrections 96: Leo IV in Emisa.
Revue archéologique VII 672 725 (zu vergl.). Span.
Revue archéologique VIII 61 135.
Journal Asiatique III série T. 7 p. 499 und Revue numismatique 1840 163. Span. Afrik.

KREUZFAHRER.

Kreuzfahrer.
de Saulcy, Numismatique des Croisades, Paris 1847.
Danske Vidensk. Selsk. Skrifter 1805 IV 1 (Münter, Münzen der Franken).
Revue numismatique 1856 125.

Kreuzfahrer-Siegel.
Memoiren der Petersburger archäologischen Gesellschaft 1852 149.

Ptolemais.
Zeitschrift für Münzkunde VI 27.

Beirut.
Zeitschrift für Münzkunde VI 30.

Antiochia.
Zeitschrift für Münzkunde V 90, VI 33.

Tripolis.
Zeitschrift für Münzkunde V 92.

Cypern.
Memoiren der Petersburger archäologischen Gesellschaft 1851 358.
École des Chartes V 1843—1844 118 413.
Numismatic Chronicle VIII 197.
Numismatische Zeitung 1837 No. 5.
Zeitschrift für Münzkunde VI 32.

Rhodus.

J. Friedlaender, Die Münzen des Johanniter-Ordens von Rhodus. Berlin 1843 Nachtrag, Berlin 1844. Uebersetzt von Langlois, Paris 1855*).
Pinder und Friedlaender, Beiträge I 50.
Numismatic Chronicle XIV 1, berichtigt ebenda 85 von J. F.
Blätter für Münzkunde II 194.
Revue numismatique 1868 446.

Die Gattilusi in Lesbos.

Pinder und Friedlaender, Beiträge I 29, 59, 233.
Memoiren der archäologischen Gesellschaft zu S. Petersburg III 475.

Die Giustiniani in Chios.

J. Friedlaender, Numismata inedita, Berol. 1840 S. 30.

Fürsten von Achaia und Athen.

Theoph. Friedlaender, Numismata medii aevi inedita, Berol. 1835 29, vergl. Blätter für Münzkunde I No. 34. IV 182.
Revue numismatique 1841 285. 1842 136. 1843 123, 242.
Numismatische Zeitung 1837 158.
Memorie della R. Accademia d. scienze di Torino, Ser. II t. 5 (1813) 203.
Revue numismatique 1860 153.

CONTORNIATI. TESSERAE. BLEI.

Contorniati.

Sabatier Description générale des médailles contorniates Paris 1860.
Revue numismatique 1840 89 und 309 (Odysseus unter dem Widder) 200 (Vulcan mit Schild).
[Zeitschrift für Numismatik VII 232 Tafel IV 12.]
Avellino Bullettino I 40. IV 106 (Traian). VI 18.
Annali 1840 99 (Terentius).
Bullettino 1845 10 (Faustina).
Nota di alc. med. d. coll. Mainoni N. 6.
Steinbüchel, Numorum qui Contorniati dicuntur collectio.
Revue numismatique 1859 412 (Horatius, Accius).
Revue numismatique 1868 248.
Numismatic Chronicle 2. Serie I 193: E heisse praemii ergo oder palma emerita!

 Einige Contorniaten haben ein vertieftes Loch im Centrum jeder Seite, welches beim Drehen des Contorno entstanden ist, indem die Spitzen, welche das Stück festhalten, eingedrungen sind.
 Zuweilen sind die Löcher gross, z. B. bei denen mit vertieftem Typus Acc. 223 und mit 224/1873.

---

*) Langlois hat auf den Titel gesetzt: annoté par Langlois, es sind aber keine Anmerkungen oder Zusätze zu finden! Und in der Vorrede sagt er, er hätte Irrthümer verbessert, auch dies ist unwahr.

Anders ist dass einige in der Mitte ein mit Blei angefülltes Loch, das durch und durch geht, im Centrum haben, die Blei-Ausfüllung ist vor der Prägung gemacht, z. B. 21308 mit Bacchuszug, 21311 mit Quadriga.

Tesserae.
Diamilla, Memorie I 12.
Annali 1842 134.
Revue numismatique 1857 309 (mit Alexander und Eselin).
[v. Sallet's Zeitschrift für Numismatik XI 58 byzant.].

Bleimarken.
Stieglitz, Archäol. Unterhalt. II 133.
Annali 1839 278 Tav. R 9, 10 (griech.).
Annali 1866 339 Monumenti VIII 32.
Revue numismatique 1858 389. 1862 402 (griech.-sicil.).
Annali 1864 343 Monumenti VIII 9.
Annali 1866 18.
Jahrbücher des Vereins von Alterthumsfreunden im Rheinlande II˙ 79 (römische).
Garrucci i piombi antichi raccolti dal Card. Alticri Roma 1847 fol. Dazu Revue numismatique 1863 288.
Diamilla, Memorie 115.
Grote, Blätter für Münzkunde II 125 (byzant.).

INCERTI.

I. GRIECHISCHE.

Unbestimmte. Könige.
Æ, ΒΑΣΙΛ ΒΙΤΙΟΧ. Caronni a Tunis Tafel IV 16.
Æ, ΒΑΣΙΛΕΩΣ ΚΕΝΤΑΥ···· Mionnet IV 405 15 unter Caeantolus.
Æ, ΣΑΡΜΙΣ ΒΑΣΙΛΕΥΣ. Bullettino 1840 50, und Diamilla Memorie 122.

Unbestimmte. Mit Aufschrift.
R Eret? Millingen, Sylloge 61.
Æ, ΝΥΛΚΟΣΙ. Avellino Opusc. III 150. Sestini, Lettere di cont. VI 8. Sestini, Fontana III, 3. Mionnet VI 658, 317. Tafelband S. 116. Sanclementi III, Tafel 39, 71, 73.
Æ, ΠΟΙΗΤΟΥ ΚΑΧΟΡΤΩΝΟΣ. Eckhel, D. IV 160. Addenda 50. Mionnet VI, 657, 314. Tafelband 116.

Unbestimmte. Ohne Aufschrift.
R jugendlicher Kopf von vorn Rf. ☐ incus. Berliner Blätter für Münzkunde II 276.
R jugendlicher Kopf r. Rf. Eule von vorn (Amisus?) Berliner Blätter für Münzkunde II 276.
R Amphora Rf. ☐ inc. Transactions of R. Society of Litterature II S. 135, Bröndsted Reisen I Tafel 27 1.

℞ Pallas *Rf.* ☐ inc. Fellows 1840 Tafel 34 2.
℞ Zwei grosse und drei kleine Fische, *Rf.* ☐ inc. Coresia? Revue belg V 242.
℞ Widderkopf, *Rf.* ☐ inc. Aegina? Katalog Allier VI 11.
℞ Rad, *Rf.* ☐ inc. Denkschriften der Wiener Akademie I 331.
℞ Centaur *Rf.* ☐ inc. Larisa? Bröndsted Reisen II S. 208.
℞ Pferdekopf auf jeder Seite. Luynes Choix X 21.
Æ Weiblicher Kopf mit Schleier *Rf.* Kameel. Welzl 7005.

II. RÖMISCHE.

Unbestimmte. Mit lateinischer Aufschrift.
FABIVS CATVLVS IIVIR *Rf.* SEXTILIVS ····· Caronni a Tunis Tafel IV 20 S. 155.

Unbestimmte. Kaiser.
M. Antonius. Mionnet S. IX 245, 131.
Augustus. Sestini, Hedervar IV 2, Addendatafel I 10, Q. Terentio Culleone Procos.
Mionnet VI 670 396 gehört noch Lilybaeum?
Livia PAXS AVGVSTA L. Rusti Dium. Sestini, Lettere di cont. IX 3.
Tiberius Mionnet VI 672, 410, 411 Dium. Sestini, Lettere di cont. IX 3.
Drusus der jüngere. Eckhel VI 206, dazu Annali 1851 225.
Drusus iun. mit seinen Zwillingssöhnen Tiberius und Germanicus, Caronni a Tunis Tafel V 29 S. 92 (auch bei Sanclemente). Mionnet VI 672 415, 416, S. XI 247 147.
Caligula, Sabatier 901 (℞ Medaillon. Antiochia Syriae?).
Claudius Æ, Pinder und Friedlaender, Beiträge I 84.
Drusilla Julia Agrippina Campana 68, Æ, drei Köpfe, *Rf.* Agrippina C. Caesaris usw., im Felde ᗡ ᗡ (D D) Agrippina mit Lanze und Patera.
Nero und Messalina (Æ ΜΕΣΣΑΛΕΙΝΑ ΓΥΝΗ ΣΕΒΑΣΤΟΥ). Lavy I 424.
Domitian und Domitia ℞ Lavy I 425.
Æ Herculeskopf oder Alexander der Grosse, *Rf.* Lupa mit den Zwillingen und die Köpfe eines römischen Kaiserpaares, Revue belge 3. Serie I 174.

Verlag von **Georg Reimer** in Berlin,
zu beziehen durch jede Buchhandlung.

WEGWEISER
DURCH DIE LITERATUR
DER
URKUNDENSAMMLUNGEN
VON
HERMANN OESTERLEY.
ERSTER THEIL.
PREIS: 12 MARK.

DIE KÜNSTLERINSCHRIFTEN
DER SICILISCHEN MÜNZEN.
VIERUNDVIERZIGSTES PROGRAMM
ZUM WINCKELMANNSFESTE
DER ARCHÄOLOGISCHEN GESELLSCHAFT ZU BERLIN.
VON
RUDOLF WEIL.
MIT DREI TAFELN.
Preis: 2 Mark 40 Pf.

Markgraf
Karl Philipp von Brandenburg
und die
Gräfin Salmour.
Mit Benutzung archivalischer Quellen
von
Dr. Julius Friedlaender.
Director des Königl. Münzkabinets.
Preis: 60 Pf.